HEYNE
BÜCHER

W0035444

RATTEN

Horror-Stories

Herausgegeben
von Joachim Körber

Originalausgabe

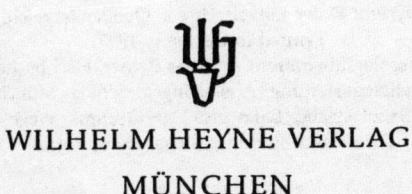

WILHELM HEYNE VERLAG

MÜNCHEN

HEYNE ALLGEMEINE REIHE
Nr. 01/8768

Inhalt

Die Ratten im Gemäuer

Als am 16. Juli 1913 der letzte Arbeiter sein Werk beendet hatte, übersiedelte ich nach Exham Priory. Die Restaurierung dieses verlassenen Steinhaufens war eine außerordentliche Leistung gewesen, zumal es sich um nicht viel mehr als eine Ruine, eine leere, zerfressene Muschel möchte man sagen, gehandelt hatte; dennoch, weil es der alte Sitz meiner Vorfahren war, scheute ich keine Ausgaben. Die Priorei war seit der Regierungszeit James I. nicht mehr bewohnt — ein graues Trauerspiel, wenn auch nahezu ungeklärter Natur, hatte den Herrn dahingerafft, fünf seiner Kinder und einige Bediente; den dritten Sohn aber, meinen direkten Vorfahren und einzigen Überlebenden jener verabscheuten Familie in einer schieren Wolke aus Verdächtigungen und grauem Schrecken in die Welt hinausgetrieben.

Da nun dieser einzige Erbe als Mörder denunziert wurde, fiel der Besitz der Krone anheim. Der Beklagte hatte indes keinen Versuch unternommen, sich zu rechtfertigen oder gar sein Eigentum zurückzuerlangen. Von einem Grausen gepackt, das stärker war als die Furcht vor Gewissensbissen und Gesetz, von nichts anderem mehr beseelt als dem brennenden Wunsch, das uralte Gebäude aus Augen und Gedächtnis zu verlieren, floh Walter de la Poer, elfter Baron Exham, nach Virginien, wo er sich niederließ und eine Familie gründete, die im folgenden Jahrhundert als die Delapores bekannt wurde.

Exham Priory war unbewirtschaftet geblieben, wiewohl später dem Besitz der Norrys einverleibt und wegen seiner bizarr zusammengewürfelten Bauweise vielfach fachwissenschaftlichen Betrachtungen unterzogen; einer Architektur, die düstere gotische Türme aufwies, auf romanischem oder angelsächsischem Unterbau, dessen Fundamente wiederum aus einem früheren Stil — oder aus einer Mischung früherer Stile — bestand, römisch oder sogar druidisch der kymrischen Epoche, wenn man den Sagen und Legenden vertrauen will. Dieses Fundament war tatsächlich unik — an der einen Seite war es mit dem massiven

Kalkgestein eins geworden, hatte sich mit den Felsen des jähen Abgrundes verschmolzen, über dessen Rand die Priorei ein ödes Tal drei Meilen westlich von Anchester überblickte.

Architekten und Altertumsforscher begeisterten sich an diesen unglaublichen Relikten in Staub zerfallener Jahrhunderte, aber die Menschen der umliegenden Bauerndörfer haßten sie, hatten diesen sinistren Ort schon gehaßt, als meine Vorväter hier lebten, und hassen ihn noch heute, da er bedeckt von Moder und wilden Moosen in ghoulischen Träumen dahindämmerte — ein Anblick grauenhaftester Verlassenheit.

Ich hatte noch keinen ganzen Tag in Anchester verbracht, als mir bewußt wurde, daß ich aus einem verfluchten Hause stammte. Und in dieser Woche haben Arbeiter Exham Priory in die Luft gesprengt und bemühen sich nun, jegliche Spur des Fundaments aus der Welt zu schaffen. Die dürren Fakten meines Stammbaums hatte ich wohl seit eh und je gekannt, und auch die Tatsache, daß mein erster amerikanischer Vorfahre unter reichlich hintergründigen Umständen nach den Kolonien gekommen war. Nähere Details hatte ich jedoch dank der für die Delapores so typischen Verschwiegenheit in Familienangelegenheiten niemals erfahren. Im Gegensatz zu unseren Pflanzer-Nachbarn brüsteten wir uns nur selten mit Ahnen aus den Kreuzzügen oder den Zeiten der Königin Elizabeth, auch waren keinerlei Traditionen überliefert worden, es sei denn das versiegelte Kuvert mit den Aufzeichnungen, das von jedem Baron für dessen erstgeborenen Sohn zur Öffnung nach dem Tode zurückgelassen wurde. Stolz waren wir nur auf den Ruhm, den wir nach unserer Einwanderung erworben hatten, den Ruhm einer stolzen, ehrenhaften, wenn auch etwas reservierten und zurückgezogen lebenden virginischen Familie.

Während des Krieges wurde unser Vermögen vom Norden eingezogen, und unsere ganze Existenz änderte sich vom Grund aus mit dem Brand unseres Heims an den Ufern des James-Flusses. Mein Großvater, damals schon hochbetagt, war in dem Flammenmeer umgekommen, und mit ihm das Kuvert, das uns mit unserer Vergangenheit band. Ich entsinne mich jenes Feuers so, wie ich es damals als siebenjähriger Junge empfand: schreiende Soldaten der Föderierten, kreischende Frauen, heulende und laut betende Neger. Mein Vater diente in der Armee, verteidigte Richmond, und nach Bergen von Formalitäten wurden meine Mutter und ich durch die umkämpfte Zone zu ihm gebracht.

Nach Friedensschluß gingen wir alle nach dem Norden, woher meine Mutter stammte; dort wuchs ich zum Manne heran und wurde schließlich ein wohlhabender, gesetzter Yankee. Um den Inhalt jenes von Generation an Generation vererbten Kuverts wußten weder mein Vater noch ich, und da ich mich gänzlich in der Alltäglichkeit des Geschäftslebens von Massachusetts verlor, schwand mein Interesse an den Geheimnissen, die irgendwo weit unten am Stammbaum meiner Familie lauerten, völlig dahin. Hätte ich auch nur einen schwachen Schimmer ihrer wahren Natur gehabt, wie gerne würde ich Exham Priory seinem Moos, seinen Fledermäusen und Spinnwebschleiern überlassen haben!

Mein Vater starb 1904, doch hinterließ er weder mir noch meinem einzigen Sohn Alfred, einem mutterlosen Jungen, eine Botschaft. Es war auch dieser Junge, der die hergebrachte Reihenfolge unserer Familientraditionen durcheinanderbrachte. Obwohl ich ihm nur scherzhafte Mutmaßungen über unsere Vergangenheit geben konnte, schrieb er mir von einigen höchst interessanten Familiensagen, als ihn der späte Krieg 1917 als Fliegeroffizier nach England brachte. Anscheinend hatten die Delapores eine überaus bunte und vielleicht unheimliche Geschichte. Ein Kriegskamerad meines Sohnes, Captain Edward Norrys vom Royal Flying Corps, wohnte in der Nähe des alten Familiensitzes bei Anchester und erzählte einige Geschichten, wie sie im Landvolk umhergehen, deren Wildheit und Wahnwitz kaum von einem Romanschreiber überboten werden kann. Norrys persönlich nahm sie selbstverständlich keineswegs für ernst; meinen Sohn amüsierten sie jedoch und gaben ihm außerdem genügend Stoff für seine Briefe an mich. Jene Überlieferungen waren es, die mein Interesse endgültig diesem europäischen Erbe zuwenden und mich den Entschluß fassen ließen, den verlorenen Familienbesitz wieder zurückzukaufen und zu restaurieren. Norrys zeigte ihn Alfred in seiner pittoresken Verlassenheit und bot sich an, diesen zu einem erstaunlich vernünftigen Preis zu vermitteln, zumal sein Onkel der gegenwärtige Eigentümer war.

Ich kaufte Exham Priory im Jahre 1918, wurde jedoch von meinen Plänen zur Restaurierung beinahe sofort abgelenkt, da mein Sohn schwerkriegsversehrt heimkehrte. Während der zwei Jahre, die er noch lebte, hatte ich nichts anderes als seine Pflege im Sinn, ja legte sogar mein Geschäft in die Hände von Teilhabern.

1921, allein zurückgelassen, ziellos, ein zurückgezogener Fabrikant, nicht länger jung, entschloß ich mich, mir die Jahre, die mir noch bleiben sollten, mit dem neuen Besitz zu vertreiben. Als ich im Dezember Anchester besuchte, lernte ich Captain Norrys, einen untersetzten, liebenswürdigen jungen Mann kennen, der viel von meinem Sohn gehalten hatte und mir nun alle mögliche Hilfe zusicherte, Pläne und Anekdoten als Unterstützung für die kommende Restaurierung zu beschaffen. Exham Priory selbst erregte in mir nicht die mindeste Gemütsbewegung, es vermittelte mir nicht mehr als einen kuriosen Anblick von höchst lächerlichen Trümmern, bedeckt mit Flechtengewächs und wabenhaft eingestreuten Krähennestern, gefährlich am Rande einer Schlucht hockend, bodenlos, bar aller Innenteile, außer den Steinmauern der einzelstehenden Türme.

Als ich nach und nach das Aussehen des Gebäudes rekonstruiert hatte, wie es vor etwa dreihundert Jahren meine Vorfahren verlassen hatten, begann ich Handwerker für die zu geschehenden Restaurierungsarbeiten anzustellen. Jedenfalls sah ich mich bald gezwungen, außerhalb der unmittelbaren Umgebung nach Arbeitskräften zu suchen, denn die Einwohner des Dorfes zeigten vor dem Ort eine schier unvorstellbare Furcht und einen Haß, der sich unmöglich beschreiben läßt. Dieses Gefühl der Abneigung war so stark, daß es manchmal sogar bis zu den auswärtigen Arbeitern vordrang und zu zahlreichen Kündigungen führte, ja diese sonderbare Abscheu schien sich nicht nur auf die Priorei, sondern auch auf die Familie zu erstrecken.

Schon mein Sohn hatte mir erzählt, daß man ihn während seiner Besuche mied, weil er ein de la Poer war, und nun fand ich mich aus demselben Grund geächtet, bis ich die Bauern überzeugen konnte, wie wenig ich selbst von meinem Erbe wußte. Und sogar dann noch standen sie mir mürrisch gegenüber, so daß ich über die dörflichen Überlieferungen nur durch die Vermittlung von Norrys erfahren konnte. Was mir die guten

Leute nicht verzeihen konnten, war mein Unterfangen, das für sie so grauenhafte Symbol alles Bösen wieder aufzurichten, denn, vernünftig oder nicht, sie betrachteten Exham Priory als einen Tummelplatz für Teufel und Werwölfe.

Nachdem ich die von Norrys für mich gesammelten Berichte zusammengestellt hatte, ergänzte ich sie mit den Ansichten verschiedener Wissenschaftler, die die Ruinen eingehend studiert hatten und schloß daraus, daß die verfallene Priorei an der Stelle eines vorgeschichtlichen Tempels stand; einer druidischen oder vordruidischen Sache, die etwa gleichzeitig mit den Steinen von Stonehenge errichtet worden war. Daß dort namenlos grausige Riten stattgefunden hatten, daran zweifelten nur wenige; und es gab eine Menge unguter Geschichten von der Übernahme dieser Riten in den nachmaligen Kybele-Kult der Römer.

Halbdeutlich sichtbare Inschriften in den Kellergewölben zeigten solch unmißverständliche Buchstaben wie ›DIV… OPS… MAGNA.MAT…‹ — alles Zeichen der Magna Mater, deren dunkele Verehrung einst römischen Bürgern vergeblich untersagt wurde. Anchester war seinerzeit das Standlager der Dritten Legion des Augustus gewesen, wie viele Überreste bezeugten, und es heißt, der prächtige Tempel der Kybele wäre von Anbetern jederzeit gedrängt voll gewesen, die auf Geheiß eines phrygischen Priesters unaussprechliche Zeremonien ausführten. Geflüsterte Erzählungen fügten hinzu, daß der Niedergang der alten Religion keineswegs diese Tempelorgien beendete, sondern daß die zum neuen Glauben übergetretenen Priester ihre alte Lebensweise im geheimen fortsetzten. Es heißt ebenfalls, daß die Riten auch nicht unter den Römern schwanden und daß gewisse Leute unter den Angelsachsen den schon in Verfall geratenen Tempel wieder erneuerten und ihm die Umrisse gaben, die er in der Folge bewahrte; ihn zum Mittelpunkt eines in der ganzen Heptarchie gefürchteten Kultes machten. Gegen das Jahr 1000 wird der unheilige Ort in einer Chronik als eine der bedeutendsten steinernen Prioreien erwähnt, von einem mächtigen wie seltsamen Mönchorden behaust, von ausgedehnten Gärten umgeben, die keiner Mauern bedurften, um das verängstigte Volk am Betreten zu hindern. Auch die alles zerstörenden Dänen schienen einen Bogen um diesen unseligen Platz geschlagen zu haben, wiewohl er nach der normannischen Eroberung entsetzlich verfallen sein muß, denn er war bis in die Regierung Henry des Dritten unbewohnt und gelangte erst durch diesen 1261 in den Besitz meines Vorfahren Gilbert de la Poer, ersten Baron Exham.

Vor diesem Datum existieren über meine Familie keine bösen Nachrichten oder Gerüchte, aber damals muß irgend etwas äußerst Seltsames geschehen sein. In einer Chronik von 1307 gibt es einen Hinweis auf einen de la Poer als ›von Gott verflucht‹, und die in den umliegenden Dörfern geflüsterten Geschichten besagen nur Böses und schreckliche Furcht vor dem Schloß, das auf den Fundamenten des alten Tempels und der Priorei wie ein ekelerregender Schimmelpilz hochgewuchert war. Diese Kamingeschichten spotteten der irrwitzigsten Einbildungskraft und waren um so grausiger, da keiner etwas Genaues wußte noch in Folge erfuhr. Meine Vorfahren wurden samt und sonders als eine Sippe von grausen Teufeln dargestellt, neben denen ein Gilles de Rais oder ein Marquis de Sade wie blutige Anfänger schienen. Mit der Hand vor den Lippen machte man sie für das gelegentliche Verschwinden von Dorfbewohnern verantwortlich, das einige Generationen hindurch nicht aufhören wollte.

Die schlechtesten Charaktere waren offensichtlich die Barone und ihre unmittelbaren Erben; zumindest standen diese am meisten unter jenen Gerüchten. War ein Erbe zufällig von normalerer Wesensart, so erzählte man sich, verfiel er früh und unter geheimnisvollen Umständen dem Grab, um Platz für einen typischeren Sproß zu machen. Innerhalb der Familie schien es einen besonderen Kult zu geben, der jeweils unter dem Vorsitz des Sippenoberhauptes stand, und manchmal nur wenigen Mitgliedern zugänglich. Wesensart eher als Abstammung war anscheinend die Basis dieses unheiligen Kults, denn man weihte in ihn auch Leute ein, die der Familie angeheiratet waren. Lady Margaret Trevor aus Cornwall, Frau des Godfrey, dem zweiten Sohn des fünften Barons, wurde zum Kinderschreck des ganzen Landstrichs und teuflische Hauptperson einer besonders grausigen alten Ballade, die nahe der walisischen Grenze noch heute gesungen wird. Ebenfalls in einer Ballade erhalten, wenn auch nicht aus demselben Grund, ist die gräßliche Geschichte von Lady Mary de la Poer, die kurz nach ihrer Vermählung mit dem

Earl von Shrewsfield von diesem und seiner Mutter getötet wurde. Doch wurden beide von dem Priester, dem sie diesen Mord gebeichtet hatten, absolviert und für das gesegnet, was sie vor der Welt nicht laut auszusprechen wagten.

Diese für einen rohen Aberglauben so typischen Mythen und Balladen ekelten mich außerordentlich an. Ihre Beharrlichkeit und das Erfassen einer langen Reihe meiner eigenen Vorfahren waren besonders peinlich, nicht zuletzt, weil der Vorwurf ungeheuerhafter Gewohnheiten mich an den einen bekannten Skandal meiner unmittelbaren Vorfahren erinnerte — den Fall meines Vetters, des jungen Randolph Delapore von Carfax, der unter die Neger ging und Voodoo-Priester wurde, nachdem er aus dem Mexikanischen Krieg zurückgekehrt war.

Weniger indes machte ich mir aus all den albernen Geschichtchen über nächtliches Klagen und Heulen in dem öden, winddurchpeitschten Tal unter dem Kalksteinabsturz, über den Kirchhofgestank nach Frühlingsregen; über das zappelnde quäkende weiße Ding, auf das Sir John Claves Roß eines Nachts auf einem einsamen Brachfeld getreten war, und über den Diener, der bei dem, was er am hellichten Tag in der Priorei gesehen hatte, verrückt geworden war. Dieses ungereimte Zeug war nicht mehr als abgedroschenes Gespenstergewäsch, und ich war zu dieser Zeit ein ausgesprochener Skeptiker. Berichte über verschwundene Bauern hingegen waren selbstverständlich weniger harmlos zu nehmen, wenn auch nicht sonderlich bedeutsam, wenn man die heutzutage seltsam anmutenden Gewohnheiten des Mittelalters in Betracht zieht. Neugieriges Gucken bedeutete oft den Tod, und nicht zu selten war es vorgekommen, daß man einen abgetrennten Kopf auf den — nun geschliffenen — Wällen rund um Exham Priory öffentlich zur Schau stellte.

Einige der Sagen und Legenden waren so überaus romantisch, daß sie in mir den Wunsch aufkommen ließen, ich hätte mich in meinen jungen Jahren mehr mit vergleichender Mythologie beschäftigt. Da gab es zum Beispiel die Vorstellung, eine Legion fledermausflügeliger Teufel habe allnächtlich in der Priorei Hexensabbath abgehalten — eine Legion, deren Unterhalt die unverhältnismäßig große Fülle von Gemüse in den ausgedehnten Gärten erklären könnte. Und am lebendigsten von allen war die dramatische Geschichte von den Ratten — der über alles herstürzenden Armee klebrigen Ungeziefers, die aus dem Schloß herausgequollen war, drei Monate, nachdem eine Tragödie diesen schaurigen Ort zur Einsamkeit verdammt hatte — der mageren, schleimigen, gefräßigen Armee, die alles, was ihr in den Weg gekommen war, kahlgefressen und verschlungen hatte: Geflügel, Katzen, Hunde, Schweine, Schafe und sogar zwei unglückliche Menschen, ehe ihre Raserei ein Ende hatte. Um diese unvergeßliche Nagerarmee webt sich ein eigener Kreis von Mythen, denn die grausigen Tiere verstreuten sich weit über das Land und brachten Fluch und Schrecken mit sich.

Solcherart war die Kunde, die auf mich einstürmte, als ich mit der Starrköpfigkeit des ältlichen Menschen die Restaurierungsarbeiten auf meinem Ahnensitz vorantrieb. Man darf aber nicht auch nur einen Augenblick glauben, daß diese Geschichten meine psychologische Hauptumgebung gebildet hätten, denn von anderer Seite wurde ich ständig gelobt und ermutigt, von Captain Norrys und den Archäologen, die um mich waren und mich unterstützten. Als dann nach zwei Jahren die Arbeit getan war, begutachtete ich die großen Räume, die getäfelten Wände, die gewölbten Decken, die Säulenfenster und breiten Treppen mit nicht wenig Stolz, der die verschwenderischen Kosten der Restaurierung voll und ganz aufwog.

Jedes Beiwerk aus dem Mittelalter war aufs vortrefflichste kopiert, und die neuen Teile verbanden sich vollkommen mit den alten Mauern und dem Fundament. Der Sitz meiner Väter war wieder errichtet, und ich sah dem Tag entgegen, wo ich den guten Ruf meiner Familie, die mit mir endet, wiederherstellen würde. Ich beabsichtigte mich hier für ständig niederzulassen und den Leuten zu beweisen, daß ein de la Poer (ich hatte die alte Schreibung meines Namens wieder angenommen) nicht unbedingt ein Satan sein muß. Mein Gefühl von Bequemlichkeit wurde noch durch die Tatsache verstärkt, daß Exham Priory, obgleich mittelalterlich ausgestattet, vollkommen neu war und ohne jedes Ungeziefer und Geister einer bösen Vergangenheit.

Wie ich bereits erwähnt habe, zog ich am 16. Juli 1923 ein. Mein Haushalt bestand aus sieben Dienstboten und neun Katzen, welche letzteren ich besonders gern habe. Meine älteste Katze ›Nigger-Man‹ war sieben Jahre alt und mit mir aus meinem Haus in Bolton, Massachusetts gekommen; die übrigen hatte ich so nach und nach erworben, als ich bei Captain Norrys Familie während der Restaurierungsarbeiten wohnte.

Fünf Tage verliefen in äußerster Ruhe, ich verbrachte die meiste Zeit mit der Aufarbeitung alter Familiendaten. Ich hatte nunmehr einige sehr wesentliche Einzelheiten der letzten Tragödie und Flucht von Walter de la Poer herausgefunden, und ich vermutete stark, daß sie der eigentliche Inhalt der Erbpapiere waren, die während des Brandes in Carfax vernichtet wurden. Es stellte sich auch heraus, daß man meinen Ahnen mit gutem Grunde beschuldigte, alle anderen Mitglieder des Haushaltes im Schlaf ermordet zu haben, außer vier mitschuldigen Dienern; und zwar zwei Wochen nach einer bestürzenden Entdeckung, die sein ganzes Wesen veränderte, die er jedoch keinem Menschen anvertraute, es sei denn vielleicht den wenigen Dienern, die ihm bei seiner Tat behilflich waren und die nachher gleich ihm flüchteten.

Dieses wohlüberlegte Blutbad an seinem Vater, drei Brüdern und zwei Schwestern wurde von den Dorfbewohnern größtenteils verziehen und vom Gesetz derart nachlässig behandelt, daß der Mörder geehrt, unversehrt und unverkleidet nach Virginien entkam. Man flüsterte allgemein, daß er das Land von einem jahrhundertalten Fluch befreit hätte. Welche Art von Entdeckung aber das war, die einen derart schreckensvollen, wahnwitzigen Mord ausgelöst hatte, vermochte ich nicht einmal zu vermuten. Walter de la Poer mußte die sinistren Geschichten über seine Familie seit Jahren gekannt haben, so daß ihm dieses Material kaum einen neuen Impuls gegeben haben konnte. Hatte er gar eine dieser grauenhaften uralten Riten beobachtet, war er durch Zufall Zeuge einer dieser entsetzlichen Orgien geworden? Oder war er auf ein blasphemisches Symbol in der Priorei oder deren Umgebung gestoßen? Er hatte in England den Ruf eines scheuen sanften Jünglings gehabt. In Virginien selbst schien er sich nicht viel verändert zu haben. Francis Harley von Bellview beschreibt ihn in seinem Diarium als einen Mann von unvergleichlicher Gerechtigkeit, Ehre und Feingefühl.

Am 22. Juli ereignete sich der erste Zwischenfall, der, wenn auch vorerst leichthin abgetan, in Verbindung mit späteren Vorkommnissen eine über das Natürliche hinausgehende Bedeutung erlangte. Es war so einfach, darüber hinwegzugehen, unter den herrschenden Umständen gar nicht denkbar; denn ich befand mich doch, das darf man nicht vergessen, in einem völlig neuen Haus, wenn man von den Mauern absieht, und außerdem war ich von einer ausgezeichneten Dienerschaft umgeben.

Woran ich mich nachher erinnerte, ist lediglich, daß mein alter schwarzer Kater, dessen Launen ich so gut kenne, unzweifelhaft in einem Grade wachsam und nervös war, der seinem normalen Charakter in keiner Weise entsprach. Er strich von Zimmer zu Zimmer, ruhelos, aufgeregt, und schnüffelte ununterbrochen an den Wänden, die noch zu einem Teil der gotischen Struktur gehörten. Ich weiß sehr wohl, wie fade und abgedroschen so etwas klingt — wie der unvermeidliche Hund in einer Geistergeschichte, der immer knurrt, ehe sein Herr die lakenverhüllte Gestalt erblickt —, aber ich will es dennoch nicht verschweigen.

Folgenden Tags beklagte sich ein Diener über die Ruhelosigkeit der Katzen im Haus. Er kam zu mir in mein Arbeitszimmer, einem hohen gewölbten Raum auf der Westseite im zweiten Stock, mit schwarzer Eichentäfelung und einem dreiteiligen gotischen Fenster, durch das man das öde, trostlose Tal überblickte; und sogar als er auf mich einsprach, sah ich die jett-schwarze Gestalt meines Katers die Westwand entlangkriechen; er kratzte an der neuen Täfelung, welche die alte Steinmauer bedeckte.

Ich entgegnete dem Mann, daß von diesem alten Mauerwerk irgendein besonderer Geruch ausströmen müsse, der, wenn auch für menschliche Sinne unmerklich, die empfindlicheren Organe der Katzen sogar durch die neue Täfelung reizte. Das glaubte ich tatsächlich, und als der Bursche meinte, Mäuse oder Ratten könnten vielleicht da sein, sagte ich ihm, daß hier seit mindestens dreihundert Jahren keine Ratten mehr waren, und man könne auch schwerlich annehmen, daß Feldmäuse in die Priorei eingedrungen seien. Am späten Nachmittag besuchte ich Captain Norrys, und er versicherte mir, daß es ein Ding der Unmöglichkeit wäre anzunehmen, Feldmäuse hätten das neue Gebäude in einer so plötzlichen wie unvorherzusehenden Art überfallen.

Jene Nacht, nachdem ich wie üblich meinen Kammerdiener fortgeschickt hatte, begab ich mich in mein Schlafzimmer, das im Westturm lag. Es war von meinem Arbeitszimmer aus über eine Steintreppe und eine kurze Galerie zu erreichen. Erstere stammte zum Teil noch aus dem Mittelalter, letztere war vollkommen neu. Dieser Raum war rund, ziemlich hoch und ohne Wandtäfelung — er war mit Gobelins ausgehängt, die ich selbst in London gekauft hatte.

Ich sah, daß Nigger-Man bei mir war, schloß die schwere Eichentür ab, zog mich aus, drehte schließlich das elektrische Licht ab und sank in den reichgeschnitzten, baldachinüberhangenen Vierpfoster, den ehrwürdigen Kater auf seinem gewohnten Platz quer über meine Füße. Ich hatte die Vorhänge offengelassen und blickte nun aus dem schmalen Nordfenster, das mir gegenüberlag. Eine leichte Andeutung von Abendrot lag am Himmel, und die filigranen Maßwerke des hohen Fensters erschienen als wunderhübsche Silhouetten.

Irgendwann muß ich ruhig eingeschlafen sein, denn ich erinnere mich deutlich, sonderbare Träume verlassen zu haben, als der Kater heftig aus seiner ruhigen Lage hochfuhr. Ich sah ihn im schwachen Schimmern der Abendröte, den Kopf vorgestreckt, die Vorderpfoten um meine Füße, die Hinterbeine ausgestreckt. Er starrte intensiv auf einen Punkt an der Wand, etwas westlich vom Fenster, eine Stelle, die meinem Auge keinen Halt bot, auf die ich jetzt aber alle meine Aufmerksamkeit zwang.

Und als ich ihn beobachtete, wußte ich, daß Nigger-Man nicht grundlos erregt war. Ob sich der Gobelin tatsächlich bewegte, kann ich nicht sagen. Es kam mir aber immerhin so vor. Was ich jedoch beschwören kann, ist, daß ich dahinter ein leises, deutliches Laufen hörte, wie von Ratten oder Mäusen. Mit einem einzigen Satz sprang der Kater auf den Wandbehang zu, riß ein Stück davon mit seinem Gewicht zu Boden und legte eine feuchte, uralte Steinmauer frei; an verschiedenen Stellen von den Handwerkern erneuert und ohne jede Spur von Nagetieren.

Nigger-Man jagte hin und her, packte den heruntergefallenen Gobelin und versuchte mit der Pfote zwischen Mauer und eichene Dielen zu langen. Da er aber nichts fand, kehrte er bald abgehetzt an seinen Platz bei meinen Füßen zurück. Ich hatte mich zwar nicht von der Stelle gerührt, aber schlafen konnte ich diese Nacht nicht mehr.

Am Morgen befragte ich die gesamte Dienerschaft und fand, daß keiner von ihnen irgend etwas Außergewöhnliches bemerkt hatte. Nur die Köchin erinnerte sich an das seltsame Verhalten einer der Katzen, die auf ihrem Fensterbrett geschlafen hatte. Die Katze hatte irgendwann einmal in der Nacht zu miauen begonnen. Darauf war die Köchin munter geworden und hatte noch gerade gesehen, wie die Katze durch die offenstehende Türe hinaus, und die Treppe hinunterraste. Um die Mittagszeit döste ich ein wenig vor mich hin und besuchte am Nachmittag wiederum Captain Norrys, der für das, was ich ihm sagte, großes Interesse zeigte. Diese eigenartigen Vorfälle — im Grunde genommen unbedeutend, aber dennoch merkwürdig — reizten seinen Sinn für das Romantische und weckten in ihm eine Menge Erinnerungen an einheimische Geistergeschichten. Wir waren tatsächlich reichlich perplex über die Gegenwart von Ratten, und Norrys borgte mir einige Fallen und Einbeerenpulver, die die Dienerschaft an passenden Stellen anbringen mußte, als ich zurückkam.

Ich war sehr schläfrig und zog mich daher schon früh zurück, wurde aber von den gräßlichsten Träumen heimgesucht. Es war mir, als schaute ich aus ungeheurer Höhe auf eine zwielichtige Grotte hinunter, knietief mit schleimigem Unrat, wo ein weißbärtiger Teufelsschweinehirt mit einem Stock einen Rudel fetter, pilzüberwucherter Säue vor sich hertrieb, deren Anblick mich mit unaussprechlichem Ekel erfüllte. Dann, als der Schweinehirt anhielt und einnickte, sprang ein Schwarm Ratten hinunter in diesen stinkenden Abgrund und verschlang die Säue samt ihrem unseligen Hirten.

Aus dieser grausigen Vision erwachte ich plötzlich durch das Gerappel von Nigger-Man, der wie üblich quer über meinen Füßen geschlafen hatte. Diesmal war es nicht nötig, die Ursache seines Knurrens und Zischens herauszufinden, denn rings um mich waren die Wände mit einem Geräusch belebt, das mich zum Erbrechen reizte — das ungezieferhafte Geschlüpfe gefräßiger, riesenhafter Ratten. Ich vermochte den Zustand der Gobelins nicht zu erkennen — der Raum war stockdunkel, kein rötliches Schimmern wie gestern! Ich bezwang meine Furcht und drehte das Licht an.

Als die Birnen aufflammten, sah ich eine gräßliche Bewegung

18

durch die Gobelins gehen, das die sonderbaren Figuren, die darauf waren, einen einzigartigen Totentanz aufführen ließ. Dieses grausige Schütteln verschwand fast sofort, und mit ihm das Geräusch. Ich sprang aus dem Bett und stocherte mit dem langen Stiel einer Wärmepfanne, die in der Nähe lag, in den Wandbehang und hob ein Stück davon hoch, um zu sehen, was darunterlag. Da war nichts als die reparierte Steinmauer, und sogar der Kater hatte das intensive Gefühl abnormaler Gegenwärtigkeiten verloren. Als ich die im Zimmer aufgerichtete runde Falle überprüfte, fand ich alle Öffnungen zugeschnappt, obgleich keine Spur darauf hinwies, was in sie hineingegangen und wieder entwischt war.

Weiterschlafen war ausgeschlossen. Ich zündete deshalb eine Kerze an, öffnete die Tür und ging hinaus auf die Galerie und der alten Steintreppe zu, die zu meinem Arbeitszimmer führte, Nigger-Man auf den Fersen. Bevor wir aber noch die Treppe erreichten, schoß der Kater vor und hastete die Stufen hinunter. Als ich dann selbst folgte, gewahrte ich plötzlich ein Rumoren im großen Zimmer unten — Geräusche, deren Natur nicht mißzuverstehen waren.

Die eichengetäfelten Wände waren vor Ratten schier lebendig geworden, sie rappelten und huschten wie toll, während Nigger-Man wütend wie ein gefoppter Jäger hin und her raste. Unten angelangt machte ich Licht, was diesmal das Geräusch jedoch nicht zum Stillstand brachte. Die Ratten setzten ihren Tumult fort, ja sie tobten und quiekten so laut, daß ich schließlich sogar die Richtung ihres Zuges feststellen konnte. Diese Biester bewegten sich in einer nicht enden wollenden Wanderung von oben nach unten in eine faßliche oder unfaßliche Tiefe der Erde.

Nun vernahm ich im Korridor Schritte, und im nächsten Moment stießen zwei Bediente die massive Tür auf. Sie waren eben dabei, das Haus nach einer unbekannten Ursache dieser Unruhe abzusuchen, die alle Katzen in eine knurrende Panik versetzt und sie angetrieben hatte, kopfüber die Treppen hinunterzustürzen und laut miauend vor der verschlossenen Tür des Kellergewölbes zu hocken. Ich fragte sie, ob sie die Ratten gehört hätten, aber sie verneinten. Und als ich ihre Aufmerksamkeit auf die Geräusche hinter der Wandtäfelung richten wollte, bemerkte ich zu meinem Erstaunen, daß sie aufgehört hatten.

Mit den zwei Männern ging ich dann zur Tür des Kellergewölbes, fand aber die Katzen bereits zerstreut. Ich beschloß die
Krypta später zu durchsuchen, für den Augenblick jedoch wollte
ich die aufgerichteten Fallen kontrollieren; alle waren zugeschnappt, aber leer. Ich gab mich damit zufrieden, daß niemand
die Ratten gehört hatte außer mir und den Katzen. Darauf begab ich mich in mein Arbeitszimmer, überdachte alles gründlich
und schürfte in den alten, von mir genauestens zu Papier ge-
brachten Sagen, die sich um dieses Gebäude rankten, nach. Ich
legte mich vormittags ein wenig schlafen, bequem zurückge-
lehnt in meinem Lesestuhl, den mein mittelalterlicher Möblie-
rungsplan nicht zu verbannen vermocht hatte. Später rief ich
Captain Norrys an, der mir bei der Untersuchung des Kellers
half.

Wir entdeckten absolut nichts, obwohl wir einen Schauer
nicht unterdrücken konnten, als wir bemerkten, daß dieses Gewölbe noch von römischen Händen erbaut worden war. Jeder
flache Bogen, jeder massive Pfeiler war römisch — nicht etwa
das herabgekommene Romanisch der pfuscherhaften Angelsachsen, nein, es war dies der strenge, harmonische Klassizismus
der Kaiserzeit. Und in der Tat, die Wände waren über und über
mit Inschriften bedeckt, den Archäologen, die diesen Ort wie-
derholt in Augenschein genommen hatten, bereits bekannt. Sachen wie zum Beispiel: ›P. GETAE. PROP ... TEMP ... DONA ...‹ und ›L.
PRAEC ... VS ... PONTIFI ... ATYS ...‹

Die Erwähnung von Atys ließ mir eine Gänsehaut über den
Rücken gleiten, denn ich hatte Catull gelesen und wußte so einiges über die abscheulichen Riten zu Ehren dieses östlichen Gottes, dessen Verehrung so eng mit dem Kybelenkult verknüpft
war. Im Schein unserer Laternen versuchten Norrys und ich die
sonderbaren und von der Zeit blaß gewordenen Zeichnungen
gewisser unregelmäßig rechteckiger Steinblöcke auszulegen, die
man allgemein für Opferstellen hält, konnten aber mit ihnen
nichts Rechtes anfangen. Es kam uns wieder in den Sinn, daß
eines jener Zeichen, eine Art strahlenumgebene Sonne, von
Fachleuten für nichtrömisch gehalten wurde, denn sie vermuteten, daß diese groben Altäre von den römischen Priestern bloß
aus älteren, vielleicht bereits von den Ureinwohnern errichteten
Tempeln übernommen worden waren. Auf einem dieser Blöcke

befanden sich braune Flecken, die meine Neugierde erregten. Der weitaus größte, der sich in der Mitte des Raumes erhob, zeigte auf seiner oberen Fläche gewisse Merkmale, die auf eine Berührung mit Feuer hindeuteten — wahrscheinlich verbrannte Opfergaben.

Das also waren die Sehenswürdigkeiten, die wir in der Krypta entdeckten, vor deren Tür die Katzen schrien und wo Norrys und ich nun darauf bestanden, die Nacht zu verbringen. Bediente brachten zwei Feldbetten herunter und wurden angewiesen, sich nicht um das nächtliche Treiben der Katzen zu kümmern. Mein Nigger-Man wurde sowohl zur Verstärkung als auch zur Gesellschaft zugelassen. Wir entschlossen uns, die schwere Eichentüre — eine moderne Kopie mit Ventilationsschlitzen — abzuschließen, und nachdem dieses geschehen, legten wir uns mit brennenden Laternen hin, um abzuwarten, was auch immer kommen möge ...

Das Gewölbe befand sich tief im Fundament der Priorei und wahrscheinlich weit unten in dem überhängenden Kalksteinfelsen über dem einsamen Tal. Daß hier das Ziel jener grausigen, unerklärlichen Ratten war, schien mir außer Zweifel. Meine Nachtwache durchmischte sich langsam mit Halbträumen, aus denen mich jedoch die unruhigen Bewegungen meines Katers immer wieder hochrissen.

Diese Träume waren nicht vollständig, aber ebenso schrecklich wie jener, den ich die Nacht zuvor gehabt hatte. Ich erblickte wieder die zwielichtige, dämmernde Grotte, sah abermals den Schweinehirten mit seinen grauenhaft pilzüberwucherten Tieren, die sich in der ekligen, schleimigen Schmutzmasse suhlten. Und als ich mir diese Höllenwesen genauer besehen wollte, schienen sie mir näher zu sein und deutlicher erkennbar — so deutlich, daß ich beinahe Einzelheiten ausmachen konnte. Dann sah ich die welken Gesichtszüge eines von ihnen — und wachte mit solch einem Entsetzensschrei auf, daß Nigger-Man auffuhr und Captain Norrys, der nicht geschlafen hatte, in ein beträchtliches Lachen ausbrach. Norrys würde vielleicht noch mehr — oder aber auch weniger gelacht haben, hätte er gewußt, was es war, das mich so schreien ließ. Aber ich erinnerte mich auch erst später daran. Extremes Grauen lähmt das Gedächtnis in einer barmherzigen Weise.

Norrys weckte mich, als das Phänomen begann. Durch sanftes Schütteln wurde ich aus demselben gräßlichen Traum gerufen und auf das Geräusch der Katzen aufmerksam gemacht. In der Tat, da gab es genug zu hören, denn hinter der verschlossenen Tür über den Steinstufen herrschte ein wahrer Alptraum felinen Gejaules und Gekratzes, während Nigger-Man, ohne seine Verwandtschaft draußen zu beachten, aufgeregt die kahlen Steinwände entlangjagte, in denen ich dasselbe Rumoren eines in Aufruhr geratenen Rattenbabels vernahm, das mich in der vergangenen Nacht beunruhigt hatte.

Ein stechender Schreck durchfuhr mich jäh, denn hier gab es abnorme Dinge, die durch nichts in der Welt erklärt werden konnten. Diese Ratten, wenn nicht Schattenwesen eines Wahnsinns, den ich nur mit den Katzen teilte, mußten sich durch römische Mauern graben und nagen, die meiner Meinung aus massiven Kalksteinquadern erbaut worden waren ... außer, vielleicht, das unaufhörlich fressende Wasser hat in einer Zeitspanne von mehr als siebzehnhundert Jahren Tunnels geschaffen, die von den Nagern glatt und geräumig geschliffen waren ... Aber auch in diesem Fall war dieses gespenstische Grauen nicht geringer; denn wenn hier tatsächlich lebendes Ungeziefer hauste, warum hörte Norrys nicht dieses abscheuliche, ekelerregende Gewühle? Warum drängte er mich, Nigger-Man zu beobachten und auf die Katzen da draußen zu hören, und weshalb rätselte er ahnungslos und vage herum, was diese nur so in Aufregung versetzt hätte?

Da ich nun so weit war, ihm so gut als möglich auseinanderzusetzen, was ich zu vernehmen glaubte, drangen die letzten Laute dieses ungestümen Gejages an meine Ohren; diese schrecklichen Laute waren in noch größeren Tiefen verklungen, weit fort unter diesem tiefsten der Kellergewölbe, bis es schien, als würde der ganze überhängende Fels von den herumsuchenden Ratten gerüttelt. Norrys war nicht so skeptisch, wie ich vorher erwartet hatte, sondern schien zutiefst bewegt. Er deutete mir zu, daß die Katzen vor der Tür aufgehört hätten zu lärmen, als hätten sie die Ratten verloren gegeben. Nigger-Man aber brach in erneute Unruhe aus und scharrte wie rasend am Sockel des großen Opfersteines in der Mitte des Raumes, der Norrys' Liegestatt näher stand als meiner.

Meine Furcht vor dem Unbekannten war an diesem Punkt sehr groß. Etwas Verblüffendes war geschehen, und ich sah, daß Captain Norrys, ein jüngerer, kräftigerer, eher materialistischer Mensch, genau so betroffen war wie ich selbst — vielleicht wegen seiner lebenslangen Vertrautheit mit den einheimischen Gerüchten und Sagen. Im Augenblick vermochten wir nichts anderes tun, als den alten, schwarzen Kater zu beobachten, der mit schwindendem Eifer am Sockel des Altars scharrte, gelegentlich aufschaute und mir auf jene zutrauliche Art zumiaute, die er stets anwendete, wenn er von mir etwas wollte.

Norrys brachte nun eine der Laternen nahe an den Altar heran und untersuchte die Stelle, an der Nigger-Man mit den Pfoten scharrte. Schweigend kniete er nieder und riß die jahrhundertealten Flechten weg, die den massiven vorrömischen Steinblock mit dem Mosaikpflaster verbanden. Er fand nichts und wollte schon seine Bemühungen aufgeben, als ich eines eher unbedeutenden Umstands gewahr wurde, der mich, obgleich ich ihn eigentlich bereits vorausgeahnt hatte, erschauern ließ.

Ich machte Norrys darauf aufmerksam, und wir blickten beide auf diese eher unmerkliche Manifestation mit der Starrheit des Entdeckens und Erkennens. Es war das: Die Flamme, nahe dem Altar abgestellt, flackerte leicht, aber deutlich in einem Luftzug, dem sie zuvor nicht ausgesetzt gewesen war, und der zweifellos aus einer Spalte zwischen Fliesen und Altar drang, wo Norrys die Flechten weggerissen hatte.

Wir verbrachten den Rest der Nacht im strahlend erleuchteten Arbeitszimmer, nervös diskutierend, was wir als nächstes unternehmen sollten. Die Entdeckung, daß ein Gewölbe tiefer lag als das tiefste Mauerwerk der Römer, irgendein Gewölbe, übersehen von der Neugierde der Archäologen dreier Jahrhunderte, hätte genügt, uns in Begeisterung zu versetzen, wäre nicht dieser sinistre Hintergrund gewesen. So aber war unsere Entdeckerfreude zwiespältiger Natur, und wir blieben lange im Zweifel, ob wir unsere Nachforschungen einstellen und die Priorei aus abergläubischer Furcht für immer meiden sollten, oder ob wir unserem Abenteurermut nachgeben und jeglichem Grauen trotzen sollten, das uns in diesen unbekannten Tiefen erwarten könnte.

Am Morgen hatten wir einen Kompromiß geschlossen und

uns entschieden, in London eine Gruppe von Archäologen und Wissenschaftlern zusammenzustellen, die geeignet war, es mit diesem Mysterium aufzunehmen. Es darf hier nicht unerwähnt bleiben, daß wir, ehe wir das Kellergewölbe verließen, vergeblich versucht hatten, den Hauptaltar zu bewegen, den wir nun als Tor zu einem neuen Höllenschlund namenloser Furcht betrachteten. Welches Geheimnis dieses Tor öffnen würde, würden klügere Menschen als wir herausfinden müssen.

Während vieler Tage in London unterbreiteten Captain Norrys und ich Tatsachen, Vermutungen und sagenhafte Berichte fünf hervorragenden Kapazitäten — alles Männer, bei denen man sich darauf verlassen konnte, daß sie alles unliebsame, das vielleicht durch künftige Erforschungen ans Tageslicht käme, geheimhalten würden. Es stellte sich auch heraus, daß kaum einer von ihnen zu Spott geneigt war, im Gegenteil, sie zeigten sich außerordentlich interessiert und der Sache zugetan. Es ist kaum nötig, sie alle namentlich aufzuführen, aber ich möchte dennoch bemerken, daß Sir William Brinton dabei war, dessen Ausgrabungen in Troas seinerzeit weltweites Aufsehen erregt hatten. Als wir endlich den Zug nach Anchester nahmen, fühlte ich mich am Rande furchtbarer Enthüllungen; eine Empfindung, symbolisiert durch die Trauer so vieler Amerikaner über den unerwarteten Tod des Präsidenten auf der anderen Seite der Welt.

Am Abend des 7. August erreichten wir Exham Priory, wo die Dienerschaft mir versicherte, daß nichts Ungewöhnliches vorgefallen wäre. Die Katzen, ja sogar der alte Nigger-Man, hatten sich ruhig verhalten; und nicht eine einzige Falle im Haus war zugeschnappt. Wir hatten vor, mit den Untersuchungen am nächsten Tag zu beginnen. Meinen Gästen hatte ich komfortabel ausgestattete Zimmer zugewiesen, ich selbst zog mich in meine eigene Turmkammer zurück, mit Nigger-Man quer über den Füßen. Ich schlief bald ein, wurde aber von gräßlichen Träumen bedrückt. Es war eine Vision eines altrömischen Gelages, wie jenes von Trimalchio, doch in einer zugedeckten Schüssel lauerte das monströseste Grauen. Dann erschien mir wieder das verdammte Irrsinnszeug mit dem Schweinehirten und seiner ekelerregenden Herde in der Zwielichtgrotte. Doch als ich erwachte, war es bereits heller Tag, und unten im Haus ertönten normale

Geräusche. Die Ratten, lebende oder gespenstische, hatten mich nicht gestört; und Nigger-Man schlief noch immer friedlich. Beim Hinuntergehen erfuhr ich, daß diese Ruhe die ganze Nacht über geherrscht hatte; ein Zustand, den einer der versammelten Diener — ein Mann namens Thornton, der sich mit Spiritismus befaßt — ziemlich absurd der Tatsache zuschrieb, daß man mir eben schon das Ding gezeigt hatte, das bestimmte Mächte mir hatten zeigen wollen.

Alles war nun bereit, und um 11 Uhr vormittags stieg die gesamte Gruppe von sieben Männern, ausgerüstet mit starken elektrischen Lampen und Ausgrabungsinstrumenten in das Kellergewölbe und versiegelten die Tür hinter sich. Nigger-Man war bei uns, denn die Forscher störten sich keineswegs an seiner Erregbarkeit, ganz im Gegenteil, sie waren sehr darauf bedacht, ihn bei dieser Expedition mitzuhaben, da doch sein feiner Instinkt bei dieser Nagerjagd nur von Vorteil sein konnte. Die römischen Inschriften und unbekannten Altarzeichnungen nahmen wir nur flüchtig in Augenschein, drei der Wissenschaftler hatten sie bereits gesehen, und alle erkannten deren charakteristische Merkmale. Die größte Aufmerksamkeit galt dem wichtigeren Hauptaltar, und innerhalb einer Stunde war es Sir William gelungen, ihn nach rückwärts zu kippen; es mußte also irgendein unbekannter Mechanismus, eine Art Gegengewicht existieren.

Und dann lag solch ein unsägliches Grauen vor uns, das uns, wären wir nicht vorbereitet gewesen, in den Wahnsinn getrieben hätte. Durch eine beinahe quadratische Öffnung im Boden stiegen, nein, taumelten wir über eine steinerne Treppenflucht, so abgenützt, daß in der Mitte wenig mehr als eine geneigte Ebene war, auf der geisterhaft bleich und wildverstreut menschliche oder halbmenschliche Knochen lagen. Jene, die noch intakte Skelette waren, zeigten die grausigen Verrenkungen panischer Angst, und bei allen wiesen Merkmale darauf hin, daß Nagetiere an ihnen gefressen hatten. Die Schädel zeigten nichts Geringeres an als Idiotie, Kretinismus oder primitives Halbaffentum.

Über diesen infernalischen Stufen wölbte sich ein abfallender Tunnel, aus dem massiven Gestein herausgearbeitet und von Frischluft durchströmt. Dieser Luftstrom hatte nichts von dem plötzlichen wie lästigen Geruch eines geöffneten Gewölbes an sich, er war eher eine kühle Brise von angenehmer Frische. Wir hielten uns nicht lange auf, sondern bahnten uns schaudernd einen Weg die Treppe hinunter. Dabei machte Sir William, der die behauenen Wände überprüfte, die überaus bestürzende Entdeckung, daß der Gang — der Richtung der Schläge nach — *von unten her* gemeißelt worden war.

Ich muß jetzt sehr sorgfältig überlegen und meine Worte achtsam wählen.

Als wir einige Stufen weiter durch die zernagten Knochen vorgedrungen waren, sahen wir Licht über uns; nicht irgendein mystisches Phosphoreszieren, sondern gefiltertes Tageslicht, das nur aus einer unbekannten Spalte der Felsenschlucht kommen konnte. Daß solche Spalten von außen her übersehen worden waren, besagte nicht viel, denn das darunterliegende Tal ist unbewohnt, und der Felsvorsprung, auf dem die Priorei erbaut ist, ist so hoch und so weit überhängend, daß seine Steilwand nur ein Flieger genau betrachten könnte.

Nachdem wir einige Schritte weitergegangen waren, erblickten wir etwas, das uns buchstäblich den Atem raubte, so buchstäblich, daß Thornton, der Spiritist, ohnmächtig in die Arme seines bestürzten Hintermannes taumelte. Norrys, das dicke Gesicht weiß und schlaff, stieß bloß unartikulierte Schreie aus; während ich glaube, daß ich nach Luft rang oder zischte und meine Augen bedeckte.

Der Mann hinter mir — der einzige Mann der Gruppe, der älter als ich war — krächzte das abgedroschene ›Mein Gott!‹, und es war die gebrochenste Stimme, die ich je gehört habe. Von sieben gebildeten Männern bewahrte nur ein einziger die Haltung: Sir William Brinton; ein Umstand, der ihm um so höher angerechnet werden muß, weil er die Gruppe anführte und den Anblick als erster vor Augen bekommen hatte.

Vor uns, in einem grausigen, unwirklichen Zwielicht, lag eine Grotte riesiger Höhe, die sich in eine unermeßliche Ferne ausdehnte, so weit, daß das Auge kein Ende mehr zu finden vermochte; eine unterirdische Welt voller namenloser Rätsel und Schrecken. Es gab Bauten und architektonische Überreste — mit einem einzigen Blick des Entsetzens sah ich gespenstische Modelle von Tumuli, einen barbarischen Kreis von Monolithen, eine flachkuppelige römische Ruine, einen langgestreckten angelsächsischen Bauernhof und ein frühenglisches Holzhaus — aber all das wurde von dem ghoulischen Panoptikum überboten, das der Zustand dieser subterraneen Fläche bewirkte. Denn viele Yards im Umkreis der Treppe erstreckte sich ein wahnwitziges Gewirr menschlicher Knochen oder solcher, die aus Zwischenstadien stammen mußten; wie eine gischtige See breiteten sie sich vor uns aus, einige zerfallen, andere wieder als teilweise oder ganze Skelette; letztere in Stellungen grauenhaftester Furcht, der verzweifeltsten Abwehr oder auch nach anderen in kannibalischer Absicht krallend.

Als unser Anthropologe Dr. Trask die Schädel untersuchte, stellte er eine Mischung fest, die ihn äußerst verblüffte. In der Entwicklungsstufe standen sie meist unter dem Piltdownmenschen, waren aber in jedem Fall definitiv menschlich. Viele gehörten einer höheren Stufe an, dagegen verrieten sehr wenige Schädel höchstentwickelte Typen. Die meisten Knochen waren angenagt, meistens von Ratten, aber auch ziemlich viele von denen der halbmenschlichen Gattung. Mitten darunter fanden sich auch hin und wieder zierliche Rattenknöchelchen — die Gefallenen dieser nagenden Todesarmee, die diese uralte Geschichte beendeten.

Ich staune heute noch, daß an diesem Tag der abscheulichsten Entdeckungen niemand von den Männern starb oder den Verstand verlor. Kein Hoffmann, kein Huysmans könnte eine unglaublichere, abstoßendere, romantisch-groteskere Szene erdenken als diese Zwielichtgrotte, durch die wir sieben wankten; jeder von Enthüllung zu Enthüllung stolpernd und krampfhaft versuchend, nicht an das zu denken, was sich hier vor dreihundert oder tausend oder zweitausend oder zehntausend Jahren abgespielt haben mochte. Es war ein veritables Vorzimmer zur Hölle, und der arme Thornton fiel abermals in Ohnmacht, als Dr. Trask ihm erzählte, daß einige der Skelette während der letzten zwanzig oder mehr Generationen als Vierbeiner heruntergekommen sein müssen.

Schrecken häufte sich auf Schrecken, als wir die architektonischen Überreste zu erforschen suchten. Die menschlichen Vierbeiner, manchmal gab es auch Zweibeiner darunter, waren in primitiven Steinzellen gefangengehalten worden, aus denen sie, rasend vor Hunger und aus Furcht vor den Ratten, ausgebrochen sein mußten. Sie waren in großen Herden dagewesen und wurden allem Anschein nach mit dem groben Gemüse gemästet, dessen Abfall man in Form giftiger Fäulnis am Boden riesiger Steinbehälter entdeckte, die älter als Rom waren. Nun wußte ich endlich, warum meine Vorfahren solch ausgedehnte Gemüsegärten hielten — oh, könnte ich das alles nur vergessen!

Nach dem Zweck jener Herden wollte ich lieber gar nicht fragen.

Sir William, mit seiner Taschenlampe in der römischen Ruine stehend, übersetzte laut das blasphemischste Ritual, das ich je gehört hatte; und sprach über die Art und Weise der antediluvialen Kulte, die die Priester der Kybele vorgefunden und mit ihrem eigenen verschmolzen hatten. Norrys, ein Mann, der in den Schützengräben Flanderns gelegen hatte, vermochte, als er aus dem altenglischen Haus herauskam, nicht mehr aufrecht zu gehen. Es war ein Fleischerladen und eine Küche zugleich — er hatte das zwar erwartet, aber es war zuviel, die vertrauten englischen Werkzeuge an solch einem Ort zu sehen, und ebenso vertraute Wandkritzeleien zu lesen, manche davon nicht älter als von 1610. Ich brachte es nicht über mich, in dieses Gebäude zu treten — in dieses Haus, dessen teuflischen Verwendungszweck erst der scharfe Dolch meines Vorfahren Walter de la Poer ein Ende bereitet hatte.

Wohinein ich mich zu gehen wagte, war das niedrige angelsächsische Gebäude, dessen Eichentor herausgefallen war; darin fand ich eine fürchterliche Reihe von Steinzellen mit rostigen Gittern, es waren ihrer zehn. In dreien befanden sich menschliche Skelette, und auf dem knöchernen Zeigefinger des einen fand ich einen Siegelring mit meinem eigenen Familienwappen. Sir William fand ein Gewölbe unter der römischen Kapelle mit weitaus älteren Zellen, die aber leer waren. Darunter entdeckte er eine niedrige Krypta mit Kisten voller Totenknochen, die man peinlich genau geschichtet hatte. Einige trugen fürchterliche Inschriften eingeschnitzt, teils in Latein und Griechisch, teils in der Sprache Phrygiens.

Mittlerweile hatte Dr. Trusk einen der prähistorischen Tumuli geöffnet und brachte Schädel ans Licht, die kaum mehr menschlicher waren als die von Gorillas und die unbeschreibliche hieroglyphische Ritzzeichnungen aufwiesen. Unberührt von all diesem Grauen stolzierte mein Kater herum. Einmal sah ich ihn wie ein kleines Ungeheuer auf einem Berg von Knochen hocken und dachte an die Geheimnisse, die hinter seinen gelben Augen liegen mochten. Nachdem wir einigermaßen die schauerlichen Enthüllungen dieses Zwielichtlandes bis zu einem gewissen Grad erfaßt hatten — eines unterirdischen Landes, das mir bereits in Alpträumen vorgeschwebt war —, wandten wir uns jener anscheinend grenzenlosen Mitternachtshöhle zu, wohin kein Lichtstrahl aus einer Felsenspalte mehr dringen konnte. Nie werden wir erfahren, welch augenlos stygische Welten hinter dem kurzen Stück gähnten, das wir gingen; denn es war vorausbestimmt, daß solche Geheimnisse nicht gut für die Menschheit seien. Aber es gab genug in der Nähe, um unsere Aufmerksamkeit voll in Anspruch zu nehmen, denn wir waren gar nicht lange unterwegs, als uns unsere Taschenlampen jene Gruben erhellten, in denen die Ratten ihre schaurigen Freßorgien abgehalten hatten, bis daß ein völlig unerwartetes Aussetzen der Fütterung die heißhungrige Nagerarmee zu den lebenden Herden getrieben, und später dazu, aus der verlassenen Priorei hervorzuquellen, in jenem historischen Verwüstungszug, den die Bauern nie vergessen werden.

Gott! Diese grauenhaften, schwarzen Gruben voller abgenagter Knochen und geöffneter Totenschädel! Diese alptraumzitternden Abgründe, vollgepfropft mit Knochen unseligster Jahrhunderte, mit Knochen der Pithecanthropoiden, Kelten, Römer, Engländer ... Manche dieser Gruben waren bis an den Rand gefüllt, und kein Mensch vermag zu sagen, wie tief sie eigentlich wirklich waren. Andere wieder waren so tief, daß die Kegel unserer Taschenlampen keinen Grund fanden, oder voll von unaussprechlichen Fieberträumen.

Einmal glitt mein Fuß am Rand eines der grauenhaft gähnendem Schlünde aus, und für einen Augenblick lang fühlte ich mich von einer rasenden Angst erfaßt. Ich muß wohl eine lange Weile stillgestanden haben, denn ich konnte niemand mehr von der Gruppe sehen außer dem dicken Captain Norrys. Dann kam ein Geräusch aus der tintendunklen, grenzenlosen Ferne, das ich zu kennen glaubte; und ich sah meinen alten schwarzen Kater gleich einem geflügelten ägyptischen Gott an mir vorbeispringen, geradewegs in den unendlichen Abgrund dieser unbekannten Welt. Aber ich lag nicht weit zurück, denn nach einer weiteren Sekunde gab es keinen Zweifel mehr: es war das unheilige Hasten jener teufelgeborenen Ratten, stets nach neuem Grauen jagend und mit keiner anderen Absicht, als mich in die ultimativsten Höhlen im innersten Gedärm der Erde zu treiben, wo Nyarlathotep, der irrsinnige, gesichtslose Gott blind zum Gepfeife zweier idiotischer Flötenspieler jault.

Meine Taschenlampe war ausgebrannt, aber trotzdem lief ich weiter. Ich hörte Stimmen, Gejohle und grausige Echos, aber darüber erhob sich weich, ja fast sanft dieses unheilige, heimtückische Hasten; allmählich steigend, steigend, steigend wie eine steifgeblähte Wasserleiche in einem schleimigen, öligen Fluß hochsteigt, der unter endlosen Onyxbrücken einem schwarzen, faulenden Ozean zuströmt.

Irgendwas stieß gegen mich — etwas Weiches, Plumpes. Es müssen die Ratten gewesen sein; die bösartige, gallerthafte, hungrige Armee, die von den Toten wie von den Lebenden frißt ... Warum sollten die Ratten nicht einen de la Poer fressen — fressen doch auch de la Poers Verbotenes! ... Der Krieg fraß meinen Jungen, verdammt sollen sie sein ... alle! ... Die Yankees fraßen Carfax mit Flammen und verbrannten Großvater Delapore und das Geheimnis ... Nein, nein, ich sage euch, ich bin *nicht* der höllische Schweinehirt dieser Zwielichtgrotte! Es war nicht Edward Norrys' Kopf auf jenem pilzüberwucherten Ding! Wer behauptet, daß ich ein de la Poer bin? Er lebte, aber mein Junge starb! ... Soll ein Norrys die Ländereien eines de la Poer besitzen? ... Das ist Voodoo, sag' ich euch ... die getupfte Schlange ... Verflucht sollst du sein, Thornton, ich werde dich lehren, in Ohnmacht zu fallen, beim Anblick dessen, was meine Familie tut! ... Gottes Blut, du Hundsfott, ich will dir wohl Mores beibringen ... wolde ye swynke me thilke wys ...? *Magna Mater! Magna Mater! ... Atys ... Dia ad aghaidh 's ad aodann ... agus bás dunach ort! Dhonas 's dholas ort agus leat-sa! ... Ungl ... ungl ... rrlh ... chchch ...*

Das, behaupten sie, hätte ich gestammelt, als sie mich nach drei Stunden in der Finsternis über Captain Norrys halbaufgefressener Leiche kriechend fanden, wobei mir mein eigener Kater eingekrallt an der Kehle hing. Nun haben sie Exham Priory in die Luft gesprengt, mir meinen Nigger-Man fortgenommen und mich in Hanwell in ein vergittertes Zimmer gesperrt, wobei sie ängstlich über meine Erbanlagen und mein Erlebnis flüsterten. Thornton ist im Zimmer nebenan, aber sie wollen mich mit ihm nicht sprechen lassen. Sie versuchen auch das meiste über die Priorei zu unterdrücken. Wenn ich vom armen Norrys spreche, beschuldigen sie mich einer abscheulichen Sache, aber sie müssen doch wissen, daß ich es nicht war, der das getan hat. Sie müssen doch wissen, daß es diese Ratten waren, diese grauenhaften Ratten, die wie irrsinnig hinter der Polsterung dieses Zimmers rasen, die mich nicht schlafen lassen, die mich in dieses unendliche Grauen hinunterlocken wollen, in ein Grauen, das größer ist als alle anderen; diese Ratten, die nur ich allein hören kann; die Ratten, die Ratten, die Ratten im Gemäuer ...

Rattenfeuer

Längst war es dunkel geworden in der Welt, und sie scharten sich ums Feuer und lauschten dem wundervollen Gesang des alten Rattenkönigs. Sie waren keineswegs müde, als er schließlich endete, und der Morgen lag noch in weiter Ferne, und so baten sie ihn um eine Geschichte. Er tat ihnen gerne den Gefallen, denn sie sollten nie vergessen, woher sie kamen.

1

Damals, begann Futuras, hatten über Jahrhunderte hinweg Pest, Krieg und Hungersnot die Menschen heimgesucht. Bekanntlich ist der Mensch sehr zäh, denn sonst hätte er kaum bis heute überdauern können, aber zu jener Zeit war die Grenze seiner Lebenskraft fast erreicht.

Die Landbevölkerung war nicht nur den Unbilden des Wetters, sondern auch der Willkür der Edelleute ausgesetzt, und dabei spielte vor allem die Kirche eine große Rolle. Wer nicht an der rangobersten Stelle saß oder irgendwelche anderen Möglichkeiten hatte, auf seinem Stuhl zu bleiben, war stets gut beraten, den Mund zu halten, nicht aufzufallen und zu gehorchen; die Kirche machte selbst vor dem Adel nicht halt, wenn es ihr nutzte. Inquisitionsprozesse gab es sehr schnell, selbst für hohe Herren und noch mehr für schöne Damen ... so viel nur dazu.

Der Herrscher von dem kleinen Fürstentum, das ich meine, hatte in dieser Hinsicht Glück, denn sein Bruder war der Erzbischof und die große Macht im Hintergrund. Der Bischof hatte kein Interesse daran, auf dem Thron zu sitzen und sich dem Kaiser gegenüber verantworten zu müssen; er gefiel sich ausgezeichnet als der große Ratgeber und Handlanger seines Bruders. Der Fürst war ein sehr gläubiger Mann, der in schrecklicher Furcht vor der Verdammnis lebte und daher dem Bischof in allen Dingen gehorchte. Entdeckte er nur einmal so etwas wie freien Willen und wollte Dinge allein nach seiner Vorstellung tun, wurde er noch in der gleichen Nacht von so schrecklichen Alpträumen heimgesucht, daß er gleich am nächsten Morgen bereute und sich seinem Bruder vor die Füße warf.

Die Feste lag mitten in der Stadt auf dem Burgberg, ganz in der Nähe des großen Stroms. Der Bischof hatte sich auf der Insel im Strom einen großen Wehrturm errichten lassen, den er als Sommerresidenz nutzte. Für viele außerhalb des Fürstentums galt er bereits als Heiliger, vor allem seines Wissens und seines erleuchteten Geistes wegen; wer ihn nicht näher kannte, hätte sich dieser Meinung sicherlich auch gerne angeschlossen. Er war eine auffallende Erscheinung, groß und schlank, sein Gang war aufrecht und würdevoll, und er trug nur schlichte Gewänder ohne Brokat und Stickereien; sein ebenmäßiges Gesicht wirkte reif und durchgeistigt, und obwohl er die Fünfzig bereits überschritten hatte und für damalige Begriffe also ein alter Mann war, sah er kaum älter als Achtundvierzig aus. Seine Erscheinung, sein ganzes Auftreten täuschte viele über sein wahres Wesen hinweg; er schaffte es sogar, den Blick seiner Augen warm und vom Glauben erfüllt erscheinen zu lassen. Dachte er sich jedoch unbeobachtet, so fiel die Maske von seinem Gesicht, das hart und von verbitterten Furchen durchzogen wurde, und in seinen kalten hellgrauen Augen entzündete sich ein unheimlich glimmendes, böses und grausames Licht. Ich will nicht behaupten, daß er gar nicht an Gott glaubte, aber es war ihm erfolgreich gelungen, seinen ursprünglichen reinen Glauben, den er am Anfang sicherlich gehabt hatte, weitgehend zu vernichten und den Rest, den er nicht abstreifen konnte, so zu pervertieren, daß er trotz all seiner Grausamkeit von der Richtigkeit seines Handelns überzeugt war. Aufgrund seiner charismatischen Ausstrahlung fiel es ihm nicht schwer, auch andere zu überzeugen; manchmal war er so von einem fanatischen (und, wie Auswärtige sagten, *heiligen*) Feuer besessen, daß er mit der Kraft seiner Stimme und seinen Worten (er war sehr gebildet, daher verstanden ihn die anderen kaum) alle in seinen Bann riß. Er war der Erzbischof, Gottes Diener, Gottes Hand, Gottes Mund. Es gab keinerlei Zweifel daran bei der Obrigkeit, nur die einfachen Leute, die hungern mußten, hatten ihn längst erkannt, denn sie waren vielleicht nicht so vornehm und gebildet, aber sie waren arm, und er war reich, und das allein genügte, um sie gegen ihn aufzubringen. Sie wußten, daß er unter dem Deckmantel der Heiligen und Gerechten Inquisition unbequeme Leute beseitigte und sich willkürlich Opfer erwählte, um seine Langeweile zu vertreiben.

Die freien Bauern waren da natürlich noch schlimmer dran als alle anderen, und einer von ihnen war Wolfram, dessen stolzer Name allein schon genügte, des Bischofs Blut in Wallung zu bringen.

Wolfram war ein einfacher Mann mit gesundem Menschenverstand; er war groß und schwer von Gestalt, mit einer schwarzen Wolle auf dem Haupt und einem mächtigen schwarzen Bart; er war kürzlich Fünfzig geworden und schien gerade in der Blüte seiner Jahre zu stehen. Er besaß ein Stück Land, das der Familie vor Jahrzehnten vom Kaiser für besondere Verdienste auf dem Felde geschenkt worden war, und dieses Wort galt noch heute. Der Bischof, der diese fruchtbaren Äcker gern in seinen Besitz gebracht hätte, hatte es niemals geschafft, Wolfram Bauer zu enteignen; um so mehr haßte er ihn und seine ganze Familie, die selbst in der Stadt angesehen war. Wolfram war nicht reich, aber stolz und aufrecht, und seine Ehrlichkeit war ebenso berühmt wie die Barmherzigkeit seiner Frau Magdalena, und auch seine Kinder hatten sich schon einen Namen gemacht. Die neunzehnjährige Uta, äußerlich ein Ebenbild der Mutter, war ein schönes Mädchen mit wallenden kupferroten Haaren und blitzenden grünen Augen; sie kam vom Charakter her ganz nach dem Vater. Johannes war mit einundzwanzig Jahren der Älteste und bekannt für seinen Verstand und seinen Fleiß; er sah ganz wie der Vater aus. Sebastian schließlich, der siebzehnjährige Jüngling, blond und sanft, wurde richtiggehend verehrt, denn er besaß eine einzigartige Gabe: eine Stimme, wie es keine zweite gab. Alle Welt verstummte, wenn er zu singen begann, und lauschte seinen wundervollen Liedern, die er zumeist selbst dichtete. Man nannte ihn die Goldene Stimme; er durfte auf keinem Fest, keiner Feierlichkeit fehlen. Magdalena, die Mutter, war achtundvierzig, verbraucht vom Arbeiten und Gebären (zehn Kinder hatte sie auf die Welt gebracht, von denen nur drei überlebt haben), grauhaarig und faltig, aber in ihrem Gesicht lag immer noch der Liebreiz ihrer Jugend, und sie hatte immer ein Lächeln übrig. Sie hielten als Familie eng zusammen und verteidigten ihren Besitz eisern gegen alle bösen Einflüsse, sei es das Wetter oder der Bischof. Tagein, tagaus arbeiteten sie auf dem Felde oder zu Hause, zahlten pünktlich die Abgaben und fielen ansonsten nur durch ihre Ehrbarkeit und Bescheidenheit auf.

Der Bischof ließ allmonatlich die Steuern und Abgaben eintreiben, jeder wußte genau Tag und Uhrzeit, denn seine Knechte gingen unbarmherzig gegen jeden vor, der nicht alles bereithielt.

Am Tag vor einer Eintreibung ging der Bischof zu seinem Bruder, der krank in seinem Schlafgemach lag.

»Verehrter Bruder, ich betrachte Euch mit Sorge«, begann er, während er einen Stuhl ans Bett zog.

Der Fürst röchelte leise, seine Fettleibigkeit machte ihm im Liegen ziemlich zu schaffen; Schweiß lief in Bächen über sein fieberglühendes Gesicht, während der Körper vor Schüttelfrost zitterte. »Es ist nur eine Influenza«, flüsterte er schwach. »Bald bin ich wieder wohlauf, Ihr werdet sehen.«

»Ihr solltet Euch schonen«, widersprach der Bischof. »Mein edler Fürst, Ihr seid nicht mehr der Jüngste, und nichts liegt mir näher als Euer Wohlergehen. Wenn Ihr mir vertrauen wollt, will ich gerne alle Regierungsgeschäfte einstweilen übernehmen.«

»Ihr habt mein Vertrauen stets besessen, das wißt Ihr doch«, keuchte der Fürst. »Und ich will Euch recht geben, ich fühle mich in der Tat sehr schwach. Ich lege alles in Eure Hand, bitte Euch nur um Euren regelmäßigen Besuch.«

»Darauf könnt Ihr vertrauen«, nickte der Bischof. »Ich werde den besten Arzt kommen lassen, daß er sich ausschließlich mit Eurer Krankheit beschäftige, und nur gesunde Speisen sollt Ihr zu Euch nehmen.«

Der Fürst klammerte sich an sein Gewand und zog sich daran hoch. »Ist denn genügend in den Vorratskammern?« ächzte er ängstlich. »Es ist ein schlechtes Jahr ...«

»Es wird für alles gesorgt«, beschwichtigte der Bischof. »Ich muß die Abgaben erhöhen, aber dem Volk wird nichts zu teuer sein, wenn Ihr nur wieder gesund werdet. Ihr wißt, daß es Euch liebt.«

Erschöpft sank der Kranke zurück. »So bin ich beruhigt«, stieß er mit letzter Kraft hervor.

Sein Bruder erhob sich, schlug das Kreuz über ihm, faltete die Hände und murmelte ein Gebet. Der Atem des Fürsten ging rasselnd und pfeifend, er hatte die Augen geschlossen, aber sein Gesicht wurde friedlicher, als er den Verwandten für sich beten hörte.

»So schont Euch«, sagte der Bischof leise, »und sorgt Euch nicht.«

Als er sah, daß der Fürst eingeschlummert war, verließ er lautlos die Kammer.

Wolfram Bauer glaubte seinen Ohren nicht trauen zu können, als er am folgenden Tag hörte, daß er noch mehr von der ohnehin kargen Ernte abzugeben hatte. Die Zeiten waren schlechter denn je, das Land verwüstet vom Krieg, ausgetrocknet von der Dürre, staubig und kahl. Das Volk hatte kaum zu essen, selbst die Bauern litten Not, und nun sollten sie dem Hunger ganz und gar preisgegeben werden.

»Wovon sollen wir leben?« grollte er mit seiner tiefen Stimme. »Wie sollen wir unsere Arbeitskraft erhalten, um die Ernte einzubringen? Mit Luft?«

»Schweig Er!« befahl der Eintreiber streng. »Der Fürst ist krank und muß versorgt werden. Wollt Ihr Euer Wohlergehen etwa über das des Fürsten stellen, Wolfram Bauer?«

Wolframs Muskeln spannten sich an; er trug nur eine zerschlissene Hose, denn es war ein heißer Tag, und Schweiß glänzte auf seiner mächtigen sonnenverbrannten, schwarzbepelzten Brust. Die Haupt- und Barthaare sträubten sich wild, und seine Augen funkelten zornig, als er drohend auf den Eintreiber zuging, der erschrocken seine Gehilfen herbeiwinkte.

»Ich will nur essen, um zu leben, Herr, denn mag ich auch ein Geringer sein, so bin ich doch ein Mensch vor den Augen des Herrn, und ich habe für meine Familie zu sorgen!« rief er dröhnend. »Ich bin nicht gewillt, auch nur einen Heller an diese Blutsauger zu zahlen, die im Reichtum schwelgen und mit Völlerei prahlen. Das ist nicht gottesfürchtig, sagt dem Bischof das!«

Magdalena fiel ihm in den Arm, den er schon zum Schlag erhoben hatte. »Um Gottes willen, Mann, vergehe dich nicht!« flehte sie. »So laß uns zahlen, was können wir sonst schon tun?«

»Sie ist vernünftig, Frau«, warf der Eintreiber süffisant ein. »Wollte Gott, daß alle vernünftigen Weiber bei störrischen Eseln das Sagen hätten. Hör Er lieber auf Seine Frau, die bedeutend klüger ist als Er, Wolfram Bauer!«

Wolfram schob Magdalena beiseite und baute sich mächtig vor dem Eintreiber auf; die Kinder versammelten sich hinter ihm mit aufgestellten Ackergeräten. »Nichts werde ich zahlen, solange unsere Herren nicht endlich einsehen, daß man das Volk nicht ewig bluten lassen kann. Ich habe wie mein Vater und mein Großvater vor mir stets pünktlich und auf den Heller genau gezahlt, selbst zu Zeiten des Krieges. Aber ich kann nicht mehr hergeben, als ich besitze, und ich will meine Familie wegen der sinnlosen Gier anderer nicht verhungern lassen. Ich werde jedes erträgliche Maß zahlen und meinem Herrn dienen, so lange er Gerechtigkeit walten läßt, und darüber hinaus — nichts. Sagt das dem Bischof!«

Der Eintreiber überlegte einen Moment; seine Knechte hielten die Waffen schon bereit, aber dann winkte er ab. »Wir kommen wieder, Wolfram Bauer«, erklärte er kalt, drehte sich um und ging.

»Lieber Mann, du bringst Unglück über uns!« sagte Magdalena entsetzt, als die Männer fort waren. »Wir können uns nicht wehren, das weißt du genau!«

»Aber wir können uns nicht alles gefallen lassen!« warf Johannes ein, und Uta fügte hinzu: »Auch wir sind Menschen, und niemand hat das Recht, uns wie Sklaven zu behandeln!«

»Und wie sollen wir uns gegen die Soldaten des Fürsten wehren?« fragte Sebastian. »Mit bloßen Fäusten?«

»Am Ende werden sie uns alles nehmen!« rief Magdalena.

»Seid still!« schrie Wolfram. »Es stimmt wohl, daß eine Schreckensherrschaft für den Herrschenden gewisse Vorteile mit sich bringt. Aber für jedes Volk kommt einmal die Zeit, zu der es die Pein nicht mehr ertragen kann und lieber zerbricht, als sich weiter zu beugen. Irgendwann hat man einfach nichts mehr zu verlieren, und dieser Zeitpunkt ist auch bei uns nicht mehr fern. Ich *kann und will* diese Tyrannei nicht mehr länger hinnehmen. Und ich weiß, daß ich nicht der einzige bin, der so denkt. Und jetzt — kein Wort mehr. Wir haben noch viel zu tun.«

In dieser Nacht kehrten die Männer des Bischofs mit einem eindeutigen Befehl zurück. Ohne Vorwarnung brachen sie durch die Holztür hindurch und zerrten Vater Wolfram aus dem Bett. Magdalena klammerte sich jammernd an ihn, und einer der Soldaten trat sie grob beiseite. Mit einem Aufschrei warfen sich die beiden Söhne waffenlos auf die Männer und wurden niedergeschlagen, während der Vater aus dem Haus geschleppt wurde, und keiner konnte verhindern, daß sie ihn fortbrachten.

Der Fall Wolfram Bauer wurde schnell bekannt, aber jedes noch so leise Murren wurde von den Schergen des Bischofs schon im Keim erstickt. Während die Älteren sich beugten, gab es bei den Jungen jedoch bereits erste Zusammenkünfte, ganz kurz nur und so heimlich, wie ein Hase am Morgen den Acker betritt. Unter ihnen war Johannes, Wolframs erstgeborener Sohn, der überlegte, wie man am besten in die Feste einbrechen konnte. »Denn«, so erklärte er, »zum Bischof zu gehen hat wenig Sinn, da er meinen Vater in den Kerker warf.«

»Vielleicht wurde ihm Falsches zugetragen?« warf einer der anderen Jünglinge ein.

»Nein«, widersprach Johannes. »In diesem Land lebt keine falsche Zunge lang. Der Bischof ist unser Herr, das wissen wir alle, und seit der Fürst krank ist, nutzt er seinen Vorteil nur noch mehr aus. Ich bitte euch nur um eines —«, fuhr er in anderem Tonfall fort, und die Freunde neigten sich ganz nah zu ihm, »— laßt den Funken nicht verlöschen. Ich werde alles versuchen, um meinen Vater zu retten, und wenn es mir gelingt, so sehe ich noch Hoffnung. Falls es mir aber nicht gelingt, sollt ihr euch stets daran erinnern und daran denken, daß der Mensch nicht als Sklave geboren wurde, sondern frei, nur Gottes Gesetzen unterworfen. Es kann nicht richtig sein, daß Menschen in Seinem Namen andere Menschen leiden lassen, während sie selbst im Überfluß schwelgen.«

»Willst du denn ganz allein in die Feste einbrechen?« fragte ein Verschwörer erschrocken.

»Ja«, nickte Johannes. »Ich will keinen von euch da hineinziehen. Es ist niemandem geholfen, wenn wir alle in des Bischofs Kerker landen. Nein, euch brauche ich für später, daß ihr überall erzählt, wie es wirklich war, daß ihr vor allem den Widerstandsgeist in euren Vätern weckt. Um mich macht euch keine Sorgen. Entweder ich schaffe es allein, oder keinem gelingt es.« Er winkte ab, als die anderen heftig protestieren wollten; seine Bewegungen waren so entschieden, sein Gesicht so streng und entschlossen, daß sie verstummten. »Um einen Dienst bitte ich euch«, fuhr er fort. »Ich will Vater Wolfram heute nacht befreien. Sollte ich bis zum Morgengrauen nicht zurück sein, allein oder zu zweit, dann geht zu meiner Mutter und erklärt ihr alles. Sie soll es als erste von euch erfahren, und sagt ihr, ich bitte sie um Verzeihung und um ihren Segen.«

Seine Freunde willigten schweren Herzens ein, da ihnen keine Wahl blieb. Johannes erhob sich, schaute einem jeden fest in die Augen und ging wortlos. Unterwegs prüfte er seine Gefühle, denn er wußte, daß er beim leisesten Zaudern versagen mußte, aber er war völlig ruhig und sicher. In den Kerkerturm des Fürsten einzubrechen war beinahe dasselbe wie einem Fisch das Landleben beizubringen; Johannes sah jedoch keine andere Möglichkeit, den Vater retten zu können.

Johannes ging gar nicht erst nach Hause, sondern wartete in einem Versteck in der Nähe der Feste auf den Sonnenuntergang. Er hatte in Erfahrung gebracht, daß heute abend noch mehrere Fuhren Heu erwartet wurden; die auch pünktlich kurz vor der Dämmerung eintrafen. Zehn Karren waren es, jeweils von zwei Ochsen gezogen, die unter schrecklichem Lärm und Staub langsam auf das von zwei Soldaten bewachte Tor zurumpelten. Johannes wartete ab, bis die Karren aufgehalten wurden und sprang im Schutz der Staubwolken auf einen Wagen auf und wühlte sich blitzschnell ins Heu. Die beiden Soldaten hatten an den Zollpapieren nichts auszusetzen, und da der Bischof ansonsten keine Gefahr gemeldet hatte, konnten die Wagen schnell und ungehindert in den Burghof hineinfahren. Johannes schlüpfte ungesehen in eine Nische links vom Haupteingang und sah sich aufatmend um. In der Feste herrschte geschäftiges Treiben, und es fiel ihm nicht schwer, sich unauffällig unter die Leute zu mischen und zu schauspielern, als hätte er wie alle anderen schrecklich viel zu tun; währenddessen konnte er gut die Örtlichkeiten auskundschaften. Das Hauptgebäude hatte er rasch ausgemacht, ebenso den finsteren Kerkerturm daneben. Sämtliche Zellen und Folterkammern befanden sich in diesem hohen runden Turm, der für sich allein inmitten der Feste stand, kaum bewacht, da ohnehin keiner Wert darauf legte, freiwillig hineinzugehen; und heraus war bisher noch keiner gekommen. Johannes entschied sich, bis zum Einbruch der Nacht zu warten, die Wache abzulenken und hineinzuschlüpfen.

»Wo ist Johannes?« fragte die Mutter am Abend beim Essen.

»Soviel ich weiß, hatte er eine Verabredung«, antwortete Uta. »Mach dir keine Sorgen, Mutter.«

»Er wird bestimmt bald kommen«, fügte Sebastian hinzu.

Die Mutter schaute vom einen zum anderen. »Ihr verheimlicht mir etwas«, stellte sie argwöhnisch fest.

»Aber nein«, widersprach Uta. »Du machst dir immer viel zu viele Gedanken, Mutter. Ihr Mütter seid doch alle gleich.«

»Und doch ist es so«, erwiderte Magdalena bestimmt, während sie aufstand und den Tisch abräumte. »Ihr könnt mir nichts vormachen.«

In diesem Moment erzitterte die Tür unter stürmischem Klopfen, und sie konnten die Stimmen von zwei Freunden von Johannes hören.

Sebastian öffnete rasch die Tür, und die Jünglinge stürmten mit bleichen Gesichtern und ohne Gruß herein.

»Sie haben Johannes verhaftet!« platzte der Jüngere heraus.

»Heilige Maria!« stieß Magdalena hervor. »Ich ahnte es!« Sie schlug die Hände zusammen und sank schwer auf einen Stuhl.

»Wie ist das geschehen?« rief Uta.

»Er brach in den Kerkerturm ein!« antwortete der Ältere.

»Das kann nicht sein«, unterbrach ihn Sebastian. »Noch keinem Menschen ist das je gelungen.«

»Und doch ist es wahr!« fuhr der Jüngling fort. »Johannes gelang das Unglaubliche! Wir hörten die Geschichte von Leuten, die dabei waren, als sie ihn fingen. Johannes ist unbemerkt hineingekommen, ja, er fand sogar Vater Wolfram, aber beim Versuch, ihn zu befreien, wurde er gefangengenommen. Der Bischof selbst hat ihn verhört!«

»Jesus, sei bei uns!« schluchzte Magdalena. »Er hat ihn gefoltert! Gibt es Beweise, daß er noch lebt?«

»O ja«, nickte der Jüngere. »Beide sind im Schnellgericht des Aufrührertums für schuldig befunden worden und sollen zur Warnung in den nächsten Tagen öffentlich gehängt werden.«

»Mein Gott«, sagte Uta. »Johannes muß verrückt geworden sein. Warum habt ihr ihn denn nicht zurückgehalten? Wir sind von einer Versammlung ausgegangen!«

»Die Versammlung fand statt, und wir versuchten ihn zu hindern, das mußt du uns glauben, Uta. Aber es gelang uns nicht!« antwortete der Ältere. »Beim heiligen Antonius, wir wollten ihn hindern, aber er war wie besessen! Er sah darin die einzige Möglichkeit, Wolfram Bauer zu retten!«

»Und so habe ich beide verloren!« schrie Magdalena. »Wie, bei allen Heiligen, soll jetzt das Land bestellt werden?«

Der Ältere ergriff ihre Hände. »Beruhigt Euch, Mutter Magdalena«, sagte er verzweifelt, »wir werden Euch helfen. Niemand läßt Euch im Stich, glaubt uns. Johannes nahm uns den Schwur ab, Euch zur Seite zu stehen, und durch uns erfleht er auch Eure Verzeihung und Euren Segen.«

»Meinen Segen!« sagte sie verbittert. »Segen, wofür? Daß er den Verstand verlor? Schöne Freunde seid ihr, das ist das einzige, was ich dazu sagen kann. Ich bitte euch, geht. Laßt mich in meinem Schmerz allein!«

Bedrückt gingen die beiden Jünglinge. Magdalena trocknete ihre Tränen ab und erhob sich, um den Abwasch fortzusetzen, ihr Gesicht war verschlossen.

Uta sagte: »Ich werde morgen früh versuchen, die beiden zu besuchen. Sebastian, du bleibst bei Mutter.«

Magdalena schüttelte den Kopf. »Ich werde gehen.«

»Nein, Mutter. Laß mich gehen. Du könntest es niemals ertragen, und am Ende würden sie dich auch noch verhaften.«

Magdalena gab schweren Herzens nach.

»Nur für einen kurzen Augenblick!« flehte Uta verzweifelt. »Das könnt Ihr mir doch nicht verwehren!«

Der Wachtposten blieb unerbittlich. »Es tut mir leid. Auf Befehl des Bischofs darf ich niemanden vorlassen.«

»Ihr Unmensch!« stieß Uta erbost aus. »Gott wird Euch Eure

Güte vergelten!« Zornig wandte sie sich zum Gehen und stieß beinahe mit einem hochgewachsenen Mann zusammen, der sie aus kühlen grauen Augen musterte. Sie erkannte in ihm sofort den Bischof und neigte den Kopf. »Ich bitte um Vergebung, Herr«, sagte sie leise. »Aber der Schmerz läßt meine brennenden Augen erblinden.«

»Wer seid Ihr?« fragte der Bischof mit autoritärer Stimme.

Sie hob den Blick. »Ich bin Uta, die Tochter von Wolfram Bauer und Schwester von Johannes Bauer.«

Der Bischof hob eine Braue. »Stolz seid Ihr alle, scheint mir«, sagte er hart. »Ich sehe, daß Nachsicht nichts einbringt. — Wie dem auch sei, ich kann im Augenblick keinen Besuch gestatten, Uta Bauer. Die Verhöre sind noch nicht abgeschlossen. Geht nach Hause.«

»Ja, Herr«, sagte sie zitternd und verließ bekümmert die Feste.

Der Bischof sah ihr nachdenklich nach.

Mutter Magdalena wußte schon Bescheid, noch ehe Uta berichten konnte. »Ich wußte es gleich. Ich hätte gehen sollen, und nicht du. Mich hätten sie nicht zurückgehalten.« Sie erhob sich und griff nach ihrem Schal.

»Was hast du vor?« erkundigte sich Sebastian.

»Ich werde zum Bischof selbst gehen«, erklärte sie.

»Das wirst du nicht«, riefen beide Kinder wie aus einem Mund. »Er wird dich nicht einmal vorlassen.«

»Ich werde nicht zulassen, daß du dich demütigst«, fuhr Sebastian fort. »Sieh das ein, Mutter. Es hat keinen Zweck. Du würdest nichts, aber auch gar nichts ausrichten können.«

Magdalena atmete schwer. »Nun gut. Aber dann schwörst du mir, mein Sohn, dich ebenfalls von der Feste fernzuhalten.«

»Aber ...«

»Schwöre. Schwöre hier und jetzt, oder ich werde gehen.«

»Also gut«, lenkte Sebastian widerwillig ein. »Ich schwöre dir, daß ich nicht zur Feste gehen werde, weder zum Bischof, noch zum Turm, um die beiden zu befreien.«

Am nächsten Tag wurde Uta zusammen mit einer Freundin bei Einkäufen in der Stadt von Soldaten des Bischofs aufgehalten.

»Der Bischof wünscht Euch zu sprechen, Uta Bauer«, sagte der Anführer.

»Mich?« fragte Uta erstaunt. »Seid Ihr Euch da ganz sicher?«

»Es geht um Euren Vater und Euren Bruder«, nickte der Mann.

Uta fühlte ihr Herz im Hals pochen, und sie überlegte keinen Augenblick. Rasch drückte sie ihren Korb der Freundin in die Hand. »Bring du diese Sachen meiner Mutter«, bat sie. »Aber verrate ihr nicht, wohin ich gegangen bin! Sag ihr, ich sei bei Abt Gregor, und es würde vielleicht spät werden. Sie soll sich keine Sorgen machen.«

Das Mädchen nickte verstört; Uta folgte den Männern, noch ehe sie etwas dazu sagen konnte.

Der Bischof erwartete sie in seinem Studierzimmer, was Uta nach allem um so mehr erstaunte, aber sie verbarg ihre Furcht hinter ihrem Stolz.

»Ihr habt mich rufen lassen, Herr?« sagte sie ruhig. Der Bischof legte den Federkiel beiseite und lehnte sich in seinem Stuhl zurück. Seine kalten Augen musterten sie abschätzend; er gab sich keine Mühe, sein Wesen vor ihr zu verbergen. Entweder wollte er sie einschüchtern, oder es war ihm schlicht gleichgültig, wobei ich eher letzteres annehme. Der Bischof war ein Mann, der sich nur von seinem Verstand leiten ließ.

»Eure Familie bringt sehr viel Unruhe in dieses Land«, sprach er mit seiner etwas rauhen Stimme.

»Wir haben ...«, begann Uta.

»Ihr hetzt das Volk gegen den Fürsten auf, und das ist beinahe ebenso schlimm wie Hexerei«, unterbrach der Bischof. »Ich werde solches Verhalten nicht dulden. Ich kann es nicht dulden wegen meiner Verpflichtung und Verantwortung gegenüber meinem Bruder. Sieht Sie das ein, Uta Bauer?«

»Wir brauchen zu essen«, sagte sie leise. »Die Ernten sind schlecht, das Land ist ausgeblutet. Wir können nicht mehr geben, als wir haben.«

Der Bischof hob eine schwarze Braue, seine Augen begannen in einem gefährlichen Licht zu glitzern. »Wollt Ihr damit sagen, ich behandle Euch ungerecht?« fragte er lauernd.

»Natürlich nicht!« erklärte Uta bestimmt. Ihr Verstand arbeitete fieberhaft, die Gedanken überschlugen sich. »Ihr seid ein heiliger Mann und gottgefälliger als irgend jemand sonst. Eure Güte kennt keine Grenzen, das wissen wir alle. Der Beweis ist meine Anwesenheit hier in diesem Zimmer.«

Der Bischof stutzte kurz, dann huschte ein seltsames Lächeln über sein hartes Gesicht. »In der Tat«, stimmte er zu.

»Ihr könnt Eure Augen nicht überall haben«, fuhr sie schnell fort, sich verzweifelt an den seidenen Faden klammernd. »Und so könnt Ihr selbstverständlich nicht wissen, daß mancher Steuereintreiber Euch hintergeht und uns mehr wegnimmt, als Ihr verlangt, und es als seine Beute betrachtet. Da wir als gemeines Volk Euch damit nicht zu belästigen wagen — und ohnehin von den Wachen schon an den Toren zurückgewiesen würden —, versuchen wir uns auf unsere Weise zu wehren. Wir konnten nicht wissen, daß diese Menschen auch noch so dreist sind, Euch Lügen über uns zu berichten. Mein Vater ist unschuldig, Herr. Er hat nichts Unrechtes getan.«

»So.« Der Bischof stützte den Kopf nachdenklich mit einer Hand auf. »Und Ihr Bruder?« hakte er dann nach. »Wie steht Sie dazu?«

»Das war ein schweres Vergehen«, gab sie mutig zu. »Er ist ein Heißsporn, wißt Ihr, und er wollte Soldat werden, sobald Sebastian alt genug wäre, an seine Stelle zu treten. Er ist wagemutig und tollkühn, und die Verzweiflung und Liebe zu seinem Vater ließen ihn alle Vernunft vergessen. Er hat nicht darüber nachgedacht, was er tat, aber wenn Ihr ihm die Möglichkeit gebt zu bereuen, wird er sich willig Eurer Gnade unterwerfen und jede Buße auf sich nehmen.« Uta holte erschöpft Atem; innerlich bebte sie, und das Blut rauschte in ihren Ohren.

»Wie kann ich wissen, daß du mich nicht hintergehst?« sprach der Bischof plötzlich in verändertem Tonfall, und Uta zuckte unter der persönlichen Anrede zusammen. »Vielleicht willst du mir nur Sand in die Augen streuen, um zu verschleiern, daß ihr alle nichts weiter als verräterische Ketzer seid?«

»Ihr könnt mich prüfen, Herr«, flüsterte sie. Sie wich zurück als der Bischof aufstand und drohend auf sie zuging.

»Das werde ich tun müssen, wenn ich deinen Worten Glauben schenken will«, sagte er. »Wie soll ich sonst wissen, ob du je tugendhaft und sittsam gewesen bist und gottgefällig gelebt hast? Am Ende bist du auch nur eines dieser verderbten Frauenzimmer, die ihre eigene Mutter noch verkaufen, wenn sie sich einen Vorteil dafür verschaffen können!«

Uta schluckte und schloß für einen Moment die Augen. Ein eiserner Ring schloß sich um ihren Magen, und sie fühlte, wie ihr übel wurde. *Also darauf will er hinaus.* »Wenn ... wenn ich Euch von unserer Aufrichtigkeit und Unschuld überzeugen kann, laßt Ihr dann meinen Vater und meinen Bruder frei?« sagte sie mühsam.

»Das werde ich tun. Ich bin der Diener meines Herrn, und Gottes Güte ist unendlich.«

Abt Gregor war rechtschaffen müde; der Tag war arbeitsam gewesen, und nun wurde es Zeit, die Pforten zu schließen. Ein letzter Rundgang noch durch die Kirche, eine kurze Zwiesprache mit Gott, und dann durfte er schlafen.

Er hatte kaum die halbdunkle Kirche betreten, als aus den Schatten wie ein Blitz jemand auf ihn zuschoß, zu seinen Knien niedersank und sich an sein Gewand klammerte, den Kopf in den Stoffalten bergend.

»Vater, vergebt mir, ich habe gesündigt«, drang die erstickte Stimme einer jungen Frau an sein Ohr.

»Mein Kind, möchtest du beichten?« fragte er; sofort vertrieb das Pflichtbewußtsein seine Müdigkeit. Hier war jemand zutiefst verzweifelt und brauchte seine Hilfe. Er erschrak, als die junge Frau das schmerzverzerrte, tränenüberströmte Gesicht zu ihm hochhob. Es war Uta Bauer.

»Ja, Vater«, schluchzte sie, »ich möchte beichten, aber ich muß es Euch ins Angesicht sagen. Bitte, habt Mitleid mit mir! Ihr wart mir und meiner Familie stets ein guter Freund! Ihr seid der einzige, dem ich mich anvertrauen kann! Ich brauche Eure Hilfe!«

»Hast du jemanden getötet?« rief er entsetzt, denn er konnte sich nichts Schlimmeres vorstellen.

Sie schüttelte den Kopf. »In Gedanken ja, Vater, aber nicht in der Tat. Bitte, bitte, laßt mich mit Euch sprechen, und ich flehe Euch an, vergebt mir! Und nie — niemals darf ein Wort über das, was Ihr von mir hört, an das Ohr irgendeines anderen Menschen gelangen. Versprecht mir das!«

»Du weißt, mein Eid verpflichtet mich ...«

»Versprecht es mir, Vater!«

»Ja, Kind. Natürlich. Ich schwöre es dir vor dem Antlitz unseres Herrn, daß ich nichts, so lange du lebst, verlauten lassen werde.«

Sie zerrte an seinem Gewand, schüttelte es. »Ich habe nichts mehr zu erwarten außer Eurer Gnade ...«, klagte sie.

»Mein Kind, beruhige dich erst einmal«, unterbrach Abt Gregor sie besänftigend und zog das zitternde und wimmernde Mädchen vom Boden hoch und führte es in die Sakristei.

Uta kam erst sehr spät nach Hause, die Mutter war schon in hellster Aufregung. Das Mädchen war kreidebleich, die Augen rot und entzündet, das Gesicht ganz leer und müde. Sie gab kaum Antwort auf die drängenden Fragen der anderen.

»Ich muß morgen noch einmal in die Stadt«, erklärte sie nur. »Vater Gregor hat mir einen Auftrag gegeben, den ich ausführen muß. Aber dann — dann wird alles anders sein. Vertraut mir.«

Uta war sich natürlich selbst nicht so sicher, wie sie tat, aber sie war trotz allem hoffnungsvoll. Abt Gregor hatte sich ihre Geschichte angehört, und wenn er sein Entsetzen auch nicht verbergen konnte, so verdammte er Uta keineswegs, wie es ein anderer religiöser Fanatiker vielleicht getan hätte. Gregor war mit gesundem Menschenverstand ausgestattet; zudem war er schon lange der Ansicht, daß die Ausbeutung des Volkes vielleicht im Sinne der Kirche, nicht aber im Sinne der Religion an sich sein konnte. Gregor war ein kräftig gebauter Mann mit Witz, Mut und streitbarem Verstand. Er tröstete Uta besser, als irgendein anderer es je vermocht hätte, und, was das wichtigste war, er stimmte ihr zu, daß ihr absolut keine Wahl geblieben war. Dieser neuerlich entdeckte Wesenszug des Bischofs überraschte den braven Mann keineswegs, hatte er doch früher schon ähnliche Gerüchte gehört. Ein leiser, winziger Hauch von Revolution erwachte in ihm, während er die schluchzende Uta in seinen Armen hielt; aber es war noch zu früh. Sein Verpflichtungsgefühl der Kirche gegenüber war noch stärker. Dennoch ging er am anderen Morgen nicht in die Stadt, als Uta schon unterwegs war, er hatte zu tun und zu viel Angst. Er *hoffte* darauf, daß der Bischof sein Versprechen halten würde, während sie daran *glaubte*.

Uta ging geradewegs zur Feste, als ihr auffiel, daß ungewöhnlich viele Leute unterwegs waren, die sie merkwürdig anstarrten.

»Was ist denn los?« fragte sie erstaunt, ohne jemand Bestimmten anzusprechen; doch als sie fortfahren wollte, blieben ihr die Worte im Halse stecken, ihre Augen weiteten sich vor Entsetzen, und ihr Gesicht spiegelte das Grauen wider, das sie sah.

Vor ihr, mitten auf dem Marktplatz, baumelte der Leichnam ihres Vaters im Wind. Er war kaum mehr wiederzuerkennen, die Folterknechte hatten ganze Arbeit geleistet, und dennoch konnte es kein anderer sein als Wolfram Bauer. Die Hinrichtung mußte vor kurzem gewesen sein, denn der Bischof und seine Schergen standen noch auf dem Podium.

Uta verstand nicht mehr, was der Bischof rief, als er sie entdeckte, sie bekam auch kaum mit, wie sie von eisenharten Händen ergriffen wurde. Ihr geschwächter Verstand, die mühsam unter Kontrolle gehaltenen Gefühle konnten diesen neuerlichen Schock nicht mehr ertragen, Hysterie und Wahnsinn überwältigten sie, und sie begann wie irrsinnig zu schreien.

»Seht sie euch an!« fuhr der Bischof fort. »Braucht es noch mehr Beweise, daß sie eine Hexe ist?«

Ich bin sicher, daß es ihm nicht schwerfiel, die Leute zu überzeugen, denn er fügte noch einige unglaubliche Bemerkungen hinzu, die ich hier nicht erwähnen möchte. Zu allem kam noch, daß Utas rote Haare sich wie elektrisiert sträubten, aus ihren irrlichternden, verrückten Augen sprühte rasender Haß. (Der Bischof verstand sehr viel von der Beeinflussung der Mengen, Massensuggestion nennt man das heute, die vernünftige Menschen zu einem quallenartigen hirnlosen Mob zusammenschmelzen läßt. Einige hundert Jahre später hatten wir im selben Land jemanden, dessen Stimme so viel Macht besaß, daß sie beinahe einem ganzen Volk den Untergang gebracht hätte. Niemand kann sich dieser hypnoseartigen Anziehungskraft entziehen, einer steckt den anderen an, die Panik läßt den Menschen zum Tier werden. Später will ich euch von Studien über dieses Phänomen berichten.)

Je mehr Uta schrie, desto mehr wurden die Leute aufgestachelt, ihre Beschuldigungen gegen den Bischof (der daraus mehr und mehr Beweise dafür zog, daß sie eine Hexe war) trieben sie zur Raserei. Dem Bischof lag nichts an einer Verhandlung, damit die Leute nicht zur Ruhe kamen und nachzudenken begannen; unnötiges Gerede, unangenehme Worte mußten vermieden werden. Je wilder sie wurden, desto mehr brachte er sie auf, und so warf die hysterische Masse das gepeinigte Mädchen in die Flammen, um den Teufel aus ihr zu treiben.

Der Bischof gab dem Volk Gelegenheit, endlich allen Haß, allen Zorn, die ganze Verzweiflung ihres elenden Daseins auszuleben. Wie ihr alle wißt, wird jedes eingesperrte ausgehungerte Tier tollwütig, und das nützte er aus. Hinterher würden sie verbraucht und müde sein, und der schwach aufgekommene Widerstandsfunken wäre damit schon im Keim erstickt worden. Er überlegte kurz, ob er sie nicht noch auf den Hof der Familie hinausjagen sollte, entschied sich jedoch anders, da dies zu viele Risiken barg. Magdalena und ihr jüngster Sohn konnten ihm ohnehin nicht mehr gefährlich werden. Magdalena war zu alt, verbraucht und gottesfürchtig, Sebastian viel zu sanft und versunken in der Welt seines Gesangs. Außerdem hatte er immer noch Johannes als Druckmittel; Johannes, der ganz unten im Turm lag, in der feuchtesten, kältesten und dunkelsten Kammer, und der bis auf den heutigen Tag trotz aller Folter kein Wort gesprochen hatte. In seinem schmerzerfüllten Blick lagen nur wilder Haß und Stolz, keine Demut, kein Flehen. Der Bischof wollte ihn so lange am Leben erhalten und leiden lassen, bis er endlich zerbrach; er wußte, daß kein Mensch auf Dauer einen so starken Willen besitzen konnte.

Und er hatte ja Zeit, so viel Zeit.

2

Magdalena erlitt einen Herzschlag, als sie die furchtbare Geschichte erfuhr. Es gibt keine genauen Auskünfte darüber, wie und von wem ihr die Nachricht überbracht wurde, ebensowenig wie ich Genaueres über das weitere Geschehen auf dem Marktplatz berichten kann. Die Leute kamen wohl irgendwann wieder zu sich und empfanden vermutlich so viel Entsetzen, daß sie den Vorfall vor sich selbst leugneten und als bösen Alptraum abtaten, wie es den Menschen zu eigen ist. Sie wußten, daß sie sich alle an etwas Furchtbarem mitschuldig gemacht hatten, obwohl in ihnen schon lange der Wunsch nach etwas ganz anderem gewachsen war; daher war es begreiflicherweise um so schwerer für sie, darüber hinwegzukommen.

Und dennoch hatte Magdalena ziemlich schnell erfahren, was geschehen war, und überlebte es nicht. Nur ein kurzer Schrei kam über ihre Lippen, sie schlug die Hände über dem Kopf zusammen und sank tot zu Boden.

Sebastian sagte nur zwei Worte: »Jetzt reicht's«, und dann verschloß er die Tür. Einige Tage lang sah und hörte man nichts von ihm, und mancher meinte schon, er habe sich vielleicht das Leben genommen. Aber niemand kam, um nach ihm zu sehen, alle mieden den Hof, denn die Schuld wog zu schwer. Der Hof sei verflucht, erklärten sie laut und öffentlich, die Geister der Toten sollten dort umgehen. Der Bischof ließ den Hof links liegen, für ihn existierte er nicht mehr. Später würde ihm einfallen, daß die Ländereien auf ihn warteten.

Im Augenblick jedoch gab es andere Dinge. Der Fürst war immer noch schwerkrank, und es stand längst außer Frage, daß er das kommende Jahr nicht mehr erleben würde. Der Bischof machte sich mit dem Gedanken vertraut, als sein Erbe bald der absolute Herrscher über das Land zu sein, mit Thron und Krone, und allmählich gefiel ihm diese Aussicht immer besser. Nicht mehr lang, und er hatte das Volk so zermürbt, so fest in der Hand, daß er ohne Probleme alle Verantwortung auf sich nehmen konnte.

In diese Träume hinein kam einer seiner Männer mit der Nachricht, daß der Bauersche Hof abgebrannt sei, und in seinen Trümmern habe man menschliche Knochen gefunden; es könne daher kein Zweifel daran bestehen, daß nun auch Sebastian umgekommen sei: Der Bischof erinnerte sich an die Felder und setzte sofort einen neuen Pächter ein, der an anderer Stelle ein neues Haus zu bauen begann. Danach ging er gutgelaunt in den Turm zu Johannes, der in seinem feuchten Gefängnis vor sich hindämmernd auf einem winzigen, vergammelten Bündel Stroh lag. Er legte einen Arm über den Kopf und kauerte sich wimmernd wie ein Tier zusammen, als der Lichtstrahl durch die geöffnete Tür wie ein Blitz auf sein Gesicht fiel; er sah elender aus als ein verhungerter räudiger Hund, und sein Anblick versetzte den Bischof nahezu in Euphorie.

»Dein Bruder ist nun auch tot«, erklärte er kalt und grausam. »Alle sind gestorben, wie es ihnen zukam — elend wie Ratten. Nun bist du der letzte deiner verfluchten Familie, und, bei Gott, du wirst für alle ihre Sünden büßen müssen. Du brauchst nun auf niemanden mehr zu hoffen, du bist allein auf der Welt. Niemand dort draußen verschwendet auch nur einen einzigen Gedanken an dich. Wenn du mich jetzt um Gnade bittest, so will ich dich rasch und schmerzlos dem Tod übergeben. Ich bin kein Unmensch, und auch nicht der Richter vor meinem Herrn, darum gewähre ich dir diese Gunst. Also nutze sie, Ketzer!«

Er trat näher zu dem Gefangenen, als dieser eine schwache Bewegung machte, und starrte auf den vom Arm beschützten, halb verborgenen Kopf. Er zuckte zurück, als aus dem Dunkel heraus das rötliche Glühen von zwei Augen auf ihn traf; dieser Blick war so unheimlich, wild, haßerfüllt und fremd, daß er für einen Moment wankend wurde.

»Leck-mich-am-Arsch!«, erklang Johannes' Stimme leise und sehr heiser, aber von einer ungeheuren Kraft beseelt.

Der Bischof hatte seinen Meister gefunden, aber es fiel ihm nicht ein, das zuzugeben; vielleicht wollte Johannes auch einen Wutausbruch mit seinem eigenen Tod zur Folge provozieren.

»Nein«, sagte der Bischof. »Störrisches Vieh, elende Kreatur. Wenn ich jemals ein Gefühl gekannt hätte, so hätte ich jetzt Mitleid mit dir empfunden. Aber ich bin vom Verstand beherrscht, und der sieht nur ein nutzloses Tier, dumm vor Stolz. So krepiere denn, Johannes Bauer, langsam am lebendigen Leib verfaulend. Oh, dein Tod wird dauern ... noch lange.« Abrupt drehte er sich um und ließ die Eisentür hinter sich zufallen. Er war froh, daß Wolfram Bauers Familie endlich ausgelöscht war.

Was der Bischof allerdings nicht wußte, war, daß Sebastian durchaus noch am Leben war. Für jeden Menschen kommt irgendwann einmal die Entscheidung, welchen Weg er nehmen wird. Die Auswahlmöglichkeiten sind manchmal mehr als schlecht: entweder unterzugehen oder sein Selbst grundlegend zu ändern. Für Sebastian war es keine Frage, was nun zu tun war, als seine Mutter tot zusammengebrochen war. Er wußte genau, daß sein Bruder noch lebte, er wußte genau, was sowohl er als auch Wolfram Bauer an seiner Stelle tun und nun von ihm erwarten würden. Das Maß war voll, das Faß übergelaufen, es war an der Zeit zu handeln. So tat Sebastian nur so, als würde er seine Mutter christlich bestatten; in Wirklichkeit behielt er sie im Haus, damit alle dachten, daß er verbrannt sei. Nachdem er den Hof in Brand gesteckt hatte, flüchtete er zu Vater Gregor ins Kloster; jener erschrak nicht wenig, als er den jungen Mann so verändert fand. In Sebastians Augen lag kein Funken Wärme mehr, er hatte beim Tod seiner Familie weder Schmerz noch Trauer empfinden können, nur kalten tödlichen Haß. Sein Gesicht zeigte grimmige Entschlossenheit, als er zum Abt kam und mit ihm zu sprechen verlangte; und seine wunderbare Stimme war autoritär und gefühllos.

»Vater, meine Schwester war vor ihrem Tod bei Euch«, begann er ohne Umschweife, »und ich will wissen, was sie Euch erzählte. Vergeßt Euer Beichtgeheimnis, die Zeit ist reif, etwas zu unternehmen. Wenn Ihr mich nicht unterstützen wollt, werde ich Euch töten und Eure Rolle übernehmen. Mich kann jetzt nichts mehr aufhalten.«

Der Abt erkannte, daß ihm keine Wahl blieb, er mußte Sebastian unterstützen, wenn er sich nicht selbst verleugnen wollte. Und er sah, daß der junge Mann von einem heiligen Feuer durchdrungen war: er war die einzige Hoffnung. Er wollte Utas Geheimnis nicht verraten, schließlich hatte er geschworen, aber Sebastian preßte es aus ihm heraus. Der Junge wurde sehr blaß, doch es drang kein Laut über seine verschlossenen Lippen. Als er sich wieder gefaßt hatte, gingen sie ans Ausarbeiten von Plänen für die große Revolution. Sebastian wußte, was zu tun war, und Vater Gregor wußte, wie die Leute aufzuwecken waren. Sie mochten vielleicht leugnen, daß sie an Utas Verbrennung beteiligt gewesen waren, aber um so mehr konnten sie alle Schuld auf den Tyrannen schieben; vor Gott brauchten sie keine Angst zu haben, da ein ganzes Kloster auf ihrer Seite stand und sie unterstützte. Und dann waren da noch Johannes' Freunde, die allein schon wegen ihrer Selbstvorwürfe zu allem bereit waren.

Es ging noch leichter als gedacht, eine Rebellentruppe zu organisieren; die Zeit war wirklich reif, das trat immer deutlicher zutage, als der Bischof härter denn je durchgriff und die Zellen des Turms sich allmählich zu füllen begannen. Sebastian ging langsam, aber geschickt vor. Ein offener Kampf oder auch nur leises Aufbegehren wäre sinnlos gewesen; es gab auch keine Möglichkeit, die Feste im Sturm zu nehmen — noch nicht. Im Augenblick wurde jeder Mann gebraucht; bevor zu härteren Angriffen übergegangen werden sollte, mußte erst einmal die Moral der fürstlichen Truppen geschwächt werden. So gab es ständige, an mehreren Stellen ausgeführte kleine Anschläge. Hier wurde ein Steuereintreiber überfallen, dort ein Wachtposten erschlagen, wichtige Häuser wurden durch Brand zerstört, scheinbare Attentate auf die Feste und ihre Bewohner wurden verübt. Sebastian und Gregor, wohlbehütet im Kloster, bauten ein weitläufiges Netz von Spionen und Helfern auf, die den gesamten Hofstaat wie Maulwürfe unterwühlten. Sie arbeiteten alle so heimlich und selbständig, daß kaum einer erwischt wurde; und wenn doch zufälligerweise einer gefangengenommen wurde, hatte er meistens noch die Gelegenheit, sich selbst zu töten, bevor er unter der Folter verhört werden konnte. Der Gegner sollte zermürbt, aus seiner Reserve gelockt und zu unkontrollierten, unbedachten Handlungen verführt werden, die ihn schwächer und angreifbarer machten.

Und die Taktik war geschickt gewählt. Der Bischof, der zunächst darüber hinwegsehen wollte, geriet außer sich, vor allem, da er sich der drohenden Gefahr bewußt wurde. Er konnte nichts mehr unternehmen. Das Volk schloß sich angesichts der ersten Erfolge und seines immer offensichtlicheren tyrannischen Auftretens mehr und mehr zusammen, und die ersten begannen sich sogar offen zu wehren. Soldaten wurden ermordet, Steuereintreiber holten sich blutige Köpfe, bei Proklamationen wurde laut gemurrt. Strafexpeditionen wurden ausgeschickt, die keine Schuldigen fanden; diese waren längst vorgewarnt und versteckten sich an geheimen Plätzen. Wahlloses Verhaften und Bestrafen brachte das Volk nur noch mehr auf.

Sie hatten keine Angst mehr. Sie begannen Lieder von Freiheit und Gerechtigkeit zu singen, und manchmal war eine wunderbare Stimme darunter, die der Goldenen Stimme sehr ähnlich war — aber Sebastian war ja tot, das wußte der Bischof. Es mußte jemand anderes sein, der die frühere Verehrung des jungen Bauer ausnutzte und einen Märtyrer aus ihm und seiner Familie machte. Mißtrauisch geworden, durchsuchte er sogar das Kloster. Nirgends fanden sich Spuren. Auf dem Rückweg geriet er in einen wahren Pfeilhagel, dem er nur mit knapper Not entkam; so sehr er auch suchte, kein Schütze war sichtbar, die Schüsse schienen aus dem Nichts zu kommen.

Die Grenze seiner Beherrschung war erreicht. Die nächste Strafexpedition führte er selbst an — und das Volk erwartete ihn schon. Er sah sich einer stummen, mit Heugabeln, Bogen, Speeren und Spießen bewaffneten Menge gegenüber.

»Wer ist euer Anführer?« herrschte er die vorderen Männer an. Es war an der Zeit, dem Aufrührertum ein Ende zu bereiten, und es war ihm nicht unrecht, daß das Volk von selbst gekommen war. Er hatte keinerlei Sorge oder Angst, daß sie ihn angreifen würden, denn er wußte, daß Respekt und Unterwerfung viel zu tief in ihnen verwurzelt waren. Je autoritärer er auftrat, desto weniger konnte ihm geschehen. Er war sich ganz sicher, an diesem Tag das Volk wieder voll in seine Hand zu bekommen.

Und dennoch erlitt er eine Überraschung, und seine Augen weiteten sich leicht, als die Menge sich teilte und ein blonder Jüngling nach vorne kam.

»Sebastian Bauer«, sagte er sarkastisch. »Ich dachte, diese Ketzerfamilie wäre endlich ausgelöscht. Nun gut, ich hätte es mir denken sollen, daß nur einer von euch diesen Haufen tumber Narren führen kann. Oder warst du etwa nicht allein bei diesem Geschäft?«

»Nein«, antwortete ihm eine ruhige Stimme, und Vater Gregor kam an Sebastians Seite. »Ich war bei ihm. Und ich rate Euch gut, jeden Eurer nächsten Schritte genau zu überlegen, Herr Bischof. Ihr habt das ganze Land gegen Euch. Die Zeiten der Einschüchterung sind vorbei.«

»Was wollt Ihr?« rief der Bischof außer sich vor Zorn.

»Ihr habt zwei Möglichkeiten«, erklärte Sebastian. »Entweder Ihr laßt uns alle auf der Stelle töten, oder Ihr gebt uns zu essen. Wir werden nicht eher gehen, als bis wir eine Antwort haben.«

Der Bischof dachte einen Moment nach. Es herrschte atemlose Stille.

»Nun gut«, sprach er dann langsam. »Ich hatte ohnehin vor, für den Winter einen großen Vorratsspeicher für das Volk bauen zu lassen. Dank eurer fleißigen Arbeit wird dies nämlich der erste Winter sein, den wir alle ohne Angst, Not und Sorge verbringen können. Ich hätte euch das von Anfang an sagen können, aber ihr hättet die Notwendigkeit vermutlich nicht eingesehen und wärt wahrscheinlich auch über die Verteilung in Streit geraten. Denn jeder bekommt gleichviel, egal wieviel er eingebracht hat. Sicher, dieses Jahr war hart, aber es wäre auch das letzte Mal gewesen. Vielleicht war ich zu streng, manchmal sogar grausam, aber ich dachte dabei immer nur an euch.«

Er wendete sein Pferd und rief über die Schulter: »Ich verstehe euren Zorn, und ich sehe nichts Unrechtes in eurer Haltung. Nur deswegen habe ich euch jetzt die Wahrheit gesagt, und nur deswegen gebe ich jetzt auch nach. Ihr habt genug gelitten. Darum soll heute in einem Monat jede Familie ein Kind über fünfzehn und unter zwanzig zum Hofplatz vor der Feste schicken; wenn diese Bedingung nicht erfüllt werden kann, soll die Frau kommen. Ich will keinen waffenfähigen Mann vor meinen Toren sehen, verstanden? Sonst wird es Blut und Elend geben, denn ihr könnt der Gier ja doch nicht widerstehen und werdet alle Einigkeit untereinander vergessen, nur um einen Scheffel Korn mehr zu erhalten. Heute in einem Monat wird der Speicher fertig sein und randvoll gefüllt für euch alle, und jeder soll sein Teil fürs erste bekommen.« Er hieb die Fersen in die Flanken seines Pferdes und zog mit der Truppe ab.

Nach anfänglicher Sprachlosigkeit gerieten die braven Leute in einen wahren Freudentaumel; keiner hätte je geglaubt, so schnell und so unblutig Frieden zu finden. Zu jenen Zeiten war das Volk stets ungebildet und von einfachem Charakter; diese Naivität half ihm, in den schweren Jahren zu überleben und ein Geschenk auch als ein solches anzuerkennen. Nachtragend war niemand, dazu war keine Zeit. Jeder sah nur noch gefüllte Teller vor sich, stellte sich die köstlichsten Speisen vor, keine Not mehr, keine Angst. Endlich durften auch sie einen Teil vom Kuchen bekommen. Johlend und tanzend zerstreute sich die Menge, zurück blieben nur Sebastian und Vater Gregor.

»Können wir ihm trauen?« fragte Sebastian, zum Abt gewendet.

»Wir haben keine Wahl«, erwiderte dieser. »Aber ich werde auf alle Fälle dabei sein, und wenn etwas nicht mit rechten Dingen zugeht, dann, bei Gott, schwöre ich, daß alle Welt hiervon erfahren soll, und ich werde einen Krieg anzetteln!«

Der Bischof schien jedoch Wort zu halten. Jeder konnte sehen, daß in aller Eile ein großer hölzerner Speicher errichtet wurde; der vordere Eingang war verschlossen, damit niemand vor der Zeit in Versuchung kam. Am hinteren Eingang wurden geschäftig Versorgungswagen ein- und ausgefahren. Die Leute konnten es kaum mehr erwarten, schon planten sie ein, zwei Festtage; sie konnten sich kaum ausmalen, wie das Leben von nun an sein würde. Der Bischof wiederholte, daß nur ein Kind der Familie oder die Frau den Speicher betreten dürfe, alle anderen — außer Alleinstehenden — mußten zu Hause bleiben. Es war die einzige Möglichkeit, Unruhen zu vermeiden; das Letzte, was er wollte, war eine Schlacht vor der Feste, und die war zu erwarten, wenn er keine entsprechenden Vorsorgen traf. Er hatte endlich erkannt, daß die Grenze der Belastbarkeit der gebeutelten Menschen erreicht war.

Ganz abgesehen davon hatte er nicht die Absicht, sich auf einen Schlag den Speicher leerräumen zu lassen. Das Volk sollte alles sehen, aber nicht alles bekommen.

Schließlich kam der große Tag; um den Bischof nicht zu reizen, kamen alle seinen Wünschen nach, schickten Tochter und Sohn, auch die eine oder andere Frau und alleinstehende Männer waren dabei. Allen voran aber gingen Sebastian und Abt Gregor, zu allem entschlossen.

Staunend betrachteten die Leute den großen Speicher, der sich langsam vor ihnen öffnete, links und rechts vom Eingang standen prächtig aufgeputzte Wachen. Aus Angst vor Nagern und Ungeziefer war der Speicher ohne Fenster und an den meisten Ritzen mit Pech abgedichtet worden, so daß innen kaum etwas zu erkennen war, nur hie und da ein Sack Korn oder Gemüse.

Der Bischof sprach ein paar einleitende, feierliche Worte; denen natürlich keiner zuhörte; unbewußt leckten sich die meisten schon die Lippen, die glänzenden Augen starr auf den Speicher gerichtet. Sie reagierten erst, als sie angewiesen wurden, den Sack bereitzuhalten, die Ausgabe würde ganz hinten erfolgen.

Er ließ sich hochleben und hieß die Hungrigen dann einzutreten; das ließen sie sich nicht zweimal sagen, eilig schoben und drückten sie sich gegenseitig hinein.

Sebastian und der Abt waren immer noch in vorderster Linie, sie konnten dem Druck nicht standhalten. Verzweifelt versuchten sie das Dunkel zu durchdringen; als sie fast am hinteren Ende waren, stießen sie an Hindernisse. Vater Gregor und der junge Bauer atmeten gleichzeitig hörbar aus.

»Stroh!« keuchte Sebastian. »Das ist eine Falle!«

»Los, raus hier«, stieß der Abt gepreßt hervor.

Mit vereinter Kraft drehten sie sich um, stemmten sich gegen die wogende Masse aus Menschenleibern und versuchten gegen das aufgeregte Stimmengeschwirr anzuschreien.

»Kehrt um! Kehrt auf der Stelle um! Wir müssen sofort raus hier, der Bischof hat uns in eine Falle gelockt!«

Natürlich schenkte ihnen zunächst keiner Gehör, und sie kämpften wütend gegen den Strom an, bis mehr und mehr entdeckten, daß hinter den vorderen Säcken nur Stroh lag. Eine hysterische Panik brach aus, die schließlich auf alle übergriff, und sie wandten sich gleichzeitig wie ein einziges Wesen um, aber es war schon zu spät. Die Tore waren geschlossen und gaben keinen Zentimeter nach, als sich alle mit geballter Kraft dagegenwarfen. An den Seiten wurden an zehn Stellen geheime Klappen geöffnet und brennende Fackeln hineingeworfen, die das Stroh sofort in Brand setzten. Die Menschen begannen zu schreien und zu weinen, in kopfloser Angst suchten sie nach Auswegen, trampelten Leidensgenossen zu Tode, kratzten sich die Finger an den Wänden blutig, versuchten mit bloßen Händen Löcher in die Erde zu graben und die Feuer zu löschen und schlugen wie irrsinnig auf die Tore ein.

Qualm und Flammen drangen rasch nach draußen, die flehenden Schmerzensschreie der Eingeschlossenen schallten über das ganze Land. Draußen, vor den Toren der Stadt, standen die Familien, hörten die Todesschreie ihrer Kinder und starrten auf die feurigen Rauchwolken, die bis zum Himmel stiegen. Sie waren unfähig, etwas tun zu können. Die todbringenden Waffen der Soldaten waren auf sie gerichtet, und sie waren wehrlos. Die Augen tränenblind, bebend vor Schmerz und Grauen, standen sie da, zu Statuen versteinert, stumm der Agonie preisgegeben, dem Wahnsinn nahe.

Und der Bischof betrachtete von seinem Aussichtsturm aus im Schutz der Feste das Höllenfeuer, hörte regungslos auf die Schreie, das Toben und Hämmern, das Krachen und Bersten der Hölzer, das Fauchen der Flammen; sah gelassen, wie brennende Arme aus den Wänden brachen und sich zu Klauen verkrümmten; achtete nicht auf den infernalischen Gestank von verkohlendem Fleisch und den Hustenreiz auslösenden Qualm. Ruhig und ausgeglichen stand er an der Brüstung, warf hin und wieder einen Blick auf die Familien vor der Stadt, die langsam umdrehten und nach Hause gingen. Das Werk war getan: die Menschen waren gebrochen, endgültig und auf immer.

»Sie waren wie Ratten, gierig und ewig hungrig, und wie Ratten sollen sie auch enden«, sprach er langsam für sich. »Sie wollten sich gegen das herrschende Gesetz stellen. Das soll ihnen eine Warnung sein auf immer. Nun haben sie keinen Sebastian Bauer oder Abt Gregor mehr, die ihnen ketzerische Dinge ins Ohr flüstern. Sie haben ihre eigenen Kinder geopfert, und das werden sie nie vergessen.«

Als er merkte, daß der schwarze beißende Rauch sich auf die Erde herabsenkte, ging er ins Innere der Feste. Es war Essenszeit, und er wollte nicht in stinkenden, rußigen Kleidern erscheinen.

3

Ein Jahr war nun seit dem schrecklichen Geschehen vergangen. Es hatte in der ganzen Zeit keine einzige Unruhe gegeben; die Leute hatten resigniert und sich selbst aufgegeben. Viele waren der Ansicht, daß sie für ihre Sünden bestraft wurden; die meisten jedoch dachten gar nichts mehr. Ihre Herzen waren durch den Tod ihrer Kinder gebrochen, und sie arbeiteten nur noch stumpf und leer, tagein, tagaus, ohne Hoffnung auf ein Morgen. Nur manchmal, wenn der Wind Sebastians Goldene Stimme aus der Vergangenheit mit dem Lied der Freiheit herbeitrug, trat kurzzeitig ein seltsamer Glanz in die Augen des einen oder anderen, der wieder erlosch, sobald der Wind schwieg.

Der Bischof hatte das Jahr gut verbracht. Er wußte nicht, wie es draußen zuging; daß es seit einem Jahr nicht mehr geregnet hatte, und daß ewig ein merkwürdiger, verwesender Brandgeruch über dem Land lag. Das Obst wurde schwarz und faulig, ehe es geerntet werden konnte, das Gemüse war klein und verlaust; nur das Korn wuchs und füllte die Speicher des Bischofs. Trotz der Trockenheit gab es eine wahre Insektenplage, da im letzten Winter kaum Schnee gefallen war; Käfer und Fliegen besiedelten die Häuser, Mücken und Heuschrecken zogen über die Felder. Nein, das konnte der Bischof nicht wissen, denn seine Dienerschaft sorgte dafür, daß es ihm an nichts mangelte; er war völlig vergraben in dem unermeßlichen Schatz der fürstlichen Bibliothek. Sein Bruder war längst gestorben, und das Land gehörte ihm. Er brauchte nicht mehr nach draußen zu gehen, er wußte, daß er das Volk in Händen hatte. Er genoß den Wohlstand und verschwendete keinen Gedanken an seine Greueltaten. Nachts hörte er manchmal merkwürdige Geräusche, sein Bildnis in der großen Halle war von Ratten zerfetzt worden, aber darauf gab er nicht viel. Es gab immer mal eine Reihe von Unglücksfällen, und er war alles andere als abergläubisch.

Zufrieden setzte er sich an den reich gedeckten Tisch und fegte die vorsichtigen Hinweise seines Dieners unwirsch beiseite.

»Wenn das Gemüse verfault, verfüttere Er es den Schweinen und hole von den Bauern frisches für mich!« erklärte er streng.

»Herr, die Bauern haben kein Gemüse mehr. Es wächst nichts mehr.«

»Ha, will Er etwa die Faulheit der Bauern noch in Schutz nehmen? Ich glaube, ich muß einmal wieder durchgreifen, ich bin wohl doch zu gut zu ihnen. Ich ...« Er stutzte und neigte leicht den Kopf. »Wer singt da?« fragte er.

Der Diener sah ihn erstaunt an. »Herr?« erwiderte er.

»Zum Donnerwetter, ist Er denn taub?« herrschte der Bischof ihn an. »Da, diese Stimme ist doch ganz deutlich zu hören! Ich habe solch einen Gesang seit Sebastian Bauers Tod nicht mehr vernommen. Geh Er und forsche nach, wer da singt, und bring Er den Sänger zu mir!«

Der Diener betrachtete seinen Herrn argwöhnisch, verneigte sich jedoch ohne Widerspruch und ging, um nach etwas zu suchen, das für ihn nicht existierte.

Er fand natürlich nichts, und der Bischof dachte auch nicht mehr daran, bis er den seltsamen Gesang wieder vernahm, und er fragte erneut nach dem Sänger. Als der Diener keine erschöpfende Auskunft geben konnte, geriet der Bischof so außer sich, daß er ihn zu Tode peitschen ließ. Von da an war die Stimme verstummt.

Neuer Ärger erwartete den Bischof jedoch vom Volk: eine ansteckende Seuche war ausgebrochen, die Tiere und Menschen gleichermaßen dahinraffte. Viele hatten schon ihre armseligen Sachen gepackt und versuchten das Land zu verlassen. Es kam zu einem kurzen, heftigen Scharmützel mit den fürstlichen Soldaten, bei dem die meisten der geschwächten und ausgehungerten Bauern umkamen. Einige Höfe konnten nicht mehr bewirtschaftet werden; auch die Stadt war ziemlich verlassen; hier forderte die Seuche die meisten Opfer.

Ein leiser Zweifel begann sich im Bischof zu regen, als er feststellen mußte, daß nahezu alles Obst und Gemüse verdorben war; das Wasser hatte einen süßlichen, metallisch-rostigen Geschmack, und die Insektenplage begann bis in die Feste vorzudringen.

Da, endlich, erinnerte er sich an Johannes Bauer, der immer noch unten im Keller lag. »Das ist es«, sagte er sich. »So lange auch nur einer dieser Teufelsfamilie lebt, wird das Unglück sich ausbreiten.« Bewaffnet mit einem Dolch, einem Kruzifix, Weihwasser und einer Hostie begab er sich in den Turm und stieg die Stufen hinab, um Johannes Bauer zu töten.

Der Wärter, der Johannes immer Wasser und Brot durch eine kleine Klappe schob, meinte, der Teller wäre bis auf den heutigen Tag stets geleert worden. Der Bischof befahl ihm aufzusperren, und betrat mit einer Fackel die feuchtkalte, modrig riechende Kammer. Er leuchtete den Strohhaufen in der Ecke an, aber er konnte keinen Körper entdecken. Der Wärter hinter ihm riß die Augen auf.

»Das — das ist doch nicht möglich«, stotterte er. »Er kann doch nicht geflohen sein! Und außerdem — wer leert dann den Teller?«

Ein schrilles Pfeifen ließ beide zusammenfahren, und der Bischof leuchtete rasch in die hinterste Ecke. Dort kauerten zwei riesige graue Ratten, die ihn mit glutroten Augen anfunkelten, ihre mächtigen gelben Schneidezähne blitzten scharf auf im Fakkelschein.

»Ratten!« stieß der Bischof ärgerlich hervor. »Da hast du deine Erklärung! Sie haben ihn mitsamt Knochen gefressen und halten sich jetzt an meinem Essen schadlos!« Er schob den Wärter aus der Kammer und warf die Tür ins Schloß. »Dieser Ketzer hat kein anderes Ende verdient gehabt!« fuhr er fort. »Los, hol die anderen und macht die Ratten ausfindig. Die entwickeln sich allmählich zu einer wahren Plage. Ich will, daß ihr sie findet, tötet und anschließend verbrennt! Wahrscheinlich sind sie schuld an der Seuche und am Zustand der Äcker. Sichert die Speicher noch besser ab, verstanden?«

Langsam kehrte er zu seinen Gemächern zurück. »Das einzige, was ich nicht verstehe«, murmelte er, »wieso gehen sie nicht zuerst ans Korn?« Er zuckte zusammen, als er wieder den unheimlichen leisen Gesang hörte, der von nirgendwoher zu kommen schien. »Diese Stimme ... das ist einfach nicht möglich. Mein Verstand und der Wind spielen mir einen Streich.« Er rieb erschöpft seine Augen. »Ich bin übermüdet, das ist alles.« Er suchte sein Schlafgemach auf und legte sich ins Bett. In der Dunkelheit glaubte er ein Schaben und Wispern zarter Stimmen zu hören, bevor er einschlief.

Am nächsten Morgen wurde er unsanft von einem jungen Diener geweckt, der aufgelöst in die Kammer stürzte: »Herr, seht doch ... seht doch nur! Das Land ... über das ganze Land ...«

Der Bischof verstand kein Wort vom Gestammel des Jungen, daher ging er selbst zum Fenster und sah hinaus. Was er sah, ließ ihn erstarren. Eine ungeheure Flut kleiner und großer schwarzer, grauer und brauner Körper ergoß sich über das Land und bedeckte bald die ganze Erde; wimmelnd und rasend schnell stürmte ein riesiges Heer auf die Feste zu.

»Was ist das?« fragte er fassungslos.

»Ratten!« stieß der Junge hervor. »Und ständig werden es mehr! Was sollen wir tun?«

Der Bischof handelte schnell. Er mobilisierte alle Truppen, schickte die einen gegen die Tiere, die anderen, um einen Feuergraben zu errichten. Auf dem Land und in der Stadt war Panik ausgebrochen; wer fliehen konnte, floh. Der Bischof konnte niemanden zurückhalten, er brauchte jeden Mann zur Verteidigung.

Aber es waren zu viele. Das schauderhafte Quieken der rasenden Tiere schmerzte in den Ohren, Krallen und Zähne waren messerscharf. Sie schoben sich ohne Rücksicht auf Verluste vor. Für jede erschlagene Ratte sprangen mindestens zwei ein; je näher sie der Feste kamen, desto mehr wurden es. Ihre Rufe klangen manchmal wie menschliche Stimmen, die sich verständigten.

Die Soldaten begannen schließlich zu fliehen, die übrigen wurden von den Ratten überschwemmt. Der Fluß kam ins Stokken, als die Tiere sich daranmachten, die Leichen aufzufressen. Ihre ausgemergelten dünnen Leiber füllten sich, und das gelbe Glühen ihrer Augen wurde stärker.

Der Bischof nutzte die Zeit und ließ einen mächtigen Feuerkreis um die Feste ziehen, vor dem das Nagerheer schließlich unschlüssig verharrte. Der alte Mann wollte schon ersten Triumph empfinden, als auf der Brustwehr über ihm ein schrilles Pfeifen erklang. Starr vor Entsetzen blickte er hoch und erkannte die beiden rotäugigen grauen Ratten aus dem Kerker, die über das Feuer hinweg ihr Heer befehligten.

Und die Ratten gehorchten. Das Heer zog sich zusammen, und die ersten stürzten sich in die Flammen. Bald stapelten sich die kleinen Leichen, über die die anderen mit unglaublichen Sprüngen hinwegsetzten. Mehr als zwei Drittel schafften das Wagnis; wie eine Sturmflut fielen sie über die Feste her und drangen als erstes in die Kornspeicher ein, immer mehr und mehr, und bald waren nur noch knabbernde und raschelnde Geräusche zu hören.

Unterdessen floh der Bischof; er war der letzte lebende Mensch, alle anderen waren verschwunden. Mit der Kraft der Verzweiflung ruderte er in einem zerbrechlichen Boot bis zu der kleinen Insel im Strom zu seinem Wehrturm. Er verschanzte sich ganz oben in seiner Schlafkammer und betrachtete durchs Fenster den Fall der Burg. Es wurde Abend, es wurde Nacht, und das Feuer breitete sich über Stadt und Land und Feste aus, der Himmel wurde von den roten Lohen beinahe taghell erleuchtet; die gewaltige Hitze war noch auf der Insel zu spüren.

Ich habe alles verloren, dachte der Bischof, *aber dafür sind die*

Ratten besiegt. Dieser Hölle kann keiner mehr entkommen. Mit zitternder Hand wischte er sich den Schweiß von der Stirn, er fühlte sich sehr alt und sehr müde. Erschöpft sank er aufs Bett und fiel in einen unruhigen Schlummer, aus dem er bald wieder hochschreckte. Er *hörte ...*

Das Trappeln unzähliger winziger Füße kam die Treppe herauf, an seiner Tür war ein Kratzen, Schaben und Nagen zu hören. Panik und Todesangst ergriffen den Bischof, unfähig zu denken oder etwas zu unternehmen, kroch er in die hinterste Ecke seines Bettes und zog die Decke an sich. *Nein ...*, dachte er voller Schrecken und Entsetzen, als der Gesang der Goldenen Stimme erklang, und die Geräusche wurden lauter, intensiver, drohender.

Dann herrschte für einen winzigen Moment absolute Stille, gefolgt von einem dumpfen Schlag. Die Tür knirschte und ächzte, die Nägel lösten sich kreischend aus den Angeln; schließlich gab sie berstend und krachend nach. Auf dem Gang, vor der Türöffnung, kauerte wild und böse die gelbfunkelnde Rattenschar, angeführt von fünf rotäugigen Ratten: zwei kleinere Weibchen mit rötlichem Pelz, die schon bekannten großen grauen Männchen, von denen eines auf so eigentümliche Weise und erschreckend menschlich sang, und die größte Ratte von allen, ein schwarzes Untier mit dickem wollartigen Fell.

Der Bischof öffnete den Mund, aber er brachte keinen Ton heraus. In seinem Kopf drängten sich plötzlich wispernde, drohende Stimmen, die alle durcheinander redeten, bevor sie sich zu einem einzigen Gedanken zusammenschlossen: *Rache.*

Sie waren keine Geister, sie waren echt, sie besaßen einen greifbaren Körper. Eine Ratte stürzte plötzlich aus der lauernden Menge hervor und sprang dem Bischof ins Gesicht, der sie voller Angst und Ekel wegschleuderte. Die schwarze Ratte stieß einen hohen Pfiff aus, das Signal zum Angriff. Der Bischof gab einen grauenvollen Schrei von sich, als die Lawine sich in seine Kammer ergoß, und er wehrte sich aus Leibeskräften, aber vergeblich. Überall bissen sie sich fest, fetzten ihm die Kleider vom Leib, rissen ihm die Haut ab, ihre blutrünstigen Schreie zerrissen ihm das Gehör. Als er endlich niederging, stieß er einen Leuchter um. Das Bettzeug fing sofort Feuer, im Nu war die ganze Kammer in Brand gesetzt, und die Ratten versuchten voller Panik zu fliehen. Die Schreie des Bischofs erstarben bald; das Feuer breitete sich blitzschnell auf die Stützbalken aus, und der Wehrturm begann zu wanken und einzustürzen.

Die meisten Ratten kamen in diesem letzten Feuer um, die Überlebenden aber, darunter die rotäugigen Anführer, erreichten schwimmend das jenseitige Ufer und machten sich auf den Weg in ein anderes Land, ein anderes Leben.

EDWARD WELLEN

Der große Käse

Der Spielautomat meldete einen Höchstgewinn nach dem anderen. Und als Brownie es zum zweihundertvierzehnten Mal in ununterbrochener Reihenfolge geschafft hatte, roch ich eine Ratte. Eine große, ölig-braune Ratte. Beim zweihundertfünfzehnten Mal beobachtete ich ihn genau.

Er nahm eine Münze, schob sie in den Schlitz und bediente den Starter. Wieder der Hauptgewinn, und die Belohnung in Form eines Stückes Käse purzelte heraus. Er fing an zu knabbern, und unterbrach das nur einmal, um mich anzusehen und mir zuzublinzeln. Das beseitigte meine letzten Zweifel: Brownie benutzte Körpersprache.

Brownie war schon ein verflixter Kerl. *Rattus norvegicus,* um genau zu sein. Er war das Endergebnis selektiver Zucht, ein Nachfahre von Myriaden Nagetiermärtyrern für die Wissenschaft. Aber die Zucht, die zwar zu seiner ungewöhnlichen Größe geführt hatte, konnte unmöglich für seinen geradezu märchenhaften IQ verantwortlich sein. Brownie war ein Mutant. Oder nicht? Manchmal glaube ich, etwas aus dem All hatte Brownie übernommen. Was auch immer die Ursache sein mochte, die Wirkung wurde von Test zu Test deutlicher.

»Brownie«, sagte ich vorwurfsvoll, »du hast die Maschine verstellt.«

»Wer, ich?« schrieb er auf die Tafel.

»Ich meine nicht die Ratte in Lilian Russels Haar.«

Die Türglocke läutete.

Brownie kauerte sich zur Verteidigungsstellung eines Boxers zusammen. Er wußte, daß mich das immer zum Lachen brachte.

Aber dieses Mal sagte ich nur: »Laß das, Sportsfreund.« Und als ich zur Tür ging, stieß ich noch zwischen den Zähnen hervor: »Und damit meine ich Sport. Biologischen Sport.«

»Was murmelst du da in deinen Bart?« fragte mich Isabel, nachdem sie mein glattrasiertes Gesicht geküßt hatte.

»Es ist wegen Brownie«, antwortete ich.

»Was hat Bruder Ratte denn nun schon wieder ausgefressen?«

»Er schummelt beim Spielen.«

»Was erwartest du auch, wenn du die Tiermoral mit deinen Spielautomaten korrumpierst? Was meinst du wohl, was der Tierschutzverein dazu sagen würde, wenn er es wüßte? Übrigens, wie lange möchtest du Brownie noch hierbehalten?«

»Ich schätze, ich kann ihn nicht länger auf Eis liegen lassen, Liebling«, gab ich zu. »Ich bin wohl ein zu großes Risiko eingegangen, als ich ihn hier behielt, statt ihn im Schullabor unterzubringen.«

Isabel sah zu Brownie. Er hob den Blick von einem Comic und sah sie ohne zu blinzeln an. Isabel zitterte und trat näher zu mir.

»Er macht mir Angst«, gestand sie. »Es ist nicht *richtig*, wenn eine Ratte lesen und schreiben kann.«

Ich sah Brownie an, der wieder in seinen Comic vertieft war, und ich mußte zugeben, daß Isabel da nicht so unrecht hatte.

»Ein schwerer Schlag für den menschlichen Stolz«, sagte ich. »Aber bedenke doch, was es für die Evolutionstheorie bedeutet. Und bedenke, was es bedeutet, den Menschen durch das Auge einer Ratte geschildert zu sehen. Und ...«

»Und denke daran, was es für uns bedeutet, wenn wir den Zug verpassen«, erinnerte mich Isabel.

Ich sah auf die Uhr.

»Himmel!« sagte ich. »Ich komme gleich mit dir.« Ich ging zu Brownies Käfig. »Hör zu, Brownie, wir fahren übers Wochenende weg. In der Maschine ist genügend Käse und soviel Wasser, wie du nur willst, okay?«

Brownie nickte, und wir machten uns auf den Weg.

Im Speisewagen fragte mich Isabel: »Glaubst du nicht, daß deinem Schüler ein solches Mahl lieber wäre als nur Wasser und Käse?«

Ich sah wie die Masten vor dem Fenster vorüberhuschten.

»Um die Wahrheit zu sagen, Isabel«, gestand ich, »ich glaube, daß er seinen Käfig verlassen kann, wann immer er will. Ich bilde mir ein, er hat von dem Scotch getrunken, den ich im Schrank habe.«

Wir waren beide sehr schweigsam, bis der Zug die Berge erreichte. Dort wusch der Anblick des weißen Schnees unsere Gedanken rein.

Doch unsere Gedanken wurden wieder zunehmend düsterer, während die Masten auf der Strecke zur Stadt in umgekehrter Folge erneut vorüberhuschten. Wir eilten so schnell wie möglich zum Haus.

Brownie war nicht mehr im Käfig. Der Käfig war gar nicht da. Brownie hatte ihn auseinandergenommen und zu etwas anderem umgebaut.

Als wir eintraten, rollte ein Miniaturpanzer, der sehr einem Spielautomaten ähnelte, auf uns zu. Die winzige Kanone im schwenkbaren Turm forderte uns auf, zur gegenüberliegenden Wand zu treten.

Der Panzer fuhr ein Stück zurück. Die Klappe ging auf, und Brownie sah heraus. Er trug als Gefechtshelm einen rostfreien Edelstahltopf auf dem Kopf.

»Brownie«, sagte ich, »was soll denn das nun wieder bedeuten?«

Er deutete nach links. Ich sah eine Botschaft, die er an die Wand geschrieben hatte.

»Deine Freundin wird mit uns kommen«, lautete sie. *»Ihr wird nichts geschehen, wenn du meinen Befehlen Folge leistest. Beweg dich nicht von der Stelle, ich werde bald zurück sein.«*

»Einen Augenblick, Brownie«, sagte ich.

Aber sein Kopf verschwand, der Deckel fiel klappernd zu. Der Panzer begann zu rollen. Die Art, wie das Kanonenrohr auf Isabels Herz zielte, trieb mir den Schweiß auf die Stirn.

»Es wird besser sein, wenn wir ihm gehorchen, Liebes«, sagte ich.

Als Brownie mit Isabel hinausging, folgte ich ihnen, aber das Kanonenrohr schwang herum und feuerte eine Salve an meinem Kopf vorbei. Ich wich zurück.

Ich konnte nur warten, bis er zurückkam. Nein! Ich mußte in der Zwischenzeit etwas unternehmen. Aber was? Wenn Brownie beschloß, mein Haus als Operationsbasis zu benutzen, würde er wahrscheinlich früher oder später auch wieder von meinem Scotch trinken. Ich schüttete Rattengift in die Flasche. Was sonst noch? Natürlich, die Polizei! Die Stimme eines Schreibtischveteranen antwortete mir am Telefon.

»Vierzehntes Revier. Sergeant Martin.«

»Sergeant, eine Ratte hat meine Verlobte entführt.«

»Beruhigen Sie sich, Mister. Schildern Sie mir den Tathergang. Wer, wo, wann? Wie sah der Kerl aus?«

Ich sagte es ihm.

»Eine *echte* Ratte, so. Und sie fährt mit einem Panzer? Ich verstehe. Sie bleiben, wo sie sind, Mister. Ich werde Detektive Can sofort mit dem Fall beauftragen.«

Ich wurde wütend. Ich habe Freunde bei den Bullen und weiß, daß ›Detektive Can‹ ihr Ausdruck für Mülleimer ist.

Mein Wortschwall brachte die Leitung zum Glühen.

»Beruhigen Sie sich, Mister ...«, begann die Stimme, aber ich hörte nicht mehr hin.

Unter der Tür erschien das Kanonenrohr von Brownies Panzer. Ich legte auf. Der Panzer fuhr ins Zimmer und kam zum Stillstand.

Als Brownie herauskam, fragte ich ihn: »Was hast du mit Isabel gemacht?«

Brownie deutete auf einen Stapel Kalenderblätter, die umgekehrt auf dem Boden lagen. Auf dem obersten stand die Antwort auf meine Frage.

»Das Mädchen ist meine Geisel. Sie ist an einem sicheren Ort.«

»Was für Lösegeld möchtest du? Käse? Ich gebe dir soviel Käse, wie du willst, Brownie.«

Die Antwort darauf stand auf dem zweiten Blatt: »Ich möchte, daß du mir hilfst, eine Armee von Ratten zusammenzustellen.«

Auf dem dritten Blatt stand: »Wenn du dich weigerst, stirbt das Mädchen.«

Auf dem vierten Blatt stand: »Ich möchte die Welt beherrschen.«

Diese verdammten Comics! Eindeutig, ich mußte seine Pläne mit dem Scotch durchkreuzen. *Jetzt.*

»Okay, Brownie«, sagte ich. »Trinken wir darauf.« Ich öffnete den Schrank und holte die Flasche heraus. Ich füllte ein Glas für Brownie, das ich auf den Boden stellte. Dann wich ich zurück und schenkte mir selbst ein. Brownie wartete, daß ich zuerst trank.

Ich atmete tief durch und trank. Brownie kam aus dem Panzer heraus. Er trank von dem Scotch, wobei er keinen Blick seiner Knopfaugen von mir ließ. Ich ließ ihn das Glas leeren, bevor ich sprach.

»Brownie, dein Drink war vergiftet.« Kaum hatte ich das gesagt, spürte ich das Gift in mir wirken. Es zog mir die Eingeweide zusammen. Auch Brownie merkte es. Sein zuckender Körper und der peitschende Schwanz bewiesen es. Ich hatte große Schmerzen. »Brownie, wenn du mir sagst, wo das Mädchen ist, gebe ich dir ein Gegengift.«

Brownie suchte verzweifelt nach Kreide und schrieb dann: »Woher weiß ich, daß es nicht noch mehr Gift ist?«

»Ich werde zuerst eine Dosis nehmen«, sagte ich.

»Einverstanden«, schrieb er.

Rasch holte ich ein Brechmittel und schluckte eine Dosis. Ich mußte mich heftig übergeben. Dann ging es mir wieder besser.

»Und jetzt«, befahl ich erschöpft, »sag mir, wo sie ist.«

»Gefesselt ... Baum ... hinter ... dem ... Haus ... im ... Wald ... schnell ... das ... Gegengift!«

Ich gab Brownie das Brechmittel. Das hatte ich ihm versprochen.

Er trank es, dann eilte er zum Panzer zurück. Er hielt mich mit der Kanone in Schach, während er auf den Turm schrieb: »Du Narr. Jetzt wirst du sterben. Nichts kann mich aufhalten ...«

Brownie krampfte sich vor Schmerzen zusammen.

»Ratten können nicht kotzen«, sagte ich. »Das war's, du *Ratte*.«

Brownie sah mich an. »Du *Mensch*«, schrieb er, dann starb er.

LORD DUNSANY

Der Elektrizitätskönig

Diese Geschichte hat mir Jorkens einmal erzählt. Sie soll hier als Beweis dafür dienen, daß er nicht immer nur von sich selbst spricht, wie einige Mitglieder unseres Clubs hartnäckig behaupten. Und da es in diesem Fall keine persönlichen Gründe für irgendwelche Übertreibungen gibt, sehe ich keinen Anlaß, an ihrer Richtigkeit zu zweifeln. Und wenn diese Geschichte wahr ist, warum dann nicht auch die anderen? So sehe zumindest ich die Sache, ohne damit jemanden in seiner Meinung beeinflussen zu wollen.

Er war nach einem reichlichen Mahl eingeschlafen, und alle anderen Clubmitglieder außer mir waren gegangen — einige, weil sie etwas zu erledigen hatten, andere, weil sie sich durch Jorkens Schnarchen gestört fühlten, wobei ich nicht recht begreifen kann, was daran so schlimm gewesen sein soll, beziehungsweise ob die Geschäfte, denen sie nachzugehen vorgaben, tatsächlich so wichtig waren. Im Augenblick artete gerade einer von Jorkens' Schnarchern in ein beängstigendes Röcheln aus, so daß ich schon fürchtete, er könne daran ersticken. Aber zum Glück hatte es nur zur Folge, daß er aufwachte, und da ich außer ihm der einzige im Raum war, ließ ich die Bemerkung fallen: »Sie haben doch sicher schon einige höchst ungewöhnliche Dinge erlebt.«

Erfrischt durch den kurzen Mittagsschlaf, legte er sofort los und gab die folgende Geschichte zum besten.

Es war während eines seiner Amerikaaufenthalte gewesen, und da er gerade etwas knapp bei Kasse war, hatte er als Reporter für eine Zeitung in New England gearbeitet, um sich, wie er es nannte, eine Existenz aufzubauen. Wie ich ihn kenne, möchte ich jedoch eher annehmen, daß es ihm in erster Linie darum ging, genügend Geld für seine Rückkehr nach England zusammenzubekommen. Eines Tages erhielt er den Auftrag, ein Interview mit dem Millionär Makins zu machen, der in letzter Zeit Schlagzeilen gemacht hatte. Für all jene, denen der Name Makins nichts sagt: Er war besser bekannt unter dem Namen Elektrizitätskönig. Seine Berühmtheit rührte von dem Interesse her, das man seiner Behauptung entgegenbrachte, er sei imstande, alle seine Angelegenheiten selbst zu regeln. Daß er dazu tatsächlich in der Lage war, hatte sein Anwalt zweifelsfrei unter Beweis gestellt, indem er in allen Einzelheiten schilderte, wie die gigantischen Dynamos tagaus, tagein vierzehn Stunden am Tag von Makins höchstpersönlich gewartet und überwacht wurden. Wozu diese Dynamos nun allerdings dienten, wurde so elegant totgeschwiegen, daß dies nur ein in Rechtsfragen gründlichst bewanderter Leser gebührend zu würdigen gewußt hätte. Eben diese Dynamos bekam Jorkens nun also zu sehen, als er Makins wegen des Interviews aufsuchte.

Jorkens hätte diesen Auftrag nicht angenommen, wäre ihm damit eine leichte Aufgabe gestellt worden, und er wäre nicht Jorkens gewesen, wenn er es nicht geschafft hätte, die ganze Wahrheit aus seinem berühmten Gesprächspartner herauszukitzeln. Offensichtlich hatte er etwas an sich, das ihm Makins' Sympathie eintrug, und sei es auch nur der Umstand, daß er ›seinen Wein wie ein echter Mann zu trinken verstand‹, um es mit Makins' eigenen Worten auszudrücken. Jedenfalls bekam er sein Interview. Jorkens hatte dem Elektrizitätskönig zu dem eben erbrachten Beweis gratuliert, daß er seine Angelegenheiten ganz allein zu regeln verstand, und Makins hatte darauf erwidert: »Ist das nicht fantastisch?« Und dann war er eine Viertelstunde lang schweigend dagesessen und hatte nur hin und wieder den Kopf geschüttelt, bevor er schließlich, erst im Flüsterton, doch nach und nach mit lauter werdender Stimme mit seiner Geschichte begann.

»Seinen Ausgang nahm das Ganze mit der Idee, die gesamte Stromversorgung der Veinigten Staaten zum Erliegen zu bringen und sie anschließend selbst zu übernehmen. Ganz Amerika sollte gewissermaßen von einer einzigen Elektrizitätsgesellschaft zum Leuchten gebracht werden, wobei unsere Leistungsfähigkeit mindestens der des Vollmonds gleichkommen mußte. Ich hatte mir schon alles genauestens zurechtgelegt und wäre dazu durchaus in der Lage gewesen — die genauen Einzelheiten will ich hier nicht nennen. Inzwischen stellt sich der Sachverhalt nämlich nicht mehr so klar und eindeutig dar. Damals war das

im Mittelmeer. Erst spielten wir meistens eine Partie Schach, und danach saßen wir noch eine Weile beisammen und unterhielten uns. Aber er sagte mir nie alles, was er dachte, oder auch nur die Hälfte von dem, was er wußte — bis wir die Stelle erreichten, wo Ferdinand de Lesseps steht, eine bronzene Hand nach dem östlichen Tor der Welt ausgestreckt; und die korrupte Stadt Port Said fällt achtern zurück, eine Ansammlung weißer Kuppeln im Abendlicht; etwa das, wovon ein Engel beim Erwachen träumt, um es genauso hinter sich zurückfallen zu lassen, wie wir das nun taten. Schon bald danach begann Ebblit vom Osten zu erzählen, als ob er wirklich existierte, und daran war nichts Ungewöhnliches. Währenddessen fiel der Westen immer weiter hinter ihm zurück, und er wurde immer weniger von seinen Vorurteilen und eingefahrenen Denkweisen eingeengt. Das war der Zeitpunkt, an dem er von der Schönheit des Ganges zu sprechen begann. Er schien nicht zu wissen, ob es seine majestätische Ruhe und Schönheit war, die den Menschen an seinen Ufern zu nie geahnter Glückseligkeit verhalf, oder ob es umgekehrt die frommen Wünsche und Gedanken von Generationen tiefgläubiger Menschen dazu beitrugen, dem Strom seine Heiligkeit zu verleihen. Zumindest begann ich zu begreifen, daß am Ufer des Ganges Erleichterung zu finden sein mußte — und Ruhe, begann ich zu hoffen, für meinen überspannten Geist. Also fragte ich ihn, welchen Ort am Ufer des Stroms ich am besten aufsuchen sollte, worauf er mir nach kurzem Nachdenken antwortete: ›Benares.‹

Vor mir lag noch ein weiter Weg, und die Ratte mit ihrem gräßlich entstellten Schwanz war mir dicht auf den Fersen. Fast hätte ich vergessen, Sie darauf hinzuweisen, daß ihr Schwanz gebrochen war. Fürwahr, was bin ich doch für ein hartgesottener Kerl! Ich habe weiß Gott Hunderte von Männern gekannt, deren Gedanken so leicht durchschaubar vor mir lagen wie hinter einer Wand aus Glas, und doch war nicht einer — ich wiederhole: nicht einer — unter ihnen, der gegen diese Ratte bis zum Roten Meer durchgehalten hätte.

Sie hatten einen riesigen Tank an Bord, der als Schwimmbecken diente. Dort fand ich nach Sonnenuntergang Kühlung, reglos im Wasser treibend, den Blick zu den Sternen emporgewandt und fortwährend an die Ratte denkend.

Danach suchte ich in der Regel Ebblit auf, um mit ihm zu sprechen. Jeden noch so kleinen Hinweis, den ich von ihm ergattern konnte, sammelte ich begierig wie ein Briefmarkensammler: der Name des besten Hotels, die beste Stelle am Ufer, die Priester, die Tempel, die unzähligen Legenden — alles, was ich von ihm erfahren konnte, während wir an Deck auf und ab schritten. Und eines Tages hätte ich ihm um ein Haar von der Ratte erzählt. Noch war ich nicht ganz so weit, aber ich glaube, er ahnte bereits etwas. Danach fand ich es merklich schwerer, ihn dazu zu bringen, sich mit mir zu unterhalten, vor allem, wenn es sich um ein Gespräch unter vier Augen handelte.

Im Anschluß daran war ich allein mit der Ratte.

Schließlich erreichten wir Bombay.

Natürlich gibt es zwischen Bombay und Benares vielerlei Sehenswürdigkeiten. Da wäre zum Beispiel das achte Weltwunder in Agra oder das Paradies auf Erden in Delhi, ganz zu schweigen von den Wundern im Rahmen der langen Geschichte Indiens, die denen anderer Länder in nichts nachstehen. Es gibt in der Tat vieles zu sehen hinter den Gipfeln der Westlichen Ghats. Dennoch hatte ich für nichts anderes Augen als für das Blut, das aus der Wunde im Schwanz der Ratte sickerte. Also eilte ich weiter nach Benares.

Vor dem Kuhtempel sollte sich ein Mann aufhalten, der mich Ebblits Aussagen zufolge zum Eingang führen würde. Ebblit hatte gemeint, daß der Mann schon vor drei Jahren an dieser Stelle gewesen wäre und deshalb aller Wahrscheinlichkeit auch jetzt noch da sein würde. Allerdings sollte ich mich nicht daran stören, daß er ziemlich schmutzig sei, sehr schmutzig sogar. Vermutlich wäre ich bei dieser Vorstellung in lautes Gelächter ausgebrochen, wenn mir damals nicht längst das Lachen vergangen wäre. Schmutzig. Und wenn schon! Was störte die Ratte Schmutz?

Voll banger Erwartungen suchte ich den Tempel auf. Und wenn der Mann nun nicht mehr da war? Drei Jahre schienen mir eine lange Zeit. Für ihn war es jedoch nicht lange. Genau, wie Ebblit mir versichert hatte. Er war tatsächlich da, am Eingang des Kuhtempels — Lendentuch, nackte Haut und Schmutz. So saß er auf dem Boden, nur eine Schale neben sich. Ich suchte mir einen Dolmetscher und kehrte zu dem schmutzigen Mann zurück, und noch bevor ich überhaupt mein Hotel aufgesucht hatte, legte ich ihm mein Problem dar. Natürlich erzählte ich ihm nichts von der Ratte. Vielleicht hätte ich das getan, wenn er nicht so schmutzig gewesen wäre. Statt dessen sagte ich ihm, ich sei ein Geschäftsmann, der sich wegen seiner Geschäfte Sorgen mache, und daß mich auch andere Gedanken plagten. Er schien kaum zuzuhören, und als mein Dolmetscher und ich geendet hatten, sagte er nur: ›Sprechen Sie ganz offen.‹

Sicher können Sie sich denken, daß mir dieser Ton — und das von so einem Mann — nicht gefiel. Ich schwieg also einen Moment betreten. Und dann erzählte ich ihm in meiner Verzweiflung von der Ratte. Erst kostete es mich gewaltige Überwindung, doch dann brach es ganz von selbst aus mir hervor. Noch nie zuvor hatte ich darüber gesprochen. Ihre Augen, ihre Schnurrhaare, ihr Pelz — ich beschrieb ihm alles, von ihrer schnuppernden Schnauze bis zu ihrem gekrümmten Schwanz.

Und wenn der Dolmetscher ihn richtig verstand, antwortete er mir: ›Die erhabene Schönheit des Ganges übersteigt jedes menschliche Fassungsvermögen; sie entzieht sich jedem Begreifen. In der Betrachtung seiner Schönheit liegt vollkommene Erfüllung aller Wünsche. Kein Vorhaben kann größer sein. Nichts je Erhofftes kann es übertreffen. Es gibt kein lohnenderes Ziel im Leben eines Menschen. Gehen Sie hin und lassen Sie sich an seinem Ufer nieder, bis das Bild des Flusses Eingang gefunden hat in das Innerste Ihres Geistes — genauso, wie er das bei mir getan hat, denn inzwischen ist er mir sogar näher als meine eigenen Hände und Füße. Harren Sie, wenn nötig, bis ans Ende Ihrer Tage an seinem Ufer aus. Die Belohnung wird unermeßlich groß und selbst für jene, die wie Sie nach unmittelbarem Erfolg streben, angemessen sein.‹

Es mag vielleicht seltsam erscheinen, aber die Worte des Mannes ergaben durchaus einen Sinn für mich. Die Ratte war zwar noch immer da, aber allein der Klang seiner Stimme hatte wieder einen ersten Hoffnungsfunken in mir aufkeimen lassen. Ich fühlte mich wie ein verirrter Wanderer, von schrecklichen Ängsten geplagt, der plötzlich süße Glocken durch das Dunkel klingen hört und in der Ferne ein einsames Licht aufleuchten sieht. Das war kein Wahngebilde, sondern die Folge zahlloser schlafloser Wochen.

Ich ging also zum Ganges hinunter. Mein Gott, welch ein grandioser Anblick! Es war kurz vor Sonnenuntergang, und der Strom lag vor mir wie ein riesiger Halbedelstein, ein sehr heller Beryll oder ein Aquamarin. Mir wurde sofort klar, daß es keinen Sinn hatte, ihn nur zu betrachten. Ich war jetzt kein Reisender, der die Sehenswürdigkeiten des Landes besuchte, sondern ein Mann auf der Flucht vor Schrecknissen — größer, als sie je einen menschlichen Körper heimgesucht haben. Freudigen Herzens hätte ich mich einem wilden Tiger entgegengeworfen, nur um dieser Ratte zu entrinnen.

In solch einer ausweglosen Lage mag sich vielleicht Selbstmord als die naheliegendste Lösung anbieten. Aber dazu war ich nicht bereit, da ich den Eindruck hatte, daß mir die Ratte meinen Verstand rauben wollte. Ich war jedoch fest entschlossen, ihn mit allen Mitteln gegen sie zu verteidigen und ihn auf keinen Fall kampflos auszuliefern. So war ich also zum Ganges hinuntergegangen, nicht um ihn zu betrachten, sondern um ihn in meine Seele eindringen zu lassen, um, wie mir geheißen, seine Schönheit auf mich einwirken zu lassen, bis er mir mehr bedeutete als meine Hände und Füße und bis nichts anderes mehr für mich zählte, nicht einmal die Ratte.

Er schien mir wie das Ende der Welt, der Fluß; so viele Stufen führten zu ihm hinab. Es war nicht wie der Weg, der zu einer Furt hinabführt und auf der anderen Seite wieder aus dem Wasser aufsteigt, oder wie eine Straße, über die man zu einer Fähre gelangt, mit der man ans andere Ufer übersetzt. Nein, diese Stufen führten zum Wasser hinab und endeten dort, unausweichliches Ende aller Reisen der Lebenden und Toten. Unweit eines kleinen Tempels ließ ich mich auf den Stufen nieder und betrachtete das Schwinden des Tages, und je mehr das Licht verblich, desto leichter fiel es mir, mich an die Weisung zu halten, die mich vor der Ratte retten sollte. Die Schönheit des Flusses begann sich mit einer Selbstverständlichkeit Zugang zu mir zu verschaffen, als wäre ich schon jahrelang an dieser Stelle gesessen. In Gruppen zu zweien und dreien kamen Pilger die Treppe herab, Tauben zogen sich für die Nacht in den kleinen Tempel zurück, um sich zwischen den winzigen Kuppeln zur Ruhe zu legen, und mit dem Dahinschwinden der Sonne wich alle Farbe aus den Dingen, nur der Fluß schien von innen heraus zu leuchten. Nun nahm ich zum erstenmal die Feuer des Todes wahr, die aus den brennenden Ghats am Flußufer aufstiegen. Hin und wieder stahl sich ein Schiff mit großen Segeln den mächtigen Strom hinunter, ohne daß eine Welle die übernatürliche Stille störte. Fast schien es, als handle es sich dabei um ein Geisterschiff, oder als sei der Fluß einer fernen Traumwelt entsprungen, jenseits aller Gefilde des Wachens. Über den Kuppeln des Tempels sah ich im Westen die Sichel des Neumonds aufsteigend wie ein gekrümmtes Horn. Und je heller der Mond leuchtete, desto lodernder brannten die Feuer der Scheiterhaufen, und die Farbe, die mit Sonnenuntergang aus dem Himmel gewichen war, begann unter tiefem Nachglühen zurückzukehren, kam sogar in strahlenderem Glanz zurück, als sie dahingeschwunden war, ähnlich einem Reisenden, der, mit allem Prunk ferner Länder gekleidet, wieder seine ländliche Heimat aufsucht. Sie entwickelte eine Kraft, angesichts deren selbst der leuchtende Fluß zu verblassen schien.«

Als Makins vom Ganges erzählte, sprach er sehr schnell und blickte dabei geradeaus vor sich hin über Jorkens' Kopf hinweg, ohne dem flink über das Papier huschenden Stift irgendwelche Beachtung zu schenken. Obwohl Jorkens stenographierte, vermochte er Makins' Redefluß kaum zu folgen. Es war nicht so sehr die Schönheit des Ganges, die eine so nachhaltige Wirkung auf ihn ausgeübt hatte, dachte Jorkens, als vielmehr die Tatsache, daß er zum erstenmal seit langem den Anfechtungen der Ratte entkommen war. Aber natürlich war er noch weit davon entfernt, sie vollends abgeschüttelt zu haben. »Mit erstaunlicher Schnelligkeit«, fuhr er fort, »senkte sich das Zwielicht herab und ließ die heilige Stadt in all ihrem Prunk erstrahlen. Sie kennen das ja sicher auch, wie sich in diesem magischen Augenblick das Licht mit geradezu stofflicher Qualität über die Umgebung breitet und sich wie etwas Greifbares zwischen Sie und die Dinge schiebt. So ähnlich verhielt es sich mit mir und der Ratte. Endlich, nach so langer Zeit, war wieder etwas zwischen mir und ihr: die Schönheit des Ganges. Allerdings konnte auch die Kraft des Flusses die Ratte nicht ganz von mir fernhalten. Dazu war ihre Macht zu groß. Aber zumindest war sie nun auf der anderen Seite des Stroms.

Eine Schönheit von ungekannter Intensität erfüllte den Himmel mit den tiefen Farben Indiens; tiefe Stille lag schwer über dem Ufer des Flusses, eine Stille, als stünde die ganze Welt still, um nach dem ersten Stern Ausschau zu halten. Lautlos öffnete sich die Tür des kleinen Tempels, und nichts als Dunkel kam dahinter zum Vorschein. Die Stille über dem Fluß wurde noch tiefer. Und plötzlich drang vom Wasser der melodiöse Klang leiser Glocken herauf: weite Fenster taten sich in dem Dunkel hoch über mir auf, aus denen Musik von Instrumenten strömte, die sich vollkommen fremd anhörten für meine Ohren: unsichtbare Trommeln schlugen von dem kleinen Tempel herüber, die rasch sich verdunkelnde Luft pulsierte in einem fremdartigen Rhythmus, der dröhnend zwischen den Mauern von Benares widerhallte: das war ihre Art der Verehrung; so huldigten sie dem Fluß. — Wenn Sie mich bitte für einen Moment entschuldigen würden.«

Makins erhob sich, ging zu einer Klappe in der vertäfelten Wand der Bibliothek, in der sie saßen, und schob sie beiseite. Im selben Moment erfüllte ein tiefes Summen den Raum: die Stimme Hunderter von Dynamos. Jorkens war das fremdartige Geräusch schon die ganze Zeit in den Ohren gelegen, als Makins über den Ganges gesprochen hatte, aber inzwischen war es zu einem tiefen und mächtigen Dröhnen angeschwollen. Sein Blick fiel auf die weite Halle mit den gewaltigen Maschinen, die reglos aneinandergereiht standen wie schlafende Elefanten. Welch ungeheure Energie diese stählernen Ungetüme erzeugten, entzog sich damals noch Jorkens' Kenntnis. Er wußte nur, daß sich ihre unermeßliche Kraft unsichtbar fortpflanzte. Von ihrem erhöhten Standpunkt blickten die beiden Männer auf die Maschinenhalle hinab. Zwischen den dunklen, abgerundeten Formen der Dynamos gingen Männer auf und ab, um die mechanischen Kolosse zu warten. »Meine Dynamos werden gefüttert«, bemerkte Makins dazu. Jorkens sagte nichts. Die Nähe einer so unermeßlichen Kraft, die unschätzbaren Dienste, die diese Ungetüme der Menschheit erwiesen, und die Unvereinbarkeit der strengen Logik wissenschaftlichen Denkens mit der hingebungsvollen Verehrung eines indischen Stromes schienen ihm die Sprache verschlagen zu haben. Ohne sich dadurch beirren zu lassen, fuhr Makins fort: »Ich blieb drei Tage lang. Wie gesagt, befand sich die Ratte inzwischen auf der anderen Seite des

Flusses. Aber sie entfernte sich nicht noch weiter. Im Dämmerlicht meiner Gedanken konnte ich ihre Schnurrhaare zucken sehen, wenn sie schnuppernd die Luft einsog — und ich wußte nur zu gut, nach wem sie suchte. Also kehrte ich zu dem schmutzigen Mann zurück und erzählte ihm von meinen Erlebnissen. Und er sagte: ›Der Ganges entspringt auf einem Berg, der zu hoch ist für unsere Füße. Und auf dem Gipfel dieses Bergs liegt eine Stadt aus purem Gold. Alles dort ist aus Gold, das Pilaster der Straßen, die Häuser und selbst die Läden. Und alle Menschen, die dort wohnen, sind Hindus.‹ Solange der schmutzige Mann über die Schönheit des Flusses sprach, war ich in der Lage, ihm zu folgen; das war etwas, was ich verstehen konnte. Doch als er mir nun konkrete geographische Angaben machte, weckte das meinen Widerspruch. ›Woher wissen Sie‹, fragte ich, ›daß diese goldene Stadt tatsächlich existiert?‹ — ›Weil ich sie selbst gesehen habe‹, antwortete er. ›Um sie zu finden, bin ich viele Monate lang den Fluß hinaufgewandert. Ich war damals noch jung und legte jeden Tag große Entfernungen zurück. Schließlich kam ich zu besagtem Berg. Er leuchtete ganz weiß, aber es gab auf seinem Gipfel keine Stadt. Ich war damals noch jung und hatte keinen Glauben. Dennoch blieb ich und versenkte mich sieben Tage lang in die Betrachtung des Berges. Ich fastete, und manchmal betete ich zu den Wesen, denen Gebet gebührt. Am Ende des siebten Tages glaubte ich eine Veränderung zu bemerken. Die Sonne ging unter, und der ganze Berg wurde stumpf und matt. Ich war vom langen Fasten sehr geschwächt. Und mit einemmal erschien die goldene Stadt; ein Gewirr aus unzähligen Straßen schlängelte sich den Berg hinauf; sie waren gesäumt von Kuppeln, Mauern und Türmen, die in hellem Glanz erstrahlten — eine Stadt aus reinstem Gold, wie sie in den Brahmanas beschrieben wird.‹

›Könnte auch ich sie sehen?‹ fragte ich den schmutzigen Mann.

›Noch nicht‹, antwortete er.

Darauf ich: ›Wann werde ich sie sehen können?‹

›Harren Sie drei Monate am Ufer des Ganges in Benares aus‹, war alles, was er darauf sagte. Auch wenn mir das sehr lange erschien, tat ich, was der schmutzige Mann gesagt hatte. Und die Ratte blieb die ganze Zeit über auf der anderen Seite des

Flusses, so daß ich nachts wieder Schlaf fand. Eine weitere Besserung stellte sich jedoch nicht ein. Zu nahe waren die Horden des Wahnsinns noch, die weiterhin unablässig gegen die Grenzen meines Verstands anbrandeten und jeden Augenblick die Ränder meiner Vorstellungskraft zu berühren drohten.

Eines Tages, die drei Monate neigten sich ihrem Ende zu, saß ich wieder einmal am Ufer des Ganges und beobachtete die Pilger. Da wurde mir plötzlich bewußt, daß der Ganges nicht mein Fluß war, daß ich die Geschichte von der goldenen Stadt nie würde glauben können und daß die Götter Indiens nie meine Götter werden konnten. Rasch hatte ich mich zu einem Entschluß durchgerungen. Doch nicht einmal dem schmutzigen Mann erzählte ich davon. Vermutlich sitzt er heute noch genauso wie damals am Eingang des Kuhtempels, in dessen Innern Kühe und Pfauen umherwandern und wo die Gläubigen schlagen, damit ihre Götter ihnen Gehör schenken, wann immer sie zu ihnen beten. Ich brach sofort auf. Vermutlich hatte ich die Ruhe, die ich vor der Ratte gefunden hatte, zu gering geschätzt; vielleicht dachte ich auch, daß die Besserung meines Zustandes anhalten würde. In dem Moment, in dem ich jedoch den Ganges hinter mir zurückließ, kam sie über den Fluß und war mir wieder so dicht auf den Fersen wie eh und je. Ich stand nahe davor, erneut nach Benares zurückzukehren. Aber mir war inzwischen klar geworden, daß mir der Ganges nie zur Lösung meines Problems würde verhelfen können. Der heilige Strom war lediglich imstande, mir Erleichterung von meinen Qualen zu verschaffen, doch hatte ich inzwischen Hoffnung geschöpft, vollkommene Heilung von ihnen zu erfahren. Wie Sie sehen, war ich von Anfang an davon überzeugt, daß dieses Ziel nur mit Hilfe der Religion zu erreichen sei. Von Natur aus mit einem scharfen Verstand begabt, hatte ich gelernt, rasch zum Kern eines Problems vorzudringen und mich nicht mit halbherzigen Lösungen zufriedenzugeben. So hatte ich auch von Anfang an erkannt, daß die Ratte den Schrecken der Seele entsprang. Was ich also brauchte, war geistlicher Beistand, ich mußte eine Religion finden, deren Vertreter imstande waren, den Kampf gegen die Ratte aufzunehmen. Denn noch immer hatte ich die Hoffnung nicht aufgegeben. Die machtvollsten Religionen der Weltgeschichte, sagte ich mir, hatten schon seit jeher ihren Ausgang in der Wüste genommen. Wie sollte es auch anders sein? Bevor ein Mensch den fundamentalen Wahrheiten des Lebens ins Auge blicken kann, geschweige denn vermag, sie zu überdenken und zu bewerten, muß er den Staub von all den Dingen entfernen, die ohne Bedeutung sind. Wie zum Beispiel die neuesten Nachrichten des Tages, die neuesten Meinungen und Modeerscheinungen, die Konventionen der Vergangenheit und die Ängste vor der Zukunft. So ließ ich also die schimmernde Stadt Benares hinter mir und machte mich auf den Weg in die Wüste. Und die Ratte begleitete mich auf meiner Suche.

Zu allererst nahm ich den Zug nach Delhi. Dort beabsichtigte ich mich nach einer Wüste zu erkundigen — einer Wüste, in der ich einen heiligen Mann zu finden hoffte, der fern aller Städte genügend Weisheit angehäuft hatte, um das drängende Problem zu lösen, mit dem ich ihn aufsuchte. Es war gegen Abend, ich saß in meinem Eisenbahnwaggon und dachte an die Ratte, als am Horizont wie aus dem Nichts, fahl und deutlich zu erkennen, eine Bergkette auftauchte, von der ich nicht wußte, daß sie überhaupt existierte.

Als der Zug an der nächsten Station hielt und ich den Stationsvorsteher nach diesen Bergen fragte, erklärte er mir, das sei der Himalaya. Der Himalaya! Stellen Sie sich vor, Sie sehen einen Wasserfall und erkundigen sich nach seinem Namen, und Sie bekommen als Antwort: die Niagarafälle. Oder Sie betreten aufs Geratewohl eine Kirche und stellen fest, es ist Westminster Abbey. So schloß ich also erste Bekanntschaft mit dem Himalaya.

Der Stationsvorsteher nannte mir die Namen der einzelnen Gipfel, die in fahlem Violett aus der Ferne herüberleuchteten. Ich habe Ihre englischen Landsleute ja schon immer sehr zuvorkommend gefunden; deshalb fragte ich den Mann auch noch nach dem Namen eines weißen Gipfels, der in einsamer Höhe über den anderen thronte. Er antwortete mir in einem Ton, als existierte dieser Berg gar nicht oder als wäre er zumindest nicht der Erwähnung wert: ›Ach, dieser Berg liegt in Tibet.‹ Ist das nicht typisch englisch? Der Berg gehörte nicht zum britischen Empire, also zählte er nicht für ihn.«

Natürlich entgegnete Jorkens, daß dem keineswegs so sei, daß wir Briten vielmehr ein fremdes Land, wenn überhaupt, als etwas betrachteten, das uns gehörte, und daß wir auf keinen Fall zuzugeben bereit gewesen wären, es für etwas Fremdes zu halten. So verstrich also einige Zeit über dem Austausch internationaler Höflichkeiten, ebenso bedeutungslos wie gutgemeint, während die mächtigen Dynamos hinter der Klappe leise weitersummten. Schließlich fuhr Makins fort: »Ich hatte sie noch nicht lange betrachtet, als ich zu mir sagte: Berge. Warum sollten sie für meine Zwecke nicht genausogut geeignet sein wie Wüsten? Außerdem waren mir allerlei seltsame Geschichten über Tibet zu Ohren gekommen. Auf einem Berg kann ein Mensch so gut nachdenken wie im Sand der Wüste, vorausgesetzt, er steigt nur hoch genug hinauf. All die dummen kleinen Gedanken, die das Bewußtsein vernebeln, würden hoch oben auf einem Berg wie von selbst verfliegen. Dorthin werde ich aufbrechen, sagte ich mir und faßte sofort einen Entschluß. An der nächsten Station stieg ich aus. Und die Ratte sprang mit mir aus dem Zug.

Nach einiger Zeit gelang es mir, einen Wagen zu mieten. Mit der nötigen Geduld ist im Osten alles möglich. Wir brachen unverzüglich in die Berge auf. Inzwischen fand ich wieder keinen Schlaf mehr und trieb den Fahrer zu größter Eile an. Die kleinen Baumratten am Straßenrand schraken hoch, als wir an ihnen vorbeibrausten. Was für possierliche kleine Tiere. Wie sehr wünschte ich mir, eines von ihnen würde versuchen, mich anstelle des gräßlichen Untiers, das ich so gut kannte, um meinen Verstand zu bringen. Oder meinetwegen auch ein Affe. Aber vermutlich kann es sich ein Mensch nicht aussuchen, von welchen Schrecken seine Seele heimgesucht wird. Genau betrachtet — und man sollte eigentlich alles genau betrachten —, ist eine Plage vermutlich genausogut wie jede andere; nur konnte ich das damals noch nicht so sehen.

Wir fuhren also am Nachmittag weiter ins Gebirge; das war am Tag nach meiner Unterhaltung mit dem Stationsvorsteher. Allmählich begann das, was mir bisher als blaue Flecken auf violettem Untergrund erschienen war, als mächtige Schluchten erkennbar zu werden, die sich in die Berghänge gefressen hatten. Tibet blickte nun nicht mehr länger auf einen herab, sondern verbarg sich, neugierigen Blicken entzogen, hinter dieser mächtigen Wand.

Wir legten an diesem Tag eine weite Strecke zurück, bis mein Fahrer schließlich anhielt und erklärte, weiter könne er mit dem Wagen nicht fahren. Das störte mich nicht weiter, da ich bereits von einem Kloster gehört hatte, das angeblich etwa fünfzig Meilen entfernt lag. Und das war der Ort, nach dem ich suchte. Mit diesem Ziel vor Augen und der Ratte auf meinen Fersen hätte ich den weiten Weg ohne Murren auch zu Fuß zurückgelegt.

Wie sich jedoch herausstellte, erwies sich das als nicht nötig. Ich mußte zwar feststellen, daß es zu dem Kloster wesentlich weiter war als fünfzig Meilen, aber zum Glück konnte ich in einem Dorf einen Ochsenkarren, einen sogenannten *tonga* mieten, der von zwei Ochsen gezogen wurde und für den kein Weg zu beschwerlich war. Nicht, daß es sich dabei um ein bequemes Fortbewegungsmittel gehandelt hätte, aber Fragen der Bequemlichkeit hatten mich seit dem Auftauchen der Ratte schon lange zu beschäftigen aufgehört. Das ging sogar so weit, daß ich inzwischen körperliche Mühsal als etwas eher Wohltuendes empfand. Wir fuhren das Bett eines großen Flusses hinauf — der Führer des Ochsengespanns, ich und natürlich die Ratte. Die Räder des Karrens rollten über weißen Sand und rundgeschliffene Kiesel. Mit Ausnahme einiger langer, schmaler Pfützen, die wie aus dem Kleid einer Flußnymphe gerissene Fetzen über das Flußbett verstreut schienen, war der Untergrund vollkommen trocken. Der Sambhur kam unter den Bäumen hervor, um uns ohne jede Scheu neugierig zu beäugen. So dicht war der Wald, der das trockene Flußbett säumte, daß wir nur selten die Berge sahen, und wenn der Blick auf sie doch einmal freigegeben wurde, war der Eindruck überwältigend. Wir befanden uns mitten unter ihnen, als hätten wir uns unangemeldet in eine Versammlung von Riesen geschlichen, den Altvorderen der Erde, die von Mutter Natur beauftragt worden waren, deren Pläne zu überdenken. Inzwischen hatte die Nacht hereinzubrechen begonnen, und der Führer hielt sein Gespann an und legte einen Kreis aus kleinen Feuern um uns an, damit während der Nacht die Tiger von uns fernblieben. Herausfordernd trat ich eines der Feuer funkenstiebend in das Dunkel hinaus. ›Sollen uns etwa diese Flammen vor nächtlichen Gefahren schützen?‹ fuhr ich den Mann an. Aber er dachte nur an die Tiger.

Doch schon im selben Augenblick überkam mich tiefes Bedauern über meinen Wutausbruch. ›Sie müssen mir meine aufbrausende Art verzeihen‹, bat ich den Mann um Entschuldigung. ›Ich kann nicht schlafen.‹ Aber da er ohnehin kein Wort verstand, war es gleichgültig, was ich zu ihm sagte.

Ein Tiger wagte sich sehr nahe heran. Das leise Schleifen seiner geschmeidigen Tritte drang durch die Stille meiner Gedanken an die Ratte. Wie alle schlaflosen Nächte verstrich auch diese unendlich langsam; um so rascher brach dann der Tag an. Wir kochten Tee, der Ochsenführer aß etwas von den Vorräten, die er mitgebracht hatte, und dann machten wir uns wieder auf den Weg nach Tibet. Wir waren den ganzen Tag unterwegs, unermüdlich wälzten sich die Räder des Karrens über die Steine des Flußbetts, überwanden Felsrippen, um auf der anderen Seite mit einem lauten Knall niederzukrachen. Doch keiner dieser Stöße konnte die Ratte verscheuchen.

In dieser Nacht schlugen wir unser kleines Biwak bereits in großer Höhe auf. Es war sehr kalt, und trotz unserer Angst vor den Tigern hatten wir nur ein Feuer. Nicht, daß ich mich wirklich vor den Tigern gefürchtet hätte. Ich kannte nur noch eine Angst, und davor drohte mein Verstand ins Wanken zu geraten. Eine weitere schlaflose Nacht zog sich endlos dahin wie ein langes Kapitel der Menschheitsgeschichte, und schließlich deutete mein Führer im goldenen Schein der Morgensonne nach vorn. Dort, in weiter Ferne, aber nicht weniger strahlend als der Morgen, lag das Kloster, das ich suchte. Am Mittag hatten wir eine Stelle erreicht, an der auch die Ochsen nicht mehr weiterkamen. Vor uns ragten steile Berghänge auf. Wir hatten bereits zweimal die Ochsen gewechselt und bereits sechzig der fünfzig Meilen zurückgelegt, die es angeblich bis zu dem Kloster waren. Dabei hatte ich feststellen müssen, daß es sich in Indien mit Entfernungsangaben sehr oft so verhielt. Aber zumindest war das Kloster inzwischen in Sichtweite gerückt. Ich konnte ein paar Träger anheuern, die mein Gepäck vom Karren luden, und an ihrer Spitze klomm ich den Berg hinauf. Ein schmaler Pfad schlängelte sich den steilen Abhang empor. Seiner Beschaffenheit nach zu schließen, hatten wohl nicht allzuviele Menschen das Kloster aufgesucht oder wieder verlassen. Je höher ich stieg, desto deutlicher wurde das Schallen einer Glocke hörbar; ihrem Klang haftete jedoch nichts Einladendes an, wie man es vielleicht von einem Laut aus dieser einsamen Bergeshöhe hätte erwarten können. Dazu war ihr Ton zu unirdisch, zu wenig interessiert an unseren menschlichen Sorgen und Nöten. Der Pfad zur Pforte des Klosters schien so gut wie nie beschritten. Neben dem Tor hing an einer Kette ein bronzener Glockenschwengel in Gestalt eines Drachen. Ich schritt darauf zu und zog daran. Im selben Augenblick durchhallte ein gewaltiges Dröhnen das Kloster. Über ein ausgeklügeltes System aus Flaschenzügen mußte die Kette, an der ich gezogen hatte, eine Glocke von nahezu einer Tonne Gewicht angeschlagen haben. In der Tür erschien ein runzliges Männchen in einem Mönchsgewand, dem ich nun ohne Dolmetscher zu erklären versuchte, was ich wollte, obwohl ich ebensowenig ein Wort von seiner Sprache verstand wie er von der meinen. Doch er muß wohl die Angst aus meinen Augen sprechen gesehen haben, da er mich ohne Zögern einließ, und als wenig später auch die Träger mit meinem Gepäck ankamen, fiel es mir leichter, ihm mein Ansinnen zu erklären, indem ich darauf deutete. Wäre ich mit einem kleineren Troß und vielleicht barfuß angekommen, hätte man mich vielleicht eher abgewiesen. So schickte ich jedoch einen der Träger nach einem Dolmetscher. Es dauerte eine Woche, bis er einen solchen fand. Während dieser Zeit erhielt ich Nahrung und Unterkunft. Das Essen war karg und ungewohnt, und untergebracht war ich in einer winzigen steinernen Zelle. Als schließlich der Dolmetscher eintraf, führte ich mit seiner Hilfe ein Gespräch mit einem jüngeren Mönch und erläuterte ihm mein Problem. Daraufhin beschied er dem Dolmetscher, mir zu sagen, ich solle in einem Jahr wiederkommen; während dieser Frist solle ich mich durch die entsprechenden Meditationsübungen darauf vorbereiten, ein Gespräch mit dem Lama zu führen.

Der Gedanke, ein Jahr warten zu müssen, war mir unerträglich. Die Ratte fraß sich durch meine Gedanken, zehrte bereits an meinem Verstand, und die Bewohner des Klosters wollten nicht einmal zulassen, daß ich nach einer Heilung für mein Leiden fragen durfte. Ein Jahr voll unbeschreiblicher Schrecken, ein Jahr unaussprechlicher Leiden lag vor mir. Allein der Gedanke daran drohte mir das Herz zu brechen. Zumindest soviel muß ich den Mönchen jedoch lassen: Sie hinderten die Ratte daran, das Äußerste zu wagen. Denn sie kannten eine Vielzahl religiöser Praktiken, Exorzismen und Zaubersprüche, Fastenübungen und Meditationen, die die Mauern der Seele aufrechtzuhalten halfen und die Mächte der Finsternis daran hinderten, die Zitadelle zu stürmen. Dennoch war ich das ganze Jahr über von unvorstellbaren Schrecken belagert, ohne daß sie mir weitere Hilfe gewährt hätten. Ein grauenhaftes Jahr, und die Ratte war mir inzwischen so nahe gekommen, daß ich für nichts mehr hätte garantieren können — wäre da nicht die Glocke gewesen; ja, die Glocke.

Doch schließlich ging auch dieses Jahr vorüber. Endlich schickten sie nach mir und teilten mir mit, der Lama sei nun bereit, mich zu empfangen. Sogar einen Dolmetscher hatten sie schon für mich hergebeten.

Ich wurde in seine Zelle geführt. Ein Mann in einem gelben Gewand mit einem abgeflachten Kopf saß vollkommen ruhig an einem Tisch. Seine Augen waren wie das Brennen der ganzen Nacht, wie die tiefste Nacht, die ein Rätsel löst und den geheimnisvollen Lauf von Welten entwirrt, die älter sind als die unsere. Mit Hilfe des Dolmetschers sprach ich zu dem Mann, aber er sagte kein Wort. Als ich geendet hatte, deutete er nur nach oben, nicht zum Himmel, sondern den Berg hinauf. Dann saß er, den Blick geradeaus vor sich gerichtet, reglos da und legte seine Hände auf den Tisch. Ich begriff, daß ich damit entlassen war, und verließ, mich verneigend, den Raum und wenig später auch das Kloster, um mich dorthin auf den Weg zu machen, wohin er gedeutet hatte, den Berg hinauf, wo ich noch vor Einbruch der Dunkelheit ein weiteres Kloster finden würde, wie mir ein jüngerer Mönch versichert hatte. Die Ehrerbietung, mit der er davon sprach, und etwas in dem ehrfürchtigen Staunen, mit dem sie mich aufbrechen sahen, weckte neue Hoffnung in meiner leidgeprüften Seele. Es war früh am Morgen, und ich stieg den ganzen Tag lang den Berg hinan. Kein Pfad führte von dem Kloster, das ich hinter mir ließ, nach oben, doch am späten Nachmittag stieß ich auf einen Weg, der sich wie aus dem Nichts den Berg hinaufwand. Offensichtlich pflegten die Bewohner der beiden Klöster keinerlei Kontakt miteinander. Ich konnte das Kloster, zu dem ich unterwegs war, zwar nicht sehen, aber die Mönche hatten mir den Weg beschrieben. Auch zweifelte ich keinen Augenblick daran, daß dieser Weg zu dem gesuchten Kloster führte. Die Hitze und der beschwerliche Pfad bedeuteten mir nichts, da mir nun, da ich nicht mehr unter dem Schutz der Mönche stand, die Ratte wieder in verstärktem Maße zuzusetzen begann. Noch bevor die Sonne unterging, drang aus der Höhe das Schlagen einer Glocke zu mir herab. So schwach war jedoch ihr Schall, so einsam und verlassen in dieser menschenleeren Höhe und so seltsam ihr Klang in seiner Erhabenheit über jegliche menschlichen Freuden und Sorgen, daß er mir nicht aus einer menschlichen Behausung zu kommen schien.

Ich befand mich in Begleitung meines Dolmetschers, eines Hindu aus der Gegend von Naini Tal, oder, genauer gesagt: Er war gemeinsam mit mir vom unteren Kloster aufgebrochen, aber da er nicht wie ich von der Ratte gehetzt wurde, war er im Lauf des beschwerlichen Anstiegs weit zurückgefallen. Außer dem Dolmetscher hatte ich jedoch nichts bei mir, niemanden, um mein Gepäck zu tragen, und auch kein Gepäck. Mein Gefühl sagte mir, daß es diesmal vielleicht besser wäre, gänzlich unbelastet von irdischen Dingen anzukommen. Hier wurde ein Mensch nach anderen Maßstäben beurteilt als den sonst üblichen.

Der Pfad, auf dem ich den Berg hinaufstieg, führte über eine Anhöhe in ein kleines Tal, und an dessen Ende stand das obere Kloster, vor sich das felsige Tal, hinter sich eine senkrecht aufsteigende Felswand. In diesem Moment ging die Sonne unter, und das seltsame Glühen, das sich über meine Umgebung legte, verlieh der Behausung, der ich mich näherte, etwas zutiefst Geheimnisvolles. Neben dem Eingang hing ein silberner Glockengriff in Gestalt eines Symbols, wie ich es noch nie erblickt hatte. Als ich an dem Griff zog, durchströmte ein zarter Klang das ganze Gebäude wie himmlische Musik. Wenig später hörte ich leise Schritte näher kommen, und die Tür ging auf. Während meines Aufenthalts im unteren Kloster hatte ich ein paar Brokken der tibetischen Sprache erlernt, freilich nicht genug, um über die Schrecknisse meiner Seele sprechen zu können, deren Leiden so unsäglich komplizierter sind als die des Körpers. Also bat ich den Mann im Vertrauen in die Gastfreundschaft dieser Mönche um Unterkunft und erzählte ihm, daß ich aus dem unteren Kloster komme und daß auch mein Dolmetscher bald eintreffen würde. Als ich von dem unteren Kloster sprach, hätte ich, seinem Gesichtsausdruck nach zu schließen, auch von einer anderen Welt sprechen können, so wenig schien er zu verstehen, was ich meinte. Das ließ mich neue Hoffnung schöpfen. Vielleicht verfügten sie an diesem Ort über ein Wissen, das den Mönchen des unteren Klosters verborgen war.

Mein Vertrauen in die Gastfreundschaft der Mönche sollte nicht enttäuscht werden. Unverzüglich führte er mich nach drinnen, und sobald auch mein Dolmetscher eintraf, suchte ich mit ihm die Zelle eines der Mönche auf, um die alte Geschichte meiner Leiden zu erzählen. Und in der Tat kannten die Mönche dieses Klosters machtvolle Zaubersprüche. Abends intonierten sie sie, um mein Lager herumstehend. Ihre Sprache war mir völlig fremd; sie klang sogar gänzlich anders als die Sprache, die sonst auf dem Berg gesprochen wurde und die ich bereits bruchstückhaft erlernt hatte. Dennoch bildeten die Sprüche nun eine Verstärkung einstürzender Festungsmauern. Sie hielten mir die Ratte vom Leib, so daß ich etwas Schlaf fand. Tatsächlich aber war ich inzwischen am Ende, und Linderungen wie diese konnten das unausweichliche Unheil nicht mehr viel länger aufhalten. Nicht mehr lange, und die Ratte würde mich endgültig um den Verstand bringen. Tagsüber hielten mich die Mönche beschäftigt, indem sie mir Runen vorlasen, die allesamt machtvoller waren als jeder Fluch, solange man nur die richtige Rune gegen den entsprechenden Fluch einzusetzen wußte. Dessen ungeachtet konnte ich mich des Eindrucks nicht erwehren, daß ich der Ratte nichts mehr entgegenzusetzen hatte. Man könnte vielleicht denken, daß so kurz vor ihrem endgültigen Sieg über mich ihr äußeres Erscheinungsbild angenehmer und weniger abstoßend, daß ihr Fell glatter und glänzender und ihr Zustand insgesamt ansehnlicher geworden wäre. Aber genau das Gegenteil war der Fall. Ihr Fell war so stumpf wie das eines toten Tiers, ihr Unterkiefer hing kraftlos nach unten, ihren Lefzen waren eingefallen, ihr Körper abgemagert, und die Wunde an ihrem Schwanz schwärte abscheuerregender denn je. Alles an ihr war räudig und verkommen. Bis auf die Augen. Sie stierten so entschlossen und durchdringend wie eh und je.

Etwa ein Monat verstrich. Und dann rief mich eines Tages der Lama zu sich. Voller Angst suchte ich ihn in seiner Zelle auf, denn ich hatte das Gefühl, daß das meine letzte Chance wäre.

Doch alle Mönche lächelten mir aufmunternd zu, als wollten sie mir Mut machen. Wir wurden, der Dolmetscher und ich, in eine dunkle Zelle geführt, in der der Lama, in ein gelbes Gewand gehüllt, an einem roten Lacktisch saß. Nichts als seine Augen sprachen zu mir, als ich den Raum betrat. Ich begann, meine Geschichte zu erzählen. Der Dolmetscher kannte ihre grausigen Einzelheiten inzwischen fast genausogut wie ich und ließ auf jeden meiner Sätze flugs seine Übersetzung folgen. Als ich geendet hatte, sagte der Lama ein einziges Wort in die Stille hinein. Ich traute kaum meinen Ohren. Ein Wort, an meinen Dolmetscher gerichtet, und dann wieder dieser leere Ausdruck in seinen Augen, der mir unmißverständlich zu verstehen gab, daß die Audienz beendet war.

Fragend sah ich den Dolmetscher an, doch der stand nur auf und schickte sich an zu gehen. Und so verließ auch ich in tiefer Verzweiflung, nur ein Wort erhalten zu haben, die Zelle des Lama.

›Was hat er gesagt?‹ fragte ich mehr aus Neugier denn aus irgendeiner anderen Regung.

›Gebet‹, antwortete der Dolmetscher.

Gebet? Was hatte er damit gemeint? Dachte er, ich hätte nicht genug gebetet? Genausogut hätte er einem gehetzten Fuchs raten können wegzulaufen. Was bedeutete es, dieses eine Wort, das er zu mir gesprochen hatte, fragte ich einen Mönch nach dem anderen. Und alle gaben mir dieselbe Antwort: Sie wüßten es nicht; ich müsse weiter den Berg hinaufsteigen.

›Ist da noch ein Kloster?‹ fragte ich.

›Ja, noch eines‹, antworteten sie, ›ein Kloster auf dem Gipfel des Berges.‹ Meinen Schätzungen zufolge mußten das noch einmal tausend Meter sein und der Weg sehr steil. Aber da das Kloster auf dem Gipfel des Berges lag, konnte ich es schwerlich verfehlen. Und so brach ich unverzüglich auf, obwohl es bereits spät am Nachmittag war. Schon bald überraschte mich die Nacht, aber dadurch ließ ich mich nicht stören. Es war immer noch besser, als schlaflos auf einem Lager zu liegen, während im Dunkeln die Ratte an meinem Verstand nagte. Die ganze Nacht hindurch stieg ich den Berg hinan und stellte es dem Dolmetscher frei, mir nach Belieben zu folgen. In der Hitze des nächsten Tages sank ich schließlich vor dem Eingang des Klosters nieder und rastete. Hier konnten sie mich wenigstens nicht noch höher hinaufschicken. Nach einer Weile stand ich auf und zog an einem einfachen Glockengriff aus Eisen. Ein Ton wie von einer Kuhglocke hallte durch die Gänge des Klosters, und ein lächelnder Buddhist mit einem freundlichen Gesicht öffnete mir die Tür. Taumelnd wankte ich nach drinnen, ohne etwas zu sagen. Erst nach einer Weile stieß ich die Worte des Lama hervor: ›Gebet, Gebet.‹ Stockend fügte ich dem noch ein paar unbeholfene Erklärungen in ihrer Sprache hinzu, um ihm meine Leiden zu erklären, auch daß die Ratte mir immer dichter auf den Fersen wäre. Obwohl ich die Sprache nicht genügend beherrschte, um mich verständlich zu machen, schien er mich dennoch zu verstehen. Denn er führte mich nach drinnen und gab mir zu essen. Anschließend brachte er mich in einen kühlen Raum, in dem ein Bett stand, und gab mir einen Krug mit Wasser. Darauf schlief ich mehrere Stunden. Als ich erwachte, war auch der Dolmetscher eingetroffen, und ich konnte es kaum erwarten, meine schreckliche Geschichte mit seiner Hilfe zu erklären. Doch ein paar der Mönche redeten beruhigend auf mich ein, und ich schlief noch etwas länger. Als ich schließlich in der Kühle des Abends erwachte, schienen sie meine Geschichte bereits zu kennen. Ich nahm an, daß der Dolmetscher sie ihnen erzählt hatte.

Ein älterer Mönch kam herein, gab mir ein kleines Stück Papier mit roten Schriftzeichen darauf und sagte lächelnd: ›Das Gebet.‹

Ich nahm es an mich, und der Mönch verließ den Raum. Die Schriftzeichen waren jedoch tibetisch. Was sollte ich nun tun?

Aber sie überließen mich nicht lange meiner Ratlosigkeit. Schon nach kurzem kam der Mönch, der mich eingelassen hatte, mit einem winzigen Rad zurück und reichte es mir. Dann steckte er den Zettel mit dem Gebet in einen Schlitz an der Seite des Rads und zeigte mir, wie ich es drehen sollte. Man betete nicht mit Worten, sondern drehte die Gebetsmühle.

Darauf entfernte er sich wieder und ließ mich mit meinem Gebet allein zurück. Ich begann die Gebetsmühle zu drehen. Und fürwahr, es war das richtige Gebet!

Endlich hatte ich das richtige Gebet. Stellen Sie sich vor: Ein Mann, frierend, ausgelaugt, halb tot vor Kälte, wird direkt von dem steilen Pfad, den er bergan steigt, in einen bequemen Sessel am wärmenden Feuer eines Kamins versetzt, ohne auch nur noch einen Schritt selbst tun zu müssen. Oder ein Mann, verirrt in einer Wüste ohne jeden Tropfen Wasser, stellt plötzlich fest, daß alles nur Einbildung ist; wie aus einem schrecklichen Traum erwachend, stellt er fest, daß er sich in der Sicherheit seines Zuhause befindet. Und genauso verschwand die Ratte.

Ich brauche Ihnen wohl nicht eigens zu erzählen, daß ich den ganzen Tag nicht aufhörte, die Gebetsmühle zu drehen, und bis tief in die Nacht hinein damit fortfuhr. Es war die erste wirkliche Prüfung, der ich seit unerdenklichen Zeiten unterzogen wurde. Das einzige Problem war, daß, sobald ich einschlief und die Gebetsmühle zu drehen aufhörte, die Ratte wieder zurückkam. Nicht, daß mich das damals gestört hätte. Ich war so erleichtert darüber, eine Möglichkeit gefunden zu haben, die Ratte von mir fernzuhalten, daß ich die Gebetsmühle bis zum folgenden Morgen weiterdrehte, ohne mir um meinen verlorenen Schlaf Sorgen zu machen.

Helles Sonnenlicht fiel in meine Zelle. Ich stand auf und blickte von meinem Fenster auf eine Landschaft hinaus, in der es mehr Berggipfel gab als Maulwurfshügel auf einer Wiese. Währenddessen drehte ich ohne Unterlaß meine Gebetsmühle. Eine Glocke schlug. Ich wußte nicht, ob sie zum Frühstück oder zum Gebet rief, da jedoch auf den Gängen die Schritte der Mönche zu hören waren, verließ ich meine Zelle und folgte ihnen. Sie grüßten mich und erkundigten sich, ob ich gut geschlafen habe, woraufhin ich ihnen von meinen Schwierigkeiten erzählte.

Sie brachen in heiteres Gelächter aus, als ich auf das Problem zu sprechen kam, das sich mir beim Einschlafen stellte. Das sei überhaupt nicht schwierig, versicherten sie mir und riefen nach dem Dolmetscher. Und als er schließlich kam, erklärten sie ihm, daß sie entlang eines Gebirgsbachs kleine Wasserräder aufgestellt hätten, die ihre Gebetsmühlen Tag und Nacht in Betrieb hielten. Zugleich boten sie an, mir eine davon zur Verfügung zu stellen. Größere Freundlichkeit war mir Zeit meines Lebens nie widerfahren. Das bedeutete nichts Geringeres als Ruhe am Tag und ungestörten Schlaf in der Nacht — und vor allem: Erlösung von der Ratte.

Ein paar von ihnen begleiteten mich also zum Bach hinunter. Doch diesmal war es an mir, beim Anblick der kleinen Räder in Gelächter auszubrechen. Im Vergleich zu den Möglichkeiten, die wir uns hier im Westen erschlossen haben, war diese Anlage unbeschreiblich primitiv. Und was mir am wenigsten gefiel, war der Umstand, daß sich die mit Wasserkraft betriebenen Gebetsmühlen langsamer drehten als die von Hand betätigten. Wenn die Gebetsmühle nämlich zu langsam läuft, zieht das unweigerlich Probleme nach sich, müssen Sie wissen. Bei zu niedriger Drehzahl kann die Ratte durchaus eine Möglichkeit finden, sich zwischen zwei Umdrehungen hindurch in meine Gedanken zu schleichen. Allerdings äußerte ich damals meine Bedenken nicht. Ich war zu dankbar, um die Mönche in irgendeiner Weise verletzen zu wollen. Sie zeigten mir das Rad, das ich benutzen konnte, und ich steckte mein Gebet hinein. Obwohl am Ende der einzelnen Umdrehungen, bevor das Gebet wieder an seinem Ausgangspunkt anlangte, immer wieder Gedanken an die Ratte durchschlüpften, wurden sie dennoch so rasch verdrängt, daß sie mich nicht um meinen Schlaf bringen konnten.

Ein paar Tage in dieser frischen, kristallklaren Bergluft und dazu regelmäßiger Schlaf jede Nacht, die sich unablässig drehende Gebetsmühle und die Gesellschaft der Mönche, die wie Pioniere des menschlichen Geistes das menschlichen Denken bis an seine äußersten Grenzen vorantrieben, das alles wirkte wahre Wunder auf meine Verfassung. Ich nahm rasch zu, und mein Gesicht begann wieder dem zu ähneln, das meinen Freunden und Bekannten vertraut war. Zugleich kehrten mit meiner Gesundheit auch meine alte Entschlossenheit und Tatkraft zurück, mein Geschäftssinn und mein Erfindergeist. Eines Tages ging ich also zu einem der Mönche und machte ihm folgenden Vorschlag: ›Wenn ich die Gebetsmühlen fünfzig Meter bachabwärts versetze, bedeutete das ein zusätzliches Gefälle von etwa fünf Metern. Bei hundert Metern wären es sogar zehn. Das würde eine Verdoppelung der verfügbaren Energie bedeuten. Außerdem gibt es hier noch einen zweiten Bach, der sich genausogut dafür eignet, er ist nicht weit vom anderen entfernt. Hundert Männer könnten binnen eines Tages einen Graben zwischen den beiden Bächen graben. Vielleicht würde es auch zehn Tage dauern, wenn man berücksichtigt, welchen Arbeitseifer die Leute hier an den Tag legen. Das würde die verfügbare Energie noch einmal verdoppeln. Verstehen Sie, was ich meine?‹

Ich versuchte mich ihm sowohl mit Zeichensprache als auch mit Hilfe des Dolmetschers verständlich zu machen. Das Ganze war so offensichtlich, daß es eigentlich nicht viel zu erklären gab. Aber glauben Sie, sie hätten meinen Vorschlag in die Tat umgesetzt? Nicht einmal einen Gedanken haben sie daran verschwendet. Statt dessen sagten sie nur, so sei es schon immer gewesen. Anstatt die Vorrichtung zu verbessern, wiesen sie mich nur darauf hin, was gut genug für ihre Väter gewesen sei, brauche nicht geändert zu werden.

Eines muß man der Weisheit des Ostens lassen: Sie hat mich vor dem Wahnsinn bewahrt. Aber in Fragen der Organisation sind wir ihnen hier im Westen haushoch überlegen. Da machen die uns nichts vor. Und so kehrte ich bald darauf in die Heimat zurück. Nicht, daß ich im Undank von ihnen geschieden wäre. Im Gegenteil, ich schuldete ihnen mehr, als ich je werde zurückzahlen können. Aber ihr Mangel an gesundem Menschenverstand ging mir einfach zu sehr gegen den Strich. Sie wissen ja, wie das ist: Ein Mann kann über alle Weisheit dieser Welt verfügen und doch unfähig sein, selbst seinen Wagen aufzutanken, wenn sein Chauffeur nicht dabei ist. Genauso verhielt es sich mit diesen Leuten. Ich tat alles in meiner Macht Stehende, um sie in die Grundbegriffe moderner Technik einzuführen, aber am Ende mußte ich doch unverrichteter Dinge abziehen. Nicht, daß ich undankbar oder unglücklich gewesen wäre, aber diese lächerlichen kleinen Gebetsmühlen waren einfach zuviel für mich. Ich meine, sie hatten die nötige Wasserkraft zur Verfügung, um sie mindestens zehnmal so schnell laufen zu lassen, und das alles mit nur wenigen Tagen Arbeit. Aber das habe ich Ihnen ja bereits erklärt. Und nicht zu vergessen: Die Ratte wurde ebenfalls immer schneller, zwar nur ganz allmählich, aber sie holte auf. Und die Mönche waren nicht bereit, sich helfen zu lassen, bloß weil das Ganze für ihre Väter gut genug gewesen war. Selbst wenn ich mich also mit ihren hoffnungslos veralteten Methoden hätte abfinden können, hätte es die Ratte früher oder später geschafft, sich zwischen zwei Umdrehungen der Gebetsmühle in meine Gedanken zu schleichen. Deshalb kehrte ich nach Hause zu meinen Dynamos zurück. Ich nahm meine

Gebetsmühle, verabschiedete mich von den Mönchen, versuchte jedoch den Mönch, der mir die Gebetsmühle gegeben hatte, dazu zu bewegen, mit mir zu kommen, um sich selbst zu überzeugen, wozu diese Dynamos fähig sind. Ich hätte ihm sogar die Reise um die halbe Welt bezahlt. Aber er lehnte dankend ab, und so nahmen wir für immer voneinander Abschied — er mit einem gewissen Bedauern, wie ich mir gerne einrede; ich mit Tränen in den Augen.

In drei Tagen hatte ich die Berge hinter mir gelassen und wenig später die Küste erreicht. Natürlich trug ich unterwegs Sorge dafür, daß meine Gebetsmühle fortwährend in Bewegung blieb. Sie werden sich vielleicht fragen, wie ich während der langen Reise von Bombay nach London zum Schlafen kam. Für die Erfindungsgabe eines Mannes, der wie ich ein riesiges Wirtschaftsimperium geleitet hat, stellte das keine sonderliche Herausforderung dar: Ich befestigte das Gebet an dem Ventilator in meiner Kabine.

Und nun sehen Sie diese Dynamos. Alle sind nur in Betrieb, um ein einziges Rad zu drehen — und das mit neuntausend Umdrehungen pro Minute. Innerhalb dieses Rads ist mein Gebet befestigt.

Damit lasse ich der Ratte keine Chance. Bei dieser Drehzahl kann sie unmöglich zwischen zwei Umdrehungen durchschlüpfen und sich in meine Gedanken schleichen. Bevor sie durchgeschlüpft ist, hat sie das Gebet bereits erreicht.

Manchmal kommt sie aber trotzdem zum Vorschein. Zum Beispiel, wenn ich zuviel von ihr spreche, wie heute abend, oder wenn ich an meinen Aufenthalt in Indien zurückdenke. Wenn alle meine Gedanken in diese Richtung tendieren, schafft sie es manchmal, einen von ihnen zu packen, bevor das Rad die Umdrehung vollendet hat, aber dazu muß sie in jedem Fall verdammt schnell sein. Gerade in Nächten wie dieser, wenn ich ausgiebig über sie spreche und meinen Erinnerungen an den Ganges und die Mönche in den Bergen nachhänge, versucht sie mit Vorliebe durchzukommen. Aber ich gehe keinerlei Risiken ein. — Smedgers!« rief er durch die Klappe in der Wand. »Ist Mr. Smedgers da?«

Aus dem hinteren Teil der Halle mit den riesigen Dynamos antwortete ein Mann.

»Beschleunigen«, befahl Makins.

Im selben Moment wurde das stete Summen der Dynamos eine Spur höher und lauter, so daß Makins' Stimme fast darin unterging, als er fortfuhr: »Gehen Sie auf zwölftausend.«

Smedgers nickte.

»Eine halbe Stunde lang.«

»Geht in Ordnung, Sir!« rief Smedgers zurück.

»Jetzt hat sie keine Chance mehr«, erklärte der Elektrizitätskönig.

Das ist die Geschichte, wie sie Jorkens in Kurzschrift Wort für Wort niederschrieb, und sie wäre sicher schon vor Jahren veröffentlicht worden, wenn damals nicht gewisse Zweifel an der Authentizität des Interviews aufgekommen wären.

EDWARD PAGE MITCHELL

Die teuflische Ratte

Sie wissen ja, wie das so geht: Wenn man in einer verfallenen Burg auf einem hohen Felsen am Ufer des Rheins lebt, ist man in der Beurteilung seiner Person fast notgedrungen gewissen Fehldeutungen und Vorurteilen unterworfen. So war denn auch die eine Hälfte der Bevölkerung des Städtchens Schwinkenschwank, einschließlich des Bürgermeisters und seines Neffen, der Meinung, ich sei auf der Flucht vor den Fängen der amerikanischen Justiz, während die andere Hälfte die Überzeugung vertrat, daß ich verrückt wäre — eine Theorie, die vor allem durch die tiefe Menschenkenntnis und messerscharfe Logik des ortsansässigen Notars gestützt wurde. Da sich die zwei feindlichen Lager auch noch in etwa gleich stark fühlten, waren sie so ausgiebig damit beschäftigt, sich gegenseitig von der Richtigkeit ihres Standpunkts zu überzeugen, daß sie so gut wie keine Zeit mehr hatten, sich mit mir zu beschäftigen und mich deshalb mehr oder weniger in Ruhe ließen.

Wie jeder halbwegs gebildete Mensch sicherlich längst bemerkt haben wird, wurde die alte Burg Schwinkenschwank von den Geistern neunundzwanzig mittelalterlicher Burgherren und Burgherrinnen heimgesucht. Dazu muß ich sagen, daß sich diese Gespenster als außerordentlich rücksichtsvolle, um nicht zu sagen zivilisierte Mitbewohner erwiesen. Alles in allem gesehen, störten sie mich weniger als die Ratten, die sich im alten Gemäuer der Burg breitgemacht hatten.

Als ich zum erstenmal in meiner neuen Unterkunft nächtigte, mußte ich die ganze Nacht eine Laterne brennen lassen und ständig mit einer Keule um mich schlagen, um dem Schicksal des Bischofs Hatto zu entgehen. Dieser nächtlichen Anfechtungen rasch überdrüssig, ließ ich mir in Frankfurt einen großen Drahtkäfig anfertigen, in dem ich fortan sicher und wohlbehalten schlafen konnte — zumindest, nachdem ich mich auch noch an das durchdringende Knirschen der scharfen Rattenzähne gewöhnt hatte, wenn die vielen zudringlichen Nager das Drahtgeflecht zu durchbeißen versuchten, um meiner habhaft zu werden.

Sieht man einmal von den Burggeistern und Ratten sowie der einen oder anderen Fledermaus oder Eule ab, war ich seit mehr als drei Jahrhunderten der erste Bewohner von Burg Schwinkenschwank. Nach meinem Wegzug aus Bonn, wo ich viel von den ebenso gelehrten wie einzigartigen Vorlesungen des berühmten Herrn Calcarius profitiert hatte, seines Zeichens Professor für Metaphysik an jener bewunderungswürdigen Universität, war mir die verfallene Burg als der ideale Ort für die Durchführung eines hochinteressanten psychologischen Experiments erschienen, mit dem ich mich in Gedanken schon lange beschäftigt hatte. Der Landgraf von Toplitz, dem Burg Schwinkenschwank gehörte, zeigte sich in keiner Weise überrascht, als ich an ihn herantrat und ihm sechs Dollar im Monat für das Privileg bot, in der verfallenen Burg logieren zu dürfen. Der Portier eines Hotels am Broadway hätte meine Bitte wohl kaum gelassener und mein Geld mit größerer Selbstverständlichkeit entgegennehmen können.

»Leider muß ich Sie um eine einmonatige Vorauszahlung bitten«, erklärte er mir in geschäftsmäßigem Ton.

»Dazu bin ich gern bereit«, versicherte ich ihm und zählte ihm sechs Dollar auf die Hand. Er steckte das Geld ein und stellte mir eine Quittung dafür aus. Das alles geschah mit einer Selbstverständlichkeit, daß ich mich schon zu fragen begann, ob der gute Graf wohl auch von den Geistern Miete kassierte.

Der am ehesten bewohnbare Raum der Burg befand sich im Nordwestturm. Allerdings hatte sich dort im dreizehnten Jahrhundert bereits Burgfräulein Adelaide Maria eingerichtet gehabt, älteste Tochter des Freiherrn von Schotten. Nachdem sie sich standhaft geweigert hatte, einen einbeinigen Raubritter aus einer der benachbarten Burgen zu ehelichen, war sie von ihrem Vater in eben diesem Gemach eingeschlossen und nicht eher wieder daraus freigelassen worden, als bis sie Hungers gestorben war. Da ich der adligen Dame auf keinen Fall zu nahe treten wollte, schlug ich mein Quartier in dem Gemach in der Spitze des Südturms auf, wo niemand hauste als ein sentimentaler Geistermönch, der nachts die meiste Zeit unterwegs war und mich in Ruhe ließ.

In solch absoluter Zurückgezogenheit, wie ich sie auf der Burg genoß, lassen sich die körperlichen und geistigen Aktivitäten auf ein Mindestmaß reduzieren. Der heilige Pedro von Alcantara, der vierzig Jahre in seiner Klosterzelle verbrachte, hatte seine Bedürfnisse so weit einzuschränken gelernt, daß er nur noch eine Stunde Schlaf am Tag und jeden dritten Tag eine Mahlzeit brauchte. Während er also seine Körperfunktionen auf ein solches Mindestmaß zurückschraubte, muß sich, davon bin ich fest überzeugt, auch sein emotionaler und psychischer Zustand auf den eines ungeborenen Kindes zurückentwickelt haben. Was anderes als die unablässige Aktivität — das Nachdenken, Entscheiden, Handeln — läßt schließlich das Besondere eines menschlichen Charakters zu seiner vollen Ausprägung gelangen? Professor Calcarius' Worte zu diesem Thema hatten sich mir unauslöschlich ins Gedächtnis eingeprägt:

»Was ist das geheimnisumwobene Bindeglied zwischen der menschlichen Seele und dem Körper? Warum bin ich Calcarius, oder genauer: Warum bewohnt die Seele, die sich Calcarius nennt, diesen speziellen Organismus? (An dieser Stelle schlug sich der gelehrte Herr Professor mit einem lauten Klatschen auf den Oberschenkel.) Könnte ich nicht genausogut ein anderer sein — oder ein anderer wäre ich? Angenommen, Sie trennen das individuelle Ich von seiner fleischlichen Hülle, der es dank der Macht der Gewohnheit anhaftet: Sollte das leer zurückgelassene Gefäß des Körpers danach nicht fähig sein, ein anderes überindividuelles Ich in sich aufzunehmen, das würdiger und besser ist als das alte?«

Diese interessante Hypothese hatte tiefen Eindruck auf mich gemacht. Auch wenn ich mit meinem Körper vollkommen zufrieden bin — er erfreut sich bester Gesundheit und eines halbwegs passablen Aussehens —, hat mir meine Seele seit jeher Anlaß zu gewissen Beanstandungen gegeben; ein Gefühl des Ungenügens, das noch zunahm, je intensiver ich mich mit ihren Fehlern und Schwächen auseinandersetzte. Sollte es möglich sein, mir selbst zu entrinnen, sollte es mir gelingen, diesen falschen Diamanten aus seiner kostbaren Schatulle zu entfernen und ihn durch ein echtes Juwel zu ersetzen? Kein Opfer wäre mir zu groß gewesen, um dieses Ziel zu erreichen, und um so dankbarer war ich deshalb auch für die glückliche Fügung des

Schicksals, die mich in Bonn die Bekanntschaft von Professor Calcarius hatte machen lassen.

Doch nun zu dem Experiment, zu dessen Durchführung ich mich in die Einsamkeit von Burg Schwinkenschwank zurückgezogen hatte.

Der einzige Besucher, den ich je in meiner luftigen Höhe empfing, war Professor Calcarius — sieht man einmal ab von Hans, dem Sohn des Gastwirts, der dreimal wöchentlich den steilen Burgfelsen erklomm, um mir Brot, Käse und Wein zu bringen. Der gute Professor kam sogar zweimal von Bonn zu Besuch, um mir bei meinen Studien mit fundiertem wissenschaftlichen Rat zur Seite zu stehen.

Bei seinem ersten Besuch unterhielten wir uns gerade über Pythagoras und die Seelenwanderung, als uns die Dämmerung überraschte. Der hochgelehrte Herr Professor war korpulent und sehr kurzsichtig.

»Wie um alles in der Welt soll ich heute noch lebend den Berg hinunterkommen!« rief er händeringend aus. »Ein falscher Tritt, und ich stürze mich zu Tode.«

»Sie müssen über Nacht bleiben, Professor«, bot ich ihm unverzüglich an, »und sie mit mir in meinem Drahtkäfig verbringen. Ich würde Sie ohnehin gern einmal mit meinem Mitbewohner, dem Mönch, bekanntmachen.«

»Reine Einbildung, mein werter junger Freund«, erklärte der Professor sofort. »Diese Erscheinung ist nichts weiter als ein Produkt ihrer überreizten Fantasie, und wie es sich für einen überzeugten Philosophen gehört, werde ich mich einer solchen Konfrontation gern stellen.«

Ich brachte den Herrn Professor in meinem Käfig zu Bett und fand mit Mühe auch noch ein Plätzchen für mich. Auf seine Bitte hin ließ ich die Lampe brennen. »Nicht, daß mir Ihre Geister Angst machen«, bemerkte er dazu. »Sie sind nichts weiter als Produkte einer überhitzten Vorstellungskraft. Ich will nur vermeiden, daß ich mich im Dunkeln auf Sie wälze und Sie erdrücke.«

»Wie kommen Sie eigentlich mit Ihrem Experiment voran?« erkundigte er sich nach einer Weile. »Der Unterwerfung des individuellen Ichs? Halt! Was war das?«

»Eine Ratte, die versucht, die Gitterstäbe durchzubeißen«,

klärte ich ihn auf. »Doch seien Sie unbesorgt. Sie haben nichts zu befürchten. Bisher verläuft das Experiment zu meiner vollsten Zufriedenheit. Ich habe so gut wie jedes Interesse an irdischen Dingen verloren. Liebe, Dankbarkeit, Freundschaft, die Sorge um mein eigenes Wohlergehen und das meiner Freunde — das alles bedeutet mir so gut wie nichts mehr. Über kurz oder lang, hoffe ich, wird auch mein Gedächtnis erlöschen und mit ihm meine individuelle Vergangenheit.«

»Meinen herzlichen Glückwunsch!« gratulierte mir der Professor überschwenglich. »Damit erweisen Sie der Wissenschaft einen unschätzbaren Dienst. Schon bald wird Ihre Seele ein Vakuum sein, eine Tabula rasa, offen für ... Gott bewahre! Was war das?«

»Nur der Ruf einer Eule«, versicherte ich ihm, als ein großer Nachtvogel geräuschvoll durch eine Öffnung im Dach geflattert kam und sich auf dem Käfig niederließ.

Calcarius betrachtete den Vogel mit Interesse, und dieser bedachte seinerseits den Professor mit ernsten, blinzelnden Blikken.

»Wer weiß«, fuhr indessen der gelehrte Herr fort. »Wenn diese Eule nun vom Geist eines großen Philosophen der Vergangenheit bewohnt wäre? Von Pythagoras vielleicht oder Plotin oder gar Sokrates höchstpersönlich?«

Ich mußte gestehen, daß auch mir schon ein ähnlicher Gedanke gekommen war.

»In diesem Fall«, fuhr der Professor fort, »müßten Sie nur Ihre eigene Natur, Ihre Individualität abstreifen, um diesen großen Geist in Ihrem Körper aufnehmen zu können, bei dem es sich, wie mir mein untrüglicher Instinkt sagt, um den von Sokrates handeln muß. Ich kann förmlich spüren, wie er ihre fleischliche Hülle umschwirrt, nur darauf wartend, sich Zugang zu verschaffen. Lassen Sie nicht locker in Ihrem lobenswerten Streben, mein bewunderungswürdiger junger Freund, und die Metaphysik ... Gütiger Gott! Ist das der Teufel?«

Es war die große graue Ratte, mein nächtlicher Besucher. In ihrem langen, vielleicht mehr als hundertjährigen Leben war die grauenerregende Kreatur zur Größe eines Terriers herangewachsen. Ihre Schnurrhaare waren von reinstem Weiß und sehr stark ausgeprägt. Die immensen Eckzähne bogen sich so weit aus ihrem Maul hervor, daß sie sich fast wieder in ihren Schädel gebohrt hätten. Ihre Augen waren groß und blutrot. Die eingefallenen Mundwinkel zogen sich so weit nach oben, daß beständig ein bösartiges Grinsen über ihren Zügen lag. Diese Ratte war viel zu alt und erfahren, um am Drahtgeflecht des Käfigs zu nagen. Statt dessen kauerte sie nur davor nieder und starrte uns mit einem Ausdruck unbeschreiblichen Hasses, der sogar den Professor erschauern ließ, unverwandt an. Nach einer Weile wandte sich die Ratte ab, streifte mit ihrem schuppigen Schwanz rasselnd über das Drahtgeflecht und verschwand in der Dunkelheit. Professor Calcarius stieß einen erleichterten Seufzer aus und hatte wenig später so laut zu schnarchen begonnen, daß sich die ganze Nacht keine Eule, keine Ratte und kein Gespenst in unsere Nähe wagte.

Dank meines konsequenten Rückzugs von jeglichen äußeren Einflüssen und Reizen war es mir gelungen, meine Existenz im Lauf der Zeit so weit aufs rein Vegetativ-Animalische zu reduzieren, daß ich bei Professor Calcarius' nächstem Besuch, den er mir schon lange vorher angekündigt hatte, keinerlei Freude oder sonstige Gefühle verspürte. Der kleine Hans, der mich mit Lebensmitteln versorgte, lag gerade wegen der Masern im Bett, so daß mein leibliches Wohl ganz in den Händen seiner hübschen Schwester Emma lag, eines blonden, achtzehnjährigen Mädchens, das selbst den steilen Pfad zur Burg herauf mit unnachahmlicher Grazie erklomm. Sie war ein argloses junges Ding und erzählte mir treuherzig von ihrer ersten Liebe. Fritz, ihr Auserwählter, war Soldat in der Armee Kaiser Wilhelms und in Köln stationiert. Sie hoffte, daß er wegen seiner Treue und Tapferkeit bald zum Leutnant befördert werden möge, um alsbald nach Hause zurückkehren und sie heiraten zu können. Alles, was sie von ihrem bescheidenen Verdienst erübrigen konnte, hatte sie beiseitegelegt und ihm nach Köln geschickt, damit er damit eines Tages in die Lage versetzt würde, sein Offizierspatent zu erwerben. Ob ich Fritz je gesehen habe? Nein? Er sah trefflich aus und war ein guter Mann, den sie über alles liebte.

Ich lauschte diesem nichtigen Geschwätz mit demselben romantischen Interesse, das ein Theorem des Euklid in mir hervorgerufen hätte, und gratulierte mir insgeheim bereits, wie wenig von meinem alten Ich noch übriggeblieben war.

Jede Nacht hielt die graue Eule über mir Wache. Ich wußte, daß Sokrates geduldig darauf wartete, von meinem Körper Besitz zu ergreifen. Wie sehnte ich mich danach, ihm meinen Busen zu öffnen und seine erhabene Seele in mich eindringen zu lassen. Jede Nacht kam auch die abscheuliche Ratte und spähte durch das Drahtgeflecht des Käfigs. Die bösartige Verachtung in ihren kühl abweisenden Blicken ging mir seltsam nahe. Wenn ich nicht das Gift ihres Bisses gefürchtet hätte, wäre ich versucht gewesen, meine Hand durch das Drahtgeflecht nach ihr auszustrecken, um sie mit bloßen Händen zu erwürgen.

Meine eigene Seele war zu diesem Zeitpunkt infolge ihres disziplinierten Nichtgebrauchs mehr oder weniger bereits in Auflösung begriffen. Aus ihren großen, weisen Augen blickte die Eule fast zärtlich auf mich herab. Ein edler Geist schien aus ihren Blicken zu sprechen und mir zuzuflüstern: ›Ich werde da sein, wenn du bereit bist.‹ Mich in den schimmernden Tiefen dieser Augen verlierend, rief ich voller Sehnsucht aus: »Komm bald, o Sokrates! Nicht mehr lange, und ich bin bereit für dich.« Doch kaum hatte ich mich von der Eule abgewandt, fiel mein Blick auf die haßerfüllten Augen der gräßlichen Ratte. Die Bösartigkeit, die mir daraus entgegenschlug, holte mich flugs wieder auf den Boden der Tatsachen zurück.

Meine Abscheu vor dieser widerwärtigen Kreatur war das einzige, was von meiner alten Natur noch übriggeblieben war. Wenn die Ratte nicht in der Nähe war, schien meine Seele bereits außerhalb meines Körpers zu schweben, bereit, sich vollends von ihm zu lösen und Platz für Sokrates' erhabenen Geist zu machen. Doch mit dem Erscheinen der Ratte wurde in einem heftigen Anfall von Ekel und Abscheu in Sekunden all das zunichte gemacht, was ich in jahrelanger mühevoller Arbeit erreicht hatte — und ich fiel wieder in mein altes Ich zurück. Mehr und mehr gelangte ich zu der Überzeugung, daß ich mein Experiment nur dann erfolgreich würde zu Ende führen können, wenn ich mich endlich dieser widerwärtigen Kreatur entledigte. Denn nur sie war es, die die Herabkunft des größten aller Philosophen noch verhinderte.

»Ich bring dich um, du widerliches Vieh!« zischte ich die Ratte haßerfüllt an. »Und dann wird die Seele des großen Sokrates in meinem geläuterten Körper Einzug halten.«

Die Ratte grinste hämischer zurück denn je. Ihre Verachtung reizte mich bis aufs Blut. Wutentbrannt riß ich die Tür des Käfigs auf und streckte die Hand nach dem Tier aus. Ich bekam es am Schwanz zu fassen und zog es daran zu mir heran. Erst brach ich der widerlichen Kreatur die dürren Beine, dann tastete ich blindlings nach ihrem Kopf, und als ich schließlich ihren Hals zu fassen bekam, drückte ich wild entschlossen zu. Verzweifelt nach Luft schnappend, stieß die Ratte einen markerschütternden Schrei aus und sackte dann unter meinem Griff leblos in sich zusammen. Mein Haß war erloschen, meine letzte Leidenschaft erstorben. Ich war frei und bereit, Sokrates willkommen zu heißen.

Als ich aus langem, traumlosem Schlaf erwachte, erschienen mir die vorangegangene Nacht und sogar mein ganzes bisheriges Leben wie der Inhalt einer Geschichte, die ich vor langer, langer Zeit einmal gehört hatte und an die ich mich nur noch verschwommen erinnern konnte.

Die Eule war verschwunden, aber der verunstaltete Kadaver der Ratte lag neben mir. Selbst im Tod war dieses gräßliche Grinsen nicht aus ihren Zügen gewichen. Sie schien mich in satanischem Triumph anzulächeln.

Ich erhob mich von meinem Lager und reckte mich genüßlich. Neues Leben schien durch meine Adern zu pulsieren. Mit einem Mal war meine Gleichgültigkeit dem Leben gegenüber verflogen. Im Gegenteil, mich hatte sogar lebhaftestes Interesse an meiner Umgebung erfaßt. Ich sehnte mich danach, Menschen um mich zu haben, mich in die Welt hinauszuwagen und große Taten zu vollbringen.

Die hübsche Emma kam mit meinem Essen den Berg herauf. »Ich werde Sie verlassen«, kündigte ich ihr an, »und mich nach einer besseren Bleibe als Burg Schwinkenschwank umsehen.«

»Werden Sie vielleicht nach Köln reisen?« wollte sie sofort wissen. »Zu der Garnison, in der die Soldaten des Kaisers untergebracht sind?«

»Vielleicht — wenn mich mein Weg dort vorbeiführt.«

»Und würden Sie dann meinem Fritz etwas bestellen?« fuhr

sie errötend fort. »Ich habe gute Nachricht für ihn. Gestern nacht ist sein Onkel, der böse alte Notar, gestorben. Fritz ist der Erbe seines kleinen Vermögens und soll deshalb unverzüglich nach Hause zurückkehren.«

»Gestern nacht«, murmelte ich nachdenklich, »ist der Notar gestorben?«

»Ja, mein Herr, und es heißt, daß sein Gesicht ganz schwarz war. Aber für Fritz und mich bedeutet sein Tod nur Gutes.«

»Vielleicht ...«, fuhr ich noch langsamer fort, »... vielleicht wird mir Fritz nicht glauben. Schließlich kennt er mich nicht, und welterfahrene Männer, wie er als Soldat sicher einer ist, sind von Natur aus mißtrauisch.«

»Dann überbringen Sie ihm diesen Ring.« Ohne Zögern streifte sie das billige Schmuckstück von ihrem Finger. »Fritz hat ihn mir selbst geschenkt. Wenn Sie ihm diesen Ring zeigen, wird er wissen, daß er Ihnen trauen kann.«

Mein nächster Besucher war der gelehrte Professor Calcarius. Er war sichtlich außer Atem, als er in der Burg ankam, die zu verlassen ich mich anschickte.

»Was macht unsere Seelenwanderung, mein teurer Schüler?« war seine erste Frage. »Ich bin gestern abend von Bonn kommend eingetroffen, aber statt noch eine Nacht mit ihren gräßlichen Nagern zu verbringen, stieg ich in der Dorfschenke ab. Natürlich hat mich der Wirt übers Ohr gehauen.« Er holte seine Geldbörse hervor und machte sich daran, seine Barschaft zu zählen. »Der alte Halsabschneider hat mir doch tatsächlich vierzig Groschen für ein Bett und ein kärgliches Frühstück abgeknöpft.«

Der Anblick des Silbers und sein fröhliches Klimpern in Professor Calcarius' Hand versetzte meine Seele in eine nie gekannte Erregung. In diesem Moment erschien mir dieses Silber als das Herrlichste und Strahlendste, was die Welt zu bieten hatte, und der Erwerb solchen Silbers die nobelste Betätigung für ein menschliches Wesen. Von einem unwiderstehlichen Drang getrieben, stürzte ich mich auf meinen väterlichen Freund und Lehrer und entriß ihm die Börse. Er stieß einen überraschten Schrei aus.

»Schreien Sie ruhig, so laut Sie können!« schnaubte ich voller

Verachtung. »Es wird Ihnen nichts nützen. Nur die Ratten und die Eulen werden Ihr Klagen hören. Das Geld gehört mir.«

»Was soll das?« rief er aus. »Sie berauben Ihren Gast, Ihren Freund, Ihren alten Lehrer in der hohen Kunst der Metaphysik? Welcher Wahnsinn hat von Ihrer Seele Besitz ergriffen?«

Ich packte den Professor an den Beinen und schleuderte ihn mit aller Kraft zu Boden. Verzweifelt wie die große Ratte setzte er sich zur Wehr, doch ich riß mehrere Stücke Draht vom Käfig los und band ihn damit an Händen und Füßen so, daß sich die Fesseln tief in seine Haut gruben.

»Haha!« lachte ich und stand triumphierend über ihm. »So ein Festmahl haben die Ratten schon lange nicht mehr gehabt.« Ich wandte mich zum Gehen.

»Gütiger Gott!« rief mir der Professor hinterher. »Sie können mich doch in diesem Zustand nicht allein hier zurücklassen! Kein Mensch kommt hierher, wenn Sie fort sind.«

»Um so besser«, erwiderte ich und schüttelte zähneknirschend die Faust. »Dann werden sich die Ratten noch ungestörter über Sie hermachen können. Und seien Sie versichert, Herr Metaphysikus, sie sind sehr hungrig und werden Ihnen sehr rasch helfen, das geheimnisvolle Bindeglied zwischen Seele und Körper zu durchtrennen. Ratten wissen sehr gut, wie das individualisierte Ich von seiner fleischlichen Hülle befreit werden kann. Meinen Glückwunsch zu der seltenen Gelegenheit, ein so aufschlußreiches Experiment durchführen zu können.«

Je weiter ich den Berg hinabstieg, desto schwächer wurden die Schreie des Professors. Als sie endgültig verstummt waren, hielt ich an, um meine Beute zu sichten. Immer wieder, mit unbeschreiblicher Freude, zählte ich die Taler in der Börse und stets mit demselben Ergebnis. Es waren genau dreißig Silberstücke.

Mein Weg zurück in die Welt des Handels und des Gewinnstrebens führte mich durch Köln. Ich suchte die Kaserne auf und erkundigte mich nach Fritz Schneider aus Schwinkenschwank.

»Mein Freund«, begrüßte ich ihn und legte ihm die Hand auf die Schulter. »Ich erweise Ihnen den größten Gefallen, den ein Mensch einem anderen tun kann. Sie lieben doch die kleine Emma, die Tochter des Wirts?«

»Von ganzem Herzen«, erwiderte er freudig überrascht. »Haben Sie Nachricht von ihr?«

»Ich habe mich gerade aus ihrer gar zu leidenschaftlichen Umarmung gelöst.«

»Das ist eine Lüge!« brauste er auf. »Das Mädchen ist treu wie Gold.«

»Sie ist genauso falsch wie das Metall dieses billigen Rings«, entgegnete ich ruhig und warf ihm Emmas Ring hin. »Sie hat ihn mir gestern bei unserer Trennung gegeben.«

Erst starrte er eine Weile fassungslos den Ring an, dann schlug er beide Hände vor die Stirn. »Sie haben recht«, stieß er verzweifelt hervor. »Das ist unser Verlobungsring.« Ich beobachtete seinen Schmerz mit philosophischem Interesse.

»Sehen Sie«, fuhr er fort und nahm eine selbstgefertigte Börse von seinem Busen. »Das ist das Geld, das sie mir geschickt hat, damit ich mir ein Offizierspatent kaufen kann. Vielleicht gehört auch das Ihnen?«

»Durchaus möglich«, erwiderte ich kühl. »Die Geldstücke kommen mir zumindest bekannt vor.«

Ohne ein Wort schleuderte mir der Soldat die Börse vor die Füße und wandte sich ab. Sein Schluchzen war Musik in meinen Ohren. Ich hob die Börse auf und eilte in das nächste Gasthaus, um ihren Inhalt zu zählen. Wieder waren es genau dreißig Silberstücke.

Silber zu erwerben war die größte Freude, die sich mein neues Ich denken konnte. Welch ein Glück, daß die Seele, die auf der Burg von meinem Körper Besitz ergriffen hatte, nicht die des Sokrates war; sie hätte mich bestenfalls zu einem griesgrämigen alten Gelehrten wie Professor Calcarius gemacht. Die Seele, die in meinem Körper Einzug gehalten hatte, war vielmehr jene, die in der grauen Ratte beheimatet gewesen war, die ich in besagter Nacht getötet hatte. Erst dachte ich, meine neue Seele wäre die des Notars aus dem Dorf, der in derselben Nacht verstorben war. Inzwischen weiß ich jedoch, daß ich sie von der Ratte geerbt habe, und wenn mich nicht alles täuscht, handelt es sich dabei um die Seele, die einst in Judas Ischariots sterblicher Hülle gehaust hat, des Königs aller Männer der Tat.

Ratten

»Wärest du jetzt durch die Schlafzimmer gegangen, so hättest du gese-
hen, wie sich die zerschlissenen, gewölbten Bettdecken gleich dem Meere
hoben und senkten.« — *»Und wovon hoben und senkten sie sich?«* frag-
te er. — *»Nun, es waren Ratten darunter.«*[*]

Aber waren es wirklich Ratten? Ich frage, weil es in einem andern
Fall keine waren. Wann ich die folgende Geschichte zum erstenmal hörte, weiß ich nicht mehr, doch war ich damals noch sehr
jung, während der Erzähler bereits im hohen Alter stand. Es ist
eine spröde, kunstlose Geschichte, doch das ist meine Schuld,
nicht die seine.

Sie ereignete sich in Suffolk an der Küste, genauer gesagt in einem einzeln stehenden Haus unmittelbar an der Straße, die sich
an dieser Stelle plötzlich scharf senkte, um dann gleich wieder
steil nach oben zu führen. Es ist ein schmales, aber hohes Haus
aus roten Ziegelsteinen. Wenn man vom Süden kommt, steht es
links von der Straße, dort, wo diese ihren höchsten Punkt erreicht. Es mag etwa um 1700 erbaut worden sein. Die Vorderfront
krönt ein niedriger, dreieckiger Ziergipfel mit einem runden Fenster in der Mitte. Hinter dem Haus befinden sich Ställe und
Schuppen, und hinter diesen wiederum ist der Garten. In der Nähe gibt es einige dürre Tannen und viel Ginster. Von den oberen
Fenstern auf der Vorderseite des Hauses hat man einen Blick aufs
Meer. An einem Pfosten vor der Tür ist bzw. war ein Wirtshaus-
schild angebracht, denn obwohl in dem Haus einst ein wohl-
renommierter Gasthof war, dürfte dieser längst nicht mehr bestehen.

In diesem Gasthof stieg mein Bekannter, Mr. Thomson, an einem herrlichen Frühlingstag ab. Er war damals noch sehr jung,
kam gerade von der Universität in Cambridge und verlangte nach

---

[*] Eine literarische Reminiszenz des Autors — Anm. d. Übers.

einem einsamen Ort zur Erholung und nach viel Zeit zum Lesen. Hier fand er beides, denn der Wirt wie seine Frau waren früher selbst in Dienst gestanden und wußten ihren Gästen einen behaglichen Aufenthalt zu bereiten, und überdies war er der einzige Gast im Hause. Er hatte ein großes Zimmer im ersten Stock, das auf die Straße und aufs Meer blickte. Es ging zwar nach Osten, doch das ließ sich nicht ändern, und außerdem war das Haus gut gebaut und warm. Er verbrachte eine Reihe ruhiger, ereignisloser Tage. Am Vormittag arbeitete er, am Nachmittag machte er einen Spaziergang in die Umgebung, am Abend unterhielt er sich in der Gaststube über einem Glas Brandy mit Wasser — dem beliebtesten Getränk damals — mit den Bauern oder den Wirtsleuten, dann las oder schrieb er noch ein wenig, und schließlich ging er zu Bett. Er hatte einen Monat Zeit, und er wäre zufrieden gewesen, wenn es den ganzen Monat so weitergegangen wäre, so gut kam er mit seiner Arbeit voran, und so schön war in jenem Jahr der April. (Wenn ich mich nicht täusche, war es das Jahr, das Orlando Whistlecraft in seinen Wetteraufzeichnungen das ›Wunderbare Jahr‹ nannte.)

Einer seiner Spaziergänge führte ihn in nördliche Richtung. Der Weg verläuft hier immer auf der Höhe und geht durch ein weites Stück Heideland. Es war an einem strahlenden Nachmittag, als er zum erstenmal diese Richtung einschlug. Plötzlich fiel sein Blick auf einen weißen Gegenstand einige hundert Yard links von der Straße. Er ging hinüber, um zu sehen, was es war. Als er davorstand, erkannte er einen quadratischen weißen Steinblock, der wie ein Säulenfundament aussah, mit einem quadratischen Loch auf der Oberseite. Ein ebensolcher Stein ist heute noch in der Heide von Thetford zu sehen. Er betrachtete ihn eingehend und genoß dann für ein paar Minuten die Aussicht, die man von hier hatte. Ein oder zwei Kirchtürme waren zu sehen, einige Häuser mit roten Dächern und mit Fenstern, die in der Sonne blinkten, und die weite Fläche des Meeres, auf der es gleichfalls blinkte und glitzerte. Schließlich setzte er seinen Weg fort.

Während des unzusammenhängenden Gesprächs am Abend im Schenkzimmer fragte er, was der weiße Stein auf der Wiese bedeute.

»Oh, der ist schon uralt«, sagte der Wirt, Mr. Betts, »als der dort aufgestellt wurde, waren wir alle noch gar nicht auf der Welt.« —

»Das stimmt«, sagte ein anderer. »Es steht ziemlich hoch«, meinte Mr. Thomson, »ich vermute, es war einmal ein Seezeichen darauf.« — »Ja, irgend so etwas«, sagte Mr. Betts, »man konnte es von den Booten aus sehen. Aber es ist längst nichts mehr davon da, und niemand weiß, wie es ausgesehen hat.« — »Wir dürfen froh sein darüber, daß es fort ist«, sagte ein Dritter, »es brachte kein Glück — das heißt, es brachte den Fischern kein Glück, wie man von den alten Leuten hören konnte.« — »Wieso das?« fragte Thomson. »Ja, das habe ich auch nie begriffen«, antwortete der Mann, »aber sie hatten so ihre eigenen seltsamen Vorstellungen, diese alten Leute, und ich glaube fast, sie haben das Ding da oben selbst weggeschafft.«

Thomson suchte vergebens noch mehr darüber zu erfahren. Die Männer am Tisch, ohnehin nicht sehr gesprächig, verfielen in Schweigen, und dann begann Mr. Betts von Dorfangelegenheiten und von den Ernteaussichten zu sprechen.

Nicht jeden Tag tat Thomson etwas für seine Gesundheit und ging spazieren. Eines Nachmittags etwa um drei Uhr war er trotz des schönen Wetters eifrig beim Schreiben. Nach einiger Zeit streckte er sich, erhob sich und trat auf den Gang hinaus. Ihm gegenüber war gleichfalls ein Zimmer, dann kam die Treppe, und schließlich zwei weitere Räume, von denen der eine nach der Rückseite des Hauses, der andere nach Süden ging. Am unteren Ende des Ganges war ein Fenster. Zu ihm ging er hin und schaute hinaus. Er dachte bei sich, was es für eine Schande war, an einem solch schönen Nachmittag zu Hause zu sitzen, aber die Arbeit ging im Augenblick vor. Er wollte nur eine kleine Pause von fünf Minuten einlegen und dann an den Schreibtisch zurückkehren. Diese Pause jedoch würde er dazu benutzen, einen Blick in die andern Zimmer zu werfen, die er noch nicht gesehen hatte. Die Betts' konnten nichts dagegen haben. Offensichtlich war außer ihm niemand im Haus. Er vermutete, daß sie alle, vielleicht bis auf ein Mädchen an der Schenke, in die Stadt gefahren waren, weil Markttag war. Alles war still, die Sonne brannte heiß zu den Fenstern herein, die ersten Fliegen surrten gegen die Scheiben. Er begann seine Erkundungsreise. Das gegenüberliegende Zimmer war ziemlich uninteressant, mit Ausnahme eines alten Stichs von Bury St. Edmunds; die beiden, die sich an sein eigenes anschlossen, waren freundlich und sauber, hatten aber jeweils nur ein

Fenster, während das seine zwei hatte. Blieb noch das südwestliche Zimmer, das dem letzten genau gegenüberlag. Es war verschlossen. Gerade das aber steigerte seine Neugier, die er um so weniger unterdrücken konnte, als er nicht zu befürchten brauchte, daß er ein Geheimnis verletzte. Schließlich war kaum anzunehmen, daß sich das Zimmer wesentlich von den andern unterschied, die auf demselben Gang lagen. So holte er also den Schlüssel seines eigenen Zimmers, und als der nicht paßte, auch noch die der drei andern. Mit einem von ihnen gelang es ihm, die Tür zu öffnen. Das Zimmer hatte zwei Fenster, eines nach Süden und eines nach Westen, so daß es sehr hell war, und die Sonne heiß hereinschien. Es gab keinen Teppich darin, nur den blanken Fußboden, keine Bilder, keinen Waschtisch, nur ein Bett in der Ecke beim Fenster: eine eiserne Bettstelle mit Matratze und Kopfpolster und einer blaukarierten Steppdecke. Es war ein völlig nichtssagender Raum, und trotzdem hatte Thomson Grund, die Tür so schnell und so leise wie möglich wieder zu schließen. Als er wieder auf dem Gang war, lehnte er sich zitternd gegen das Fensterbrett. Unter der Steppdecke hatte sich jemand bewegt. Daß es ein Jemand war und kein Etwas, unterlag keinem Zweifel, denn auf dem Polster war deutlich die Form eines Kopfes zu erkennen gewesen. Seltsam war freilich, daß der Betreffende bis über den Kopf zugedeckt war, so wie man Tote zudeckt, denn er war nicht tot: unter der Decke war Bewegung gewesen, sie hatte sich gehoben und gesenkt. Hätte er das in der Dämmerung oder beim Schein einer flackernden Kerze gesehen, dann hätte er sich damit trösten können, daß es nur Einbildung gewesen sei. Es war aber heller Tag und eine Täuschung unmöglich. Was war zu tun? Zuerst mußte er unbedingt die Tür wieder abschließen. Leise näherte er sich ihr, beugte sich etwas vor, um zu lauschen, und hielt den Atem an. Vielleicht hörte er den Bewohner im Schlaf atmen, und das Ganze klärte sich auf harmlose Weise auf. Doch innen herrschte völlige Stille, und erst, als er mit zitternder Hand den Schlüssel ins Schloß steckte und umdrehte, hörte er plötzlich ein Rasseln, und im nächsten Augenblick näherte sich jemand stolpernd und klappernd der Tür. Entsetzt floh Thomson in sein Zimmer und schloß sich ein, so nutzlos ihm das im nächsten Augenblick auch erschien. Für das Wesen, das er in jenem Raum vermutete, würden Türen und Schlösser kein Hindernis sein.

Doch war es das einzige, was er im Augenblick tun konnte. Einige Zeit verharrte er in angstvoller Ungewißheit, aber es geschah nichts. Immerhin hatte er sich zu fragen, was er nun machen sollte. Seine erste Reaktion war natürlich, so bald wie möglich ein Haus zu verlassen, das einen solchen Bewohner beherbergte, nur hatte er erst am Tag vorher zum Wirt gesagt, daß er mindestens noch eine Woche bleiben werde. Wenn er nun so plötzlich seine Ansicht änderte — mußte er da nicht in den Verdacht geraten, an Orten herumspioniert zu haben, wo er nichts zu suchen hatte? Außerdem überlegte er sich, daß die Betts' entweder alles über diesen Bewohner wußten und trotzdem in dem Haus blieben, oder nichts wußten, was jedoch gleichfalls bedeutete, daß nichts zu befürchten war, oder aber gerade so viel wußten, daß sie zwar den Raum abgeschlossen hatten, aber nicht weiter davon beunruhigt wurden. In jedem der drei Fälle war kein Grund zur Besorgnis, und er hatte bisher ja auch noch nichts Schlimmes erlebt. Alles in allem schien es ihm am besten zu bleiben.

Er blieb noch eine ganze Woche, wie er es sich vorgenommen hatte. An jener Tür mußte er nicht vorbei, und er näherte sich ihr auch nicht mehr. Oft aber blieb er am Tag oder in der Nacht, wenn alles ruhig war, im Gang stehen und lauschte, ob er aus der Richtung jenes Zimmers etwas hörte, doch blieb alles still. Man könnte sich vielleicht fragen, warum Thomson nicht versuchte, etwas über die Geschichte des Gasthofs zu erfahren, natürlich nicht von Betts selbst, aber vielleicht vom Pfarrer oder von alten Leuten im Dorf. Doch das ungewöhnliche Erlebnis hatte ihm, wie es häufig geschieht, den Mund verschlossen. Je mehr freilich sein Aufenthalt zu Ende ging, um so mehr verlangte ihn nach einer Aufklärung jenes Erlebnisses. Auf seinen einsamen Spaziergängen überlegte er sich, wie er am unauffälligsten noch einmal bei Tag einen Blick in jenes Zimmer werfen könnte, und faßte schließlich folgenden Plan: Er wollte mit einem Nachmittagszug abfahren, der etwa um vier Uhr ging. Er würde das Gepäck in dem Wagen, der ihn zum Bahnhof bringen sollte, verstauen lassen und — bevor er selbst einstieg — nochmals hinaufeilen, um zu sehen, ob er etwas im Zimmer liegengelassen hatte, und dann mit jenem Schlüssel, den er eigens geölt hatte (als ob das etwas nützte!), nochmals für einen Augenblick jene Tür öffnen und sofort wieder schließen.

Und so geschah es auch. Er bezahlte die Rechnung, unterhielt sich noch etwas mit dem Wirt, während sein Gepäck aufgeladen wurde, sagte: »Sehr schöne Gegend hier!« und: »Hat mir ausgezeichnet gefallen bei Ihnen, vielen Dank auch — Ihnen und Mrs. Betts!« und: »Hoffe sehr, wieder einmal kommen zu können!«, und der Wirt erwiderte etwa: »Freut uns sehr, daß Sie mit uns zufrieden waren, Herr, wir haben unser Bestes getan — empfehlen uns Ihnen —, Glück mit dem Wetter gehabt, großes Glück« usw. und schließlich sagte Thomson beiläufig: »Ich will nochmals schnell hinauflaufen und sehen, ob ich nicht ein Buch oder sonst etwas vergessen habe. — Oh, machen Sie sich keine Mühe, ich bin gleich wieder hier!« Und dann schlich er sich so leise wie möglich zu der Tür und öffnete sie. Wie er sich nur so hatte täuschen können! Fast hätte er lautherausgelacht. Am Bettrand saß, wenn man so wollte, denn eigentlich konnte von Sitzen natürlich keine Rede sein, nichts weiter als eine Vogelscheuche, eine simple Vogelscheuche aus dem Garten, die man in dem unbenützten Raum hier abgestellt hatte … Im nächsten Augenblick jedoch erstarrte er. Haben Vogelscheuchen nackte, knöcherne Füße? Haben sie ein eisernes Halsband und Ketten um ihren Hals? Können sie aufstehen und sich bewegen und Schritte — steife Schritte freilich — auf dem Boden machen, mit wackelndem Kopf und schlenkernden Armen?

Thomson schlug die Tür zu, stürzte zur Treppe, flog die Stufen hinunter — dann umfing ihn eine Ohnmacht. Als er wieder erwachte, stand Betts über ihm, mit der Brandyflasche in der Hand und einem sehr vorwurfsvollen Gesicht. »Sie hätten das nicht tun sollen, Herr, wirklich, das haben wir nicht um Sie verdient. Wir haben unser Bestes für Sie getan«, hörte er etwa, doch er wußte nicht, was er darauf antwortete. Jedenfalls nahmen Mr. Betts und noch mehr vielleicht seine Frau nur sehr unwillig seine Entschuldigungen und seine Beteuerungen an, daß er niemandem etwas sagen wolle, was den guten Ruf des Hauses schädigen könnte. Da es zu spät war, um den Zug noch zu erreichen, kam man überein, Thomson in die Stadt zu bringen, damit er dort übernachte. Bevor er ging, erfuhr er von den Betts das wenige, das sie selbst wußten: »Es heißt, er sei vor langer Zeit hier Wirt gewesen und habe es mit den Straßenräubern getrieben, deren Revier in dieser Gegend war. Entsprechend war dann sein Ende: An Ketten haben sie ihn aufgehängt — dort, wo Sie den Stein gesehen haben, auf dem damals der Galgen stand. Doch den haben die Fischer später abgerissen, weil sie ihn vom Meer aus sahen und glaubten, er vertreibe ihnen die Fische. — Ja, wir erfuhren das alles von den Leuten, denen vor uns das Haus gehörte. ›Halten Sie jenen Raum stets verschlossen‹, sagten sie, ›lassen Sie aber das Bett drin, dann wird nichts geschehen!‹ Und es *ist* auch nie etwas geschehen. Er ist kein einziges Mal herausgekommen. Was er freilich jetzt tun wird, das muß sich erst zeigen. Sie sind, seit wir hier sind, der erste, der ihn gesehen hat. Ich selbst habe noch nie einen Blick in das Zimmer getan, und ich habe auch kein Verlangen danach. Und seit wir die Dienstbotenzimmer in das hintere Gebäude verlegt haben, hat es auch nie Schwierigkeiten gegeben. Nun, ich hoffe, Sie werden wirklich Stillschweigen bewahren, Herr. Sie wissen ja, wie schnell ein Haus in Verruf gerät. Wir müßten ...« usw.

Thomson hielt sein Versprechen, zu schweigen, viele Jahre lang. Als er mir die Geschichte erzählte, war der Anlaß folgender: Er kam zu uns auf Besuch, und ich sollte ihm sein Zimmer zeigen. Statt mich aber die Tür öffnen zu lassen, trat er vor und machte sie selbst auf. Dann blieb er auf der Schwelle stehen, hielt seine Kerze hoch und blickte angestrengt in den Raum. Nach einiger Zeit schien er sich zu besinnen und sagte: »Entschuldigen Sie! Eine dumme Angewohnheit, aber ich kann sie nicht lassen — aus einem ganz bestimmten Grund.« Den Grund erfuhr ich einige Tage später, und Sie haben ihn eben erfahren.

Spätschicht

Zwei Uhr nachts. Freitag.

Hall saß im dritten Stock auf der Bank neben dem Aufzug. Nur hier konnte man gelegentlich in Ruhe eine rauchen. Aber schon stand Warwick vor ihm. Hall war alles andere als erfreut. Während der Spätschicht hatte der Vorarbeiter im dritten Stock nichts zu suchen. Um diese Zeit saß er gewöhnlich in seinem Büro im Erdgeschoß und trank Kaffee aus der riesigen Kanne, die immer auf seinem Schreibtisch stand. Außerdem war es warm.

Es war der heißeste Juni, den Gates Falls je erlebt hatte. Das Thermometer neben dem Aufzug hatte einmal sogar um drei Uhr morgens schon vierunddreißig Grad angezeigt. Er bedauerte jetzt schon die Leute der Schicht von fünfzehn bis dreiundzwanzig Uhr. Zu der Zeit konnte es höchstens in der Hölle heißer sein als in dieser verdammten Spinnerei.

Hall bediente den Picker, eine gewaltige, 1934 in Cleveland gebaute Maschine, deren Herstellerfirma schon lange nicht mehr existierte. Er arbeitete erst seit April in der Spinnerei und bekam deshalb nur den Mindestlohn von einem Dollar achtundsiebzig die Stunde. Er kam damit aus. Keine Frau, keine feste Freundin, keine Alimente. Er hatte sich während der letzten drei Jahre treiben lassen. Per Anhalter war er von Berkeley (Student), nach Lake Tahoe (Aushilfskellner), Galveston (Schauermann), Miami (Koch in einem Schnellimbiß), Wheeling (Taxifahrer und Tellerwäscher) gefahren und schließlich in Gates Falls gelandet, wo er jetzt den Picker bediente. Er hatte sich vorgenommen, erst im Winter weiterzuziehen. Er war ein Einzelgänger, und am besten gefielen ihm die Stunden von dreiundzwanzig bis sieben Uhr, wenn sich der hektische Betrieb in der großen Spinnerei ein wenig abgekühlt hatte, von der jetzt herrschenden Hitze einmal abgesehen.

Nur die Ratten störten ihn.

Die lange, nur vom flackernden Licht einiger Neonlampen erhellte Flucht des dritten Stocks lag verlassen da. Im Gegensatz zu den übrigen Stockwerken war es hier relativ ruhig und kaum besucht — jedenfalls von Menschen. Bei den Ratten lag die Sache anders. Die einzige Maschine im dritten war der Picker. Sonst diente das Stockwerk als Lagerraum für die Zentnersäcke mit Fasern, die Hall alle irgendwann in seiner großen, über Zahnräder angetriebenen Maschine bearbeiten mußte. Wie dikke Würste lagen die Säcke in langen Reihen aufgestapelt. Einige (besonders die mit der nicht mehr gefragten groben Wolle und dem unsortierten Material, für das es keine Interessenten gab) lagerten hier schon seit Jahren. Sie boten idealen Unterschlupf für die Ratten, riesige fettbäuchige Tiere mit wütenden Augen, deren Fell von Läusen und sonstigem Ungeziefer wimmelte.

Hall hatte es sich zur Gewohnheit gemacht, während der Pausen ein kleines Arsenal von leeren Getränkedosen anzulegen, die er aus den Abfallbehältern holte. Wenn wenig zu tun war, warf er mit ihnen nach den Ratten und suchte die Dosen später wieder zusammen. Diesmal allerdings hatte Mister Vorarbeiter ihn erwischt. Statt den Aufzug zu benutzen, war dieser falsche Hund die Treppe raufgeschlichen.

»Was machen Sie denn da, Hall?«

»Die Ratten«, sagte Hall und merkte gleich, wie lahm diese Entschuldigung klingen mußte, denn die Ratten waren verschwunden und hockten schon längst wieder in ihren Nestern. »Wenn ich eine sehe, werfe ich mit Dosen.«

Warwick nickte nur kurz. Er war ein großer fetter Kerl mit Bürstenhaarschnitt. Die Ärmel hatte er aufgekrempelt und die Krawatte gelockert. Er sah Hall scharf an. »Wir bezahlen Sie nicht dafür, daß Sie Dosen nach den Ratten werfen, Mister. Auch nicht, wenn Sie sie wieder aufsammeln.«

»Harry hat schon seit zwanzig Minuten keinen Auftrag runtergeschickt«, sagte Hall und dachte: *Hättest du Scheißkerl nicht in deiner Bude bleiben und Kaffee trinken können?* »Was ich nicht habe, kann ich auch nicht durch die Maschine schicken.«

Warwick nickte, als interessierte ihn das Thema nicht mehr. »Vielleicht sollte ich nach oben gehen und mit Wisconsky reden«, sagte er. »Ich wette fünf zu eins, daß er 'ne Illustrierte liest, während sich das Zeug in seinen Behältern stapelt.«

Hall sagte nichts.

Plötzlich zeigte Warwick mit dem Finger. »Da ist eine! Die müssen Sie erwischen!«

Hall schleuderte die Dose, die er noch in der Hand hielt, mit aller Kraft. Die Ratte, die sie von einem der Säcke aus mit ihren klugen Augen beobachtet hatte, quiekte leise und schoß davon. Warwick warf den Kopf zurück und lachte, als Hall hinter der Dose herrannte.

»Ich wollte Sie wegen etwas anderem sprechen«, sagte Warwick.

»Tatsächlich?«

»Nächste Woche sind die Feiern anläßlich des Unabhängigkeitstages.« Hall nickte. Dann war die Spinnerei von Montag bis Samstag geschlossen — wer mindestens ein Jahr hier war, bekam bezahlten Urlaub, aber für ihn bedeutete es eine Woche ohne Lohn. »Wollen Sie dann arbeiten?«

Hall zuckte die Achseln. »Was denn?«

»Wir werden das ganze Untergeschoß reinigen. Das ist schon seit zwölf Jahren nicht mehr gemacht worden. Überall Dreck. Wir werden mit Schläuchen arbeiten.«

»Hat sich die Gewerbeaufsicht bei der Direktion beschwert?«

Warwick hielt Halls Blick stand. »Wollen Sie nun oder nicht? Zwei Dollar die Stunde. Am vierten Juli doppelter Lohn. Wir arbeiten in der Spätschicht, weil es dann etwas kühler ist.«

Hall rechnete kurz. Das wären etwa fünfundsiebzig Dollar nach Abzug der Steuern. Besser während der Feiertage arbeiten als eine Woche auf Null.

»Geht in Ordnung.«

»Dann melden Sie sich nächsten Montag unten in der Färberei.«

Hall schaute ihm nach, als er zur Treppe ging. Auf halbem Wege blieb Warwick stehen und drehte sich um. Er sah Hall an. »Haben Sie nicht mal studiert?«

Hall nickte.

»Okay, Student, ich werde es mir merken.«

Er ging. Hall setzte sich und zündete sich noch eine Zigarette an. Er hatte schon wieder eine Dose in der Hand und hielt nach Ratten Ausschau. Er konnte sich so recht vorstellen, wie es im Untergeschoß aussehen würde — eigentlich war es das Kellergeschoß, denn es lag noch tiefer als die Färberei. Feucht, dunkel,

voll Spinnen und verrottetem Material, und dann das Sickerwasser vom Fluß — und Ratten. Vielleicht sogar Fledermäuse,
die Flieger unter den Nagetieren. Pfui Teufel.

Hall warf mit der Dose nach einer Ratte und lächelte dünn,
als Warwicks Stimme von oben durch die Leitungsschächte
drang. Er las gerade Harry Wisconsky die Leviten.

Okay, Student, ich werde es mir merken.

Abrupt wich das Lächeln aus seinem Gesicht, und er drückte
die Zigarette aus. Nach wenigen Sekunden schickte Harry gro-
bes Nylon durch das Gebläse nach unten, und Hall machte sich
an die Arbeit. Die Ratten kamen aus ihren Löchern und sprangen am hinteren Ende des großen Raumes auf die Säcke. Aus
ihren schwarzen Augen sahen sie ihn unverwandt an. Sie wirkten wie ein unheimliches Geschworenengericht.

Elf Uhr abends. Montag.

Es waren etwa sechsunddreißig Mann, die wartend herumsa-
ßen, als Warwick kam. Er trug ein Paar alte Jeans, die in hohen
Gummistiefeln steckten. Hall hatte gerade Harry Wisconsky zu-
gehört, der ungeheuer fett, ungeheuer faul und ungeheuer mürrisch war.

»Das wird 'ne üble Sauarbeit«, sagte er, als Warwick hereinkam. »Wartet nur ab. Wenn wir fertig sind, sehen wir schwärzer
aus als Mitternacht in Persien.«

»Kommen Sie!« sagte Warwick. »Wir haben unten sechzig
Glühbirnen aufgehängt. Das gibt genügend Licht, daß ihr sehen
könnt, was ihr tut. Ihr da hinten« — er zeigte auf eine Gruppe
von Leuten, die sich gegen die Trockengestelle gelehnt hatten —, »ihr schließt die Schläuche an das Hauptrohr neben dem
Treppenschacht an. Dann könnt ihr sie über die Treppe nach
unten ausrollen. Wir haben ungefähr siebzig Meter pro Mann.
Das dürfte reichlich sein. Kommt bloß nicht auf die Idee, euch
gegenseitig zu bespritzen. Das könnte im Krankenhaus enden.
Die Dinger haben enormen Druck.«

»Irgend jemand wird sich schon verletzen«, prophezeite Wisconsky finster. »Wartet nur ab.«

»Ihr anderen«, sagte Warwick und zeigte auf die Gruppe, zu
der auch Hall und Wisconsky gehörten. »Ihr kümmert euch um

das Gerümpel. Je zwei nehmen einen Elektrokarren. Da stehen alte Büromöbel, Säcke mit Stoffen, kaputte Maschinenteile und verschiedenes andere. Wir schaffen die Sachen zum Luftschacht im Westflügel. Weiß jemand nicht, wie der Karren funktioniert?«

Niemand hob die Hand. Die Elektrokarren waren batteriebetriebene Miniaturkippfahrzeuge. Nach längerem Einsatz entwickelten sie einen widerwärtigen Gestank, der Hall an durchgeschmorte Stromkabel erinnerte.

»Okay«, sagte Warwick. »Wir haben das Untergeschoß in Abschnitte eingeteilt und sind am Donnerstag fertig. Am Freitag holen wir das Gerümpel dann mit dem Flaschenzug raus. Noch Fragen?«

Es gab keine. Hall sah den Vorarbeiter prüfend an und hatte die plötzliche Ahnung, daß sich etwas Unheimliches ereignen würde. Der Gedanke gefiel ihm. Er mochte Warwick nicht besonders.

Zwei Uhr nachts. Dienstag.

Hall war erschöpft, und er war es leid, Wisconskys ständiges Gejammere zu hören. Er hatte nicht übel Lust, ihn zu verprügeln. Aber das wäre sinnlos. Dann hätte er nur einen weiteren Grund, sich zu beklagen.

Hall hatte gewußt, daß es schlimm werden würde, aber dies war mörderisch. Zum Beispiel hatte er den grauenhaften Gestank nicht erwartet. Der faulige Geruch des Flusses mischte sich mit dem der vermodernden Textilien. Hinzu kam das verrottete Mauerwerk und der Gestank von Pflanzenresten. In der hinteren Ecke, wo sie angefangen hatten, entdeckte Hall eine Kolonie riesiger weißer Pilze, die aus dem aufgerissenen Beton herauswuchsen. Als er an einem rostigen Zahnrad zerrte, waren seine Hände mit ihnen in Berührung gekommen. Sie fühlten sich eigenartig warm und geschwollen an wie das Fleisch eines Mannes, der an Wassersucht leidet.

Die Glühbirnen konnten die zwölf Jahre alte Dunkelheit nicht bannen. Sie konnten sie nur zurückdrängen und den widerlichen Unrat in fahles gelbes Licht tauchen. Mit seiner hohen Decke, den riesigen ausrangierten Maschinenteilen, die sie nie würden von der Stelle rücken können, mit seinen feuchten moosbedeckten Wänden sah der Raum aus wie das zertrümmerte Mittelschiff einer geschändeten Kirche. Der Eindruck wurde noch verstärkt durch den atonalen Chor des Wassers, das aus den Schläuchen in die halb verstopften Abflüsse strömte, um sich dann unten in den Fluß zu ergießen.

Und dann die Ratten. Sie waren so groß, daß die im dritten Stock dagegen wie Zwerge wirkten. Der Himmel mochte wissen, was es hier unten für sie zu fressen gab. Immer wenn die Arbeiter Bretter umdrehten oder Säcke wegschoben, stießen sie auf riesige Nester aus zerfetztem Zeitungspapier und beobachteten mit atavistischem Ekel, wie die jungen Ratten mit ihren geschwollenen und von der ewigen Dunkelheit blinden Augen in Ritzen und Spalten verschwanden.

»Laß uns eine rauchen«, sagte Wisconsky. Er wirkte ein wenig außer Atem. Das konnte Hall sich nicht erklären, denn Wisconsky hatte die ganze Nacht nur so getan, als ob er arbeitete. Immerhin, warum sollten sie keine Pause einlegen? Es war gerade niemand in der Nähe.

»Okay.« Er lehnte sich gegen den Elektrokarren und zündete sich eine Zigarette an.

»Ich hätte mich von Warwick nicht überreden lassen sollen«, sagte Wisconsky mißmutig. »Diese Arbeit ist unzumutbar, aber er war neulich so wütend, als er mich oben im vierten im Scheißhaus sitzen sah, ohne daß ich die Hose runterhatte. Der Kerl war vielleicht sauer.«

Hall sagte nichts. Er dachte an Warwick und an die Ratten. Seltsam, wie das eine mit dem anderen zusammenzuhängen schien. Nach ihrem langen Aufenthalt im Keller der Spinnerei schienen sich die Ratten an Menschen kaum noch zu erinnern. Sie waren dreist und hatten nicht die geringste Angst. Eine hatte sich wie ein Eichhörnchen auf die Hinterbeine gesetzt, und als Hall so nahe heran war, daß er nach ihr treten konnte, hatte sie sich auf seinen Stiefel gestürzt und in das Leder gebissen. Hier gab es Hunderte, vielleicht sogar Tausende. Wie viele verschiedene Krankheiten mochten sie in dieser schwarzen Höhle wohl mit sich herumschleppen? Und Warwick. Irgend etwas an ihm ...

»Ich brauche das Geld«, sagte Wisconsky. »Aber, bei Gott, Kumpel, die Arbeit kann man einem Menschen nicht zumuten.

Diese Ratten.« Er sah sich ängstlich um. »Sieht fast so aus, als könnten sie denken. Stell dir bloß vor, wenn wir nun klein wären und sie groß ...«

»Halt endlich das Maul«, sagte Hall.

Wisconsky sah ihn gekränkt an. »Tut mir leid, Kumpel. Es ist ja nur weil ...« Seine Worte verloren sich. »Mein Gott, dieser Gestank. Das kann man einem Menschen doch nicht zumuten!« Eine Spinne kroch vom Rand des Karrens auf seinen Arm. Mit einem unterdrückten Entsetzensschrei fegte er sie weg.

»Los jetzt«, sagte Hall und trat seine Zigarette aus. »Je eher daran, desto eher davon.«

»Hoffentlich«, sagte Wisconsky kläglich. »Hoffentlich.«

Vier Uhr morgens. Dienstag.

Frühstück.

Hall und Wisconsky saßen mit drei oder vier anderen Männern zusammen und hielten ihre Sandwiches in schwarzen Händen. Sie waren nicht einmal von dem industriellen Reinigungsmittel sauber geworden. Während er aß, schaute Hall zu dem kleinen gläsernen Büro des Vorarbeiters hinüber. Warwick trank Kaffee und aß mit offensichtlichem Appetit kalte Hamburger.

»Ray Upson mußte nach Hause gehen«, sagte Charlie Brochu.

»Hat er gekotzt?« fragte jemand. »Das wäre mir fast passiert.«

»Nein. Ray muß schon Kuhmist fressen, bevor er kotzt. Eine Ratte hat ihn gebissen.«

Nachdenklich wandte Hall den Blick von Warwick. »Tatsächlich?« fragte er.

»Ja.« Brochu schüttelte den Kopf. »Ich habe mit ihm zusammengearbeitet. Sowas Entsetzliches habe ich noch nie gesehen. Das Biest kam plötzlich durch ein Loch aus einem der alten Säkke. So groß wie 'ne Katze. Verbiß sich sofort in seine Hand und fing an zu fressen.«

»Mein Gott«, sagte einer der Männer und wurde ganz grün im Gesicht.

»Ja«, sagte Brochu. »Ray hat geblutet wie ein Schwein. Glaubt ihr, daß das Vieh losließ? Kein Stück. Ich mußte drei- oder viermal mit einem Brett zuschlagen. Ray wäre fast verrückt geworden. Er hat auf der Ratte herumgetrampelt, bis sie nur noch ein pelziger Brei war. So was hab' ich noch nicht erlebt. Warwick hat ihn verbunden und nach Hause geschickt. Hat ihm gesagt, er soll morgen zum Arzt gehen.«

»Wie nett von diesem Scheißkerl«, sagte jemand.

Als ob er es gehört hätte, stand Warwick auf, reckte sich und trat an die Tür seines Büros. »Wir wollen langsam weitermachen.«

Widerwillig standen die Männer auf. Sie versuchten, Zeit zu schinden, indem sie sich mit dem Verstauen ihrer Essengefäße nicht sonderlich beeilten und aus dem Automaten noch Getränke und Süßigkeiten zogen. Dann machten sie sich auf den Weg nach unten. Trostlos hallten ihre Schritte über die Eisenroste der Treppe.

Warwick überholte Hall und schlug ihm auf die Schulter. »Na, wie sieht's aus, Student?« Er wartete die Antwort nicht ab.

»Komm jetzt«, sagte Hall geduldig zu Wisconsky, der sich die Stiefel zuschnürte. Sie gingen die Treppe hinunter.

Sieben Uhr morgens. Dienstag.

Hall und Wisconsky verließen gemeinsam die Spinnerei. Es schien Hall fast, als hätte er den fetten Polen irgendwie geerbt. Wisconsky war so dreckig, daß es fast komisch wirkte. Sein dickes Mondgesicht war so beschmiert wie das eines kleinen Jungen, den ein größerer gerade verprügelt hat.

Es gab keinen der üblichen groben Scherze. Niemand zog einem andern das Hemd aus der Hose, und keiner fragte, wer sich denn zwischen eins und vier um Tonys Frau kümmerte. Nur Schweigen und hin und wieder ein hustendes Geräusch, wenn jemand auf den verschmutzten Fußboden rotzte.

»Soll ich dich mitnehmen?« fragte Wisconsky zögernd.

»Danke.«

Sie sprachen nicht, als sie die Mill Street hinauf und über die Brücke fuhren. Sie verabschiedeten sich nur kurz, als Wisconsky ihn vor seiner Wohnung absetzte.

Hall ging sofort unter die Dusche. Er dachte immer noch an Warwick. Er versuchte, sich darüber klar zu werden, was an dem Vorarbeiter ihn so eigenartig faszinierte und ihm das Gefühl gab daß sie irgendwie zusammengehörten.

Er lag kaum im Bett, als er auch schon einschlief, aber sein Schlaf war unruhig, und mehr als einmal schreckte er hoch: er träumte von Ratten.

Ein Uhr nachts. Mittwoch.

Die Arbeit mit den Schläuchen war angenehmer.

Sie konnten nicht hinein, bevor die Leute eine Sektion entrümpelt hatten, und oft waren sie mit einer schon fertig, bevor die nächste ausgeräumt war. Das bedeutete jedesmal eine Zigarettenpause. Hall betätigte die Düse an einem der langen Schläuche, während Wisconsky hin und her lief und darauf achtete, daß sich der Schlauch nicht verhedderte. Nach Bedarf drehte er den Wasserhahn auf oder zu und räumte Hindernisse aus dem Weg.

Warwick hatte schlechte Laune, denn die Arbeit ging nicht voran. Wenn es so weiterlief wie bisher, bestand nicht die geringste Aussicht, am Donnerstag fertigzuwerden.

In der nächsten Sektion lagen in einer Ecke Büromöbel aus dem neunzehnten Jahrhundert wild durcheinander — zertrümmerte Rollschränke, verrottete Akten, geheftete Rechnungen, zerbrochene Stühle.

Ein Paradies für Ratten. Zu Dutzenden rannten sie pfeifend zwischen dem Gerümpel hin und her. Als zwei Männer gebissen wurden, weigerten sich die anderen weiterzuarbeiten. Warwick mußte erst dicke Gummihandschuhe aus der Färberei holen lassen, wo mit Säure hantiert wurde.

Hall und Wisconsky standen mit ihren Schläuchen bereit, als Carmichael, ein rothaariger stiernackiger Kerl, plötzlich fluchend zurücksprang und sich mit den Fäusten auf die Brust schlug.

Eine riesige Ratte mit graugestreiftem Fell und häßlichen funkelnden Augen hatte sich in sein Hemd verbissen und hing dort. Dabei zappelte sie mit den Hinterpfoten. Es gelang Carmichael, sie abzuschütteln, aber sein Hemd hatte ein großes Loch, und aus einer Wunde oberhalb der einen Brustwarze floß Blut. Die Wut wich aus seinem Gesicht. Er wandte sich zur Seite und übergab sich.

Hall richtete den Wasserstrahl auf die Ratte, ein altes langsames Tier, das immer noch ein Stück von Carmichaels Hemd zwischen den Zähnen hatte. Der Druck schleuderte sie gegen die Wand, wo sie schlaff liegenblieb.

Mit seltsam verzerrtem Gesicht kam Warwick herbei. Er schlug Hall auf die Schulter. »Na, Student, das macht wohl mehr Spaß, als Dosen nach den kleinen Tierchen zu schmeißen.«

»Kleine Tierchen ist gut«, sagte Wisconsky. »Das Ding ist mindestens dreißig Zentimeter lang.«

»Den Schlauch dort rüber«, sagte Warwick und zeigte auf den Möbelhaufen. »Aus dem Weg, Jungs.«

»Mit Vergnügen«, murmelte jemand.

Carmichael baute sich vor Warwick auf. Er wirkte krank, und sein Gesicht zuckte. »Ich verlange eine Entschädigung! Ich werde nicht eher . . .«

»Klar«, sagte Warwick lächelnd. »Sie hat dich in die Titten gebissen. Und jetzt aus dem Weg, sonst klebst du gleich an der Wand.«

Hall richtete den Schlauch auf die Trümmer und legte los. Der Strahl explodierte förmlich. Weiß schäumend riß er einen Schreibtisch um und ließ zwei Stühle zersplittern. Überall rannten Ratten. So große hatte Hall noch nie gesehen. Er hörte die entsetzten Schreie der Männer, als die widerlichen Kreaturen mit ihren großen Augen und glatten fetten Leibern sich in Sicherheit brachten. Eine der Ratten war so groß wie ein gesunder sechs Wochen alter Hund. Hall machte weiter, bis er keine mehr sah. Dann stellte er das Wasser ab.

»Okay«, rief Warwick. »Schafft das Gerümpel raus!«

»Ich habe mich nicht als Kammerjäger einstellen lassen«, sagte Cy Ippeston aufsässig. Hall hatte vor einer Woche mit ihm ein paar getrunken. Er war noch jung und trug eine dreckige Baseballmütze und ein T-Shirt.

»Waren Sie das, Ippeston?« fragte Warwick freundlich.

Ippeston zögerte, aber dann trat er vor. »Sie haben mich zum Saubermachen herbestellt, und nicht, um Tollwut oder Typhus zu kriegen. Sie sollten besser auf mich verzichten.«

Von den anderen kam zustimmendes Gemurmel. Wisconsky sah Hall verstohlen an, aber Hall inspizierte die Düse an seinem

Schlauch. Sie hatte das Kaliber eines Fünfundvierzigers, und wahrscheinlich konnte man mit ihr jeden Mann von den Füßen holen.

»Sie wollen also die Uhr stechen, Cy?«

»Ich hätte nicht übel Lust«, sagte Ippeston.

Warwick nickte. »Okay. Wer will, kann gehen. Aber dieser Laden ist nicht gewerkschaftlich organisiert. Wer heute abhaut, braucht nicht wiederzukommen. Auch nicht nächste Woche. Dafür werde ich sorgen.«

»Scheißkerl«, murmelte Hall.

Warwick fuhr herum. »Sagten Sie was, Student?«

Hall sah ihn unschuldig an. »Ich hab' mich nur geräuspert, Vorarbeiter.«

Warwick lächelte. »Ihnen hat wohl was nicht geschmeckt?«

Hall schwieg.

»Okay, weitermachen!« brüllte Warwick.

Sie machten sich wieder an die Arbeit.

Zwei Uhr nachts. Donnerstag.

Hall und Wisconsky arbeiteten wieder mit den Elektrokarren und suchten Gerümpel zusammen. Der Haufen im Westflügel hatte schon eine beachtliche Höhe erreicht, aber sie waren noch nicht halb fertig.

»Fröhlicher Vierter Juli«, sagte Wisconsky, als sie die Arbeit unterbrachen, um eine zu rauchen. Sie arbeiteten in der Nähe der Nordwand und waren weit von der Treppe entfernt. Hier war es fast dunkel, und irgendwie ließ die Akustik die andern Männer Meilen weit weg erscheinen.

»Danke.« Hall zog an seiner Zigarette. »Ich habe heute nacht nicht viele Ratten gesehen.«

»Das haben die andern auch nicht«, sagte Wisconsky. »Vielleicht sind sie endlich schlau geworden.«

Sie standen am Ende eines bizarren Ganges, der zwischen den Haufen alter Akten und Rechnungen, den vermoderten Stoffsäcken und zwei uralten Webstühlen hindurchführte. »Pfui Teufel«, sagte Wisconsky und spuckte aus. »Dieser Warwick ...«

»Wohin sind wohl die Ratten verschwunden?« fragte Hall wie zu sich selbst. »In den Wänden können sie nicht sein ...« Er betrachtete das feuchte bröckelnde Mauerwerk. »Da würden sie ersaufen. Überall ist das Flußwasser eingesickert.«

Etwas schwarzes Flatterndes schoß plötzlich von oben auf sie herab. Wisconsky schrie auf und riß die Hände über den Kopf. »Eine Fledermaus«, sagte Hall, als Wisconsky sich wieder aufrichtete.

»Eine Fledermaus! Eine Fledermaus!« tobte Wisconsky. »Was hat eine Fledermaus im Keller zu suchen? Sie soll in einem Baum oder unter der Dachrinne hängen und ...«

»Es war eine große«, sagte Hall leise. »Und was ist eine Fledermaus anderes als eine Ratte mit Flügeln?«

»Mein Gott«, stöhnte Wisconsky. »Wie ist sie denn ...«

»Reingekommen? Vielleicht genauso wie die Ratten rausgekommen sind.«

»Was ist da hinten los?« schrie Warwick. »Wo seid ihr?«

»Leck mich am Arsch«, sagte Hall leise.

»Waren Sie das, Student?« rief Warwick. Seine Stimme klang schon näher.

»Alles in Ordnung!« brüllte Hall. »Ich habe mir nur das Schienbein gestoßen!«

Warwick stieß ein kurzes bellendes Lachen aus. »Wollen Sie das Verwundetenabzeichen?«

Wisconsky sah Hall an. »Warum redest du solche Scheiße?«

»Sieh dir das an.« Hall kniete sich hin und zündete ein Streichholz an. Im nassen und bröckelnden Zement zeichnete sich ein Quadrat ab.

»Klopf mal drauf.«

Wisconsky tat es. »Holz«, sagte er.

Hall nickte. »Darunter liegt ein Träger. Ich habe schon ein paar mehr davon gesehen. Unter diesem Teil des Kellers ist noch ein Raum.«

»O Gott«, sagte Wisconsky angewidert.

Drei Uhr dreißig morgens. Donnerstag.

Sie arbeiteten in der Nordostecke des Gebäudes. Ippeston und Brochu standen mit den Hochdruckschläuchen bereit. Plötzlich blieb Hall stehen und zeigte auf den Fußboden. »Ich wußte, daß wir das Ding finden.«

Sie standen über einer Klapptür mit einem rostigen Eisenring.

Hall ging auf Ippeston zu und sagte: »Stell das Wasser ab.« Als der Schlauch nur noch tröpfelte, brüllte er: »Heh! Heh! Warwick! Kommen Sie doch mal her!«

Durch das Wasser patschend kam Warwick angerannt und bedachte Hall mit einem bösen Lächeln. »Ist Ihnen der Schnürsenkel aufgegangen, Student?«

»Sehen Sie sich das an«, sagte Hall und stieß mit dem Fuß gegen die Klapptür. »Darunter liegt noch ein Keller.«

»Na und?« fragte Warwick. »Wir haben noch keine Pause, Stu ...«

»Da unten sind Ihre Ratten. Da hocken sie, Wisconsin und ich haben sogar eine Fledermaus gesehen.«

Einige andere Männer hatten sich um sie versammelt und betrachteten die Klapptür.

»Interessiert mich nicht«, sagte Warwick. »Unsere Arbeit ist hier im Untergeschoß.«

»Sie werden ungefähr zwanzig Kammerjäger brauchen, aber richtige«, sagte Hall. »Das wird die Geschäftsleitung 'ne schöne Stange Geld kosten. Schade, was?«

Jemand lachte. »Das kann man wohl sagen.«

Warwick sah Hall an, als sei dieser ein seltenes Insekt. »Sie sind wirklich ein komischer Fall«, sagte er, und seine Stimme klang fasziniert. »Es interessiert mich einen Scheißdreck, wie viele Ratten da unten sind.«

»Ich war heute nachmittag und gestern in der Bibliothek«, sagte Hall. »Gut, daß Sie mich immer wieder daran erinnern, daß ich mal studiert hab'. Ich habe ein paar Magistratsverordnungen gelesen, Warwick. Sie stammen aus dem Jahre 1911. Damals war diese Spinnerei noch zu klein, als daß man sich groß um sie kümmerte. Und wissen Sie, was ich festgestellt habe?«

Warwick sah ihn kalt an. »Machen Sie, daß Sie rauskommen, Student. Sie sind gefeuert.«

»Ich habe festgestellt«, fuhr Hall fort, als hätte er nichts gehört, »ich habe festgestellt, daß es in Gates Falls gewisse Verordnungen gibt, die Ungeziefer betreffen. Das schreibt man U-n-g-e-z-i-e-f-e-r, falls Ihnen das Wort nicht geläufig ist. Gemeint sind Tiere, die Krankheiten übertragen, wie Fledermäuse, Stinktiere, streunende Hunde — und Ratten. Besonders Ratten.

Das Wort Ratten tauchte in zwei Paragraphen nicht weniger als dreizehnmal auf, Vorarbeiter. Sobald ich diesen Laden verlassen habe, werde ich mich mit der zuständigen Behörde in Verbindung setzen und berichten, wie es hier aussieht.«

Er machte eine Pause und freute sich über Warwicks wutverzerrtes Gesicht.

»Es wird ein Leichtes sein, gegen diesen Laden eine Verfügung zu erwirken. Dann werden Sie verdammt länger schließen als nur bis Samstag, Mister Vorarbeiter. Und ich habe schon so eine Ahnung, was Ihr Boß dazu sagen wird, wenn er aufkreuzt. Hoffentlich haben Sie regelmäßig Ihre Arbeitslosenversicherung bezahlt, Warwick.«

Warwicks Hände ballten sich zu Fäusten. »Sie verdammte Rotznase, ich sollte Sie...« Er sah sich die Klapptür an, und plötzlich lächelte er wieder. »Betrachten Sie sich als neu eingestellt, Student.«

»Ich wußte, daß Sie Vernunft annehmen würden.«

Warwick nickte und hatte immer noch dieses seltsame Lächeln im Gesicht. »Sie sind doch so schlau, Hall. Ich finde, Sie sollten selbst hinuntersteigen. Dann haben wir wenigstens einen Studierten, der uns einen fundierten Bericht geben kann. Sie und Wisconsky.«

»Ich nicht!« rief Wisconsky. »Ich nicht, ich...«

Warwick sah ihn an. »Sie was?«

Wisconsky hielt den Mund.

»Gut«, sagte Hall vergnügt. »Wir brauchen drei Taschenlampen. Im Hauptbüro habe ich doch ein paar mit sechs Batterien gesehen, oder irre ich mich?«

»Wollen Sie sonst noch jemanden mitnehmen?« fragte Warwick entgegenkommend. »Suchen Sie sich einen Mann aus.«

»Sie«, sagte Hall leise, und auch er hatte wieder diesen seltsamen Ausdruck im Gesicht. »Nur, damit die Geschäftsleitung vertreten ist. Sonst sehen Wisconsky und ich am Ende *zu* viele Ratten.«

Jemand lachte laut. Es hörte sich nach Ippeston an.

Warwick schaute in die Runde. Die Männer starrten verlegen auf ihre Stiefelspitzen. Dann zeigte er auf Brochu: »Brochu, gehen Sie ins Büro und holen Sie drei Taschenlampen. Sagen Sie dem Wachmann von mir, er soll Sie reinlassen.«

»Warum hast du mich in diese Sache reingezogen?« klagte Wisconsky, an Hall gewandt. »Du weißt doch, wie ich diese Ratten hasse ...«

»Das war ich doch nicht«, sagte Hall und sah Warwick an. Warwick gab den Blick zurück. Keiner von beiden schaute weg.

Vier Uhr morgens. Donnerstag.

Brochu kam mit den Taschenlampen. Er gab sie an Hall, Wisconsky und Warwick weiter.

»Ippeston, gib Wisconsky den Schlauch.« Ippeston gehorchte. Die Düse zitterte in der Hand des Polen.

»Okay«, sagte Warwick zu Wisconsky. »Du gehst in der Mitte. Wenn du Ratten siehst, gibst du ihnen Saures.«

Natürlich, dachte Hall. Und wenn es dort Ratten gibt, wird Warwick sie nicht bemerken. Auch Wisconsky wird sie nicht bemerken, wenn er zehn Dollar extra in seiner Lohntüte findet.

Warwick zeigte auf zwei Männer. »Luke aufmachen.«

Einer packte den Eisenring und riß daran. Zuerst glaubte Hall, daß der Mann es nicht schaffen würde, aber mit einem eigenartigen Knarren gab die Klapptür nach. Der zweite schob von unten und fuhr mit einem Aufschrei zurück. Über seine Hände krochen riesige blinde Käfer.

Ächzend riß der andere die Tür ganz auf und ließ sie fallen. Die Unterseite war mit schwarzen Pilzen bedeckt, eine Sorte, die Hall noch nie gesehen hatte. Die Käfer fielen in die Tiefe oder rannten über den Fußboden, wo sie von den Männern zertreten wurden.

»Seht euch das an«, sagte Hall. An der Unterseite der Klapptür war ein altes verrostetes Schloß angeschraubt. Es war zerbrochen. »Das dürfte doch nicht unten sitzen«, sagte Warwick. »Es müßte oben sein. Warum ...«

»Dafür kann es viele Gründe geben«, sagte Hall. »Vielleicht sollte niemand die Tür von hier oben öffnen können — jedenfalls nicht, als das Schloß noch neu war. Vielleicht sollte auch nichts von unten nach oben kommen können.«

»Aber wer hat abgeschlossen?« fragte Wisconsky.

»Oh«, sagte Hall spöttisch und sah Warwick an. »Das ist ein Geheimnis.«

»Hört ihr?« flüsterte Brochu.

»O Gott«, schluchzte Wisconsky. »Ich geh da nicht runter!«

Ein leises Geräusch, als warteten sie. Ein Huschen und Trippeln von tausend Pfoten. Das Quietschen der Ratten.

»Könnten auch Frösche sein«, meinte Warwick.

Hall lachte laut.

Warwick leuchtete mit seiner Lampe nach unten. Eine Holztreppe, deren Stufen sich nach unten durchbogen, führte in die Dunkelheit hinab. Ratten waren nicht zu sehen.

»Die Treppe hält nicht«, entschied Warwick.

Brochu trat zwei Schritte vor und sprang auf der obersten Stufe auf und ab. Sie knarrte, aber sie hielt.

»Wer hat dir gesagt, daß du das tun sollst?« fragte Warwick.

»Sie waren nicht dabei, als Ray von der Ratte gebissen wurde«, sagte Brochu leise.

»Gehen wir«, sagte Hall.

Warwick warf noch einen höhnischen Blick auf die Umstehenden und trat mit Hall an die Luke. Widerwillig schloß Wisconsky sich ihnen an. Sie stiegen einzeln in die Dunkelheit hinab, zuerst Hall, dann Wisconsky und als letzter Warwick. Im Strahl ihrer Lampen erkannten sie die Unebenheiten und Verwerfungen des Betonfußbodens. Der Schlauch plumpste wie eine ungefüge Schlange hinter Wisconsky die Stufen herab.

Als sie unten angekommen waren, leuchtete Warwick mit seiner Lampe in die Ecken. Sie sahen ein paar verrottete Kisten und einige Fässer. Sonst nichts. Das Sickerwasser vom Fluß stand in Pfützen und reichte ihnen bis an die Knöchel.

»Ich höre sie nicht mehr«, flüsterte Wisconsky.

Langsam entfernten sie sich von der Treppe unter der Luke, und ihre Füße schlurften durch den Schlamm. Hall blieb stehen und richtete den Strahl seiner Taschenlampe auf eine riesige Holzkiste, die eine Aufschrift trug. »Elias Varney«, las er, »1841. Gab es die Spinnerei damals schon?«

»Nein«, sagte Warwick. »Sie wurde erst 1897 gebaut. Aber ist das nicht scheißegal?«

Hall antwortete nicht. Sie gingen weiter. Der untere Keller dehnte sich weiter aus als erwartet. Hier stank es noch schlimmer. Fäulnis und Moder. Irgendwo tropfte Wasser. Sonst war es still.

»Was ist denn das?« fragte Hall und zeigte auf einen Betonpfeiler, der seitlich in den Keller hineinragte. Vor ihnen lag Dunkelheit, und Hall meinte, leise Geräusche zu hören.

Warwick betrachtete den Pfeiler. »Das ist ... nein, das kann nicht stimmen.«

»Die Außenwand der Spinnerei, nicht wahr? Und vor uns ...«

»Ich geh' zurück«, sagte Warwick plötzlich und drehte sich um.

Hall packte ihn im Genick. »Sie gehen nirgends hin, Vorarbeiter.«

Warwick sah ihn an, und sein Grinsen war in der Dunkelheit deutlich zu erkennen.

»Sie sind ja verrückt, Student. Reif fürs Irrenhaus.«

»Schubsen Sie mich nicht, alter Freund«, sagte Hall. »Schön weitergehen.«

Wisconsky stöhnte auf. »Hall ...«

»Gib her.« Hall nahm den Schlauch. Er ließ Warwicks Genick los und richtete den Schlauch auf seinen Kopf. Wisconsky rannte plötzlich zur Luke zurück. Hall drehte sich nicht einmal um. »Nach Ihnen, Vorarbeiter.«

Warwick ging zwischen den Wandvorsprüngen hindurch, an denen die Spinnerei über ihnen endete. Hall ließ den Strahl seiner Taschenlampe spielen und empfand kalte Befriedigung — seine Ahnung hatte sich erfüllt. Stumm wie der Tod kamen die Ratten von allen Seiten dichtgedrängt auf sie zu. Tausende von Augen sahen ihn gierig an. Bis hinten an die Wand wimmelte es von Ratten. Einige reichten ihm fast bis an die Knie.

Dann hatte auch Warwick sie bemerkt und blieb stehen. »Sie sind überall um uns herum, Student.« Seine Stimme klang ruhig und kontrolliert, aber er konnte sein Entsetzen nicht verbergen.

»Ja«, sagte Hall. »Gehen Sie weiter.«

Sie gingen weiter, und der Schlauch schleifte hinter ihnen her. Hall schaute sich einmal um und bemerkte, daß die Ratten ihnen den Rückweg durch den Gang abgeschnitten hatten. Einige fingen an, am Material des Schlauchs zu nagen.

Eine sah ihn an, und ihm schien, als grinste sie. Jetzt sah er auch die Fledermäuse, die von der Decke hingen. Sie waren so groß wie Rabenkrähen.

»Da!« rief Warwick und richtete den Strahl seiner Lampe ein paar Meter voraus.

Ein grünlich vermoderter Schädel starrte sie aus leeren Augenhöhlen an. Weiter hinten sah Hall einen Ellenknochen, ein Becken und Teile eines Brustkorbs. »Weitergehen«, sagte Hall. Er fühlte Wahnsinn in sich aufsteigen, Wahnsinn in düsteren Farben. *Bei Gott, du wirst vor mir den Verstand verlieren, Mister Vorarbeiter.*

Sie gingen an den Skelettresten vorbei. Die Ratten rückten nicht näher an sie heran. Der Abstand schien sich nicht zu verringern. Vor ihnen sah Hall eine über den Weg laufen. Sie war nur als Schatten zu erkennen, aber er sah ihren zuckenden rosafarbenen Schwanz. Er war so dick wie ein Telefonkabel.

Vor ihnen stieg der Fußboden steil an, um dann wieder abzufallen. Hall hörte ein leises raschelndes Geräusch. Etwas Großes mußte dieses Geräusch verursacht haben. Etwas, das vielleicht kein lebender Mensch je gesehen hatte. Vielleicht hatte er in all den unsteten Jahren auf so etwas nur gewartet, fuhr es Hall durch den Sinn.

Die Ratten kamen jetzt näher. Sie bewegten sich auf den Bäuchen vorwärts. »Sehen Sie sich das an«, sagte Warwick kalt.

Hall sah es. Mit den Ratten hier unten war etwas geschehen. Eine grauenhafte Mutation, die es unter freiem Himmel nie gegeben hätte. Die Natur hätte es nicht zugelassen. Hier unten aber zeigte die Natur ein anderes, ein gespenstisches Gesicht.

Die Ratten waren riesig, einige fast einen Meter hoch, aber sie hatten keine Hinterbeine mehr und waren blind wie Maulwürfe, genau wie ihre fliegenden Vettern. Mit widerwärtiger Hast schoben sie sich vorwärts.

Warwick drehte sich um und sah Hall an. Mit schierer Willenskraft brachte er ein Lächeln zustande. Hall konnte nicht anders. Er mußte den Mann bewundern. »Wir können nicht weitergehen Hall. Das müssen Sie einsehen.«

»Ich glaube, die Ratten wollen was von Ihnen«, sagte Hall.

Warwick verlor die Selbstkontrolle. »Bitte«, sagte er. »Bitte.«

Hall lächelte. »Weitergehen.«

Warwick schaute zurück. »Sie nagen am Schlauch. Wenn sie durch sind, können wir nicht mehr zurück.«

»Ich weiß. Gehen Sie weiter.«

»Sie sind wahnsinnig ...« Eine Ratte schob sich über Warwicks Fuß, und er kreischte auf. Hall lächelte und ließ den Lichtstrahl kreisen. Überall Ratten. Eine war schon auf weniger als einen halben Meter herangekommen.

Warwick ging weiter, und die Ratten zogen sich zurück.

Sie stiegen die kleine Erhebung hinauf und schauten nach unten. Warwick erreichte die Stelle als erster. Hall sah, daß sein Gesicht kalkweiß wurde. Speichel lief ihm über das Kinn. »Oh. Mein Gott.«

Er wollte zurücklaufen.

Hall öffnete die Düse, und der Hochdruckstrahl traf Warwicks Brust und riß ihn von den Füßen. Aus der Tiefe übertönte ein langgezogener Schrei das Geräusch des Wassers. Klatschende Laute.

»*Hall!*« Ein Ächzen. Ein unheimliches Quietschen, das den ganzen Raum zu füllen schien.

»HALL, UM GOTTES WILLEN ...«

Plötzlich ein nasses reißendes Geräusch. Wieder ein Schrei, diesmal schwächer. Etwas Riesiges regte sich dort unten. Deutlich hörte Hall das Knacken brechender Knochen.

Von irgendeinem abnormen Ortungsorgan gelenkt, fiel eine blinde Ratte ohne Beine Hall an und biß zu. Wie abwesend drehte er das Wasser auf und spülte sie davon. Der Druck war nicht mehr ganz so stark wie vorher.

Er trat an den Rand und schaute hinab.

Die Ratte füllte den ganzen Abflußschacht am hinteren Ende dieses widerlichen Grabes aus. Eine riesige pulsierende graue Masse, ohne Augen und mit völlig zurückgebildeten Beinen. Als Halls Lichtstrahl sie traf, wimmerte sie ekelerregend. Es war die Rattenkönigin, die *Magna Mater*. Ein riesiges namenloses Wesen, dessen Nachkommen wohl eines Tages Flügel haben würden. Warwicks Überreste wirkten neben ihr fast zwergenhaft, aber das mußte Täuschung sein. Es war der Schock, eine Ratte zu sehen, die größer war als ein Holsteiner Kalb.

»Alles Gute, Warwick«, sagte Hall. Die Ratte hockte jetzt über dem Vorarbeiter und riß Fleisch von einem seiner schlaffen Arme.

Hall wandte sich ab und rannte zurück. Mit dem Wasserstrahl wehrte er die Ratten ab, aber der Druck wurde geringer. Einige bissen ihn in die Beine. Eine andere hing an seinem Schenkel und riß seine Kordhose auf. Er schlug sie mit der Faust weg.

Er hatte etwa dreiviertel des Weges geschafft, als er in der Dunkelheit ein gewaltiges Surren hörte. Er schaute hoch, und ein riesiges fliegendes Wesen klatschte ihm ins Gesicht.

Die mutierten Fledermäuse hatten ihre Schwänze noch nicht verloren. Dieses Exemplar ringelte seinen Schwanz um Halls Genick und würgte ihn, während es gleichzeitig versuchte, ihn in den Hals zu beißen. Dabei krallte es sich in den Fetzen seines Hemdes fest und schlug mit den häutigen Schwingen.

Hall riß den Schlauch hoch und schlug immer wieder zu. Das Wesen fiel von ihm ab, und er zertrat es. Ihm war kaum bewußt, daß er dabei laut kreischte. Und jetzt kamen die Ratten. Sie liefen über seine Füße und kletterten an seinen Beinen hoch. Er rannte taumelnd weiter und konnte einige Ratten abschütteln. Die anderen bissen ihn in Bauch und Brust. Eine sprang auf seine Schulter und steckte die Schnauze in sein Ohr.

Dann traf er auf die zweite Fledermaus. Quietschend saß sie einen Augenblick auf Halls Kopf, und im Davonfliegen riß sie ihm ein großes Stück aus der Kopfhaut.

Er spürte, wie sein Körper erstarrte. Er hörte das Pfeifen und Quietschen von Hunderten von Ratten. Noch einmal bäumte er sich auf, dann sank er in die Knie. Er fing an zu lachen. Es war ein schauriges kreischendes Lachen. Überall die pelzigen Leiber.

Fünf Uhr morgens. Donnerstag.

»Jemand müßte runtergehen«, sagte Brochu zaghaft.

»Ich nicht«, flüsterte Wisconsky. »Ich nicht.«

»Nein, du natürlich nicht, du Fettsack«, sagte Ippeston verächtlich.

»*Gehen wir*«, sagte Brogan und ergriff einen Schlauch. »Ich, Ippeston, Dangerfield, Nedeau. Stevenson, du gehst ins Büro und holst noch ein paar Taschenlampen.«

Ippeston starrte nachdenklich in die Dunkelheit hinab. »Wahrscheinlich machen sie nur eine Zigarettenpause«, sagte er. »Ein paar Ratten. Daß ich nicht lache.«

Stevenson brachte die Taschenlampen. Kurz darauf stiegen die Männer nach unten.

HENRY KUTTNER

Die Friedhofsratten

Masson, Verwalter des alten und verwahrlosten Friedhofs von Salem, hatte eine Fehde mit den Ratten. Vor Generationen waren sie vom Hafen heraufgekommen, um sich im Friedhof anzusiedeln — eine Horde abnormal großer Ratten. Als Masson die Aufsicht über die Grabstätten übernahm — der vorige Totengräber war auf unerklärliche Art und Weise verschwunden —, beschloß er, den Ratten ein für allemal das Handwerk zu legen. Zuerst stellte er Fallen auf und steckte vergiftetes Futter in ihren Bau, später versuchte er sogar, sie zu erschießen, aber auch das zeitigte keinen Erfolg. Die Ratten blieben, vermehrten sich und überrannten in Scharen den Friedhof.

Sie waren riesig; sogar für die *mus decumanus*, die ja manchmal bis zu vierzig Zentimeter lang wurde, wenn man den haarlosen, rosa-grauen Schwanz nicht mitrechnete. Flüchtig hatte Masson schon prachtvolle Exemplare zu Gesicht bekommen, die die Größe einer ausgewachsenen Katze aufweisen konnten. Und als er in seiner Eigenschaft als Totengräber ein- oder zweimal in ihren Bau einbrach, stellte er fest, daß ihre übelriechenden Gänge groß genug waren, um es einem erwachsenen Mann zu gestatten, auf Händen und Knien in sie hineinzukriechen. Die Schiffe, die vor langer Zeit über das Meer gekommen waren, um an den verfallenen Piers Salems anzulegen, hatten eine seltsame Fracht in ihren Laderäumen mit sich geführt.

Manchmal wunderte sich Masson über die außergewöhnliche Größe des Baus. Sie rief beunruhigende Geschichten in sein Gedächtnis zurück, Geschichten von unmenschlichen Lebewesen, die in vergessenen Höhlen unter der Stadt hausen sollten. Die alten Tage, in denen man Schwarze Messen und andere verbrecherische Orgien gefeiert hatte, waren vorbei, aber die baufälligen, finsteren Giebelhäuser lehnten sich noch immer gefährlich über die schlecht gepflasterten Straßen, und man flüsterte sich von gotteslästerlichen Gebräuchen und Zeremonien zu, die in Kellern und Kavernen noch immer abgehalten werden sollten —

eine Herausforderung an das Gesetz und den gesunden Menschenverstand. Die Alten erklärten, daß es schlimmere Dinge gäbe als Tiere, die in der ungeweihten Erde der alten Friedhöfe Salems ihr Unwesen trieben.

Und außerdem war da noch das unerklärliche Grauen vor den Ratten. Masson haßte sie regelrecht, aber er fürchtete sie auch, denn er wußte um die Gefahr, die sie mit ihren nadelscharfen Fängen darstellten; nicht verstehen konnte er hingegen die sonderbare Furcht, die die älteren Bewohner Salems befiel, wenn man von den verlassenen, nur mehr von Nagern bewohnten Häusern der Stadt sprach. Verwirrende Gerüchte berichteten von leichenfressenden Dämonen, die tief unter der Erde hausten und die die Macht besaßen, die Ratten zu kommandieren. Die Ratten, so flüsterten sich die Alten zu, waren die Botschafter zwischen der Oberfläche der Welt und den uralten Höhlen tief unter Salem. Leichen waren aus ihren Gräbern gestohlen worden, um in nächtlichen Orgien als Festmahl zu dienen — so sagten sie. Es gab Erzählungen von höllischen Ungeheuern, die sich dort unten versteckten und es niemals wagten, ans Tageslicht zu kommen.

Masson schenkte diesen Geschichten nur geringe Aufmerksamkeit. Er verkehrte ja kaum mit seinen Nachbarn und versuchte in der Tat alles, die Existenz der Ratten zu verheimlichen. Eine Untersuchung würde unweigerlich die Exhumierung mehrerer Gräber nach sich ziehen. Und obwohl man den Ratten die Schuld an den leeren, angenagten Särgen zuschieben konnte, würde es Masson schwerfallen, die verstümmelten Leichen zu erklären, die in einigen Särgen lagen.

Man verwendet allgemein reines Gold als Zahnfüllungen, und dieses Gold wird nicht entfernt, wenn man einen Menschen zu Grabe trägt. Mit der Kleidung war es freilich eine andere Sache; meist stellte das Beerdigungsinstitut ein einfaches wollenes Gewand zur Verfügung, das ziemlich billig ist und überall als Grabkleidung erkannt werden würde. Beim Gold war die Lage aber grundlegend anders. Und manchmal gab es auch Medizinstudenten und Doktoren, die zu Sezierzwecken dringend Leichen benötigten und die nicht lange danach fragten, wo diese nun eigentlich herkamen.

Bis jetzt hatte Masson jede Untersuchung erfolgreich verhindert. Er hatte standhaft die Existenz der Ratten verneint, obwohl sie ihn manchmal seiner Beute beraubt hatten. Masson scherte sich nicht darum, was mit den Leichen geschah, nachdem er seine makabren Diebereien begangen hatte, die Ratten aber zerrten unweigerlich den ganzen Körper fort, sobald sie ein Loch in den Sarg geknabbert hatten.

Gelegentlich verursachte die Größe dieser Erdlöcher Masson einige Sorgen. Außerdem wunderte er sich nicht selten über den eigenartigen Umstand, daß die Särge immer nur entweder am Kopf- oder am Fußende aufgenagt wurden — niemals irrten sich die Ratten. Es war fast so, als arbeiteten die Ratten unter der Anleitung eines intelligenten Führers.

Jetzt stand er in einem offenen Grab und warf die letzten Brocken nasser Erde auf den Haufen neben der Grube. Es regnete — ein dünnes, kaltes Nieseln, das seit Wochen aus schwarzen, dicken Wolken herniederfiel. Der Friedhof war nur mehr ein Morast aus gelbem Lehm, aus dem die Grabsteine in unregelmäßigen Abständen herausragten. Die Ratten hatten sich in ihre Schlupfwinkel zurückgezogen, seit Tagen hatte Masson keines der Tiere mehr gesehen. Trotzdem hatte er sein bleiches, unrasiertes Gesicht in Sorgenfalten gelegt, denn der Sarg, auf dem er stand, war ein schlichter Holzsarg.

Schon vor einigen Tagen war der Tote begraben worden, Masson hatte es aber noch nicht gewagt, ihn wieder herauszuholen. Ein Verwandter des Toten kam nämlich in unregelmäßigen Abständen auf den Gottesacker; nicht einmal der alles durchdringende Regen hielt ihn von seinen Besuchen ab. Zu dieser späten Stunde, so hoffte Masson, würde er wohl kaum kommen, ganz gleich wie groß sein Kummer auch sein mochte. Er legte die Schaufel beiseite und streckte sich.

Der Friedhof lag auf einem kleinen Hügel über Salem, doch nur sehr undeutlich konnte er die Lichter der Stadt durch den Wasservorhang hindurchschimmern sehen. Er zog eine Taschenlampe hervor, denn jetzt würde er Licht brauchen. Er bückte sich, nahm die Hacke auf und untersuchte den Verschluß des Sarges.

Plötzlich richtete er sich auf. Unter seinen Füßen fühlte er ein unruhiges Kratzen und Scharren — es war, als bewegte sich etwas in dem Sarg. Ein Anfall abergläubischer Furcht zuckte für einen Moment in Masson auf, aber dann ersetzte Wut dieses Gefühl, als er den Ursprung dieses Treibens unter seinen Füßen erkannte. Die Ratten waren ihm zuvorgekommen.

Masson zerrte mit aller Gewalt am Verschluß des Sarges und brach mit dem scharfen Ende der Schaufel das Schloß auf, um dann sein Werk mit bloßen Händen zu vollenden. Dann richtete er den kalten Strahl der Taschenlampe auf das Innere des Sarges.

Der Regen platschte auf das weiße Linnen — der Sarg war leer. Masson sah das Zucken einer Bewegung am Kopfende des Kastens und leuchtete mit der Lampe in diese Richtung.

Das Ende des Sarges war durchgenagt worden, und ein gähnendes Loch führte in die Finsternis. Ein schwarzer Schuh verschwand, während Masson ihn beobachtete, und plötzlich kam ihm zu Bewußtsein, daß ihm die Ratten nur um wenige Minuten zuvorgekommen waren. Er ließ sich auf Hände und Knie niederfallen, griff hastig nach dem Schuh — doch da glitt ihm die Lampe aus den Händen, fiel in den Sarg und ging aus. Der Schuh wurde aus seinem Griff gezerrt, er hörte ein aufgeregtes, schrilles Quietschen, und dann hatte er die Lampe wieder in der Hand und ließ ihr Licht in den Tunnel fallen.

Er war riesig. Und er mußte es auch sein, denn sonst hätte man die Leiche nicht transportieren können. Masson wunderte sich wieder einmal über die Größe und Kraft der Ratten, die imstande waren, einen ausgewachsenen Menschenkörper wegzuschleppen.

Einen Moment lang verließ ihn sein Mut, doch der Gedanke an den geladenen Revolver in seiner Tasche gab ihm wieder Vertrauen in die eigene Stärke. Wenn es ein ganz gewöhnlicher Leichnam gewesen wäre, hätte Masson den Ratten wohl lieber ihre Beute gelassen, anstatt sich auf so ein unsicheres Abenteuer einzulassen. Aber er konnte sich erinnern, an dem Verblichenen besonders kostbare Manschettenknöpfe bemerkt zu haben, und auch die Krawattennadel war eine echte Perle in Goldfassung gewesen. Nach unmerklichem Zögern also befestigte er die Lampe an seinem Gürtel und machte sich daran, in den Bau vorzustoßen.

Die Wände entsprachen fast genau seiner Körpergröße, er brachte es dennoch fertig, sich mühevoll weiterzuzwängen. Im

Licht der Lampe konnte er vor sich die Schuhe erkennen, die über die nasse Erde am Boden des Tunnels entlanggezogen wurden. So schnell er konnte, kroch er den Gang entlang, gelegentlich war er kaum imstande, seinen dürren Körper zwischen den engen Wänden hindurchzuquetschen.

Die Luft war von Verwesungsgeruch geschwängert. Masson entschloß sich wieder umzukehren, falls er in der nächsten Minute die Leiche nicht erreichen konnte. Angst kroch seinen Rükken empor, doch trieb ihn seine wilde Gier immer weiter. Einige Male kam er an abzweigenden Tunnels vorbei. Die Wände des Ganges waren feucht, und zweimal fielen hinter ihm Erdklumpen zu Boden. Beim zweitenmal hielt er inne, drehte sich mühevoll um und blickte zurück. Natürlich konnte er nichts sehen, bis er endlich die Lampe von seinem Gürtel lösen konnte und sie in der Richtung, aus der er eben gekommen war, leuchten ließ.

Einige Erdhäufchen lagen hinter ihm auf dem Boden, und die Gefahr seiner Lage trat auf einmal erschreckend in sein Bewußtsein. Die Möglichkeit, lebendig begraben zu werden, brachte seinen Puls zum Flattern. Er beschloß, die Verfolgung abzubrechen, obwohl die Leiche und die unsichtbaren Tiere, die sie zogen, in fast greifbarer Nähe waren. Aber er hatte eines übersehen: der Bau war zu schmal, um ihm ein Umkehren zu gestatten.

Panik wallte für einen Moment in ihm hoch, aber dann erinnerte er sich eines Seitentunnels, den er vor kurzem passiert hatte. Mühsam kroch er den Tunnel entlang zurück, bis er zu der Abzweigung kam. Er schob seine Beine hinein, immer weiter, bis er sich endlich umdrehen konnte. Dann begann er eilig, seinen Weg zurückzuverfolgen, obwohl seine Knie aufgeschunden waren und erbärmlich schmerzten.

Lähmender Schmerz schoß durch sein Bein. Er fühlte scharfe Zähne, die sich in sein Fleisch bohrten. Er trat wie irrsinnig hinter sich. Schrilles Quietschen und das Trippeln eiliger Füße folgten seinen Bemühungen. Als er mit der Taschenlampe den Gang hinter sich erleuchtete, verschlug ihm ein Schluchzen der Angst den Atem. Ein Dutzend Ratten beobachteten ihn aufmerksam mit glitzernden Schlitzaugen. Es waren große Tiere, so groß wie Katzen, und Masson vermeinte hinter ihnen einen

Schatten zu erkennen, der schnell in das Dunkel eines Seitenganges zurückzuckte. Ein kalter Schauder lief seinen Rücken
hinunter, als er an die unglaubliche Ausdehnung des Dinges
dachte.

Das Licht hatte sie nur für kurze Zeit abgehalten, jetzt drängten sie sich wieder näher an ihn heran, ihre Zähne schimmerten
in einem mattierten Orange, sobald der schwache Lichtschein
auf die fiel.

Masson langte nach seiner Pistole, es gelang ihm, sie heraus-
zuziehen, dann zielte er sorgfältig. Seine Lage war mehr als un-
günstig. Er versuchte, seine Füße in die vor Feuchtigkeit triefen-
den Seiten des Ganges zu stemmen, um nicht versehentlich in
einen von ihnen eine Kugel zu jagen. Der grollende Donner des
Schusses zerriß beinahe sein Trommelfell, und der Pulverdampf
brachte ihn zum Husten. Als er wieder sehen konnte und der
Rauch sich verzogen hatte, stellte er fest, daß die Ratten verschwunden waren. Er steckte seine Waffe wieder weg und begann, den Tunnel weiter entlang zu kriechen. Und dann — mit
einem Rascheln — waren sie in einem wilden Ansturm wieder
über ihm.

Sie kletterten auf seine Beine, bissen und kreischten wie verrückt. Masson schrie gequält auf, als er wieder zu seiner Pistole
griff. Er schoß, ohne zu zielen, und nur das Glück bewahrte ihn
davor, sich eine Kugel in ein Bein zu jagen. Diesmal zogen sich
die Ratten nicht so weit zurück, Masson kroch so schnell er nur
konnte den Gang entlang, jederzeit bereit, wieder zu feuern, sobald sich das erste Zeichen eines neuerlichen Angriffes bemerkbar machen sollte.

Er vernahm ein Getrappel von Füßen hinter sich und sandte
einen Lichtstrahl an die Quelle des Gräusches. Eine große,
graue Ratte blieb stehen und beobachtete ihn. Ihre langen, zer-
zausten Schnauzhaare zuckten, und ihr räudiger, nackter
Schweif bewegte sich langsam von einer Seite zur anderen.
Masson schrie wild auf, und die Ratte zog sich zurück.

Er kroch weiter, dann verhielt er kurz, die schwarze Öffnung
eines Seitenganges bei seinem Ellbogen, als er auf dem feuchten
Grund nur wenige Meter vor sich einen schwarzen, formlosen
Schatten erkannte. Eine Sekunde lang glaubte er, daß es sich
nur um ein wenig Erdreich handle, das sich von der Decke ge-

löst hatte, doch dann erkannte er, daß es sich um einen menschlichen Körper handelte.

Es war eine braune, eingeschrumpelte Mumie. Sie kroch auf ihn zu. Im matten, flimmernden Schein der Taschenlampe sah Masson das wasserbleiche, fahle Gesicht, das sich langsam auf das seine zuschob.

Als das unheimliche Wesen auf Masson zukroch, stieß es einen leisen, klagenden Laut aus. Die aufgesprungenen Lippen verzerrten sich zu einem fürchterlichen Lächeln. Masson erstarrte in abgrundtiefer Angst.

Sekunden bevor das Ungeheuer ihn berührte, schwang sich Masson in den Gang zu seiner Seite. Er vernahm ein kratzendes Geräusch bei seinen Fersen, und das Ding ächzte dumpf, als es die Verfolgung aufnahm. Masson blickte über seine Schulter, schrie und trieb sich verzweifelt durch die engen Wände des Tunnels nach vorn. Er kämpfte sich weiter, scharfe Steine ritzten seine Handballen wund, rauher Felsboden schabte an seinen Knien. Schmutz drang in seine Augen, aber er wagte es nicht, auch nur einen Moment lang anzuhalten. Er krabbelte weiter, keuchend, fluchend und hysterisch betend.

Triumphierend kreischend kamen die Ratten heran, wahnsinnige Gier glänzte in ihren Augen. Masson brach fast unter ihrem Ansturm zusammen, ehe es ihm gelang, die quietschende Meute wiederum abzuschütteln. Der Weg wurde immer enger, und in einem Anfall unsinniger Angst trat er hinter sich, schrie und feuerte, bis der Bolzen seiner Waffe auf eine leere Hülse klackte. Aber er hatte sie vertrieben.

Er bemerkte, daß er unter einem riesigen Stein kroch, der sich in der Decke verkeilt hatte und sogar seinen Rücken streifte. Als Masson gegen ihn drückte, bewegte er sich sogar ein wenig, und ein Gedanke beherrschte Massons gepeinigten Verstand: wenn er nur den Stein herabbringen konnte, so daß er den Tunnel absperrte ...

Der Boden war naß und glitschig. Masson kauerte sich, so gut es ging, aufrecht hin und begann, den Schlamm um den Stein wegzukratzen. Die Ratten kamen näher. Er sah ihre Augen im Widerschein der Taschenlampe aufglühen. Immer noch schabte er verzweifelt im Schmutz. Der Stein gab nach. Er zerrte wild an der Umfassung — der Stein gab nach.

Eine Ratte kam näher, das orangene Gebiß entblößt, und in seinem Kielwasser kam das blinde, tote Ding, das während des Kriechens leise stöhnte. Masson gab dem Stein einen letzten, kraftvollen Stoß. Er fühlte, wie der Felsbrocken niederglitt; dann kroch er wieder den Tunnel entlang.

Hinter ihm krachte der Stein nieder, und er hörte einen plötzlichen Schmerzensschrei. Erdklumpen prasselten auf seine Füße. Ein schweres Gewicht fiel auf sein Bein, nur mit Schwierigkeiten konnte er es wieder frei bekommen. Der gesamte Tunnel stürzte ein.

Vor Angst keuchend warf er sich nach vorn, während die feuchte Erde bei seinen Fersen niederbrach. Der Tunnel wurde enger, bis er kaum noch seine Glieder bewegen konnte, um sich weiterzuschieben; er wand sich wie ein Aal, und plötzlich fühlte er Linnen unter seinen krallenden Fingern zerreißen. Er versuchte, seine Beine zu bewegen; sie waren unter der herabgestürzten Erde nicht verkeilt. Er lag flach auf dem Bauch, und als er versuchte, sich zu erheben, stellte er fest, daß die Decke nur wenige Zentimeter über seinem Rücken war.

Panik ergriff ihn.

Als das blinde Ungeheuer seinen Weg versperrte, war er in einen Seitentunnel gekrochen, in einen Gang, aus dem es kein Entrinnen mehr gab. Er war in einem Sarg, in einem leeren Sarg. Er war durch das von den Ratten genagte Loch in ihn hineingekrochen.

Er versuchte, sich auf den Rücken zu drehen, aber er war dazu nicht imstande. Der Deckel des Sarges drückte ihn nieder. Dann spannte er seine Muskeln an und preßte gegen den Deckel. Er bewegte sich nicht, und selbst wenn er aus dem Sarg entkommen wäre, wie hätte er sich seinen Weg durch anderthalb Meter festgestampfte Erde hindurchkratzen sollen?

Er keuchte schwer. Es stank entsetzlich, und die Hitze war beinahe unerträglich. In fürchterlicher Angst verkrallte er sich in das Linnen und riß daran, bis es vollkommen zerfetzt war. Er machte den hoffnungslosen Versuch, mit seinen Füßen den Schlamm aus dem zusammengestürzten Gang zu graben, der die einzige Fluchtmöglichkeit darstellte. Wenn er sich nur umdrehen könnte, so würde er vielleicht seinen Weg freikratzen können — zurück an die Luft ... Luft ...

Glühendheißer Schmerz schoß durch seine Brust. Sein Kopf schien zu schwellen — und plötzlich hörte er das erregte Kreischen der Ratten. Er begann wie verrückt zu schreien, aber damit konnte er sie nicht verscheuchen. Einen Moment lang schlug er in seinem engen Gefängnis hysterisch um sich; dann schnappte er verzweifelt nach Luft. Seine Augen schlossen sich, und er sank in die Finsternis des Todes, während sich das Kreischen der Ratten in seine Ohren fraß ...

HANS GEORG WEGENER

Das Rattenhaus an der Beresina

Die Quartiere in der Stadt an der Beresina, die fast an der Demarkationslinie zum unbesetzten Rußland lag, waren schlecht, teilweise miserabel.

Drei Tage hatte der Hauptmann Holleisen in seinem Quartier gehaust, dann suchte er den Ortskommandanten auf und sagte:

»Ich bleibe nicht länger in dem Wanzennest, ich ziehe aus, geben Sie mir etwas Besseres.«

Da zuckte der Feldwebelleutnant die Achseln und sagte immer wieder:

»Herr Hauptmann kennen nun doch die Verhältnisse hier, wir haben nichts Besseres. Die beiden Stäbe haben die beiden Villen besetzt, der Kreishauptmann und der Kriegsgerichtsrat wohnen noch passabel, aber ...«

»Aber ich kann mich doch von den Wanzen nicht bei lebendigem Leibe auffressen lassen!«

»Herr Hauptmann, es ist immer noch besser, als wenn Sie in ein Rattennest kommen!« ...

»Hören Sie, Ratten kann man fangen; man stellt Fallen, und mehr wie ein Dutzend pflegen es nicht zu sein.«

»Aber wenn es nur eine Ratte ist?« ...

»Ha, ha«, der Hauptmann lachte, »geben Sie mir das Rattennest, wenn es sonst sauber ist!«

»Sauber schon; das Haus ist von uns ausgebaut und das Offizierszimmer hat Holzverschalung an den Wänden ...«

»Und?« Der Hauptmann stutzte. »Warum haben Sie das nicht gleich gesagt? Sie warten wohl auf einen mit Himbeerbeinen aus dem Armeeoberkommando, und unsereins muß als Frontschwein, das aus dem Westen kommt, mit allem fürliebnehmen, weil es nichts Besseres gewöhnt ist.«

»Herr Hauptmann, ich will Ihnen offen sagen, ich habe das Haus von der Quartierliste gestrichen.«

»Und warum?«

»Es hat eine eigene Bewandtnis damit.«

Der Hauptmann horchte auf: »Welche?«

»Der frühere Eigentümer, ein Jude, hat sich erhängt, man sagt, der Ratte wegen.«

»Hahaha ... Was weiter?«

»Bis jetzt hat jeder der dort einquartierten Herren am dreizehnten Tage Selbstmord begangen. Wollen Sie nun trotz alledem das Haus beziehen?«

Einen Augenblick stutzte der Hauptmann. Dann dachte er an Flandern und die Somme, an die unzähligen Ratten in den Gräben, und er überlegte: Die Leute im Osten sind eben zu verwöhnt, und eine Ratte, oder auch ein paar Ratten werden mich nicht zum Selbstmord treiben.

»Geben Sie mir das Nest in drei Teufelsnamen!« lachte er.

So kam der Hauptmann in das Rattenhaus ...

Abseits von andern Panjehäusern, auf dem hügeligen östlichen Ufer der Beresina lag das Gebäude. Aus Holz gebaut, unterschied es sich mit seinen niedrigen Fenstern von den andern Häusern äußerlich durch nichts; aber innen machte es einen vorteilhaften, sauberen Eindruck.

Deutsche Soldaten hatten das Offizierszimmer mit Holzverschalung bis zur Hälfte der Wände versehen und diese braun gestrichen. Die Einrichtung paßte dazu: ein einfaches Bett, Waschtisch, Stuhl und Tisch, ja an den Fenstern hing sogar eine Gardine.

»Das ist ja fürstlich!« rief der Hauptmann, als er es sah, und in der Tafelrunde des sogenannten Kasinos sagte er mittags: »Ich bin in das Rattenhaus gezogen!«

Da stellt es sich heraus, daß es jeder schon wußte. Der Kriegsgerichtsrat erklärte ernst: »Lieber Holleisen, Sie sollten sich nicht über- und die suggestive Macht unbestrittener Tatsachen nicht unterschätzen. Der Jude hat sich erhängt, ein Offizier ist seinem Beispiel gefolgt, und zwei haben sich erschossen ... Und der letzte ...«

Alle schwiegen ... »Ja, das mit dem letzten war am furchtbarsten ... er wird wohl jetzt in irgendeiner Irrenanstalt ...«

»Lieber Kriegsgerichtsrat ... Ich komme aus dem Westen ...«

»Mit Materie können Sie besser kämpfen, als mit Gefühlen«, unterbrach ihn dieser, »aber ...«

»Lassen Sie doch den Hauptmann Holleisen«, mischte sich der Leutnant Seller ein, »ich wette mit ihm, daß er spätestens am zwölften Tage wieder auszieht. Dann bezahlt er für jeden von uns eine Flasche unseres Krätzers Oppenheimer und auf diese Weise die Miete für den Aufenthalt im Rattennest, andernfalls zahle ich die Runde oder der Herr Hauptmann bekommt auf meine Kosten ein anständiges Begräbnis.«

Die andern stimmten in das Lachen nicht ein.

»Es ist unrecht von dem Ortskommandanten«, sagte der Kreishauptmann, »daß er das Quartier überhaupt wieder herausgegeben hat. Wir waren doch alle übereingekommen, das Geschick nicht mehr herauszufordern.«

»Blödsinn!« rief jetzt der Hauptmann. »Ich halte die Wette. Ich bin doch keine nervöse alte Jungfer, die in der Nacht Gespenster sieht, wo keine sind.« Er reichte dem Leutnant Seller schnell die Hand hinüber. Ein Oberleutnant schlug durch. »Wir sind Zeugen und wollen hoffen, daß die Marketenderei nach zwölf Tagen den Krätzer noch führt ...«

Als der Hauptmann nach Hause ging, kam es einen Augenblick wie Bedauern über ihn, daß er die Wette abgeschlossen hatte. Er dachte an die Worte des Kriegsgerichtsrates; aber die Sonne des klaren Oktobertages verscheuchte das unangenehme Gefühl wieder, das ihn überkam. Er pfiff vor sich hin, als er vor dem Rattenhause stand. Da, dreißig Schritt weiter unten floß die Beresina träge dahin, ein Flößer trieb mit seinen Stämmen langsam vorbei und der langen Holzbrücke zu. Dann schweifte sein Blick zu dem weiten Horizont, der über dunklen Waldstreifen hing.

»Wenn man hier stirbt, ist man gleich in der Ewigkeit«, dachte er plötzlich, »Rußland ist das Land des Todes!« Er erinnerte sich wieder an seine Wette und trat mit energischen Schritten in das Haus.

Dann schrieb er alles seiner Frau. »Und dieses Rattenhaus wird nun mein Schicksal ...«, schloß er. Befreit lachte er auf ...

Und in der Nacht schlief er ausgezeichnet. Bei Mittag jedoch mußte er wieder Anzüglichkeiten hören, und der Leutnant Seller erklärte: »Wenn wir Deutschen den Krieg so sicher gewinnen würden, wie ich meine Wette, dann wären wir fein heraus.«

Der Kriegsgerichtsrat aber sagte heimlich zu ihm: »Ziehen Sie aus und sagen Sie, dort wären auch Wanzen!«

Da erwachte der Eigensinn des Hauptmanns und es stand bei ihm fest, daß er in dem Ratten*haus* sterben würde, wenn er dort nicht leben könnte. Statt einer Antwort sah er den Kriegsgerichtsrat nur etwas höhnisch an.

In der nächsten Nacht wachte er um ein Uhr auf, als es hinter der Holzverschalung raschelte. Er erschrak, aber lachte dann innerlich über sich selbst und legte sich auf die andere Seite. Er war ärgerlich, daß er nicht gleich wieder einschlief ... Er wußte: die Ratte war da.

Unwillkürlich mußte er hören, wie sie hin und her lief, knabberte und zuweilen quiekte ... ein häßliches Gequieke, das er kannte und das er haßte. Er verfolgte in nervösem Ärger ihren Weg, der sie oft in einer Minute um das ganze Zimmer herumführte. Jetzt war sie in der Gegend seines Bettes; in Gedanken sah er ihre spitze Schnauze mit den weißen Nagezähnen und den schwarzen glänzenden Augen, ein fetter Körper saß auf mageren Füßen mit Krallen und der Schwanz war überflüssig lang.

Aber nun hatte er genug an die Ratte gedacht; er sucht sich Erinnerungen hervor, um das unangenehme Bild zu verscheuchen und einzuschlafen. »Wenn ich wieder daheim bin und durch wogende Felder gehe ...« Er träumte sich in das Wogen des Korns hinein, weil Ärzte ihm zu dieser Vorstellung einmal geraten hatten, als er über Schlaflosigkeit geklagt hatte ... Da lief eine Ratte an einer Ähre hoch ... Dann war es ein Feld von Ratten und plötzlich war das Kornfeld abgefressen, und ... nun wußte er, daß die Ratte im Zimmer noch immer knabberte, er hörte es, und — jetzt lief sie wieder umher.

»Ich war einst am Golf von Neapel«, dachte er, »das Meer ist so wunderbar blau, wie die leise Brandung ...« Er wollte sich in den Traum einwiegen ... Das Meer warf Ratten ans Land, die liefen am Strand entlang, und überall, wohin er trat, waren Ratten und er trat sie tot; sie quiekten und die Eingeweide lagen bloß ... Und immer hörte er knabbern ... Wo knabbert sie doch nur? Überall war ja Sand, aber ... in seiner Stube war Holzverschalung, richtig ...

Da versuchte er es mit Schlachtenbildern, Fliegerangriffen. Er flüchtete in einen Keller in Cambrai, aber das war natürlich eine ungeeignete Vorstellung. Der Franzose sagte lächelnd: »Ja, mein Herr, hier sind überall Ratten, die stammen aus den Katakomben«, und dann verwandelte sich der Franzose in eine Ratte und lief davon ...

»Lächerlich!« sagte er ärgerlich, sprang auf, zündete ein Licht an und ging in der Stube auf und ab. Es war bald vier Uhr, und es wurde hier früh hell, weil es so weit östlich war. Schon graute der Tag. Er ging an der Wand entlang und folgte dem Weg der Ratte. Sie lief hierhin und dorthin; an einer Stelle saß sie so lange, daß er einen Augenblick überlegte, ob er nicht mit seinem Revolver durch die Verschalung schießen sollte, er hätte sie getroffen, endlich seine Ruhe gehabt und ... die Wette gewonnen.

Da war es draußen ganz hell geworden ...

Er war mürrisch, als man ihn zu Mittag nach den Erlebnissen der Nacht befragte. Es war ihm, als ob über die Augen des Leutnants Seller ein höhnisches, triumphierendes Lachen huschte, er hatte übrigens etwas von dem Gesichte einer Ratte: ein spitzes Kinn und kleine dunkle Augen.

Der Kriegsgerichtsrat sagte nichts, das bedrückte ihn. Der wußte offenbar, wie es um ihn stand, aber keiner sollte es auch nur ahnen dürfen, daß er die Nacht nicht geschlafen hatte, und er erzählte Witze und lachte — lachte. Da fing er den Blick des Kriegsgerichtsrats auf ... Galgenhumor! ... Er stand auf und ging.

Vor dem Zubettgehen trank er einen Grog, den er sich mit Hilfe des gelieferten Branntweins bereitet hatte. Dann überzeugte er sich, ob die Rattenfalle, die er sich besorgt hatte, funktionierte, und suchte sein Lager auf.

Als er die Kerze löschte, war es stockdunkel, und als ob die Dunkelheit das Zeichen für die Ratte gewesen sei, begann im nämlichen Augenblick ein Knistern hinter der Verschalung ... Er horchte, ob er sich vielleicht getäuscht hätte, aber seine Ohren hatten richtig gehört ... es war keine nervöse Selbsttäuschung, an die er glauben wollte.

»Ich werde wieder nicht einschlafen können«, sagte er sich, und zugleich überlegte er, daß es natürlich die größte Unklugheit von ihm war, wenn er sich dies sogleich am Beginn der Nacht einredete, dann war es kein Wunder, wenn er keinen Schlaf fand.

Aber zugleich mußte er sich sagen, daß er die Unklugheit nun einmal begangen hatte und die Folge deshalb nicht ausbleiben konnte. So mußte der Grog seine Wirkung versagen. »Ich habe mich selbst zum Wachen verdammt«, dachte er ingrimmig und lauschte selbstquälerisch. Die Ratte trieb ihr Wesen genau wie gestern ... Er wollte um ein Uhr aufstehen, aber er blieb liegen.

Sein Geist trieb Tagesarbeit ... sie war schnell erledigt ... Die Ratte mußte in der Gegend des Ofens sein ... Er dachte an die politischen Verhältnisse in Deutschland; überall sind Ratten an der Arbeit, die das Staatsgebäude unterminieren mit scharfen Zähnen. Die Ratten verlassen das sinkende Schiff, war ein Sprichwort, das heute auch zutraf; er dachte an die Bundesgenossen Deutschlands, an Kriegsgewinnler. Die Ratte war überhaupt das Sinnbild des Tages, schien es ihm. Er erinnerte sich aber nicht, die Ratte je als Wappentier gesehen zu haben. Das Wappen des Rattenfängers von Hameln hätte sicherlich Ratten im Schilde führen müssen. Die Vorstellung dieser Sagenfigur hielt ihn lange fest, dabei hörte er die Ratte quieken und es schien ihm jetzt, als ob es viele hundert Ratten gewesen wären; aber das war eine nervöse Übertreibung gewesen ... Es war nur die eine Ratte ...

Um drei Uhr stand er auf eine Stunde auf; er wollte lesen, aber das Licht war zu schwach, zudem rußte die Kerze; von Zeit zu Zeit mußte er immer den Docht beschneiden. Wie gestern ging er jetzt dem Wege der Ratte nach. Er hatte den Revolver in der Hand und wollte schießen, da schämte er sich innerlich und legte ihn fort. Man müßte die Verschalung aufreißen, die Ratte kann ja gar nicht durch, und die Falle ist deshalb zwecklos. Aber die Verschalung hat ja Luftlöcher, freilich, sie sind hoch, vielleicht zu hoch, vielleicht auch zu klein.

Um vier Uhr legte er sich wieder ins Bett und dachte an brausendes Meer ... überall schwammen Ratten. »Es sind die Feinde, die übers Meer kommen, um Deutschland zu benagen«, sagt jemand ... und schon hörte er ein Nagen ... Das war ganz in seiner Nähe, über dem Fußende des Bettes, doch innerhalb der Verschalung. Wachend verbrachte er die Stunden ...

Der Morgen kam, ohne daß er Schlaf gefunden hatte.

Er ging nicht zu Mittag, sondern ließ es sich holen; er wäre gereizt gewesen, wenn jemand eine Anspielung gemacht hätte. Wenn er erst die Wette gewonnen hatte, konnte er ja darüber sprechen; ja wenn ... noch elf Tage standen ihm bevor ...

Am Nachmittag begegnete er zufällig dem Kriegsgerichtsrat.

»Es ist aufgefallen, daß Sie heute mittag nicht da waren, man hat faule Witze gemacht; kommen Sie, um dem Gerede die Spitze abzubrechen.«

Er wollte harmlos erscheinen, doch der Kriegsgerichtsrat sagte: »Sie haben selbst Schuld. Sie waren eigensinnig!«

An diese Worte dachte er am Abend ... ja eigensinnig war er damals gewesen, und eigensinnig war er auch noch heute, heute erst recht, er würde aushalten ... er gab sich selbst sein Wort ... es war ihm wie ein Fahneneid! ... Daß er auch diese Nacht nicht schlafen würde, trotzdem er so hundemüde war, stand bei ihm fest, deshalb las er lange, alles mögliche, dumme Novellen, sogenannte Humoresken ... Dann war es ein Uhr und er ging ins Bett, es war wunderbar, als er fühlte, wie sein Bewußtsein schwand und Schlaf über ihn kommen wollte, also doch, dachte er bei diesem Übergang; da wollte er noch einmal horchen, ob er nichts hörte, kein Nagen hinter der Holzverschalung, kein Laufen ... und damit riß er sich wieder aus dem Halbschlaf auf ... Er horchte und ... hörte nichts. Da wollte er nun doch einschlafen, konnte es aber nicht, weil er unwillkürlich wartete und jetzt ... war die Ratte wieder da, nun hatte er die Gewißheit, vor der er sich gefürchtet hatte, aber er wußte jetzt doch, woran er war, daß er — wachen würde.

Und er wachte.

Er dachte an den Dienst, an Rußland, an Deutschland, an den Krieg, an die Welt und die Menschen, an seine Frau und seine Häuslichkeit, an alles ... alles und zwischen den hastenden Gedanken lauschte er, wo die Ratte war, er mußte ja nachher darüber Bericht erstatten. Das war sein Dienst in Rußland. Die Ratte war ja eben wie ein Sinnbild für alles Feindliche, deshalb zeichnete er fortwährend auf eine Karte die Rattengänge ein und ... flüchtig, weil er so viel dazwischen dachte. Sicherlich würden ihm dadurch dann nachher dienstliche Unannehmlichkeiten erwachsen. Man verließ sich auf ihn und er versagte ... Da nahm er sich vor, aufmerksam zu sein, ganz aufmerksam und richtete sich auf. So wurde er vollends wach, schüttelte sich und hörte die Ratte laufen.

Er sah nach der Uhr, zehn Minuten vielleicht hatte er im Halbschlummer gelegen. Er hatte Kopfschmerzen ...

Er legte sich auf die andere Seite und nach fünf Minuten fuhr er vom Albdruck hoch, er hatte auf der linken Seite geruht und das vertrug sein Herz nicht.

Er hatte geträumt, er sei in China und man habe ihn bis zum Kopfe eingegraben und eine Kiste mit Ratten über ihn gestürzt und die Ratten fraßen an seinem Schädel und er mußte jede einzelne totbeißen und wenn er eine totgebissen hatte, dann wurden es zwei. Und er biß immer wieder ...

Er dachte noch einmal an diesen Traum und erinnerte sich, daß er als Schuljunge eine solche Darstellung in Wachs im Panoptikum in Berlin gesehen hatte. — Jetzt schreckt sie ihn wie damals.

Als er die Vorstellung nicht bannen konnte, stand er auf ...

Er nahm seinen Revolver und wollte die Ratte erschießen, aber heute lief sie immerfort herum und blieb nicht sitzen, gleichsam als ob sie wußte ... Als er sich in sein Bett legte, saß die Ratte still und nagte. Als er aufstand, lief sie; da kam ihm der Gedanke, daß sie sein persönlicher Feind sei. Noch nie hatte er an diese Vorstellung gedacht, sie war ihm bisher als ein unvernünftiges Tier erschienen, das man tötete wie Ungeziefer ... aber jetzt schien sie ihm ein gleichberechtigter Widersacher zu sein, eine kriegführende Macht. Über die letzte Vorstellung lachte er nervös. Mensch gegen Ratte oder wenn wie hier die Ratte der Angreifer war, Ratte gegen Mensch ...

Er setzte sich an den Tisch, tat, als wenn er Klavier spielte und pfiff zur Abwechslung dazu; die Hände taten ihm weh, weil er heftig aufschlug, um nicht die Ratte zu hören, und er bekam Kopfschmerzen, weil er zwischendurch umso angestrengter lauschte, ob er nicht das Nagen der Ratte vernähme ... und er hörte es zwischen dem Klopfen seiner Hände auf dem Tisch ... Zu Bett ging er nicht mehr, da es doch vergeblich gewesen wäre, und als der Morgen durch die Fenster schien, sah, sah er im Spiegel, daß sein Gesicht fahl und bleich war. Er wusch sich deshalb den ganzen Körper mit kaltem Wasser und frottierte sich; sein Gesicht rieb er mit einem dicken Tuche, bis es Farbe bekam.

Und mittags bestellte er Oppenheimer und trank unmäßig viel von dem jungen Wein ... Als er angetrunken war, bot er dem Leutnant Seller Brüderschaft an und ließ sich versprechen, daß er für ein anständiges Begräbnis für ihn sorgte. Seller versprach es und er kam sich vor, als ob er sich beruhigt fühle, auch wurde er etwas nüchterner.

Am Abend war der Rausch bereits verflogen, er war wacher denn je und lauschte auf die Ratte; er nahm sich vor, erst gar nicht das Bett aufzusuchen und diesmal die Ratte zu erlegen.

Als er sie zum ersten Male hörte, schoß er gegen die Verschalung. »Ich habe sie getroffen«, jubelte er, aber im nächsten Augenblick hörte er, daß sie an der entgegengesetzten Seite lief. Da schämte er sich innerlich; in seiner Erinnerung dröhnte der Schuß, den er soeben abgefeuert hatte, eine Rauchwolke stand im Zimmer und es roch nach Pulver. Er legte den Revolver ärgerlich beiseite.

Im Augenblick aber konnte er verstehen, daß man sich erschoß, um Ruhe zu haben; er beneidete seine Vorgänger fast um ihren traumlosen Schlaf. Da dachte er an seine Frau und entsetzte sich, wie er auf solche Gedanken hatte kommen können. »Ich bin ja schon halb verrückt«, schalt er sich und verwünschte seine Wette und seinen Eigensinn, »aber nun«, sagte er sich, »da mir jetzt die Vernunft gekommen ist, sehe ich auch alles mit anderen Augen an und halte aus. Ich lege mich zu Bette und schlafe, schlafe, schon deshalb, weil ich es nötig habe und vor allen Dingen, weil ich will. Der Wille ist alles ...«

Da fielen ihm die Worte des Kriegsgerichtsrates ein, daß er sich nicht überschätzen und die Macht der Suggestion nicht unterschätzen solle und es kamen ihm Bedenken in der Kraft seines Willens. Er legte sich hin und wartete, ob er schlafen könnte, zu einem energischen Willen konnte er sich aber nicht mehr durchringen. Er zweifelte an ihm und fand es erklärlich, weil er ja doch übermüdet war. Ein übermüdeter Körper hat eben keine Kraft mehr.

Unter dem Banne dieser Gedanken lag er und lauschte ... und zwischendurch träumte er unruhig und in jedem Traume spielten Ratten irgendeine Rolle.

Selbst seine Frau verwandelte sich in eine Ratte, als er sie küßte ... und ekelhaft ... das weibliche Geschlecht war ja das Rattengeschlecht ... und er war jung, ein blutjunger Offizier und jagte Ratten nach, langgeschwänzten Ratten und fühlte sich sinnlich erregt ...

Da fuhr er auf und hörte die Ratte wieder nagen. Sie sprang öfter wie toll und jetzt plumpste sie wieder, es mußte eine große dicke Ratte sein, und es war eigentlich wunderbar, daß sie so schnell laufen konnte. Aber er hatte — Gott sei Dank — etwas geschlafen und es mußte bald Morgen sein. Da sah er nach der Uhr und erschrak, daß es erst elf war.

In dieser Nacht tat er kein Auge mehr zu ... und alle Waschungen und Frottierungen am Morgen vermochten nicht, das übernächtige Aussehen von seinem Gesicht zu verwischen. Seine Augen blickten erschrocken in die trostlose Gegend, als ob es sein Schicksal wäre, hier zu sterben ...

Dann kam der Mittag und Abend und die Nacht. Am Mittag kam er sich lächerlich und kindisch, am Abend feige und furchtsam und in der Nacht verwünscht und verflucht vor, aber es war sein Schicksal ... und er wollte Sieger bleiben ...

Er kämpfte mit der Ratte einen aussichtslosen Kampf ... er hoffte auf den Sieg und glaubte nicht mehr an ihn ... und in der Nacht strichen seine Hände über Rattenfelle, ob sie wollten oder nicht, es waren ja Frauen ... und wenn er sich auch ekelte, als Mann war er ja darauf angewiesen, es war Naturgesetz, Bestimmung, Fluch ... und er rannte heute hinter einer Ratte her, die sich vor ihm fürchtete ... und diese Ratte saß jetzt hinter der Holzverschalung.

»Ich brauche ja überhaupt keinen Schlaf«, sagte er sich, »wenn ich schlafe, träume ich nur und die Träume sind furchtbarer als Nachtwachen. Schlaf ist Angewohnheit; wenn man ruhig auf einem Stuhl sitzt mit angenehmen Gedanken, schöpft der Körper auch neue Kraft.«

Und er setzte sich auf einen Stuhl und spielte wieder wie gestern Klavier auf dem Tisch ... und lauschte ...

Er hörte nicht, daß seine Hände anschlugen, aber die Ratte hörte er.

Die Stunden schlichen, er haßte ihren langsamen Gang, er haßte die Menschen, die durch sie hindurch schritten und sie noch aufhalten wollten, er haßte die Tafelrunde, den Kreishauptmann, den Oberleutnant, die jungen Offiziere unten an den Tischen und den Kriegsgerichtsrat und den Leutnant Seller, ja den letzten, den haßte er besonders, er hatte ja schon das Gesicht einer Ratte und beobachtet ihn täglich zynisch. »Wenn ich an Seelenwanderung glaubte, wäre ich überzeugt, daß seine Seele füher in einer Ratte gewesen ist, ja daß sie mit der Ratte in meinem Zimmer verwandt ist, daß beide miteinander im Komplott stehen. Wer weiß, ob er die andern nicht auch in den Tod gehetzt hat? Sicherlich. Der Gedanke mit der Wette, die auf den Eigensinn spekuliert, war famos! ...«

»Ziehen Sie doch aus und geben Sie die Runde«, sagte der Kriegsgerichtsrat plötzlich zu ihm, als er mit ihm unbeobachtet war.

Da drehte sich der Hauptmann wortlos um und ließ ihn stehen, weil er nicht außer sich geraten wollte.

In der nächsten Nacht war es wie eine unselige Leidenschaft über Holleisen gekommen; immer wieder ertappte er sich dabei, daß er die Ratte mit anderen Augen ansah.

Freilich, es waren große fette Ratten mit runden glänzenden Schenkeln, die so nackt waren ... und seine Frau war ja auch eine Ratte ...

Pfui! ...

Da beschloß er, nicht mehr das Bett aufzusuchen ... Und die Tage und Nächte vergingen, ohne daß er in ihnen Schlaf gefunden hätte ...

»Na, übermorgen ist die dreizehnte Nacht«, sagte der Leutnant Seller ohne eine Miene zu verziehen. »Herr Hauptmann haben tapfer ausgehalten, und ich bekenne, ich hätte das nicht gedacht, ich gebe zu, meine Wette verloren zu haben und werde die Runde Oppenheimer geben.«

Der Kriegsgerichtsrat nickte, und die übrigen Anwesenden schwiegen.

Da stand der Hauptmann auf:

»Für Ihre freundliche Absicht, die wahrscheinlich dem Gedankenkasten des Kriegsgerichtsrates entsprungen ist, danke ich Ihnen vielmals. Das Grinsen in den Gesichtern der verehrten Anwesenden, das durch ein gewisses Taktgefühl eben nur kümmerlich unterdrückt wird, sagt mir aber genug. Ich bin kein altes Weib, das sich vor Gespenstern fürchtet, ich bleibe in meinem Quartier, solange wir hier sind und wenn es noch Monate dauern sollte. Darauf gebe ich mein Ehrenwort, und nie will ich ein Wort mehr davon hören, sonst fühle ich mich gezwungen, es persönlich zu nehmen und entsprechend zu reagieren.«

Er machte eine Pause. »Und jeden, der in der Nacht in die Nähe meines Hauses kommt, knalle ich nieder!« Er schrie es fast drohend, aber er fühlte sich innerlich befreit. Freilich, er wußte, daß er sich sein Urteil gesprochen hatte ... Er setzte sich und starrte schweigend vor sich hin ...

Die zwölfte Nacht war furchtbar. Zu Mittag fehlte er. Er erhielt einen Brief seiner Frau: »Mir ist so bange um Dich«, schrieb sie, »es gibt mehr Dinge zwischen Himmel und Erde ... Denke, wenn die Ratte Dein Schicksal wird!«

Er lachte bitter.

Das Zitat aus Hamlet fand er abgeschmackt, seine Frau war sonst geistreicher gewesen, doch er sah sie ja auch im Traume nur noch als Ratte, pfui, er hatte einen häßlichen Geschmack auf der Zunge ... Ratten müssen so schmecken, wie Wanzen riechen, wenn man sie tot drückt ... Pfui, er spuckte ... Denke, wenn die Ratte dein Schicksal wird ... ha, ha ... wenn seine Frau ahnte, daß die Ratte schon sein Schicksal geworden war, gleich damals, am ersten Tag, als er in das Rattenhaus gezogen war.

Aber was nun?

Nun, er war ja aktiver Offizier, vielleicht ging alles gut. Wenn er diese Nacht überstanden hatte, würde er ausziehen, würde lachend alles gestehen, würde alles erklären, er hätte dann seine Wette gewonnen, sein Eigensinn war befriedigt und er konnte sagen: »Meine Herren, ich muß Ihnen gestehen, ich habe eigentlich die Wette verloren ...«

Und dann würden sie alle lachen und ... haha ... nur noch die eine Nacht, aber diese Nacht war die dreizehnte. In dieser Nacht waren sie dann immer in das Jenseits gegangen, seine Vorgänger, der Jude und die Kameraden, aber erhängen würde er sich nicht ... keinesfalls ...

»Ich sehe aus wie Franz Moor«, dachte er, als er in den Spiegel sah. »Franz Moor, der sich vor dem Tode fürchtet«, er fühlte kalten Schweiß auf seiner Stirn ... »und heute ist die dreizehnte Nacht.«

Plötzlich wußte er, daß dieser Nacht für ihn kein Morgen folgen würde ...

Er überlegte einen Augenblick, ob er fliehen sollte und sah zum Fenster hinaus. Da glänzte das Mondlicht schon über den Wassern der Beresina. Man konnte alles sehen. Wer sagte ihm denn, ob nicht vielleicht die Kameraden irgendwo im Schatten der Kiefern standen, um ihn zu beobachten ... in der dreizehnten Nacht, weil er des Mittags nicht gekommen war und weil sie alle wissen mußten, wie es um ihn stand? Dazu gehört keine große Menschenkenntnis. Und wenn sie ihn bei der Flucht dann ertappt hätten ... vor dem Gelächter grauste ihm, und dann — er hatte ja sein Ehrenwort gegeben, das war eine Mauer, die er nicht übersteigen konnte.

Er mußte bleiben, wie ein Soldat auf seinem Posten ... aber er setzte sich an den Tisch und schrieb an seine Frau, und der Brief schloß mit den Worten: »Die Ratte ist mein Schicksal geworden«, und als er das schrieb, nagte schon die Ratte an dem Holze; gleichsam als ob sie ihn mahnte. Er spannte den Revolver und legte ihn beiseite. Nein, er würde sich nicht lächerlich machen, er würde nicht nach der Ratte schießen und die Waffe auch nicht gegen sich kehren ...

»Bin ich verrückt?« rief er und lauschte entsetzt, denn er hörte jetzt ein ganzes Heer von Ratten laufen, mindestens ein Dutzend, und plötzlich dachte er, »es können auch hundert oder tausend sein, ich traue mir selbst nicht mehr.« Er löschte das Licht, weil er glaubte, besser horchen zu können, die tanzende Flamme irritierte ihn wohl. Nein, er hatte sich nicht geirrt, es waren mehr als eine Ratte. Die Ratte hatte sich wohl Unterstützung geholt, weil sie sich nicht stark genug fühlte. Ratte gegen Mensch ... er lachte. Das Mondlicht schien voll in das Zimmer. »Ich brauche keine Kerze mehr anstecken, ich kann alles sehen, was ich sehen muß, das Holz der Verschalung ist jetzt hellbraun und die Luftöffnungen sind schwarze Löcher wie Eingänge ins Jenseits und etwas anderes hat für mich kein Interesse mehr.« Er fieberte im Wachen, schon sah er, wie Ratten in der Stube herumliefen, da sprang er hoch und bemerkte, daß er sich getäuscht hatte; er legte sich auf die Erde mit dem Ohr an die Wand und streichelte mit der freien Hand seine Knie. »Es ist meine Frau, das Äußere ist ja nur ein Gleichnis, die Seele gibt dem Gesicht erst den Inhalt. Zwischen Ratten und Mensch ist kein Unterschied, wenn sie gleiche Seelen haben. Man sieht das ja an den meisten Menschen, z. B. an dem Leutnant Seller, freilich dieser ist auch äußerlich schon eine Ratte.« Es war ihm, als ob es eine unumstößliche Wahrheit war, daß Seller eine Ratte sei.

Es wunderte ihn gar nicht, er selbst war ja öfter eine Ratte ... Unsinn! Er war nervös und sah sich im Spiegel, er war und blieb ein Mensch, und der beste Beweis für seinen Zustand war diese fixe Idee, die nur daher kam, weil er eine Ratte geheiratet hatte ...

»Aber schließlich ... der Mann ist ja nur befruchtendes Organ, spielt als Individuum in der Natur gar keine Rolle, erfüllt seine Aufgabe und stirbt und dann — geschlechtlich reizend ist alles Weibliche in der Natur. Das hat die Natur schon so eingerichtet, weil sonst ihr Zweck vereitelt würde, und es ist naturwidrig, wenn man sich gegen die Gesetze der Schöpfung sträubt.« Er haßte alles Perverse und hatte deshalb auch den Widerwillen zu seiner Frau überwunden; und er dachte an manche Stunden, in denen er auch Tier, auch Ratte gewesen war wie seine Frau.

Aber diese Ratten hier waren seine Feinde; es war ja sein Schicksal gegen sie zu kämpfen und heute mußte die Entscheidung fallen. Haha! Er lachte triumphierend. Dann kam ihm ein Gedanke, ein guter Einfall ...

Er nahm Stroh aus dem Strohsack seines Bettes und Späne, die am Ofen lagen und trockenes Holz und stopfte alles durch das Luftloch der Verschalung, wo es unten nagte und raschelte.

Er glaubte durch die Verschalung in erstaunte, erschreckte, glänzende Rattenaugen von einer ganzen Schar von Ratten zu sehen. Sie wußten jetzt, daß es ihnen ans Leben ging, daß draußen ein Stärkerer wartete. Er frohlockte, er lauschte, ja er täuschte sich nicht, er konnte seinen Ohren noch trauen, keinesfalls war es nur *eine* Ratte, denn er hörte ganz deutlich vielfaches Gequieke, seine Sinne waren überhaupt so klar und niemals war er geistig frischer wie in dieser Nacht gewesen, und das war gut für ihn ...

Schlaf ist eben Angewohnheit. Davon mußte man überzeugt sein, dann konnte man auch dreizehn Nächte hindurch wachen. Er zündete ein Streichholz an; eine kleine Flamme sprühte auf und erlosch, im Gegensatz zum Mondlicht war die Flamme rot gewesen. Das Streichholz war Kriegsware, ein zweites Streichholz brannte. Er ging zu dem Luftloch hin und jubelte, als er es hineinsteckte.

Er blickte hinein, ja, das Stroh fing Feuer, eine Flamme schlug hoch, es wurde in den Luftlöchern hell, die weiße Wand dahinter warf einen glänzenden Schein zurück, überall leuchteten die Löcher.

Haha, haha, er lachte, weil er es wieder quieken und rascheln hörte. Der Mann bleibt immer Sieger über die Frau, es waren ja alles weibliche Ratten dahinter, gewissermaßen sein Harem, den er wie ein indischer Sultan einäschern ließ.

Keiner konnte ihm etwas sagen.

»Ich bin der Sultan von Dschaipur in seinem Palast in Amber und sitze in meinem Frauengemach«, dachte er. »Brennend duftet das kostbare Zedernholz der Wände und es riecht nach angebranntem Fleisch. Über die brennenden Körper meiner früheren Wollust schreite ich zur Ewigkeit des Erhabenen, unberührt jenseits der Leidenschaften; freilich noch einmal ... meine Lieblingssklavin, meine Lieblingsratte ...«

Da hatte sich die Ratte in der Angst an den Spänen und dem Stroh bis zum Luftloch hochgearbeitet und er, der davor kniete, sah einen Schatten und einen dunklen Körper und dieser Körper erschien in dem Luftloch und ... sprang ihm in das Gesicht, und hinterher sprangen noch acht junge Ratten, während vier im Feuer knisterten.

Da fiel Holleisen ohnmächtig hintenüber, aber er bemerkte noch in der Dämmerung des Geistes, wie sich jemand über ihn warf, ein ekliges Etwas, das ihn küssen und lieben wollte, und er sah, daß hinter diesem Geschöpf noch eine unendliche Zahl gleichartiger Geschöpfe kamen, die alle das gleiche wollten.

»Die dreizehnte Nacht«, jammerte er.

Das Haus brannte nieder ...

Der Ortskommandant brauchte das Quartier diesmal nicht erst von der Liste zu streichen ...

LYGIA FAGUNDES TELLES

Ratten-Seminar

Mein Gott, was für ein Jahrhundert! —
riefen die Ratten aus und begannen,
an dem Gebäude zu nagen.

CARLOS DRUMMOND DE ANDRADE

Der Leiter der Abteilung für Öffentlichkeitsarbeit, ein junger
Mann von gedrungener Statur, untersetzt, mit ungewöhnlich
strahlendem Lächeln und leuchtenden Augen, rückte den Knoten der roten Krawatte zurecht und klopfte leicht an die Tür des
Sekretärs für Öffentliches und Privates Wohlergehen:

— Exzellenz?

Der Sekretär für Öffentliches und Privates Wohlergehen setz-
te das Milchglas auf dem Tisch ab und drehte seinen Ledersessel herum. Er seufzte. Er war ein farbloser und schlaffer Mann,
mit einer feuchten Glatze und samtweichen Händen. Er warf einen langen Blick auf seine eigenen Füße, der rechte war be-
schuht, der linke steckte in einem groben, pelzgesäumten Pan-
toffel aus Wollstoff.

— Sie können hereinkommen, sagte er zu dem Leiter der
Abteilung für Öffentlichkeitsarbeit, der bereits durch den Tür-
spalt spähte. Er faltete die Hände in Höhe der Brust: — Nun?
Ist der Cocktail gut verlaufen?

Er hatte eine sanfte Stimme mit einem leichten Hang zum
Weinerlichen. Der junge Mann richtete sich auf. Eine leichte Röte überzog sein glattrasiertes Gesicht:

— Alles bestens, Exzellenz. Bestens. Er hat im Blauen Salon
stattgefunden, der kleiner ist, Eure Exzellenz wissen ja. Wenige
Personen, nur die Führungskräfte; es war eine ziemlich gemütli-
che Zusammenkunft, intim, aber sehr angenehm. Ich habe alle
einander vorgestellt, es wurde auch ein wenig getrunken — er
schaute auf die Uhr — sehen Sie, Exzellenz, es ist nicht einmal
sechs Uhr, und sie sind schon auseinandergegangen. Der Präsi-

dential-Assessor der RATESP ist im Nordflügel untergebracht, neben dem Direktor der Auf- und Abgerüsteten Konservativen Klassen, der gerade die graue Suite bezieht. Bei der amerikanischen Delegation dagegen habe ich es für angebrachter gehalten, sie im Südflügel unterzubringen. Ich habe sie übrigens vor kurzem im Schwimmbad zurückgelassen, der Sonnenuntergang war wunderbar, Exzellenz, wunderbar!

— Sie sagen, daß der Direktor der Auf- und Abgerüsteten Konservativen Klassen gerade die graue Suite bezieht. Warum grau!

Der junge Mann bat, sich setzen zu dürfen. Er zog den Stuhl zu sich heran, blieb jedoch in vorsichtigem Abstand zu dem Kissen, auf das der Sekretär den Fuß mit dem Pantoffel gesetzt hatte. Er räusperte sich:

— *Bueno*, ich habe die Farben im Hinblick auf die Personen ausgewählt, begann er mit einem gewissen Zögern. Er faßte Mut: — Die Suite der amerikanischen Delegation zum Beispiel ist Lachsrosa, sie lieben lebhafte Farben. Für die Eurer Exzellenz habe ich Hellblau gewählt, mehr als einmal habe ich Eure Exzellenz mit einer blauen Krawatte gesehen ... Für die Nordsuite dagegen ist mir Grau eingefallen, Eure Exzellenz lieben die graue Farbe nicht? Der Sekretär bewegte mühsam den auf dem Kissen ausgestreckten Fuß. Er hob die Hand. Er blieb so, indem er auf die Hand blickte:

— Es ist ihre Farbe. *Rattus Alexandrinus.*

— Die der Konservativen?

— Nein, der Ratten. Kurzum, das ist ohne Bedeutung, fahren Sie bitte fort. Sie sagten, daß die Amerikaner im Schwimmbad sind, warum *die?* Ist mehr als einer gekommen?

— Das heißt, mit der Delegation von Massachusetts ist auch eine Sekretärin gekommen, ein junges Mädchen. Und es ist auch ein Rothaariger in kariertem Anzug gekommen, so ein halber Boxertyp, eher schweigsam, er weicht den beiden nicht von der Seite. Ich vermute, daß es sich um einen Leibwächter handelt, aber das ist nur eine Vermutung, Exzellenz, der fragliche Herr ist ein Geheimnis. Sie sprechen nur Englisch. Ich habe die Gelegenheit benutzt, mich mit ihnen zu unterhalten, ich habe vor kurzem meinen Englischkurs für Regierungsbeamte abgeschlossen, wenn die Debatten auf englisch abgehalten werden, wie das ja schon vorgeschlagen wurde, werde ich meine Mitarbeit anbieten. Das kastilianische Spanisch beherrsche ich schon perfekt, kurz, Eure Exzellenz wissen ja, Santiago, Buenos Aires ...

— Ich war dagegen, daß er kommt. Dieser Amerikaner, unterbrach der Sekretär in mildem, aber unglücklichem Ton. — Die Ratten gehören uns, die Lösungen müssen uns auch gehören. Warum alle Welt auf unsere wunden Punkte aufmerksam machen? Auf unsere Schwächen? Wir sollten nur die positive Seite zeigen, die der Gesellschaft, die unserer Familie. Unsere eigene, fügte er hinzu und zeigte dabei auf seinen Fuß auf dem Kissen: — Warum trete ich noch nicht in Erscheinung, warum? Ganz einfach, weil ich nicht will, daß man mich unpäßlich sieht, mit geschwollenem Fuß, hinkend. Morgen für die Eröffnung werde ich den Schuh anziehen, ich bringe dieses Opfer bereitwillig. Sie als potentieller Kandidat müssen diese Dinge schon frühzeitig lernen, junger Mann. Nur die positive Seite zeigen, nur das, was uns wirklich heraushebt. Unsere Pantoffeln verstekken.

— Aber Exzellenz, dieser Amerikaner ist ein Rattenspezialist, in den Vereinigten Staaten haben sie auch viele, er könnte uns wertvolle Vorschläge unterbreiten. Ich habe übrigens in Erfahrung bringen können, daß es sich um einen *expert* für elektronischen Journalismus handelt.

— Noch schlimmer. Er wird hier abreisen und alles ausposaunen, seufzte der Sekretär und versuchte, die Position seines Fußes zu verändern. — Kurzum, das ist ohne Bedeutung. Fahren Sie fort, fahren Sie fort, ich möchte, daß Sie mich über das Echo informieren. In der Presse, versteht sich.

Der Leiter der Abteilung für Öffentlichkeitsarbeit räusperte sich diskret, murmelte ein »*bueno*« und tastete seine Taschen ab. Er bat um Erlaubnis, rauchen zu dürfen.

— *Bueno*, wie Eure Exzellenz wissen, hat die Tatsache, daß wir dieses Tagungslokal ausgewählt haben, Befremden erregt: Warum das VII. Nagerseminar in einem völlig isolierten Landhaus abhalten? Das war die erste allgemeine Frage. Die zweite ist, daß wir zuviel ausgeben, um diese Villa bewohnbar zu machen, eine Verschwendung, da wir ja über andere, bereits fertige Lokale verfügen konnten. Der Nachrichtenredakteur einer

Abendzeitung, ich habe mir sein Gesicht genau gemerkt, Exzellenz, der hat es sogar fertiggebracht, unverschämt zu werden, als er knurrte, daß so viele Gebäude zur Verfügung stehen, daß die Anträge auf Beseitigung dieses Mißstandes sich sogar vervielfältigt haben. Und wir geben Millionen aus, um diese Ruine zu restaurieren...

Der Sekretär wischte sich mit einem Taschentuch über die Glatze und versuchte, sich bequemer hinzusetzen. Er begann eine Handbewegung, die unvollendet blieb.

— Millionen ausgeben? Diese Dämonen fressen Billionen auf, kennt er vielleicht die Statistiken nicht? Ich wette, daß er links ist, ich wette darum. Oder auch ein Freund der Ratten. Kurzum, das ist ohne Bedeutung, fahren Sie doch bitte fort.

— Aber das sind ja gerade die schärfsten Kritiken, Exzellenz. Überspanntheiten. Ah, immer die gleiche Kerbe, in die sie hauen: daß wir schon beim VII. Seminar sind und bisher keine objektiven Resultate haben, daß die Rattenbevölkerung sich seit dem ersten Seminar siebentausendmal vermehrt hat, daß jetzt auf jeden Einwohner hundert Ratten kommen, daß in den *Favelas* nicht die Marias, sondern die großen Ratten mit den Wasserkanistern auf dem Kopf herumlaufen, fügte er hinzu und hielt ein kurzes Lachen zurück. — Das Übliche... Sie können sich nicht an die Idee gewöhnen, daß wir in einem entlegenen Lokal zusammenkommen, wir sollten im Zentrum sein, mitten im Problem. Unser Pressesprecher hat ja schon erklärt, was auf der Hand liegt, nämlich daß dieses Seminar das Hauptquartier einer richtigen Schlacht ist. Aber die Koordinaten einer einheitlichen Aktion von dieser Tragweite zu zeichnen, das verlangt Überlegung. Klarheit. Wo könnten die Herren denn schon arbeiten, wenn nicht hier, wo sie eine Luft atmen, wie man sie nur auf dem Lande hat? In dieser gesegneten Einsamkeit, in engem Kontakt mit der Natur... Der Delegierte von Massachusetts fand diese Idee eines Treffens mitten auf dem Lande genial. Er ist übrigens ein netter Junge, so einfach. Er hat unser beheiztes Schwimmbad ausgezeichnet gefunden, Eure Exzellenz wissen? Er war Meister im Brustschwimmen, er zerstreut sich gerade dort, er schwärmte für unser Kokoswasser! Er erzählte mir eine amüsante Sache, daß die Ratten am Nordpol Haare von dieser Länge haben, um die Kälte von minus 30 Grad zu ertragen, sie sind mit Pelzen versehen, die Spitzbuben. Sie könnten auf dem Mars leben, eine eiserne Gesundheit!

Der Sekretär schien an etwas anderes zu denken, als er ein ausweichendes »kurzum« murmelte. Er hob den Finger und verlangte Schweigen. Er schaute mißtrauisch auf den Teppich. An die Decke:

— Was für ein Geräusch ist das?

— Ein Geräusch?

— Ein seltsames Geräusch, hören Sie nichts?

Der Leiter der Abteilung für Öffentlichkeitsarbeit drehte den Kopf herum und konzentrierte sich.

— Ich höre nichts ...

— Es wird schon leiser, sagte der Sekretär und senkte den gepolsterten Finger. — Jetzt hat es aufgehört. Haben Sie denn nichts gehört? Ein ganz seltsames Geräusch, als ob es aus der Tiefe der Erde käme, dann stieg es zur Decke hinauf ... Haben Sie bestimmt nichts gehört?

Der Mann öffnete weit seine unschuldig blauen Augen.

— Absolut nichts, Exzellenz. War es denn hier im Zimmer?

— Oder dort draußen, ich weiß nicht. Als ob jemand ... Er zog sein Taschentuch heraus, wischte sich den Mund ab und seufzte tief. — Es würde mich überhaupt nicht wundern, wenn sie die Absicht hätten, hier irgendein Tonbandgerät einzubauen. Sie erinnern sich? Dieser amerikanische Delegierte ...

— Aber Exzellenz, er ist Gast des Direktors der Auf- und Abgerüsteten Konservativen Klassen!

— Ich traue niemandem. Fast niemandem, verbesserte sich der Sekretär flüsternd. Er warf einen mißtrauischen Blick auf den Tisch. Auf die blauen Betthimmel. — Wo diese Leute auch sind, sie haben immer diese verdammten Tonbandgeräte dabei. Kurzum, das ist ohne Bedeutung, fahren Sie bitte fort. Und der Pressesprecher?

— *Bueno*, gestern abend hat er einen leichten Unfall gehabt, Eure Exzellenz wissen, wie bei uns der Verkehr ist! Sein Arm mußte in Gips gelegt werden, er kann erst morgen kommen, ich habe mich um den Kleinjet gekümmert, fügte der junge Mann energisch hinzu. — Im hinteren Teil des Flugzeugs befindet sich eine bewaffnete Truppe zum Schutz. Unser Sprecher wird die Nachrichten tropfenweise per Telefon übermitteln und so Span-

nung bis zum Schluß erzeugen, wenn alle mit einem Sonder-
flugzeug kommen, Fotografen, Fernsehanstalten, Auslandskor-
respondenten, eine Apotheose. *Finis coronat opus*, der Abschluß
krönt das Werk!

— Ich weiß nur, daß er schon hier sein sollte, er fängt
schlecht an, beklagte sich der Sekretär und beugte sich über das
Milchglas. Er trank einen Schluck und setzte eine mißbilligende
Miene auf.

— Kurz, große Sorgen macht mir, daß wir ohne Kommunika-
tionsmöglichkeiten bleiben werden. Ich weiß nicht einmal, ob
diese Idee des Präsidential-Assessors der RATESP funktionieren
wird, d. h., die Journalisten fernzuhalten. Ich habe da meine Bedenken.

— Eure Exzellenz werden mir vergeben, aber ich meine, daß
die Führung sich aufwertet, wenn sie so unzugänglich wird.
Übrigens weiß man, daß eine gewisse Distanz, ein gewisses Geheimnis, mehr erregt als der tägliche Kontakt mit den Medien.
Unser einziges Programm wird diskrete Nachrichten von sich
geben, es wird seinen Einfluß ohne Lärm bis zum Abschluß
ausüben, wen wir das Feuer mit allen Batterien eröffnen. Ist das
nicht eine gute Taktik?

Mit trommelnden Fingern spielte der Sekretär beiläufig auf
seinen Westenknöpfen. Er faltete die Hände und begann, die
polierten Fingernägel zu betrachten.

— Bei einer guten Taktik, mein Junge, da muß man am Anfang und am Ende alle Medien des Landes beeinflussen. Das ist
das Ziel. Das schon beeinträchtigt ist durch diesen Assessor mit
seinem gebrochenen Bein.

— Arm, Exzellenz. Der Unterarm, noch genauer gesagt. Der
Sekretär bewegte mühsam seinen Körper nach rechts, nach
links. Wischte sich über die Stirn. Die Fingerglieder. Er betrachtete den Fuß auf dem Kissen.

— Sie können ihn heute noch anrufen, um ihm mitzuteilen,
daß sich die Ratten in strategischer Hinsicht bereits unter Kontrolle befinden. Keine Einzelheiten, geben Sie nur emphatisch
durch, daß die Ratten schon unter völliger Kontrolle sind. Dauert es lange, die Verbindung herzustellen?

— *Bueno*, fast eine halbe Stunde. Ich melde sie sofort an, Exzellenz!

Der Sekretär begann, den Finger zu heben. Er öffnete den Mund. Drehte den Sessel in Richtung Fenster. Mit derselben langsamen Bewegung wandte er sich dem Kamin zu:

— Hören Sie? Hören Sie? Das Geräusch ist jetzt stärker geworden!

Der junge Mann hob die Hand an die Ohrmuschel. Seine Stirn wurde rot unter der Anstrengung der Konzentration. Er erhob sich und ging auf Zehenspitzen umher:

— Es kommt von hier, Exzellenz? ich kann einfach nichts hören!

— Es wird stärker und schwächer, hören Sie doch, in Wellen, wie ein Meer ... Jetzt hört es sich an wie ein atmender Vulkan, hier ganz nah und gleichzeitig so weit weg! Es flüchtet, hören Sie ... Er fiel erschöpft gegen die Sessellehne zurück. Er wischte sein feuchtes Kinn ab. — Sie wollen sagen, daß Sie nichts gehört haben?

Der Leiter der Abteilung für Öffentlichkeitsarbeit wölbte die ratlosen Augenbrauen. Er spähte in den Kamin hinein. Hinter den Sessel. Er hob den Vorhang am Fenster und schaute in den Garten:

— Dort sind zwei Angestellte auf dem Rasen, Chauffeure, glaube ich ... Heh, ihr dort! ... rief er und streckte den Arm hinaus. Er schloß das Fenster. — Sie sind verschwunden. Sie schienen unruhig zu sein, vielleicht diskutierten sie, ich vermute jedoch, daß sie mit dem Geräusch nichts zu tun haben. Ich habe nichts gehört, Exzellenz, ich höre so schlecht auf diesem Ohr!

— Aber ich höre nur zu gut, ich muß ein zusätzliches Gehör haben. So fein. Als ich die Revolution mitmachte, 32 und dann 64, war ich immer der erste der Gruppe, der irgend etwas Ungewöhnliches spürte. Der erste! Ich erinnere mich, daß ich eines Nachts meine Kameraden warnte, der Feind ist hier unter uns, und sie haben gelacht, Quatsch, du hast zuviel getrunken, wir hatten zum Abendessen einen köstlichen Wein gehabt. Aber als wir dann hinausgingen zum Schlafen, waren wir umzingelt.

Der Leiter der Abteilung für Öffentlichkeitsarbeit warf einen mißtrauischen Blick auf die Bronzeplastik auf dem Kaminsims, ein fülliges Weib mit verbundenen Augen, das Schwert und Waage ergriff. Er streckte die Hand zur Waage aus. Steckte den Finger in eine der verstaubten Schalen. Er betrachtete den Finger und säuberte ihn mit einer verstohlenen Bewegung auf der Sessellehne.

— Eure Exzellenz wünschen, daß ich eine Untersuchung vornehme?

Der Sekretär streckte schmerzgequält den Fuß aus. Er seufzte:

— Kurzum, das ist ohne Bedeutung. Während meiner Krisen bin ich fähig zu hören, wenn jemand im Saal ein Streichholz anreißt. Zwischen Bestürzung und Schüchternheit zeigte der junge Mann auf den kranken Fuß:

— Ist es ... etwas Ernsthaftes?

— Die Gicht.

— Das ist schmerzhaft, Exzellenz?

— Sehr.

— *Es kann der Wassertropfen sein! Es kann der Wassertropfen sein!* trällerte er und erweiterte sein Lächeln, das sofort in dem trübsinnigen Schweigen verschwand, das seiner musikalischen Einlage folgte. Er räusperte sich. Er rückte den Knoten der Krawatte zurecht: — *Bueno*, das ist ein Lied, das das Volk hier singt.

— Das Volk, das Volk, sagte der Sekretär für Öffentliches und Privates Wohlbefinden und faltete die Hände. Seine Stimme wurde zur sanften Klage: — Man spricht immer nur vom Volk, und dennoch ist das Volk nichts als eine Abstraktion.

— Eine Abstraktion, Exzellenz?

— Die zur Realität wird, wenn die Ratten beginnen, die Slumbewohner aus ihren Häusern zu vertreiben. Oder an den Füßen der Schmuddelkinder vom Stadtrand zu nagen, dann natürlich beginnt das *Volk* in den Schlagzeilen der Linkspresse zu existieren. Der aufrührerischen Presse, kurz, reine Demagogie. Verbündet mit den Bomben der Unterwühler, man darf diese Bastarde nicht vergessen, die wie Ratten aussehen, seufzte der Sekretär und spielte lässig mit den Knöpfen seiner Weste. Den letzten knöpfte er auf: — Im Alten Ägypten lösten sie dieses Problem, indem sie die Zahl der Katzen erhöhten. Ich weiß nicht, warum hier nicht mehr von der Privatinitiative verlangt wird, wenn jede Familie ein oder zwei ausgehungerte Katzen im Haus hätte ...

— Aber Exzellenz, es ist nicht eine einzige Katze in der Stadt übriggeblieben, schon seit einiger Zeit hat die Bevölkerung alles aufgegessen. Ich habe sagen hören, daß sie ein sehr gutes Suppenfleisch abgegeben haben.

— Kurz, murmelte der Sekretär und deutete eine Bewegung an, die unvollendet blieb: — Es wird dunkel, nicht wahr?

Der junge Mann erhob sich, um die Beleuchtung einzuschalten. Seine Augen lächelten intensiv:

— Und nachts sind alle Katzen grau! — Dann, ernsthaft:

— Kurz vor sieben, Exzellenz. Das Abendessen wird um acht serviert, der Tisch nur mit Orchideen und Früchten dekoriert, das feinste Lokalkolorit, eine Pracht. Ich habe aus dem Norden die schönsten Ananas bestellt! Und die Langusten, nun? Der Chefkoch war begeistert, so große Langusten hat er noch nie gesehen. *Bueno*, ich habe an den nationalen Wein gedacht, der gerade im Moment von allererster Güte ist, das sei am Rande bemerkt, aber dann kam mir eine gewisse Befürchtung: Und wenn er Kopfschmerzen verursacht? Wenn wir Pech haben, Eure Exzellenz stellen sich die Folgen vor? Also habe ich es für das klügste gehalten, chilenischen Wein zu bestellen.

— Welcher Jahrgang?

— Pinochet, natürlich.

Der Sekretär senkte den gekränkten Blick auf seinen Fuß.

— Für mich eine Suppe ohne Salz, eine schwache Hühnerbrühe. Etwas später vielleicht ein ... Er verstummte. Sein erstauntes Gesicht wandte sich langsam dem jungen Mann zu: — Hören Sie jetzt? Es ist lauter, haben Sie das gehört? Unheimlich laut!

Der Leiter der Abteilung für Öffentlichkeitsarbeit sprang auf. Er preßte sein hochrotes Gesicht zwischen die Hände:

— Aber klar, Exzellenz, es hallt hier im Parkett wider, das Parkett zittert ja! Aber was ist denn das?

— Habe ich es nicht gesagt? Habe ich es nicht gesagt? fragte der Sekretär. Er schien zu triumphieren: — Ich habe mich niemals geirrt, niemals. Seit Stunden schon habe ich etwas gehört, aber ich wollte nichts sagen, man hätte denken können, daß ich fantasiere, hören Sie doch! Es scheint sogar, daß wir in einer Vulkanzone sind, als ob ein Vulkan hier unten ausbricht ...

— Ein Vulkan?

— Oder eine Bombe, es gibt Bomben, die vor der Explosion Warnsignale geben!

— Mein Gott, rief der junge Mann aus. Er lief zur Tür. — Ich werde sofort nachsehen, Exzellenz, machen Sie sich keine Sorgen, das wird schon nichts sein, Sie erlauben, ich komme sofort zurück. Mein Gott, eine Vulkanzone?! ...

Als er die Tür hinter sich schloß, öffnete sich die Tür gegenüber, und durch die Öffnung schob sich ein blondlächelndes Gesicht. Die Haare waren oben durch ein Band aus gelben Kugeln zusammengerafft.

— *What is that?*

— *Perhaps nothing ... perhaps something ...* antwortete er und schaltete sein automatisches Lächeln ein. Er gab ihr ein Zeichen mit einem Zittern der Finger, die Flügel nachahmten. — *Supper at eight*, Miss Gloria!

Er beschleunigte den Schritt, als er den Direktor der Auf- und Abgerüsteten Konservativen Klassen erblickte, der in seinem Schlafrock aus grünem Samt herankam. Er duckte sich, um ihm den Durchgang freizugeben, machte eine Verbeugung, »Exzellenz« ... und wollte weitergehen, aber er fand die Passage durch das samtene Gebirge blockiert:

— Was ist das für ein Lärm?

— *Bueno*, ich kann es auch nicht sagen, Exzellenz, das herauszufinden stehe ich gerade im Begriff, ich komme sofort zurück, ist das nicht höchst seltsam, so laut!

Der Direktor der Auf- und Abgerüsteten Konservativen Klassen sog die Luft ein:

— Und dieser Geruch? Der Lärm hat abgenommen, aber verspüren Sie nicht einen Geruch? Er legte sein Gesicht in Falten:

— Was für Scherereien! Gerüche, Geräusche ... Und das Telefon, es funktioniert nicht, warum funktioniert das Telefon nicht? Ich muß mit dem Präsidium in Verbindung treten, und es gelingt mir nicht, das Telefon ist stumm!

— Stumm? Aber ich habe heute früh -zig Gespräche geführt ... Eure Exzellenz haben schon das im Blauen Salon versucht?

— Ich komme von dort, es ist auch stumm, nichts als Scherereien! Suchen Sie meinen Chauffeur, sehen Sie nach, ob das Telefon in meinem Wagen funktioniert, ich muß dieses dringende Gespräch führen.

— Seien Sie beruhigt, Exzellenz. Ich werde Vorkehrungen

treffen und dann zurückkommen, Sie erlauben, ja? sagte der junge Mann und stahl sich mit einer schnellen Verbeugung davon. Er wählte den Weg über die Treppe. Auf dem ersten Treppenabsatz blieb er stehen:

— Aber was bedeutet denn das? Können Sie mir sagen, was das bedeutet?

Außer Atem, ohne Mütze und mit zerfetzter Schürze kam der Chefkoch durchs Treppenhaus gelaufen. Der junge Mann machte eine energische Bewegung und stürzte ihm entgegen:

— Wie kommt es, daß Sie in diesem Zustand hier heraufkommen?

Der Mann säuberte auf der Brust die mit Tomatensaft besudelten Hände:

— Etwas Schreckliches ist passiert, Doktor! Etwas Schreckliches!

— Schreien Sie nicht, Sie schreien ja, Ruhe — und der junge Mann ergriff den Chefkoch am Arm und zog ihn in einen Winkel:

— Beherrschen Sie sich, was ist denn passiert? Ohne zu schreien, ich will keine Hysterie, also Ruhe, was ist passiert?

— Die Langusten, die Hühner, die Kartoffeln, sie haben alles gefressen! Alles! Nicht ein Reiskorn ist im Kessel zurückgeblieben, sie haben alles gefressen und davongetragen, was sie aus Zeitnot nicht fressen konnten!

— Aber wer hat alles gefressen? Wer!

— Die Ratten, Doktor, die Ratten!

— Ratten? ... Was für Ratten?

Der Chefkoch band seine Schürze ab und knüllte sie in den Händen zusammen:

— Ich gehe fort, ich bleibe keine Minute länger, ich denke, daß wir hier in ihrer Welt sind, bei der Seele meiner Mutter, ich bin fast vor Schreck gestorben, als diese Wolke durch die Tür hereinkam, durch das Fenster, durch die Decke, es hat nicht viel gefehlt, und sie hätten mich mitgenommen und Euclídea auch! Sogar die Tellerlappen haben sie gefressen, sie haben nur den geschlossenen Kühlschrank respektiert, aber die Küche war leergeputzt!

— Sie sind noch da?

— Nein, so wie sie gekommen sind, so sind sie auch wieder

verschwunden, kreischend wie die Verrückten, ich hatte diesen Lärm ja schon seit einer Weile gehört, ich stellte mir ein Rinnsal vor, das geräuschvoll unter der Erde lief, dann hämmerte und pfiff es, Euclídea, die gerade Mayonnaise schlug, dachte, es wäre ein Gespenst, als dieses Beben begann, und im selben Moment kam all das zum Fenster herein, zur Tür, wo man auch hinblickte, traf man auf kreischende Haufen von ihnen! Und jede Ratte, haben Sie gesehen? Jede von dieser Größe! Euclídea sprang auf den Herd, ich sprang auf den Tisch, ich wollte noch ein Huhn entreißen, das eine von ihnen vor meiner Nase davontrug, ich verschloß das Glas Tomatensaft mit aller Kraft, und sie warf das Huhn zur Seite, richtete sich auf die Hinterfüße auf und trat mir wie ein Mann entgegen, bei der Seele meiner Mutter, Doktor, ich habe einen wie eine Ratte gekleideten Mann gesehen!

— Mein Gott, was für ein Wahnsinn ... Und das Abendessen?

— Abendessen? Abendessen sagen Sie? Nicht eine Zwiebel ist übriggeblieben! Ein paar von ihnen haben den großen Kessel mit den Langusten umgeworfen, und die ganzen Langusten verbreiteten sich auf dem Boden, war das ein Zirkus, ich weiß nicht, wie sie sich mit dem kochenden Wasser nicht verbrüht haben, beim Heiligen Kreuz, ich gehe fort, und zwar sofort!

— Warten Sie, Ruhe! Und die Angestellten? Haben sie etwas erfahren?

— Die Angestellten, Doktor? Die Angestellten? Alle sind schon weg, niemand ist verrückt, und wenn ich Sie wäre, würde ich mich auch empfehlen, nicht wahr? Ich bleibe nicht hier, und wenn man mich umbringt!

— Einen Augenblick, warten Sie! Das Wichtigste ist, nicht den Kopf zu verlieren, Sie verstehen mich? Sie gehen dorthin zurück, Sie öffnen die Konservendosen, denn die Dosen sind doch da, oder stimmt das nicht? Der Kühlschrank war doch geschlossen! Dann muß noch irgend etwas drin sein, bereiten Sie ein Abendessen mit dem, was Sie noch haben, selbstverständlich!

— Nein, nein! Ich bleibe nicht, und wenn man mich umbringt!

— Warten Sie, ich rede noch mit Ihnen. Sie werden zurückgehen und Ihre Pflicht tun, es ist wichtig, daß die Gäste von nichts erfahren, darum kümmere ich mich, verstehen Sie mich? Ich fahre bis zur Stadt, hole einen Vorrat an Lebensmitteln und eine Eskorte bis an die Zähne bewaffneter Männer, und dann will ich doch mal sehen, ob eine elende Hausmaus in dieses Haus hineinkommt, das will ich sehen!

— Aber wie fahren Sie? Nur zu Fuß, Doktor.

Der Leiter der Abteilung für Öffentlichkeitsarbeit richtete sich auf. Sein Gesicht wurde dunkel vor Zorn. Er kniff die Augen zusammen und ballte die Fäuste, um auf die Wand einzuschlagen, aber er unterbrach die Bewegung, als er Stimmen im oberen Stockwerk hörte. Er sprach fast zwischen den Zähnen:

— Feiglinge, erbärmliche! Wollen Sie sagen, daß die Angestellten alle Autos mitgenommen haben? War es so, haben sie die Autos mitgenommen?

— Sie haben nichts mitgenommen, sie sind sogar zu Fuß geflohen, kein Auto funktioniert, José hat eins nach dem anderen ausprobiert, verstehen Sie? Die Kabel sind gefressen worden, sie haben auch die Kabel gefressen. Bleiben Sie nur hier, und ich, ich werde mich auf den Weg machen, und zwar sofort!

Der junge Mann stützte sich an die Wand. Sein Gesicht war jetzt leichenblaß. — Wollen Sie sagen, daß das Telefon ... murmelte er und heftete seinen starren Blick auf die Schürze, die der Chefkoch auf den Boden fallen ließ. Die Stimmen im oberen Stockwerk begannen sich zu überlagern. Eine Tür schlug heftig zu. Er duckte sich noch mehr in den Winkel, als er seinen Namen hörte: er wurde schreiend gerufen. Mit einem stummen Blick folgte er einem pelzgesäumten Pantoffel, der einige Schritte von der auf dem Teppich zusammengerollten Schürze entfernt vorbeikam: der Pantoffel glitt vorüber, die Sohle nach oben gewendet, schnell, als ob er kleine Räder hätte oder von einem unsichtbaren Faden gezogen würde. Das war das letzte, was er sah, denn in diesem Augenblick wurde das ganze Haus in seinen Grundfesten erschüttert. Die Lichter erloschen. Dann fand die Invasion statt, quoll dicht hervor, als ob ein Sack von Gummisteinen oben auf das Dach geleert worden wäre und jetzt von allen Seiten herabsprang in der harten Dunkelheit von Muskeln, Schreien und Funken von tiefschwarz leuchtenden Augen. Als der erste Biß ihm ein Stück der Hose herausriß, lief er am Boden zusammengekrümmt davon, kam in der Küche mit den Ratten an, die über seinen Kopf herabstürzten, und öffnete den Kühlschrank. Er riß die Fächer heraus, die er in der Dunkelheit fand, warf die Büchsen in die Luft, focht mit einer Flasche gegen zwei kleine Augen, die schon im Gemüsefach herumliefen, jagte sie hinaus und sprang mit einem Satz hinein. Er schloß die Tür, ließ jedoch den Finger in dem Spalt, damit die Tür nicht völlig zuging. Als er den ersten Nadelstich in der Fingerspitze spürte, die draußen war, ersetzte er den Finger durch die Krawatte.

Im Verlauf der strengen Untersuchung, die vorgenommen wurde, um die Ereignisse dieser Nacht zu klären, konnte der Leiter der Abteilung für Öffentlichkeitsarbeit nicht präzisieren, wie lange er im Inneren des Eisschranks hatte bleiben müssen, eingerollt wie ein Fötus, während das Eiswasser auf seinen Kopf tropfte, seine Hände im Krampf erstarrten und sein offener Mund an der winzigen Türöffnung lag, die von Zeit zu Zeit eine Schnauze zu erweitern versuchte. Ja, an ein plötzliches Schweigen erinnerte er sich, das sich in dem Landhaus ausbreitete: kein Ton, kein Geräusch. Nichts. Er öffnete die Tür des Kühlschranks und spähte hinaus. Ein schwacher Mondstrahl, sonst nichts in der leergeräumten Küche. Er machte sich auf den Weg durch das hohle Haus, keine Möbel, keine Vorhänge, keine Teppiche. Nur die Wände. Und die Dunkelheit. Dann begann ein heimliches, kratzendes Murmeln, das aus dem Konferenzsaal zu kommen schien, und er ahnte, daß sie alle dort versammelt waren, bei geschlossenen Türen. Er erinnerte sich nicht einmal, wie er bis zum Feld hatte kommen können, er konnte das Rennen nicht mehr rekonstruieren, er lief viele Kilometer. Als er zurückschaute, war das Landhaus hell erleuchtet.

Die graue Gefahr: Die Ratte

»Und ...«, so sagte Charles Nodier in seinen fantastischen Erzählungen, »die Termite ist weiter auf dem Vormarsch ...«

Das Werk von Schriftstellern mit blühender Fantasie ist reich
an vielfältigen Befürchtungen; die Vernichtung der Erde ist eine
ihrer Schreckensvisionen.

Rosny — dieser erstaunliche Schriftsteller — sieht unseren
sterbenden Planeten, wie er in einem erbarmungslosen, schlei-
chenden Prozeß von Mineralien überwuchert wird, Maurice
Renard glaubt an die Schrecken aus großen Höhen, aber auch
an Dschungellichtungen, wo Monster auf uns lauern. Wells läßt
Marsmenschen auf einer Heide in England landen. Shiel berichtet von einem mysteriösen purpurroten Nebel, der die Menschheit dahinrafft. Und Conan Doyle läßt sich davon offenbar in-
spirieren und beschwört einen vergifteten Himmel herauf, dem
der verwegene Forscher Challenger Proben entnimmt ...

Weniger originelle Autoren ersinnen interplanetare Kollisio-
nen, entsetzliche Kriege oder eine neue Sintflut, um der guten
alten Erde den Garaus zu machen. Und bereits vor hundert Jahren hat uns der brave Charles Rodier also vor den Termiten ge-
warnt.

Bis heute haben die Termiten ihre Eroberungszüge allerdings
— abgesehen von einem Einfall in La Rochelle und einer eher
mühsamen Kolonisation in einigen Heidegebieten Frankreichs
— auf die Weiten des Kongos und Australiens beschränkt und
scheinen es damit bewenden lassen zu wollen. Zweifellos hat
Wells an sie gedacht, als er vor etwa zwanzig Jahren seine berühmte Erzählung *Das Reich der Ameisen* schrieb — einen brasi-
lianischen Alptraum.

Nun steht eine Gefahr dieser — oder doch ähnlicher Art aber
tatsächlich vor unseren Türen.

Sie geht in unseren Häfen an Land, sie steigt wie eine unheil-
volle Flutwelle aus Schiffsbäuchen empor, überschwemmt die
Lagerhäuser, ergießt sich als gewaltiger, ekelerregender Strom

in die unterirdische Kanalisation, in die schwarzen, stinkenden Abwässer.

Wenn sie noch nicht da ist, wird sie doch schon sehr bald bei uns auftauchen, versteckt im Dunkel tiefer Treppen, ausgestattet mit den gefährlichsten Waffen. Die Ratten ...

Es wird einen internationalen Kongreß zum Thema Ratten geben.

In Frankreich werden die von ihnen verursachten Schäden auf mehrere Milliarden jährlich geschätzt. Hinzu kommen diverse Epidemien, die diese Tiere von Land zu Land tragen, unter anderem Pest und Typhus.

Es war Dänemark, das zum Kongreß aufgerufen hat, und in diesem Land wurde auch eine Großoffensive gegen die Schädlinge gestartet, Millionen dieser Nagetiere fielen Gift, Fallen und elektrischem Strom zum Opfer, Aber die Ratte verteidigt sich auf zweierlei Art, zum einen, indem sie sich heimlich, still und leise von Orten zurückzieht, wo sie ihre Existenz gefährdet sieht, zum anderen durch Anwendung jener Technik, mit der britische Schiffsbauer auf den deutschen U-Boot-Krieg reagierten.

»Ihr zerstört uns 100 000 Tonnen pro Woche? Ausgezeichnet. Dann werden eben 200 000 die Werften verlassen.«

Die Ratte, die sich unglaublich schnell vermehrt, gibt Antwort auf das Gemetzel: »Eine Million der unsrigen ist umgekommen. Wir werden mit zwei Millionen zum Gegenschlag ausholen.«

Das würde allerdings auf seiten dieser Nager eine bemerkenswerte Intelligenz voraussetzen.

Zweifeln Sie nicht an dieser Intelligenz! Die Ratte besitzt sie. Eine furchterregende Kollektivintelligenz, ganz im Gegensatz zum Menschen.

Der einzelne Mensch ist ein Geschöpf, das außerordentlich intelligent sein kann; in der Masse verkümmert sein Denkvermögen, wird sein Geist für Dummheit der schlimmsten und brutalsten Art empfänglich.

Die einzelne Ratte stirbt in einer Falle, zwischen den Zähnen eines Hundes oder den Krallen einer Katze, unter dem Absatz eines Menschen. Die Rattengemeinschaft hingegen ist ausgesprochen zählebig, überwindet unzählige Hindernisse. Ihre mentale Energie ist einem Akkumulator, einer elektrischen Batterie vergleichbar.

Dieses besonnene Gruppenverhalten ist etwas ganz anderes als der stumpfsinnige Herdentrieb, dem nicht nur die weißen Karawanen unserer blökenden und friedfertigen Freunde, der Schafe, folgen, sondern auch die wilden Büffelherden, wo ein einzelnes Tier durch eine unerwartete Bewegung, sei es aus Angst oder aus Eigensinn, den schrecklichen *rush* auslösen kann: blindes Dahindonnern von hunderttausend Fleischkolossen, vergleichbar einer rasenden Springflut, die eine Spur von Tod und Zerstörung hinterläßt.

Das Gruppenverhalten von Schafen, Büffeln und Wildpferden ist von Panik geprägt; hingegen verfügen Ratten über eine Art kaltblütiger Intelligenz, konzentriert auf einen oder mehrere Anführer, die nur selten kenntlich sind und sich oft abwechseln, wie die ›Fluglotsen‹ bei den großen Dreiecksformationen von Wildgänsen und Stelzvögeln.

Die Gelehrten stimmen bereits ein ängstliches Gemurmel an und sprechen von ›psychischen Schwingungen‹, was zu schlimmsten Überraschungen führen könnte.

Die einzelne Ratte. Die Laborbeobachtung des isolierten Nagetiers hat nur falsche Angaben, fast könnte man sie Anekdoten nennen, über seine Psychologie geliefert.

Die Ratte ist ein wunderliches Geschöpf, ständig gereizt und wütend. Meine Begegnung mit einem Exemplar dieser Gattung liegt Jahre zurück, doch damals verspürte ich in einem flandrischen Garten eine Unruhe wie in den Tropen, Dschungel- und Buschjäger kennen dieses beklemmende Gefühl, von einem unsichtbaren und feindseligen Wesen beobachtet zu werden.

Latham, dieser Flieger mit Nerven aus Stahl, der schließlich den Hörnern eines wilden Büffels zum Opfer fiel, fühlte sich einmal aus dem Hintergrund eines riesigen Gebüschs *beobachtet* und entdeckte, daß dort eine schreckliche Python auf der Lauer lag.

Ich selbst empfand eines Tages in einer Bucht am Mittelmeer, daß unsichtbare Blicke jede meiner Bewegungen mit zorniger Neugier verfolgten, und unwillkürlich zuckte ich vor Schreck zusammen, als ich dicht unter der Wasseroberfläche das eisig glotzende Auge eines Oktopus von beträchtlicher Größe entdeckte.

In jenem flandrischen Garten, der so schlicht wie eine Nonnenenklave war, hatte ich nun also schon seit Tagen das unangenehme und unheimliche Gefühl, belauert zu werden. Und dann, an einem sonnigen Morgen, glaubte ich im ersten Moment, ein Windstoß hätte ein Blatt zum Leben erweckt, obwohl sich ringsum weder die Grashalme noch die anmutigen Chrysanthemen bewegten. Und da war sie: sie ließ mich nicht aus den Augen, verfolgte mich mit scheelen, haßerfüllten Blicken.

Ich spürte, daß sie in mir einen Feind sah. Welcher Expedition querfeldein mochte ich Riese im Wege stehen? Eine heftige Handbewegung genügte, um das Tier in die Flucht zu schlagen: es dürfte in seiner Angst kilometerweit durch das Labyrinth nahegelegener Kanäle gerast sein.

Eine verängstigte Maus zieht sich in einen Schlupfwinkel zurück; die Ratte, deren Bau immer mit dem Kanalisationsnetz in Verbindung steht, bewältigt aus Angst enorme Entfernungen.

Ich wußte, daß sie zurückkehren würde; also stellte ich Fallen auf und streute vergiftetes Korn aus. Sie schenkte beidem keine Beachtung. Bald bedauerte ich den Einsatz von Gift, dem unschuldige Spatzen zum Opfer fielen. Durch intensives Streicheln gelang es mir, die Nachbarskatze auf meinem Schoß zu halten, einen Kater von ansehnlicher Größe. Meine Beruhigungsversuche wären nicht nötig gewesen.

Er entdeckte die Ratte, machte große runde Augen, wandte verlegen den Blick ab und tat so, als interessiere er sich viel mehr für den Sturzflug einer Schwalbe. Gleich darauf verschwand er, ohne den Bau auch nur beschnuppert zu haben.

Jeden — oder fast jeden Morgen tauchte die schnurrbärtige Rattenschnauze aus dem Dunkel des Erdlochs auf, und ihr teuflischer Blick zeigte deutlich, daß sie mich verfluchte.

Ich legte Stücke von ranzigem Speck und stark riechendem Käse in die Nähe des Baueingangs, aber sobald die Ratte mich entdeckte, verschwand sie jedesmal wieder in der schmutzigen Dunkelheit ihrer Gänge, wobei sie vor Wut über ihr Pech laut fiepte.

Ich besaß einen Flobert-Karabiner, 9 mm, der mit Patronen mit runden Bleigeschossen geladen wurde …

Am dritten oder vierten Tag kam sie endlich aus ihrem Bau heraus.

Sie war riesig, blaugrau mit ockerfarbenen Sprenkeln. Blitzschnell, wie auf Rädern, eilte sie auf den Köder zu. Die Bleikugel zerschmetterte ihr Rückgrat.

Nun wohnte ich einem der schrecklichsten Todeskämpfe bei, die ich als Jäger und Angler je erlebt habe.

Das Hinterteil des Tieres war nur noch eine dunkelrote breiige Masse, doch der unversehrte Kopf war noch sehr lebendig und begann, die Wunde mit aller Kraft zu beißen, das zukkende Fleisch zu zerfetzen.

Das Nagetier schleppte sich langsam zur Seite, schien zu zögern, drehte sich dann, ohne mich zu beachten, mühsam um und streckte sich in der Sonne aus. Eine zweite Kugel zerschmetterte den kleinen Kopf mit den spitzen Zähnen.

Ich kenne auf der ganzen Welt kein wildes Tier, das nicht verzweifelt versuchen würde, seinen Bau oder seine Höhle zu erreichen, wenn es tödlich verwundet ist. Diese Ratte — so meine feste Überzeugung — hat sich wohl daran erinnert, daß jene, die blutüberströmt und entkräftet in die dunkle Stadt zurückkehrten, dort auf die unerbittlichste aller Feinde stießen — auf ihre eigenen ewig hungrigen Brüder. Sie hat den Tod im hellen Sonnenschein vorgezogen.

Es wäre mir ein leichtes, diesen Artikel mit Zahlen, Statistiken, Anklagen und Laboranekdoten, mit seitenlangen Auszügen aus Büchern und Zeitschriften vollzustopfen.

Denn es gibt eine umfangreiche Literatur über die Ratte; sie taucht in allen düsteren Dramen auf, in allen Schilderungen von Hungersnöten und von Kerkern. Es gibt legendäre Ratten, beispielsweise die des Rattenfängers von Hameln oder von Bingen, wo der berühmte ›Mäuseturm‹ steht (sicher handelte es sich um Ratten); und andere, sehr moderne, wie jene, die Madame Rachilde in ihrem Studio in der Rue de Condé züchtet.

Mir liegt nichts daran, mich hier als Leseratte — da nun schon einmal von Ratten die Rede ist — zu präsentieren. Ich rate aber jenen Lesern, die vor allem an praktischen Schutzmaßnahmen interessiert sind, die letzten Nummern der französischen wissenschaftlichen Zeitschrift *Je sais tout* zu Rate zu ziehen, wo ausgezeichnete Dokumentarberichte über die Offensive gegen das gefährliche Tier zu finden sind; ebenso empfehlenswert sind die zahlreichen Informationsbroschüren, die in Dänemark veröffentlicht wurden.

Bei diesem gewaltigen Problem beschäftigt und ängstigt mich in besonderem Maße ein bestimmter Punkt: und zwar jene Kollektivintelligenz, die in direktem Verhältnis zur Anzahl der Individuen zunimmt.

Das ist ein Faktum, das den Beobachtern im Labor entgeht. Ich habe mich deshalb an jene gewandt, die täglichen Kontakt mit den unzähligen grauen Armeen haben: an Seeleute, Flußschiffer, Kanalisations- und Hafenarbeiter, und von ihnen erhielt ich eine bestürzende Dokumentation, die ans Fantastische und Unglaubliche grenzt.

Eines Abends wurde irgendwo in Deutschland über Ratten gesprochen, Jemand sagte: *Die neuen Feldgrauen.*

Wie bedrohlich sich das anhörte!

Der große graue Verstand. Trotz meines festen Vorsatzes, nichts aus anderen Publikationen zu übernehmen, schneide ich aus dem *Matin* vom 5. April 1926 folgenden kurzen Artikel aus:

London, 4. April. — *Ein Polizist, der in der Stadt Aldershot seinen Dienst versah, mußte in der Nacht von Freitag auf Samstag einen harten Kampf gegen Gegner führen, auf die er in keiner Weise vorbereitet war.*

Es handelte sich um etwa hundert durstige Ratten, die sich auf dem Dach der Kasernen versammelt hatten, um den Tau abzulecken. Der Polizist, der die Tiere vertreiben wollte, schlug nach ihnen mit einem Knüppel.

Doch anstatt die Flucht zu ergreifen, umzingelten die Ratten den Mann, bissen ihn in die Beine und gruben ihre Zähne in seine Waffe.

Man weiß nicht, wie die Schlacht ausgegangen wäre, wenn nicht in diesem Moment in den Kasernen das laute Signal zum Wecken ertönt wäre. Eine der Ratten, nach Aussage des Polizisten ein großer und starker ›Ahnherr‹, stieß einen leisen Pfiff aus, als er das Signal hörte, und zog sich zurück. Die ganze Meute folgte dem Anführer.

Das Bemerkenswerte an dieser Information ist die Tatsache, daß eine Ratte, der ›Ahnherr‹, als eine Art Wachposten fungierte und ein Fluchtsignal gab.

Man könnte einwenden, daß es bei den meisten Tieren, die in Gemeinschaften leben — bei Jaks, Büffeln, Pekaris, Känguruhs usw. —, einen solchen ›Wächter‹ gibt. Besagter Vorfall wäre deshalb von geringer Bedeutung, wenn auch merkwürdig, würden nicht andere Fakten ebenfalls auf ein *intelligentes* Verhalten dieser gefährlichen Biester hindeuten.

Vor etwa vierzig Jahren war das alte Lagerhaus in den Docks von Gent — es brannte später nieder, wurde aber wieder aufgebaut — ein regelrechtes Rattennest.

Die Tiere waren so dreist, daß die Arbeiter sich bei ihren fünfzehnminütigen Essenspausen auf die Kais zurückziehen mußten, um nicht von den widerlichen Nagern umringt zu werden, die sich gierig auf jeden Krumen stürzten. Große Schäden richteten sie speziell in jenen Räumen an, wo über längere Zeit hinweg Stoff- und Lederballen gelagert wurden.

Ein alter Nachtwärter suchte die Verwalter auf und erklärte, er könne gegen ein geringes Entgelt der Plage Herr werden. Sein Erfolg glich einem Wunder: von einem bestimmten Tag an schien alles, was im Schuppen lagerte, für die Ratten tabu zu sein.

Erst einige Jahre später wurde das Geheimnis gelüftet — aber die Erklärung rief vielfach nur ungläubiges Kopfschütteln hervor. Der Nachtwächter hatte jeden Abend einen Blechteller mit einigen Tropfen Leinöl in eine Ecke gestellt. Er beobachtete, daß zwei oder drei große Ratten — mehr nie — und gelegentlich noch eine Ratte mit weißgetüpfeltem Fell das Öl aufleckten und dann wieder verschwanden. Die ganze Nacht über war dann in diesem Teil des Lagers von den Nagern keine Spur mehr zu sehen, obwohl Keller und Speicher vom Lärm ihrer Kämpfe und Schreie erfüllt waren.

Der alte Wächter glaubte felsenfest, auf diese Weise ein Abkommen mit dem Anführer der Ratten geschlossen zu haben — mit dem ›König‹, wie er sich ausdrückte. Und dabei fällt mir *Nußknacker und Mäusekönig* ein, jenes herrliche Märchen von E. T. A. Hoffmann, das so viele Kinder verzaubert hat ...

Mittlerweile habe ich erfahren, daß diese Art von Pakt nichts Neues war, daß in mehreren englischen Werften und in vielen Fischereihäfen das mysteriöse Rezept ein offenes Geheimnis ist, daß keiner an seiner Wirksamkeit zweifelt, daß aber auch niemand eine einleuchtende Erklärung für dieses Phänomen liefern kann. In einem Punkt sind sich jedoch alle Zeugen einig: nur zwei oder drei stattliche Exemplare teilen sich den ›Zehnten‹; die anderen tauchen nicht mehr auf, beobachten noch nicht einmal aus der Ferne neidisch das fürstliche Mahl der königlichen Hoheiten. Sie sind einfach wie vom Erdboden verschluckt.

Eine nicht minder bestürzende Aussage macht Monchmeyer, der König der deutschen *stowaways* — oder sogar aller nordeuropäischen.

Der *stowaway*, der blinde Passagier, ist das Phantom der Meere: außerordentlich geschickt und deshalb so gut wie nie dingfest zu machen.

Den Kapitänen und maritimen Versicherungsgesellschaften ist er ein Greuel, aber die Kohlentrimmer haben an ihm ihre helle Freude, und diese rauhen Gesellen helfen ihm oft heimlich.

Der blinde Passagier ist ein weitgereister Vagabund, der tausend Tricks kennt, wie man sich kurz vor dem Auslaufen eines Schiffes unbemerkt an Bord schleichen, die Fahrt mitmachen und bei einer Zwischenlandung oder im Zielhafen mühelos wieder entwischen kann.

Sein Leben, seine Verpflegung — das alles ergibt den farbigsten Seeabenteuerroman, den man sich nur vorstellen kann.

Doch die braven Männer, die sich schon bei seiner bloßen Erwähnung die Haare raufen, sind nicht die einzigen Feinde des blinden Passagiers: er stößt im Schiffsbauch auf Gegner, die ihm seinen Aufenthaltsort streitig machen — auf die Ratten.

Das Schrecklichste ist, daß es bei diesem Kampf im engen Dschungel des Schiffsrumpfs manchmal der Mensch ist, der unterliegt, obwohl sich seine Menschenbrüder nur wenige Schritte entfernt aufhalten.

Niemals wird in irgendeinem Bordbuch ein blankgenagtes Skelett erwähnt werden, das man nachts im Schein von Laternen aus den feuchten Tiefen des Schiffes heraufgeholt hat. Niemals! Der Kapitän, offensichtlich erfolglos im Aufspüren von blinden Passagieren, würde sofort ins Schußfeld der maritimen Versicherungsträger geraten, die sich weigern könnten, die Versicherungspolicen zu verlängern, wenn die Schiffe von derart nachlässigen Seeleuten befehligt werden! Ihre Begründung: Der blinde Passagier ist der große Brandstifter der Meere! Denn der blinde Passagier raucht in seinem engen Versteck! Er hat zwar durchaus nicht immer einen Zwieback in seinem Sack, aber stets einen Liter Alkohol ... Er raucht, er betrinkt sich, schläft besoffen ein, und die glimmende Zigarettenkippe besorgt den Rest.

Wer wird die Todesängste dieses armen Teufels schildern, der sich im Dunkeln und bei bleischwerer Luft der unsichtbaren Horde zu erwehren versucht, die ihn anfangs lautlos, dann pfeifend und quiekend angreift ... Die Ratten sind zunächst vorsichtig vorgerückt. Sie haben die stärksten Exemplare ihrer Truppe als Kundschafter ausgesandt. Der Mensch hat ihren Geruch wahrgenommen, diesen Gestank, anfangs säuerlich, dann immer schärfer, bestialischer. Der Geruch der Ratte! Man muß nur einmal einige Minuten bei geschlossenen Türen in einem Schiffsladeraum verbracht haben, um ihn für immer in der Nase zu behalten — eine giftige und bedrohliche Ausdünstung, schlimmer als der stärkste Verwesungsgeruch.

Dann spürt der Mensch einen kalten Schwanz an seinen Händen oder Wangen, denn die Ratte, die sich im Dunkeln nähert, macht noch vor der ersten Berührung eine jähe Kehrtwendung und peitscht auf der Flucht mit dem Schwanz. Wenig später dann der erste Körperkontakt, oft auch schon ein plötzlicher Biß, tief und grausam.

Wenn der Mensch bei Nacht gut sieht — viele Menschen tun das —, oder wenn seine Augen sich durch langen Aufenthalt an die Dunkelheit adaptiert haben, wird er überall rötliche Glühwürmchen erkennen können, jeweils zwei dicht nebeneinander: die Augen der Ratten.

In seiner Verzweiflung wird er sie vielleicht zu zählen versuchen — wenn ihm dazu noch Zeit bleibt. Falls das Rudel nämlich angriffslustig ist, wird es schlagartig über ihn herfallen, und die lebendige Flut wird ihn ertränken, ersticken, zerbeißen, töten und innerhalb kürzester Zeit zerstückeln und verschlingen.

So unwahrscheinlich sich das auch anhören mag, so ist es doch ausgerechnet diese *Angriffslust*, die der blinde Passagier auszunutzen und, von seiner Person abzulenken versucht. Wenn man dem erfahrenen Monchmeyer Glauben schenken kann, gelingt ihm das immer, wenn er um das Geheimnis der *Kontaktaufnahme* weiß.

Ich habe einige dieser Vagabunden der Meere kennengelernt: alle haben mir feierlich bestätigt, daß das stimmt, daß nur Dummköpfe oder Außenseiter, die das ›Losungswort‹ nicht wissen, ihre Schiffspassage schrecklich teuer — nämlich mit ihrem Leben — bezahlen.

Ich muß gestehen, daß ich die Zauberformel der Meere nicht kenne, aber sie unterscheidet sich im wesentlichen wohl nicht allzusehr von dem Mittel, das der alte Genter Nachtwächter und die englischen Hafenarbeiter anwandten.

Monchmeyer — ist das sein richtiger Name? — scheint sich jedenfalls mit den Ratten des Hamburger Hafens — und das heißt, mit den Ratten der ganzen Welt — ›verbündet‹ zu haben.

Es gibt frappierende Beweise für die tatsächliche Macht dieses Mannes. Der Kapitän eines großen Klippers, der zwischen Deutschland, Chile und den Salomonen verkehrte, beklagte sich bei Monchmeyer über eine regelrechteRatteninvasion, nicht nur im Schiffsbauch, sondern überall auf seinem Segelschiff, bis hin zu den Mastenaufbauten.

Monchmeyer besichtigte das Schiff von oben bis unten. Er hielt sich lange in den untersten Laderäumen auf, und der Kapitän beobachtete erstaunt, wie drei Ratten — darunter ein Albino — einige Schritte vom König der blinden Passagiere entfernt verweilten, so als lauschten sie ihm aufmerksam, Monchmeyer verbot dem Kapitän leise, die Nager zu vertreiben, dann blieb er eine Weile schweigend in der Nähe des unheimlichen Trios stehen.

»Kapitän«, erklärte Monchmeyer, »es wäre sinnlos, diese Tiere zu vertreiben, denn eine neue, genauso unangenehme Meute würde sofort ihren Platz einnehmen. Aber ich verspreche Ihnen, daß sie von nun an in ihren Verstecken bleiben und die Waren nicht anrühren werden. Teilen Sie mir mit, wann die letzte Ladung an Bord gebracht wird, vor allem aber — greifen Sie nicht ein, was immer auch geschieht!«

An besagtem Tag kam es zu einem derart merkwürdigen Ereignis, daß man geneigt wäre, es als Hirngespinst abzutun, wenn es nicht viele Zeugen dafür gäbe.

In der Abenddämmerung, als die letzten Waren festgezurrt wurden, rasten unzählige blaugraue Ratten vom Kai über die Brücke aufs Schiff: jene schrecklichen holländischen Ratten, deren Vorfahren vor etwa einem Jahrhundert die Bevölkerung eines Londoner Stadtviertels in Angst und Schrecken versetzt hatten.

Der Kapitän glaubte Monchmeyer heftige Vorwürfe machen zu müssen und beschimpfte ihn sogar als verdammten Zauberer und höllischen Hexenmeister — aber dieser erwiderte seelenruhig bei der Rückkehr des Schiffes würde man ja sehen ...

Der seltsame Kauz hatte sein Wort gehalten. Trotz doppelter Bevölkerungszahl verließ während der ganzen Reise keine einzige Ratte ihr Versteck in den Laderäumen.

Einer der Bordoffiziere gab eine Art Erklärung: in fast regelmäßigen Abständen von acht bis zehn Tagen, so behauptete er, hätten sich die Ratten in ihrem Refugium erbitterte Kämpfe geliefert, begleitet von ohrenbetäubendem Lärm. Jedesmal wäre dann plötzlich wieder Totenstille eingetreten.

»Meiner Ansicht nach«, sagte der Seemann, der Humor hatte, »führten diese Tiere einen Verpflegungskrieg: die Schlacht endete jeweils, sobald die Zahl der Toten ausreichte, um die Überlebenden zu sättigen, und das Gemetzel begann von neuem, sobald sie Hunger hatten.«

Georges G. Toudouze hat *La Tour d'épouvante* (Die schreckliche Reise) geschrieben, eine dramatische Abenteuergeschichte, die in der *Anthologie des maîtres de la peur* (Meister des Schreckens) von André de Lorde und Albert Dubeux zu literarischen Ehren kam. Ein einsamer Leuchtturm in Französisch-Guayana ist Schauplatz eines alptraumhaften Geschehens.

Eine aufgegebene holländische Brick strandet an der Felsspitze, wo der Leuchtturm steht, und aus den geborstenen Schiffsflanken ergießt sich ein nicht enden wollender Strom riesiger Ratten an Land. Sie belagern die drei Wächter, die einem grauenhaften Tod ins Auge sehen müssen.

Die Wirklichkeit stand dem Alptraum, den der ausgezeichnete französische Schriftsteller beschrieb, jedoch manchmal in nichts nach. So wurde Ende des 18. Jahrhunderts ein Fischernest am Cape Wrath im Nordwesten Schottlands von einer Legion blutrünstiger Ratten überfallen, ›die vom Meer gekommen waren‹.

Die Überlieferung besagt, daß die Strandräuber von Wrath einen holländischen Schoner in die Felsenriffe an der Küste gelockt hätten, daß die Schiffsratten sich an Land retten konnten und mit ihrem Überfall auf den Ort die Freibeuter bestraften. Man sah darin einen Fingerzeig Gottes.

Aber das alles führt mich auf einen Weg, dem ich noch lange folgen könnte: Angriffe in geschlossener Formation, auf die Fischschuppen in Drammen, Norwegen; das plötzliche Auftauchen einer Legion blaugrauer Ratten auf Fårö, das den einzigen Reichtum dieser Inseln — die Vorräte an getrocknetem Fisch — in Gefahr brachte.

Oder auch: eine Felsküste auf den Hebriden, mit Ratten übersät, die sich zweifellos nach einem Schiffsbruch dorthin gerettet hatten und nun darauf warteten, das nächstbeste Schiff, das sich diesem Ort nähern würde, zu entern.

Zum Schluß noch eine kleine Geschichte, in der Ratten die schändlichen Komplicen von Menschen waren. Sie hat sich vor mehr als fünfzig Jahren in London zugetragen. Die ideale Kulisse für ein Verbrechen: ein baufälliges Lagerhaus dicht an den schlammigen Flußufern. Ein sehr verdächtiger Schuppen ... Unbeleuchtete Loggerschiffe legten nachts dort an und machten sich vor Tagesanbruch im Schutz des Nebels aus dem Staub.

Eines schönen Tages tauchte jedoch aus den gelben Nebelschwaden plötzlich eine Korvette der Hafenpolizei auf.

Ein kurzer, aber harter Kampf. Die Besatzung des Piratenschiffs ist mit Gewehren bewaffnet; die Gesetzeshüter ebenfalls. Es gibt Verletzte auf beiden Seiten, aber das Luggerschiff wird aufgrund eines Manövrierfehlers ans Ufer geworfen und daraufhin im Sturm eingenommen, zusammen mit dem Lagerhaus.

Man entdeckt dort Skelette.

Es sind mindestens zwanzig, alle auf Hochglanz poliert wie jene aus dem Schiffsbauch, von denen hier bereits die Rede war.

Zunächst glaubt man, es handle sich um ein altes Beinhaus, aber die Wissenschaft mischt sich in die Sache ein und stellt fest, daß diese Menschen erst vor kurzem gestorben sind ...

Und dann kommt das grausige Verbrechen in seiner ganzen unglaublichen Brutalität ans Tageslicht! Ein Verbrechen, wie es in einem Jahrhundert nur zwei- oder dreimal vorkommt, Jack the Ripper oder dem Schlächter von Hannover gleichzusetzen ...

Diese Skelette *warten auf ihre Käufer*, auf Studenten, Ärzte,

Nekrophile und Irre, auf Liebhaber makabrer Nippes im Zeitgeschmack.

Ein Zahnarzt kauft sogar schöne Backenzähne!

Die finsteren Geschäftemacher geben zunächst ein Märchen von angeblicher Grabschändung zum besten, gestehen dann aber die Mordserie. Ein Schlag mit dem Sandsack, fertig war die Leiche, und *die Ratten vollendeten das Werk* ... Kellerratten ›säuberten‹ das Objekt von heute auf morgen! Nur Hände und Füße vertraute man ihnen nicht an, ›weil sie die kleinen Knochen beiseiteschaffen‹.

Den grausigen Berichten über dieses Verbrechen zufolge waren Unmengen von Insekten, Ameisen und Kakerlaken den Nagern behilflich. Sie erledigten die ›Feinarbeit‹.

Auf Befehl der Behörden wurde der unselige Lagerschuppen mit Öl und Pech übergossen und angezündet. Er ging in Flammen auf, und die Ratten und ihre Helfer, die Insekten, fanden darin den Tod, nur wenige Tage, bevor die Mörder ›am Halse aufgehängt wurden, bis daß der Tod eintrat‹. Die Leichen bestattete man in ungelöschtem Kalk, wo sie nun ihrerseits zerfressen wurden.

STEPHEN KING

Nona

Liebst du?

Ich höre ihre Stimme, die das sagt — manchmal höre ich sie
noch. In meinen Träumen.

Liebst du?

Ja, antworte ich. *Ja — und wahre Liebe wird niemals enden.*

Dann wache ich schreiend auf.

Ich weiß auch heute noch nicht, wie ich es erklären soll. Ich
kann Ihnen nicht sagen, warum ich das alles getan habe. Ich
konnte es auch beim Prozeß nicht. Und hier sind eine Menge
Leute, die mich danach fragen. Beispielsweise ein Psychiater.
Aber ich schweige. Meine Lippen sind versiegelt. Außer hier,
in meiner Zelle. Hier schweige ich nicht. Ich wache schreiend
auf.

Im Traum sehe ich sie auf mich zukommen. Sie trägt ein weißes, fast durchsichtiges Kleid, und ihr Gesichtsausdruck ist eine
Mischung aus Begierde und Triumph. Sie nähert sich mir in einem dunklen Raum mit Steinfußboden, und ich nehme den Geruch vermoderter Oktoberrosen wahr. Sie breitet die Arme aus,
und auch ich, während ich auf sie zugehe, um sie zu umarmen.

Ich verspüre Angst, Widerwillen, unsagbare Begierde. Angst
und Widerwillen, weil ich weiß, wo ich mich befinde; Begierde,
weil ich sie liebe. Ich werde sie immer lieben. Manchmal wünsche ich mir, es gäbe in diesem Staat noch die Todesstrafe. Ein
kurzer Weg durch einen dunklen Korridor, ein Stuhl mit gerader
Lehne und mit einer Schädelkappe aus Stahl, Klammern ... ein
kurzer Stromstoß, und ich wäre mit ihr vereint.

Wenn wir uns im Traum begegnen, wächst meine Angst, aber
es ist mir unmöglich, mich ihr zu entziehen. Meine Hände drük-
ken auf die glatte Fläche ihres Rückens, ihre Haut direkt unter
der dünnen Seide. Sie lächelt mit diesen unergründlichen
schwarzen Augen. Ihr Kopf neigt sich mir zu, ihre Lippen öffnen sich zum Kuß.

Dann verwandelt sie sich, schrumpelt zusammen. Ihre Haare werden rauh und struppig, das glänzende Schwarz zu häßlichem Braun, das auf eine schneeweiße Wange übergreift. Die Augen schrumpfen und werden zu Knöpfen. Das Weiße verschwindet, und sie starrt mich mit winzigen Äuglein an, die wie zwei glänzende Pechsteine aussehen. Der Mund wird zu einem Rachen, aus dem krumme gelbe Zähne vorstehen.

Ich versuche zu schreien. Ich versuche aufzuwachen.

Ich kann nicht. Ich bin wieder gefangen. Ich werde immer gefangen sein.

Ich werde von einer riesigen, widerlichen Friedhofsratte umarmt. Lichter tanzen vor meinen Augen. Oktoberrosen. Irgendwo läutet eine Totenglocke.

»Liebst du?« flüstert das Ding. »Liebst du?« Der Rosengeruch ist sein Atem, als es sich zu mir beugt, vermoderte Blumen in einer Leichenhalle.

»Ja«, antworte ich dem Ratten-Wesen. »Ja — und wahre Liebe wird niemals enden.« Dann schreie ich und erwache.

Sie glauben, was wir gemeinsam getan haben, hat mich in den Wahnsinn getrieben. Aber mein Verstand arbeitet noch so oder so, und ich habe nie aufgehört, nach den Antworten zu suchen. Ich möchte immer noch wissen, wie es war und was es war.

Sie geben mir Papier und einen Filzstift. Ich werde alles niederschreiben. Vielleicht wird das einige Ihrer Fragen beantworten, und wenn ich dabei bin, kann ich vielleicht auch einige von meinen beantworten. Und wenn ich fertig bin, habe ich noch etwas anderes. Sie *wissen nicht*, daß ich es habe. Ich habe es gestohlen. Es liegt unter der Matratze. Ein Messer aus der Gefängniskantine.

Als erstes muß ich von Augusta erzählen.

Während ich dies schreibe, ist es Nacht, eine schöne Augustnacht mit strahlendem Sternenhimmel. Ich kann ihn durch das Gitter vor dem Fenster sehen, das Ausblick auf den Innenhof und einen Streifen Himmel hat, den ich mit zwei Fingern abdecken kann. Es ist heiß, und abgesehen von Shorts bin ich nackt. Ich kann die leisen Sommerlaute der Frösche und Grillen hören. Aber ich kann den Winter zurückrufen, wenn ich die Augen schließe. Die bittere Kälte jener Nacht, die Unwirtlichkeit, die kalten, unfreundlichen Lichter einer Großstadt, die nicht meine Stadt war. Es war der vierzehnte Februar.

Sehen Sie, ich erinnere mich an alles.

Und sehen Sie meine Arme — schweißnaß, und ich habe eine Gänsehaut.

Augusta ...

Als ich nach Augusta kam, war ich mehr tot als lebendig, so kalt war es. Ich hatte mir einen schönen Tag ausgesucht, um dem Collegemilieu Adieu zu sagen und nach Westen zu trampen; es sah aus, als würde ich erfrieren, bevor ich den Staat verlassen hatte.

Ein Bulle hatte mich von der Autobahnböschung gekickt und gedroht, er würde mich hopps nehmen, wenn er mich noch einmal dort trampen sehen würde. Ich war fast versucht gewesen, ihm klugscheißerisch zu kommen, damit er es machte. Der flache, vierspurige Autobahnabschnitt hatte Ähnlichkeit mit einer Flugzeuglandebahn gehabt, der Wind hatte geheult und Pulverschneeschleier über den Beton gefegt. Und für die anonymen »Sie« hinter ihren Windschutzscheiben aus Sicherheitsglas ist jeder, der in der Dunkelheit auf der Standspur steht, entweder ein Räuber oder Mörder, und wenn er lange Haare hat, kann man der Liste noch Schwule und Kinderschänder hinzufügen.

Ich versuchte es eine Zeitlang auf der Zufahrtsstraße, hatte aber kein Glück. Und gegen Viertel vor acht wurde mir klar, daß ich, wenn ich nicht irgendwohin ins Warme kam, bald umkippen würde.

Ich ging anderthalb Meilen, bis ich an der 202 gerade innerhalb der Stadtgrenze eine Raststätte entdeckte. JOES GUTES ESSEN stand auf dem Neonschild. Auf dem Schotterparkplatz standen drei Laster und eine neue Limousine. Über der Tür hing eine verwelkte Weihnachtsgirlande, die abzunehmen sich niemand die Mühe gemacht hatte, und daneben ein Thermometer, das gerade fünf Striche Quecksilber über der großen Null zeigte. Ich hatte keinen Schutz für meine Ohren als mein Haar, und meine Wildlederhandschuhe fielen fast auseinander. Meine Fingerspitzen fühlten sich wie Holzmöbel an.

Ich machte die Tür auf und trat ein.

Die Hitze fiel mir als erstes auf, warm und angenehm. Als nächstes ein Hillbillysong aus der Musikbox, die unverkennbare Stimme von Merle Haggard: »We don't let our hair grow long and shaggy, like the hippies out in San Francisco do.«

Das dritte, was mir auffiel, war DER BLICK. Man lernt DEN BLICK kennen, sobald man die Haare über die Ohrläppchen wachsen läßt. Dann wissen die Leute nämlich, daß man nicht zu den Lions, Elks oder Kriegsveteranen gehört. Man lernt DEN BLICK kennen, aber gewöhnen kann man sich nie daran.

Die Leute, die mir an jenem Abend DEN BLICK zuwarfen, waren vier Lastwagenfahrer in einer Nische, zwei weitere an der Theke, zwei alte Damen in billigen Pelzmänteln mit blau getönten Haaren, der Imbißkoch und ein schlaksiger Bursche mit Seifenwasser an den Händen. Ganz am Ende der Theke saß ein Mädchen, aber die sah nur stur in ihre Kaffeetasse.

Sie war das vierte, das mir auffiel.

Ich bin alt genug zu wissen, daß es sowas wie Liebe auf den ersten Blick nicht gibt. Das ist etwas, das Rogers und Hammerstein sich eines Tages ausgedacht haben, weil es sich auf »Moon and June« reimt. Etwas für Kinder, die beim Schülerball Händchen halten, richtig?

Aber als ich sie ansah, spürte ich etwas. Sie können lachen, aber das würden Sie nicht, wenn Sie sie gesehen hätten. Sie war fast unerträglich schön. Mir war hundertprozentig klar, daß alle anderen in Joes Lokal das so gut wie ich wußten. Ebenso, wie mir klar war, daß sie DEN BLICK abbekommen hatte, bevor ich hereingekommen war. Sie hatte rabenschwarzes Haar, so schwarz, daß es unter dem Neonlicht fast blau wirkte. Es fiel offen über die Schultern ihres abgetragenen Mantels. Ihre Haut war schneeweiß, mit nur einem Hauch von Röte unter der Haut — die Kälte, die sie von draußen mit hereingebracht hatte. Dunkle, rußfarbene Wimpern. Ernste Augen, die an den Winkeln ein ganz klein wenig schräg standen. Ein voller, beweglicher Mund unter einer geraden Patriziernase. Ich könnte nicht sagen, was für eine Figur sie hatte. Es war mir egal. Wäre es Ihnen auch gewesen. Sie brauchte nur dieses Gesicht, dieses Haar, dieses *Aussehen*. Sie war exquisit. Das ist das einzige Wort, das wir im Englischen für sie haben.

Nona.

Ich setzte mich zwei Hocker von ihr entfernt hin, und der Imbißkoch kam herüber und sah mich an. »Was?«

»Schwarzen Kaffee, bitte.«

Er ging ihn holen. Hinter mir sagte jemand: »Ich glaube, Jesus ist wiedergekommen, wie meine Mama immer gesagt hat.«

Der schlaksige Tellerwäscher lachte, ein hastiges hou-hou. Die Lastwagenfahrer an der Theke stimmten ein.

Der Koch brachte mir meinen Kaffee, stellte ihn unsanft auf der Theke ab und schüttete einige Tropfen auf das langsam tauende Fleisch meiner Hand. Ich zog sie mit einem Ruck zurück.

»Tschuldigung«, sagte er gleichgültig.

»Er kann's ja selber heilen«, rief einer der Lastwagenfahrer aus der Nische.

Die blaugetönten Zwillinge bezahlten ihre Rechnung und eilten hinaus. Einer der Könige der Landstraße schlenderte zur Musikbox und warf ein Zehncentstück ein. Johnny Cash begann zu singen: »A boy named Sue.« Ich blies auf meinen Kaffee.

Jemand zupfte mich am Ärmel. Ich drehte den Kopf, und da war sie — sie war auf den freien Hocker gerutscht. Es blendete mich fast, dieses Gesicht aus nächster Nähe zu sehen. Ich verschüttete noch etwas von meinem Kaffee.

»Entschuldigung.« Ihre Stimme war leise, fast tonlos.

»Meine Schuld. Ich habe noch kein Gefühl in den Fingern.«

»Ich ...

Sie verstummte scheinbar ratlos. Ich bemerkte plötzlich, daß sie Angst hatte. Ich spürte, wie meine erste Reaktion auf sie mich wieder überkam — sie zu beschützen, auf sie aufzupassen, zu machen, daß sie keine Angst mehr hatte. »Ich brauche eine Mitfahrgelegenheit«, fuhr sie hastig fort. »Ich habe mich nicht getraut, einen von denen zu fragen.« Sie machte eine kaum merkliche Geste zu den Lastwagenfahrern in der Nische.

Wie soll ich Ihnen verständlich machen, daß ich alles gegeben hätte — *alles* — wenn ich ihr hätte sagen können: *Klar, trinken Sie Ihren Kaffee, ich parke direkt vor der Tür.* Es klingt verrückt, wenn ich sage, daß mir nach einem halben Dutzend Worten aus ihrem Mund und etwa genau soviel aus meinem so zumute war, aber es war so. Sie anzusehen war, als sähe man die Mona Lisa oder die Venus von Milo, die zum Leben erwacht waren. Und da war noch ein Gefühl. Mir war, als wäre plötzlich ein helles Licht in der verwirrten Dunkelheit meines Gehirns eingeschaltet worden. Es wäre leichter, wenn ich sagen könnte, daß sie eine Aufreißerin war und ich ein Frauenheld, der rasch eine komische Bemerkung und viel Süßholzraspeln parat hatte, aber das waren weder sie noch ich. Ich wußte nur, daß ich nicht hatte, was sie brauchte, und das brach mir das Herz.

»Ich trampe«, erklärte ich ihr. »Ein Bulle hat mich von der Autobahn gekickt, und ich bin nur hergekommen, um mich aufzuwärmen. Tut mir leid.«

»Sind Sie von der Universität?«

»War ich. Ich bin gegangen, bevor sie mich rausschmeißen konnten.«

»Auf dem Heimweg?«

»Ich habe kein Zuhause. Ich bin Waise. Ich war mit einem Stipendium an der Schule. Hab's vermasselt. Jetzt weiß ich nicht, wohin ich gehen soll.« Meine Lebensgeschichte in fünf Sätzen. Ich glaube, ich war deprimiert.

Sie lachte — mir wurde heiß und kalt von dem Klang. »Wir sind zwei Latten am selben Zaun, glaube ich.«

Ich dachte, sie hätte *Latten* gesagt. Ich *dachte* es. Damals. Aber ich habe hier viel Zeit zum Nachdenken gehabt, und mir mehr und mehr eingebildet, daß sie vielleicht *Ratten* gesagt hat. *Ratten* am selben Zaun. Ja. Und das ist nicht dasselbe, oder?

Ich wollte gerade meinen Trumpf an Konversation ausspielen — etwas Geistreiches wie ›Tatsächlich?‹ — als sich mir eine Hand auf die Schulter legte.

Ich drehte mich um. Es war einer der Lastwagenfahrer aus der Nische. Er hatte blonde Bartstoppeln auf dem Kinn und ein Küchenstreichholz im Mundwinkel. Er roch nach Motorenöl und sah aus wie aus einer Zeichnung von Steve Ditko.

»Ich glaube, du bist fertig mit deinem Kaffee«, sagte er. Er verzog die Lippen um das Streichholz herum zu einem Grinsen. Er hatte eine Menge blütenweißer Zähne.

»Was?«

»Du verpestest das Lokal, Junge. Du bist doch ein Junge, oder? Ist ziemlich schwer zu sagen.«

»Du riechst auch nicht nach Rosen«, sagte ich. »Was ist das für ein Aftershave, Hübscher? *Eau de Getriebegehäuse?*«

Er schlug mir mit dem Handrücken heftig seitlich ins Gesicht. Ich sah schwarze Punkte.

»Keine Schlägerei hier drin«, sagte der Imbißkoch. »Wenn du ihn zu Brei schlagen willst, dann draußen.«

»Komm mit, elender Kommunist«, sagte der Lastwagenfahrer.

Das ist die Stelle, wo das Mädchen gewöhnlich »Hände weg« oder »Sie Rohling« sagt. Sie sagte nichts. Sie beobachtete uns beide mit fieberhafter Intensität. Es war beängstigend. Ich glaube, daß mir da zum erstenmal auffiel, wie groß ihre Augen wirklich waren.

»Muß ich dir noch eine scheuern?«

»Nein. Komm mit, Arschgesicht.«

Ich weiß nicht, wie mir das herausgerutscht ist. Ich kämpfe nicht gern. Ich bin kein guter Kämpfer. Und ein noch schlechterer Schmäher. Aber ich war in Wut geraten. Es kam so plötzlich über mich, daß ich ihn umbringen wollte.

Vielleicht spürte er das irgendwie. Einen Augenblick spiegelte sein Gesicht einen Hauch Unsicherheit wider, eine unbewußte Überlegung, ob er sich nicht den falschen Hippie ausgesucht hatte. Dann war es vorbei. Er würde nicht vor einem langhaarigen, elitären, weibischen Snob kneifen, der sich mit der Flagge den Arsch abwischte — zumindest nicht vor seinen Kumpeln. Ein Teufelskerl von Lastwagenfahrer wie er doch nicht.

Die Wut schlug wieder über mir zusammen. Schwuchtel? Schwuchtel? Ich war außer mir vor Wut und genoß es. Meine Zunge war wie aufgequollen im Mund. Mein Magen war verkrampft.

Wir gingen zur Tür, und die Kumpel meines Kumpels rissen die Ärsche von den Stühlen, um sich den Spaß nicht entgehen zu lassen.

Nona? Ich dachte an sie, aber nur vage im Hinterkopf. Ich wußte, daß Nona da sein würde. Nona würde auf mich aufpassen. Ich wußte es, wie ich wußte, daß es draußen kalt sein würde. Es war seltsam, das von einem Mädchen zu wissen, das ich erst vor fünf Minuten kennengelernt hatte. Seltsam, aber das kam mir erst später in den Sinn. Mein Verstand wurde von einer dichten Wolke der Wut verdunkelt — nein, förmlich eingehüllt. Mir war mörderisch zumute.

Die Kälte war so klar und klirrend, daß ich das Gefühl hatte, als durchschnitten wir sie mit den Körpern wie mit einem Messer. Der gefrorene Kies auf dem Parkplatz knirschte harsch unter seinen schweren Stiefeln und meinen Schuhen. Der runde, aufgeblähte Vollmond sah mit gleichgültigem Blick auf uns herab. Er war von einem Ring umgeben — ein Vorbote schlechten Wetters. Der Himmel war schwarz wie eine Nacht in der Hölle. Im monochromen Licht einer einzigen Natriumdampflampe auf einem hohen Pfosten hinter den geparkten Wagen wirkten unsere Schatten winzig und zwergenhaft. Unser Atem bildete abgehackte Wölkchen in der Luft. Der Lastwagenfahrer drehte sich zu mir um und ballte die Fäuste in Handschuhen.

»Okay, Hundesohn«, sagte er.

Ich schien zu wachsen — mein ganzer Körper schien zu wachsen. Irgendwie war mir dumpf bewußt, daß mein Verstand von einem unsichtbaren Etwas ausgeschaltet wurde, von dessen Vorhandensein ich nicht einmal etwas geahnt hatte. Das erschreckte mich — aber gleichzeitig begrüßte ich es, brannte vor Verlangen danach. In diesem letzten Moment zusammenhängenden Denkens war mir, als sei mein Körper zu einer Steinpyramide oder einem Wirbelsturm geworden, der alles vor sich hinwegfegen konnte wie bunte Zahnstocher. Der Lastwagenfahrer kam mir klein, schwächlich und unbedeutend vor. Ich lachte ihn aus. Ich lachte, und das Geräusch war so hohl und schwarz wie die Vollmondnacht oben.

Er kam auf mich zu und schwenkte die Fäuste. Ich fing seine rechte ab, die linke landete in meinem Gesicht, ohne daß ich etwas spürte, dann trat ich ihm in den Magen. Die Luft wich als weiße Wolke aus ihm. Er hielt sich den Bauch, hustete und versuchte zurückzuweichen.

Ich lief hinter ihn und lachte immer wie ein Hund, der den Mond anbellt, und schlug ihn dreimal, bevor er auch nur eine Vierteldrehung machen konnte, am Nacken, der Schulter, einem roten Ohr.

Er jaulte, und eine seiner wirbelnden Fäuste streifte meine Nase. Die Wut, die über mich gekommen war, erblühte, und ich kickte ihn mit dem Fuß hoch und fest, wie ein Fußballspieler. Er schrie in die Nacht und ich hörte eine Rippe brechen. Er klappte zusammen, und ich sprang ihn an.

Bei der Verhandlung hat einer der anderen Lastwagenfahrer

ausgesagt, ich hätte mich wie ein wildes Tier aufgeführt. Und das habe ich. Ich kann mich nicht mehr an viel erinnern, aber daran schon, daß ich ihn angefaucht und angeknurrt habe wie ein tollwütiger Hund.

Ich stellte mich breitbeinig über ihn, packte sein fettiges Haar mit den Händen und rieb sein Gesicht auf dem Kies hin und her. Im trüben Licht der Natriumdampflampe sah sein Blut schwarz aus, wie das Blut von Käfern.

»Mein Gott, aufhören!« schrie jemand.

Hände packten mich an den Schultern und zogen mich weg. Ich sah verschwommene Gesichter und schlug nach ihnen.

Der Lastwagenfahrer versuchte wegzukriechen. Sein Gesicht war eine blutige Maske, aus der benommene Augen glotzten. Ich riß mich von den anderen los, kickte wieder nach ihm und grunzte jedesmal zufrieden, wenn ich ihn traf.

Er war nicht mehr imstande zurückzuschlagen. Er versuchte nur noch, davonzukriechen. Bei jedem Fußtritt, den ich ihm versetzte, kniff er die Augen zu wie eine Schildkröte und hielt inne. Dann kroch er weiter. Er sah albern aus. Ich beschloß, ihn umzubringen. Ich würde ihn zu Tode trampeln. Dann würde ich die anderen umbringen — bis auf Nona.

Ich kickte noch einmal nach ihm, worauf er sich auf den Rükken drehte und benommen zu mir aufsah.

»Gnade«, krächzte er. »Gnade. Bitte. Bitte ...«

Ich kniete mich neben ihn und spürte, wie sich der Kies durch die dünnen Jeans in meine Knie bohrte.

»Paß gut auf, Hübscher«, flüsterte ich. »Hier ist deine Gnade.«

Ich legte ihm die Hände um den Hals.

Drei sprangen auf einmal auf mich und zerrten mich weg. Ich stand immer noch grinsend auf und ging auf sie zu. Sie wichen zurück, drei Bären von Männern, und alle grün im Gesicht vor Angst.

Dann schaltete es ab.

Es schaltete einfach ab, und es war wieder nur ich selbst, der auf dem Parkplatz von JOES GUTES ESSEN stand, schwer atmete und sich elend und entsetzt fühlte.

Ich drehte mich um und sah zum Imbiß zurück. Das Mädchen stand dort; ihre wunderbaren Gesichtszüge strahlten triumphierend. Sie hob eine Faust in Schulterhöhe und salutierte mir wie zu der Zeit die Farbigen bei der Olympiade.

Ich drehte mich wieder zu dem Mann am Boden um. Er versuchte immer noch fortzukriechen, als ich auf ihn zuging, verdrehte er ängstlich die Augen.

»Rühr ihn nicht an!« rief einer seiner Freunde.

Ich sah sie verwirrt an. »Tut mir leid ... ich wollte nicht ... ich wollte ihn nicht so schlimm zurichten. Ich möchte helfen ...«

»Sie verschwinden hier, und sonst nichts«, sagte der Imbißkoch. Er stand vor Nona am Fuß der Treppe und hielt einen fettigen Kochlöffel in der Hand. »Ich ruf die Bullen.«

»He, Mann, *er* hat angefangen! Er ...«

»Verschon mich mit deinem Geschwätz, elende Schwuchtel«, sagte er und ging hinauf. »Ich weiß nur, daß du den Mann fast umgebracht hättest. Ich ruf die Bullen!« Er lief nach drinnen.

»Okay«, sagte ich in die Runde. »Okay, schon gut, okay.«

Ich hatte meine Wildlederhandschuhe drinnen liegengelassen, aber es schien keine gute Idee zu sein, hineinzugehen und sie zu holen. Ich steckte die Hände in die Taschen und machte mich auf den Rückweg zur Zufahrtsstraße. Ich schätzte meine Chancen, mitgenommen zu werden, bevor die Bullen mich schnappten, auf eins zu zehn. Meine Ohren waren eiskalt, und mir war flau im Magen. Beschissene Nacht.

»Warte! He, warte!«

Ich drehte mich um. *Sie* war es, sie lief, um mich einzuholen, und ihre Haare wehten hinter ihr her.

»Du warst toll«, sagte sie. »Echt toll.«

»Ich habe ihn schwer verletzt«, sagte ich dumpf. »Ich habe so etwas noch nie getan.«

»Ich wünschte, du hättest ihn umgebracht!«

Ich sah sie im frostklaren Licht blinzelnd an.

»Du hättest hören sollen, was sie über mich gesagt haben, bevor du reingekommen bist. Gelacht haben sie, auf diese großspurige schmutzige Art — haha, seht euch das kleine Mädchen an, noch so spät im Dunkeln unterwegs. Wohin des Wegs, Süße? Willst du mitfahren? Ich besorg dir 'ne Fahrt, wenn du's mir besorgst. *Verdammt!*«

Sie sah über die Schulter, als könnte sie sie mit einem Blitz aus ihren dunklen Augen töten. Dann wandte sie sich mir wieder zu, und ich hatte wieder das Gefühl, als wäre ein Scheinwerfer in meinem Gehirn eingeschaltet worden. »Ich heiße Nona. Ich komme mit dir.«

»Wohin? Ins Gefängnis?« Ich zog mit beiden Händen an meinen Haaren. »Damit wird der erste, der anhält, wahrscheinlich ein Bulle sein. Dieser Koch hat ernst gemeint, daß er die Bullen rufen würde.«

»*Ich* halt den Daumen raus. Du stellst dich hinter mich. Sie werden für mich anhalten. Sie halten immer bei einem Mädchen, wenn es hübsch ist.«

Dem konnte ich nicht widersprechen und wollte es auch nicht. Liebe auf den ersten Blick? Vielleicht nicht. Aber etwas war es. Können Sie das nachvollziehen?

»Hier«, sagte sie. »Die hast du vergessen.« Sie gab mir die Handschuhe.

Sie war nicht nochmal reingegangen, und das bedeutete, sie hatte sie die ganze Zeit gehabt. Sie hatte gewußt, daß sie mit mir kommen würde. Mir wurde unheimlich zumute. Ich zog meine Handschuhe an, und wir gingen die Zufahrtstraße entlang zur Autobahnböschung.

Sie hatte recht gehabt mit der Fahrt. Das erste Auto, das den Zubringer entlang kam, nahm uns mit.

Wir hatten beim Warten nicht mehr miteinander gesprochen, aber mir kam so vor, als hätten wir es. Ich werde Ihnen jetzt nicht diesen Blödsinn über PSI und sowas auftischen; Sie wissen selbst, wovon ich spreche. Sie haben es selbst erlebt, wenn Sie je bei einem Menschen waren, der Ihnen wirklich nahestand, oder wenn Sie jemals eine dieser Drogen geschluckt haben, deren Namen aus Anfangsbuchstaben bestehen. Man muß sich nicht unterhalten. Die Kommunikation scheint über eine emotionale Hochfrequenz-Wellenlänge abzulaufen. Eine Handbewegung sagt alles. Wir waren Fremde. Ich kannte nur ihren Vornamen, und wenn ich jetzt zurückdenke, glaube ich nicht, daß ich ihr meinen gesagt habe. Aber es klappte. Es war keine Liebe. Ich hasse es, das dauernd zu wiederholen, aber ich habe das Gefühl, ich müßte es. Ich möchte das Wort nicht mit dem, was zwischen uns war, in den Dreck ziehen — nicht nach allem, was wir getan haben, nicht nach Castle Rock, nicht nach den Träumen.

Ein hoher, greller auf- und abschwellender Sirenenton zerriß die kalte Stille der Nacht.

»Hört sich wie ein Krankenwagen an«, sagte ich.

»Ja.«

Wieder Schweigen. Das Mondlicht verschwand hinter der dikken Membran einer Wolke. Ich dachte, der Ring um den Mond hatte nicht getrogen; noch bevor die Nacht vorüber war, würden wir Schnee bekommen.

Scheinwerfer tasteten sich über die Hügel.

Ich stellte mich hinter sie, ohne daß sie es mir noch einmal sagen mußte. Sie strich ihr Haar zurück und hob dieses wunderschöne Gesicht. Während ich beobachtete, wie der Blinker signalisierte, daß das Auto auf die Autobahnauffahrt wollte, überkam mich ein Gefühl des Unwirklichen — es konnte nicht wirklich sein, daß dieses bildschöne Mädchen sich entschlossen hatte, mit mir zu kommen, es konnte nicht wirklich sein, daß ich einen Mann so zusammengeschlagen hatte, daß er einen Krankenwagen brauchte, es konnte nicht wirklich sein, daß ich am Morgen vielleicht im Gefängnis sein würde. Unwirklich. Ich kam mir vor wie in einem Spinnennetz. Aber wer war die Spinne?

Nona streckte den Daumen aus. Das Auto, eine Chevrolet-Limousine, fuhr an uns vorbei, und ich dachte, es würde weiterfahren. Dann leuchteten die Schlußlichter auf und Nona packte mich an der Hand. »Komm, der nimmt uns mit!« Sie grinste mich mit kindlicher Freude an, und ich grinste zurück.

Der Typ lehnte sich enthusiastisch über den Beifahrersitz, um ihr die Tür zu öffnen. Als die Innenbeleuchtung anging, konnte ich ihn sehen — ein ziemlich großer Mann in einem teuren Kamelhaarmantel, graue Haare unter dem Hutrand, markante Gesichtszüge, die vom jahrelangen guten Essen aufgeschwemmt waren. Ein Geschäftsmann oder Handelsvertreter. Allein. Als er mich sah, zuckte er zurück, aber es war schon eine oder zwei Sekunden zu spät, den Gang einzulegen und die Flatter zu machen. Außerdem war es so leichter für ihn. Später konnte er sich einreden, er hätte uns beide gesehen, er wäre ein wirklich großmütiger Mann, der einem jungen Pärchen weiterhelfen wollte.

»Kalte Nacht«, sagte er, während Nona neben ihm und ich neben ihr Platz nahm.

»Kann man wohl sagen«, sagte Nona honigsüß. »Danke!«

»Ja«, sagte ich. »Danke.«

»Nicht der Rede wert.« Und wir brausten los und ließen Sirenen, zusammengeschlagene Lastwagenfahrer und JOES GUTES ESSEN hinter uns zurück.

Ich war um halb acht von der Autobahn gekickt worden. Jetzt war es erst halb neun. Es ist erstaunlich, wieviel man in so kurzer Zeit tun kann, oder wieviel einem angetan werden kann.

Wir näherten uns den gelben Blinklichtern der Mautstation von Augusta.

»Wohin wollt ihr?« erkundigte sich der Fahrer.

Das war eine Herausforderung. Ich hatte gehofft, bis Kittery zu kommen und bei einem Bekannten reinzuplatzen, der dort Lehrer war. Es schien mir als Antwort so gut zu sein wie jede andere, und ich wollte gerade den Mund aufmachen und sie geben, als Nona sagte:

»Wir wollen nach Castle Rock. Das ist eine kleine Stadt südwestlich von Lewiston-Auburn.«

Castle Rock. Das gab mir ein seltsames Gefühl. Früher hatte ich mich in Castle Rock gut ausgekannt. Aber das war bevor Ace Merrill mich versaut hat.

Der Typ hielt an, zog eine Mautkarte, und schon ging's weiter.

»Ich fahre nur bis Gardiner«, log er aalglatt. »Die nächste Ausfahrt. Aber immerhin ein Anfang für euch.«

»So ist es«, sagte Nona so honigsüß wie zuvor. »Es war nett von Ihnen, in so einer kalten Nacht anzuhalten.« Und während sie das sagte, spürte ich auf jener emotionalen Wellenlänge ihren heimlichen Zorn, nackt und voller Gift. Er machte mir Angst, wie ein Ticken in einem Päckchen mir Angst machen würde.

»Mein Name ist Blanchette«, sagte er. »Norman Blanchette.« Er hielt die Hand in unsere Richtung, damit wir sie schüttelten.

»Cheryl Craig«, sagte Nona und drückte sie graziös.

Ich verstand ihren Wink und nannte ihm ebenfalls einen falschen Namen. »Sehr erfreut«, murmelte ich.

Seine Hand war weich und schlaff. Sie fühlte sich an wie eine

Wärmflasche in Form einer Hand. Der Gedanke machte mich krank. Es machte mich krank, daß wir gezwungen gewesen waren, diesen gönnerhaften Mann um eine Fahrt zu bitten, der geglaubt hatte, er könnte ein hübsches, ganz allein trampendes Mädchen aufreißen, das vielleicht nichts dagegen haben würde, für das Geld für eine Busfahrkarte eine Stunde in einem Motelzimmer zu verbringen. Es machte mich krank zu wissen, daß dieser Mann, der mir gerade seine schlaffe, heiße Hand gereicht hatte, an mir vorbeigebraust wäre, ohne mich auch nur eines zweiten Blickes zu würdigen, wenn ich allein gewesen wäre. Es machte mich krank zu wissen, daß er uns an der Ausfahrt Gardiner absetzen, wenden, an uns vorbei auf der Südrampe auf die Autobahn zurückbrausen, uns keines Blickes würdigen und sich beglückwünschen würde, daß er eine ärgerliche Situation so elegant gelöst hatte. Alles an ihm machte mich krank. Die schwabbeligen Schweinebacken, die zurückgekämmten Schmalzlocken, der Geruch seines Eau de Cologne.

Und welches Recht hatte er? Welches Recht?

Die Übelkeit nahm zu, die Blumen des Zorns erblühten in mir. Die Scheinwerfer seiner protzigen Impala-Limousine durchschnitten mit Leichtigkeit die Nacht, und meine Wut hätte am liebsten alles zerstört, wofür er stand — die Art von Musik, die er hören würde, wenn er sich mit der Abendzeitung in den Wärmflaschenhänden bequem in seinem Sessel zurücklehnte, das Shampoo, das seine Frau für ihr Haar benutzte, die Unterwäsche, die sie trug und die ich mir genau vorstellen konnte, seine Kinder, die immer ins Kino oder in die Schule oder ins Ferienlager geschickt wurden — solange sie nur fort waren! —, seine snobistischen Freunde und die Saufparties, die sie mit ihnen feiern würden.

Aber sein Eau de Cologne — das war das schlimmste. Es erfüllte das Auto mit seinem süßen, übelkeiterregenden Duft. Es roch wie das parfümierte Desinfektionsmittel, das am Ende jeder Schicht in den Schlachthäusern versprüht wird.

Das Auto glitt durch die Nacht, und Norman Blanchette hielt mit seinen dicken Wurstfingern das Lenkrad. Seine manikürten Nägel schimmerten im Licht des Armaturenbretts. Ich wollte ein Ausstellfenster aufmachen, um diesem ekelhaften Geruch zu entkommen. Nein, mehr — ich wollte das ganze Fenster herunterkurbeln und den Kopf in die kalte Luft hinausstrecken, in der kühlen Frische schwelgen — aber ich war wie erstarrt, erstarrt im klaffenden Maul meines wortlosen, unaussprechlichen Hasses.

Da drückte mir Nona die Nagelfeile in die Hand.

Mit drei Jahren hatte ich eine schlimme Grippe und mußte ins Krankenhaus. Während ich dort lag, schlief mein Vater mit brennender Zigarette im Bett ein, und das Haus brannte nieder — mit meinen Eltern und meinem älteren Bruder Drake. Ich habe Fotos von ihnen. Sie sehen aus wie Schauspieler aus einem Horror-Film von International Artists aus dem Jahr 1958 — Gesichter, die einem nicht so vertraut sind wie die der berühmten Stars, eher vielleicht wie Elisha Cook Jr. und Mara Corday und ein Kinderdarsteller, an den man sich nicht richtig erinnern kann — etwa Brandon DeWilde.

Ich hatte keine Verwandten, die mich bei sich aufnehmen konnten, deshalb verbrachte ich fünf Jahre in einem Heim in Portland. Dann wurde ich ein Pflegekind. Das bedeutet, man wird von einer Familie aufgenommen, die dafür vom Staat dreißig Dollar im Monat erhält. Ich glaube nicht, daß ein Pflegekind jemals Hummer zu essen bekommen hat. Normalerweise nahm ein Ehepaar zwei oder drei Heiminsassen bei sich auf — nicht weil die Milch der Menschenfreundlichkeit in ihren Adern fließt, sondern aus Geschäftssinn. Sie geben einem zu essen. Sie nehmen die dreißig Dollar, die der Staat ihnen gibt, und geben einem zu Essen. Wenn das Kind satt ist, kann es seinen Lebensunterhalt durch Arbeiten im Haus verdienen. Aus den dreißig werden vierzig, fünfzig, vielleicht sogar fünfundsechzig Dollar. Kapitalismus, angewandt auf Heimkinder. Das tollste Land der Welt, richtig?

Meine ›Eltern‹ hießen Hollis und wohnten in Harlow, auf der anderen Flußseite von Castle Rock. Sie hatten ein dreistöckiges Bauernhaus mit vierzehn Zimmern. In der Küche stand ein Kohleofen, dessen Wärme sich mehr schlecht als recht nach oben verteilte. Im Januar deckte man sich mit drei Steppdecken zu, und wenn man morgens aufwachte, wußte man trotzdem nicht genau, ob die Füße noch dran waren. Man mußte sie auf den Fußboden stellen, wo man sie sehen konnte, um sich zu vergewissern. Mrs. Hollis war fett. Mr. Hollis war geizig und wortkarg. Er trug das ganze Jahr über eine schwarz-rote Jägermütze. Das Haus war ein einziges Durcheinander von altbackenem Mobiliar, Flohmarktramsch, modrigen Matratzen, Hunden, Katzen und Autoteilen auf Zeitungspapier. Ich hatte drei ›Brüder‹, allesamt Pflegekinder. Wir waren oberflächlich miteinander bekannt, wie Reisende, die drei Tage im gleichen Bus unterwegs sind.

Ich bekam gute Zeugnisse in der Schule und war im zweiten Jahr an der High School Baseballspieler. Hollis redete ständig auf mich ein, ich solle damit aufhören, aber ich machte weiter, bis die Geschichte mit Ace Merrill passierte. Danach wollte ich nicht mehr hingehen, nicht mit meinem verschwollenen, aufgeschlagenen Gesicht und den Geschichten, die Betsy Malenfant herumerzählte. Deshalb trat ich aus der Mannschaft aus, und Hollis besorgte mir einen Job als Sodaverkäufer im dortigen Drugstore.

Im Februar meines dritten High School-Jahres machte ich die Aufnahmeprüfung fürs College und bezahlte mit den zwölf Dollar, die ich in meiner Matratze versteckt hatte. Ich wurde zum Studium zugelassen, bekam ein kleines Stipendium und einen guten Nebenjob in der Bibliothek. Die Gesichter der Hollis, als ich ihnen die Papiere zeigte, die mir finanzielle Beihilfe zusicherten, sind die schönste Erinnerung meines Lebens.

Curt, einer meiner ›Brüder‹, lief weg. Ich hätte das nicht fertiggebracht. Ich war zu passiv für so einen Schritt. Ich wäre nach spätestens zwei Stunden zurückgekehrt. Die Universität war für mich der einzige Ausweg, und ich wählte ihn.

Mrs. Hollis' letzte Worte an mich waren: »Schick uns etwas, wenn du kannst.« Ich habe weder sie noch ihren Mann je wiedergesehen. Ich hatte gute Noten im ersten Jahr und bekam im Sommer einen Ganztagsjob in der Bibliothek. Ich schickte ihnen im ersten Jahr eine Weihnachtskarte, aber es blieb die einzige.

Im ersten Semester meines zweiten Jahres verliebte ich mich. Es war das Tollste, was mir je passiert ist. Hübsch? Sie hätte einen glatt umgehauen. Bis heute hab ich keine Ahnung, was sie an mir fand. Ich weiß nicht einmal, ob sie mich geliebt hat oder nicht. Anfangs vermutlich schon. Später war ich für sie wohl einfach eine Gewohnheit, die man schwer ablegen kann, wie das Rauchen oder das Autofahren mit dem zum Fenster hinaus-gelehnten Ellbogen. Sie hielt mich noch eine Zeitlang, vielleicht weil sie die Gewohnheit nicht aufgeben wollte. Vielleicht hielt sie mich aus Verwunderung, oder weil es ihrer Eitelkeit schmei-chelte. Braver Junge, sitz, mach Männchen, hol das Papier. Hier hast du einen Gutenachtkuß. Es spielt keine Rolle. Eine Zeitlang war es Liebe, dann war es so etwas wie Liebe, dann war es aus.

Ich schlief zweimal mit ihr — beide Male, nachdem etwas an-deres die Liebe verdrängt hatte. Das gab der Gewohnheit eine Zeitlang neuen Reiz. Dann kam sie aus den Erntedankfest-Ferien zurück und erklärte mir, sie hätte sich in einen Delta Tau Delta aus ihrer Heimatstadt verliebt. Ich versuchte sie zurückzu-erobern, und einmal gelang es mir beinahe, aber jetzt hatte sie etwas, das sie vorher nicht gehabt hatte — eine Zukunft.

Das brachte alles zum Einsturz, was ich in all den Jahren er-reicht hatte, seit das Feuer die B-Film-Darsteller umgebracht hatte, die einmal meine Familie gewesen waren. Das Abzeichen dieses Burschen an ihrer Bluse.

Danach machte ich mit drei oder vier Mädchen herum, die be-reit waren, mit mir zu schlafen. Ich könnte die Schuld auf meine Kindheit schieben und sagen, daß ich nie gute sexuelle Vorbil-der gehabt habe, aber daran lag es nicht. Ich hatte nie Probleme mit dem Mädchen gehabt. Erst als das Mädchen fort war.

Ich bekam ein wenig Angst vor Mädchen. Nicht einmal so sehr vor jenen, bei denen ich impotent war, sondern vor jenen, mit denen ich es machen konnte. Die stimmten mich unbehag-lich. Ich fragte mich ständig, wo sie wohl die scharfe Axt ver-steckt haben mochten und wann sie auf mich herabsausen wür-de. Ich bin da bei weitem kein Einzelfall. Zeigen Sie mir einen verheirateten Mann oder einen Mann mit einer festen Freundin, und ich zeige Ihnen einen, der sich fragt (vielleicht nur in den frühen Morgenstunden oder freitagnachmittags, wenn sie Ein-käufe macht): *Was macht sie, wenn ich nicht da bin? Was denkt sie wirklich von mir?* Und am meisten vielleicht: *Wieviel besitzt sie schon von mir? Wieviel habe ich noch?* Als ich anfing, darüber nachzudenken, dachte ich ständig darüber nach.

Ich fing an zu trinken, und meine Noten stürzten ab. In den Semesterferien bekam ich einen Brief, in dem stand, daß mein Stipendium für das zweite Halbjahr gestrichen würde, wenn sie nicht innerhalb von sechs Wochen besser wurden. Ich betrank mich mit einigen Kumpels, mit denen ich damals herumzog, und war die ganzen Ferien über betrunken. Am letzten Tag gingen wir ins Puff, und ich brachte es voll. Es war zu dunkel, um Gesichter zu sehen.

Meine Noten blieben gleich. Einmal rief ich das Mädchen an und weinte am Telefon. Sie weinte auch, und ich glaube, daß sie es in gewisser Hinsicht genoß. Ich haßte sie damals nicht, und auch heute nicht. Aber sie machte mir Angst. Große Angst.

Am 9. Februar erhielt ich einen Brief vom Dekan für Kunst und Wissenschaften, in dem mir mitgeteilt wurde, daß ich in zwei von drei Kursen meines Hauptfachs durchgefallen war. Am 13. Februar erhielt ich einen zurückhaltenden Brief des Mädchens. Sie wollte, daß zwischen uns alles in Ordnung kam. Sie hatte vor, den Typ von Delta Tau Delta im Juli oder August zu heiraten, und ich konnte eingeladen werden, wenn ich wollte. Das war fast komisch. Was hätte ich ihr zur Hochzeit schenken können? Mein Herz, mit einer roten Schleife darum? Meinen Kopf? Meinen Schwanz?

Am 14. — Valentinstag — entschied ich, daß es Zeit für einen Tapetenwechsel war. Dann kam Nona, aber das wissen Sie schon.

Sie müssen wissen, was sie mir bedeutete, wenn dies einen Sinn haben soll. Sie war schöner als mein Mädchen, aber das war es nicht. Gutes Aussehen ist in einem reichen Land billig. Es war ihre Persönlichkeit. Sie war sexy, aber ihr Sex-appeal war irgendwie pflanzenartig — blinder Sex, nicht zu unterdrückender Sex, der nicht so wichtig ist, weil er so instinktiv ist wie die Photosynthese. Nicht wie ein Tier, sondern wie eine Pflanze. Verstehen Sie, was ich meine? Ich wußte, daß wir miteinander schlafen würden, wie Männer und Frauen es tun, aber ich wußte auch, daß unsere Vereinigung so beiläufig und distanziert und bedeutungslos sein würde, wie sich Efeu in der Augustsonne an einem Gitter emporrankt.

Der Sex war nur wichtig, weil er unwichtig war.

Ich glaube — nein, ich bin sicher —, daß Gewalttätigkeit die eigentliche Triebkraft war. Die Gewalttätigkeit war real und nicht nur ein Traum. Sie war so groß und schnell und hart wie Ace Merrills 1952er Ford. Die Gewalttätigkeit in JOES GUTES ESsen, die Gewalttätigkeit gegenüber Norman Blanchette. Und doch hatte selbst das etwas Blindes und Pflanzenartiges an sich. Vielleicht war sie nur eine Weinranke, denn auch die Venusfliegenfalle gehört zur Gattung Wein, aber diese Pflanze ist fleischfressend und macht Bewegungen wie ein Tier, wenn eine Fliege oder ein Stück rohes Fleisch auf ihre Blätter gelegt wird. Und alles war Wirklichkeit. Der rankende Wein mag nur träumen, daß er Geschlechtsverkehr hat, aber ich bin sicher, daß die Venusfliegenfalle Geschmack an ihrer Fliege findet, daß sie deren erlahmende Gegenwehr genießt, während sie sie mit den Kiefern umklammert.

Und zuletzt meine eigene Passivität. Ich konnte die Leere in meinem Leben nicht füllen. Nicht die Lücke, die das Mädchen hinterlassen hatte, als sie mich sitzenließ — ich möchte ihr nicht die Verantwortung zuschieben —, sondern das Loch, das schon immer vorhanden gewesen war, der dunkle, verworrene Strudel, der in meinem tiefsten Innern nie zur Ruhe kam. Nona füllte dieses Loch. Sie brachte mich zum Handeln.

Sie machte mich edel.

Vielleicht verstehen Sie es jetzt ein wenig. Warum ich von ihr träume. Warum die Faszination trotz Reue und Ekel nicht vergeht. Warum ich sie hasse. Warum ich Angst vor ihr habe. Und warum ich sie auch jetzt immer noch liebe.

Von der Ausfahrt Augusta bis Gardiner waren es nur acht Meilen, die wir in wenigen Minuten zurücklegten. Ich hielt die Nagelfeile hölzern an der Seite und studierte das grüne Leuchtschild — AUSFAHRT RECHTS FAHREN —, das aus der Nacht auftauchte. Der Mond war verschwunden, es hatte zu schneien angefangen.

»Ich wünschte, ich würde weiterfahren«, sagte Blanchette.

»Schon gut«, sagte Nona warm, und ich spürte, wie ihr Zorn summend und dröhnend in meinen Schädel eindrang wie ein Schlagbohrer. »Lassen Sie uns einfach am Ende der Rampe raus.«

Er fuhr raus und hielt sich an die Geschwindigkeitsbegrenzung von dreißig Meilen pro Stunde. Ich wußte, was ich machen würde. Meine Beine schienen sich in warmes Blei verwandelt zu haben.

Das Ende der Rampe wurde von einer Straßenlaterne beleuchtet. Links konnte ich die Lichter von Gardiner vor den zuziehenden Wolken sehen. Rechts nur Schwärze. Auf der Zufahrtstraße herrschte in beiden Fahrtrichtungen kein Verkehr.

Ich stieg aus. Nona rutschte über den Sitz und lächelte Norman Blanchette noch einmal zu. Ich machte mir keine Sorgen. Sie spielte mit.

Blanchette lächelte ein unvorstellbar schweinisches Lächeln, so erleichtert war er, uns loszuwerden. »Also dann, gute Na...«

»Oh, meine Handtasche! Fahren Sie nicht mit meiner Handtasche weg!«

»Ich hol' sie«, sagte ich ihr. Ich beugte mich wieder in das Auto. Blanchette sah, was ich in der Hand hatte, und sein schweinisches Lächeln gefror.

Jetzt tauchten Scheinwerfer auf dem Hügel auf, aber es war zu spät aufzuhören. Nichts hätte mich abhalten können. Ich griff mit der linken Hand nach Nonas Tasche. Mit der rechten stieß ich die Nagelfeile aus Stahl in Blanchettes Hals. Er blökte einmal.

Ich kroch aus dem Wagen. Nona winkte dem herankommenden Fahrzeug. Wegen Dunkelheit und Schnee konnte ich nicht erkennen, was es war. Ich sah nur die beiden hellen Kreise der Scheinwerfer. Ich duckte mich hinter Blanchettes Auto und spähte durch die Heckscheiben.

Die Stimmen gingen im Heulen des Windes fast unter.

»... Schwierigkeiten, Lady?«

»... Vater... Wind... hatte einen Herzschlag! Könnten Sie...«

Ich schlich um den Kofferraum von Blanchettes Impala und beugte mich vor. Jetzt konnte ich sie sehen. Nonas schlanke Silhouette und eine größere Gestalt. Sie standen neben etwas, das wie ein Kleinlaster aussah. Sie machten kehrt und näherten sich dem Fenster auf der Fahrerseite des Chevrolet, wo Norman Blanchette mit Nonas Nagelfeile im Hals über dem Lenkrad hing. Der Fahrer des Lieferwagens war ein junger Mann in einem Air Force-Parka, wie es aussah. Er beugte sich hinein. Ich schlich mich hinter ihn.

»Herrgott, Lady«, sagte er. »Der Mann blutet! Was...«

Ich schlang den rechten Ellbogen um seinen Hals und packte

mit der linken Hand mein rechtes Gelenk. Ich zog ihn mit einem Ruck hoch. Sein Kopf stieß gegen den Türrahmen, ein hohles *Plock*! Er wurde in meinen Armen schlaff.

Ich hätte aufhören können. Er hatte Nona nicht genau und mich überhaupt nicht gesehen. Ich hätte aufhören können. Aber er war ein Wichtigtuer, ein Einmischer, der uns im Weg stand und versuchen würde, uns zu verletzen. Ich hatte es satt, verletzt zu werden. Ich erwürgte ihn.

Als es vorbei war, sah ich hoch und erblickte Nona im Scheinwerferlicht des Chevrolets und des Lieferwagens, ihr Gesicht eine groteske Fratze aus Haß, Liebe, Triumph und Freude. Sie breitete die Arme aus, und ich lief zu ihr. Wir küßten uns. Ihr Mund war kalt, aber ihre Zunge warm. Ich wühlte mit beiden Händen in den geheimen Höhlen ihrer Haare, und der Wind heulte um uns herum.

»Schaff Ordnung«, sagte sie. »Bevor noch jemand kommt.«

Ich schaffte Ordnung. Es war schlampige Arbeit, aber ich wußte, es würde genügen. Wir brauchten nur etwas Zeit. Danach würde es nichts mehr ausmachen. Wir würden in Sicherheit sein.

Der Junge war leicht. Ich trug ihn auf beiden Armen über die Straße und warf ihn in den Graben hinter der Leitplanke. Die Leiche rollte schlaff bis zum Grund, wie die Vogelscheuche, die ich jeden Juli auf Geheiß von Mr. Hollis im Maisfeld aufstellen mußte. Ich ging zurück, um Blanchette zu holen.

Er war schwerer und blutete wie ein abgestochenes Schwein. Ich hob ihn hoch, stolperte drei Schritte rückwärts, und dann rutschte er aus meinen Armen und fiel auf die Straße. Ich drehte ihn um. Der Neuschnee klebte an seinem Gesicht und verwandelte es in die Maske eines Skiläufers.

Ich bückte mich, packte ihn unter den Armen und schleppte ihn zum Straßengraben. Seine Füße hinterließen Schleifspuren. Ich warf ihn hinab und beobachtete, wie er auf dem Rücken die Böschung hinunterrutschte, die Arme über dem Kopf. Seine Augen waren weit aufgerissen und starrten gebannt auf die Schneeflocken, die in sie fielen. Wenn es weiterschneite, würden beide nur noch zwei undefinierbare Hügel sein, bis die Schneepflüge vorbeikamen.

Ich ging auf die andere Straßenseite zurück. Nona war schon

in den Lieferwagen gestiegen, ohne daß ich ihr hätte sagen müssen, welches Fahrzeug wir benutzen würden. Ich konnte den weißen Fleck des Gesichts und die dunklen Löcher der Augen erkennen, mehr nicht. Ich stieg in Blanchettes Auto, setzte mich in die Blutstreifen, die sich zwischen den Noppen des Vinylsitzbezuges gebildet hatten, und fuhr es an den Straßenrand. Ich schaltete die Scheinwerfer aus und die Warnblinker ein und stieg aus. Jeder, der vorbeifuhr, würde glauben, daß der Fahrer einen Motorschaden gehabt und zu Fuß in die Stadt gegangen war, um eine Werkstatt zu finden. Ich war sehr stolz auf mein Improvisationstalent. Es war, als hätte ich mein Leben lang Menschen umgebracht. Ich ging zum Lieferwagen, setzte mich ans Steuer und fuhr die Autobahnauffahrt hinauf.

Sie saß neben mir, nicht direkt auf Tuchfühlung, aber nahe. Wenn sie sich bewegte, konnte ich manchmal eine Locke von ihr im Nacken spüren. Es war ein Gefühl, als berührte mich eine winzige Elektrode. Einmal mußte ich die Hand ausstrecken und ihr Bein berühren, um mich zu vergewissern, daß sie wirklich war. Sie lachte leise. Alles war Wirklichkeit. Der Wind heulte um die Fenster und wehte Schnee wie flatternde Laken umher.

Wir fuhren Richtung Süden.

Wenn man von Harlow auf der 126 in Richtung Castle Rock fährt, kommt man gleich nach der Brücke an eine riesige renovierte Farm, die den hochtrabenden Namen ›Castle Rock Jugendklub‹ führt. Dort haben sie zwölf Kegelbahnen mit launischen automatischen Kegelaufstellmaschinen, die an den drei letzten Tagen der Woche meistens den Geist aufgeben, einige alte Flipper-Automaten, eine Musikbox mit den größten Hits von 1957, drei Billardtische von Brunswick und eine Theke für Coke und Chips, wo man auch Kegelschuhe ausleihen kann, die aussehen, als kämen sie direkt von den Füßen toter Wermutbrüder. Der Name ist deshalb so lächerlich, weil die meisten Jugendlichen von Castle Rock abends ins Autokino nach Jay Hill fahren oder zu den Stockcar-Rennen in Oxford Plains gehen. Die Jugendlichen, die dort rumhängen, sind hauptsächlich Raufbolde aus Gretna, Harlow und Castle Rock selbst. Im Durchschnitt kommt es auf dem Parkplatz einmal pro Abend zu einer Schlägerei.

Ich begann dort herumzuhängen, als ich das zweite Jahr die High School besuchte. Einer meiner Bekannten, Bill Kennedy, arbeitete dort an drei Abenden pro Woche, und wenn gerade ein Tisch frei war, ließ er mich kostenlos Billard spielen. Das war nicht umwerfend, aber immer noch besser als im Haus der Hollis herumzusitzen.

Dort traf ich Ace Merrill. Niemand bezweifelte, daß er der größte Raufbold der drei Städte war. Er fuhr einen frisierten und aufgemotzten Ford Baujahr 1952, und es wurde gemunkelt, daß er damit, wenn es sein mußte, 130 Meilen fahren konnte. Er pflegte wie ein König mit pomadeglänzender und zurückgekämmter Bürzelfrisur in den Klub zu stolzieren, ein paar Spielchen für zehn Cent pro Kugel zu machen (War er gut? Dreimal dürfen Sie raten), Betsy eine Coke zu bezahlen und dann mit ihr zu verschwinden. Man konnte alle Anwesenden spürbar aufatmen hören, wenn die zerkratzte Tür hinter ihm zufiel. Niemand ging je mit Ace Merrill auf den Parkplatz hinaus.

Das heißt, niemand außer mir.

Betsy Malenfant war sein Mädchen, das hübscheste Mädchen in Castle Rock. Ich glaube nicht, daß sie besonders helle war, aber das spielte keine Rolle, wenn man sie ansah. Sie hatte den makellosesten Teint, den ich je gesehen hatte, und er stammte nicht aus einer Kosmetikflasche. Haar so schwarz wie Kohle, dunkle Augen, voller Mund und eine umwerfende Figur — die sie offenherzig zur Schau stellte. Wer hätte gewagt, sie abzuschleppen und zu versuchen, den Braten in die Röhre zu schieben, wenn Ace in der Nähe war? Kein vernünftiger Mensch.

Ich war total in sie verknallt. Nicht wie in das Mädchen und nicht wie in Nona, obwohl Betsy wie eine jüngere Ausgabe von ihr ausgesehen hatte, aber auf seine Weise ebenso verzweifelt und ebenso ernst. Wenn Sie je einen schlimmen Fall von Jugendliebe hatten, wissen Sie, was ich durchmachte. Sie war siebzehn, zwei Jahre älter als ich.

Ich ging immer häufiger hin, sogar an Abenden, wenn Billy nicht da war, nur um sie zu sehen. Ich kam mir vor wie ein Vogelbeobachter, nur hatte das Ganze etwas Verzweifeltes für mich. Wenn ich heimkam, log ich den Hollis etwas vor, wo ich gewesen war, ging in mein Zimmer hinauf und schrieb ihr lange, leidenschaftliche Briefe, in denen ich alles aufzählte, was ich gern mit ihr machen würde, und dann zerriß ich sie. Im Unterricht träumte ich davon, wie ich sie bitten würde, mich zu heiraten, damit wir zusammen nach Mexiko durchbrennen konnten.

Sie muß geschnallt haben, was los war, und muß ein bißchen geschmeichelt gewesen sein, denn sie war nett zu mir, wenn Ace nicht in der Nähe war. Sie kam zu mir, unterhielt sich mit mir, ließ sich eine Cola spendieren und rieb, wenn wir nebeneinandersaßen, verstohlen ihr Bein an meinem. Das machte mich verrückt.

Eines Abends Anfang November hing ich nur herum, spielte mit Bill ein bißchen Billard und wartete darauf, daß sie kommen würde. Es war noch kein Mensch da, denn es war noch nicht einmal acht, und draußen schnupperte ein kalter Wind herum und kündigte den Winter an.

»Hör lieber auf«, sagte Bill, während er die Neun genau in die Ecke schoß.

»Womit?«

»Du weißt schon.«

»Nein, ich weiß nicht.« Ich schoß daneben und Bill legte eine Kugel auf den Tisch. Er spielte mit sechs, und ich ging derweil zur Musikbox und warf eine Münze ein.

»Betsy Malenfant.« Er spielte die Eins sorgfältig an und schoß sie an der Bande entlang. »Charlie Hogan hat Ace erzählt, wie du um sie rumscharwenzelst. Charlie fand das komisch, weil sie älter ist und so, aber Ace hat nicht gelacht.«

»Ich mach mir nichts aus ihr«, sagte ich mit Lippen wie Papier.

»Ist auch besser für dich«, sagte Bill, und dann kamen einige Jungs herein, und er ging zur Theke und gab ihnen einen Queue-Ball.

Ace kam gegen neun, und er war allein. Er hatte mich bisher nie beachtet, und ich hatte schon fast vergessen, was Billy mir gesagt hatte. Wenn man unsichtbar ist, denkt man, man ist unverwundbar. Ich war am Flippern und gerade schwer beschäftigt. Ich bemerkte nicht einmal, daß es still wurde, und alle mit Kegeln oder Billardspielen innehielten. Als nächstes warf mich jemand über den Flipper-Automaten. Ich landete als Bündel auf dem Fußboden. Ich stand ängstlich und erschrocken auf. Er hatte die Maschine getilt und meine drei Freispiele versaut. Er stand da und sah mich an; nicht eine Haarsträhne war unordentlich, und die Fliegerjacke hatte er halb geöffnet.

»Hör auf rumzumachen«, sagte er leise, »oder ich mach dir eine neue Visage.«

Er ging hinaus. Alle sahen mich an, und ich wäre am liebsten im Fußboden versunken, bis ich bemerkte, daß in den meisten Gesichtern eine Art widerwilliger Bewunderung geschrieben stand. Daher klopfte ich mir unbekümmert den Staub ab und warf eine neue Münze in den Flipper-Automaten. Das TILT-Licht ging aus. Einige Jungs kamen zu mir herüber und klopften mir auf den Rücken, bevor sie hinausgingen, ohne ein Wort zu sagen.

Um elf, als der Laden dichtmachte, bot Billy an, mich heimzufahren.

»Du wirst auf die Schnauze fallen, wenn du nicht aufpaßt.«

»Mach dir um mich keine Sorgen«, sagte ich.

Er gab keine Antwort.

Zwei oder drei Abende später kam Betsy gegen sieben allein in den Klub. Außer mir war noch ein Typ da, die unheimliche Brillenschlange Vern Tessio, der ein paar Jahre zuvor von der Schule geflogen war. Ich nahm kaum Notiz von ihm. Er war noch unsichtbarer als ich.

Sie kam herüber, wo ich spielte, und blieb dicht vor mir stehen, so daß ich den sauberen Seifenduft ihrer Haut riechen konnte. Mir wurde ganz schwindlig.

»Ich hab gehört, was Ace mit dir gemacht hat«, sagte sie. »Ich darf nicht mehr mit dir reden, und das werde ich auch nicht, aber vielleicht kann dich *das* ein wenig trösten.« Sie küßte mich. Dann ging sie hinaus, bevor ich die Zunge vom Gaumen lösen konnte. Ich spielte wie betäubt weiter. Ich bemerkte nicht einmal, als Tessio hinausging, um die Neuigkeit zu verbreiten. Ich sah nur ihre dunklen, dunklen Augen.

So kam es, daß ich später am Abend mit Ace Merrill auf dem Parkplatz landete und er Kleinholz aus mir machte. Es war kalt, bitterkalt, und am Ende fing ich an zu schluchzen, es war mir völlig egal, wer es hören und sehen konnte. Die Natriumdampflampe sah unbarmherzig auf alles herab. Ace hatte keinen einzigen Treffer von mir eingesteckt.

»Okay«, sagte er und ging neben mir in die Hocke. Er atmete

nicht einmal schwer. Er zog ein Klappmesser aus der Tasche und drückte auf den Chromknopf. Zwanzig Zentimeter Stahl schnellten im Mondlicht in die Welt. »Nächstesmal bekommst du *das* zu spüren. Ich schnitze dir meinen Namen auf die Eier.« Dann stand er auf, versetzte mir einen letzten Fußtritt und verschwand. Ich blieb noch rund zehn Minuten zitternd auf dem gestampften Boden liegen. Niemand kam, um mir aufzuhelfen oder auf den Rücken zu klopfen, nicht einmal Bill. Auch Betsy tauchte nicht auf, um mich zu trösten.

Schließlich stand ich allein auf und fuhr per Anhalter nach Hause. Ich erzählte Mrs. Hollis, ein Betrunkener hätte mich mitgenommen und wäre in den Straßengraben gefahren. Ich habe die Bowlingbahn nie wieder betreten.

Ich weiß, daß Ace Betsy wenig später den Laufpaß gab, und von da an ging es mit ihr immer schneller bergab — wie ein Holzlaster ohne Bremsen. Irgendwo holte sie sich den Tripper. Billy sagte, er hätte sie eines Abends im Manoir in Lewiston gesehen, wo sie Männer um Drinks anhaute. Sie hatte fast alle Zähne verloren und irgendwann einmal die Nase gebrochen, sagte er. Er sagte, daß ich sie nicht wiedererkennen würde. Aber da war mir das alles schon ziemlich egal.

Der Lieferwagen hatte keine Winterreifen, und noch ehe wir die Ausfahrt Lewiston erreicht hatten, rutschte er auf dem frischen Pulverschnee hin und her. Wir brauchten für die zweiundzwanzig Meilen mehr als eine Dreiviertelstunde.

Der Mann an der Ausfahrt Lewiston nahm meine Mautkarte und meine sechzig Cent. »Rutschpartie?«

Keiner antwortete ihm. Wir kamen allmählich dorthin, wohin wir wollten. Auch wenn ich nicht diesen seltsamen wortlosen Kontakt mit ihr gehabt hätte, wäre ich einfach aufgrund dessen darauf gekommen, wie sie angespannt auf dem staubigen Sitz des Lieferwagens saß, mit beiden Händen ihre Handtasche umklammerte und mit starrem Blick geradeaus auf die Straße sah. Ein Schaudern überlief mich.

Wir nahmen die Route 136. Es waren nicht viele Autos auf der Straße; der Wind wurde immer stärker, der Schnee fiel dichter denn je. Hinter Harlow Village fuhren wir an einem großen Buick Riviera vorbei, der ins Schleudern geraten und die Bö-

schung hinaufgerast war. Sein Warnblinker war eingeschaltet,
und ich sah eine gespenstische Vision von Norman Blanchettes
Impala. Der mußte inzwischen schneebedeckt sein, nur ein gei-
sterhafter Hügel in der Dunkelheit.

Der Fahrer des Buicks versuchte mich anzuhalten, aber ich
fuhr ohne zu bremsen an ihm vorbei und bespritzte ihn mit
Schneematsch. Meine Scheibenwischer wurden vom Schnee
blockiert, ich lehnte mich hinaus und wischte wenigstens den
auf meiner Seite ab. Der Schnee fiel teilweise ab, dann konnte
ich etwas besser sehen.

Harlow war eine Geisterstadt, alles dunkel und geschlossen.
Ich blinkte rechts, um über die Brücke nach Castle Rock abzu-
biegen. Die Hinterräder wollten unter mir wegrutschen, aber ich
schaffte die Kurve. Vorne, jenseits des Flusses, tauchte der
dunkle Schatten des Jugendklubs von Castle Rock vor uns auf.
Das Gebäude sah verschlossen und verlassen aus. Plötzlich tat
es mir leid, daß es soviel Schmerz gegeben hatte. Und Tod. In
diesem Augenblick sagte Nona zum erstenmal seit der Ausfahrt
Gardiner etwas.

»Hinter dir fährt ein Polizeiauto.«

»Verfolgt es ...?«

»Nein. Es fährt ohne Blaulicht.«

Aber es machte mich nervös, und vielleicht ist es deshalb passiert. Die 136 macht auf der Harlow-Seite des Flusses eine Kurve von neunzig Grad und führt dann über die Brücke direkt
nach Castle Rock. Ich schaffte die Kurve, aber auf der Seite von
Castle Rock herrschte Glatteis.

»Verdammt ...«

Das Heck des Lieferwagens schmierte ab, und rammte ehe ich
gegenlenken konnte einen der massiven stählernen Brücken-
pfeiler. Wir drehten uns im Kreis wie Kinder auf einer Dreh-
scheibe, und als nächstes sah ich die hellen Scheinwerfer des
Polizeiwagens hinter uns. Der Polizist trat auf die Bremse — ich
konnte die rote Spiegelung im Schneegestöber sehen —, aber
das Eis erwischte auch ihn. Er fuhr direkt in uns hinein. Es
folgte ein knirschender, ruckartiger Stoß, als wir wieder gegen
die Pfeiler prallten. Ich wurde in Nonas Schoß geschleudert,
und ich konnte selbst in diesem chaotischen Sekundenbruchteil
ihre festen, runden Schenkel bewundern. Dann kam alles zum

Stehen. *Jetzt* hatte der Polizist sein Blaulicht eingeschaltet. Blaue kreisende Schatten jagten über die Motorhaube des Lieferwagens und das verschneite Stahlskelett der Brücke von Harlow nach Castle Rock. Die Innenbeleuchtung des Streifenwagens ging an, als der Bulle ausstieg.

Wäre er nicht hinter uns gewesen, wäre es nicht passiert. Dieser Gedanke ging mir unaufhörlich durch den Kopf wie bei einem Plattenspieler, dessen Nadel hängt. Ich grinste ein unnatürliches, gefrorenes Grinsen in die Dunkelheit, während ich auf dem Boden des Lieferwagens nach etwas suchte, womit ich zuschlagen konnte.

Da stand ein offener Werkzeugkasten. Ich kam mit einem schweren Schraubenschlüssel hoch und legte ihn zwischen Nona und mich auf den Sitz. Der Bulle lehnte am Fenster, und sein Gesicht veränderte sich ständig im wechselnden Blinklicht wie das eines Teufels.

»Für die Straßenverhältnisse ein bißchen zu schnell gefahren, was, Junge?«

»Ein bißchen zu dicht aufgefahren, oder?« fragte ich. »Für die Straßenverhältnisse?«

Vielleicht errötete er. Es war im flackernden Licht schwer zu sagen.

»Willst du frech werden, Junge?«

»Wenn Sie mir die Beulen an Ihrem Wagen in die Schuhe schieben wollen.«

»Laß mal Führerschein und Wagenpapiere sehen.«

Ich zog meine Brieftasche heraus und gab ihm den Führerschein.

»Wagenpapiere?«

»Der Lieferwagen gehört meinem Bruder. Er hat die Papiere in der Brieftasche.«

»Tatsächlich?« Er warf mir einen stechenden Blick zu und wollte mich einschüchtern. Als er sah, daß ihm das nicht so leicht gelingen würde, sah er an mir vorbei zu Nona. Ich hätte ihm die Augen für das auskratzen können, was ich darin sah. »Wie heißen Sie?«

»Cheryl Craig, Sir.«

»Was haben Sie denn mitten in einem Schneesturm im Lieferwagen seines Bruders zu suchen, Cheryl?«

212

»Wir wollen meinen Onkel besuchen.«

»In Castle Rock.«

»So ist es.«

»Ich kenne keine Craigs in Castle Rock.«

»Sein Name ist Edmonds. Bowen Hill.«

»Stimmt das auch?« Er ging nach hinten, um das Nummernschild anzusehen. Ich öffnete die Tür und beugte mich hinaus. Er notierte sich die Nummer. Er kam zurück, während ich mich noch hinausbeugte und von der Taille aufwärts von seinen Scheinwerfern in grelles Licht getaucht wurde. »Ich werde ... Was haben Sie denn da an sich, Junge?«

Ich brauchte nicht erst nachzuschauen, ich wußte auch so, was an mir war. Ich habe immer geglaubt, dieses Hinauslehnen wäre einfach Geistesabwesenheit gewesen, aber beim Niederschreiben bin ich zu einer anderen Auffassung gekommen. Ich glaube nicht, daß ich geistesabwesend war. Ich glaube, ich wollte, daß er es sah. Ich packte den Schraubenschlüssel.

»Was meinen Sie?«

Er kam zwei Schritte näher. »Sie sind verletzt — sieht aus, als hätten Sie sich geschnitten. Sie sollten ...«

Ich schlug zu. Seine Mütze war beim Zusammenstoß heruntergefallen, sein Kopf unbedeckt. Ich traf ihn mit voller Wucht direkt über der Stirn. Ich habe das Geräusch nie vergessen, als würde ein Pfund Butter auf einen harten Boden fallen.

»Beeil dich«, sagte Nona. Sie legte mir ihre ruhige Hand auf den Nacken. Diese war sehr kühl, wie die Luft in einem Obstkeller. Meine Pflegemutter hatte einen Obstkeller.

Komisch, daß ich mich daran erinnere. Sie schickte mich im Winter immer runter, um Gemüse zu holen. Sie machte selbst ein. Natürlich nicht in Dosen, sondern in großen Gläsern mit Gummiringen unter den Deckeln.

Eines Tages ging ich in den Keller, um ein Glas Wachsbohnen für unser Abendessen zu holen. Die Einmachgläser wurden in Kisten aufbewahrt, die Mrs. Hollis ordentlich beschriftete. Ich weiß noch, daß sie Himbeeren immer falsch schrieb, was mir ein heimliches Gefühl der Überlegenheit gab.

An diesem Tag ging ich an den mit ›Himmbeeren‹ beschrifteten Kartons vorbei zur Ecke, wo sie die Bohnen aufbewahrte. Es war kühl und dunkel. Die Wände bestanden aus dunkler gestampfter Erde, und bei nassem Wetter schwitzten sie in tröpfelnden, gewundenen Strömen Feuchtigkeit aus. Es roch nach einer geheimnisvollen Ausdünstung aus Organischem, Erde und Eingemachtem, die große Ähnlichkeit mit dem Geruch der intimen Körperteile einer Frau hatte. In einer Ecke stand, schon seit ich zum erstenmal in den Keller gekommen war, eine alte kaputte Druckerpresse, und manchmal spielte ich damit und tat so, als könnte ich sie reparieren. Ich liebte den Obstkeller. Damals — ich war neun oder zehn Jahre alt — war der Obstkeller mein liebster Aufenthaltsort. Mrs. Hollis weigerte sich, ihn zu betreten, und es war unter der Würde ihres Mannes hinunterzugehen und Gemüse zu holen. Deshalb ging ich hinunter, sog jenen besonderen, geheimnisvollen Erdgeruch in mich ein und genoß die Abgeschiedenheit dieser gebärmutterartigen Höhle. Die einzige Lichtquelle war eine spinnwebenbehangene Glühbirne, die Mr. Hollis vermutlich noch vor dem Burenkrieg angeschlossen hatte. Manchmal bewegte ich meine Hände und zauberte große, verzerrte Hasen an die Wand.

Ich holte die Bohnen und wollte gerade wieder hinaufgehen, als ich unter einer der alten Kisten ein Rascheln hörte. Ich ging hin und hob sie hoch.

Darunter lag eine braune Ratte auf der Seite. Sie hob den Kopf und starrte mich an. Ihre Flanken hoben und senkten sich, sie bleckte die Zähne. Es war die größte Ratte, die ich je gesehen hatte, und ich beugte mich näher zu ihr. Sie war gerade dabei, Junge zu werfen. Zwei unbehaarte und blinde Geschöpfe saugten schon an ihrem Bauch. Ein drittes war halb auf der Welt.

Die Mutter starrte mich hilflos an und war bereit zu beißen. Ich wollte sie töten, sie alle töten, zerquetschen, aber ich konnte nicht. Es war das Schrecklichste, das ich je gesehen hatte. Während ich wie gebannt beobachtete, lief eine kleine braune Spinne — ein Weberknecht, nehme ich an — rasch über den Fußboden. Die Mutter schnappte nach ihr und fraß sie auf.

Ich floh. Auf halber Treppe fiel ich hin und zerbrach das Bohnenglas. Mrs. Hollis verprügelte mich, und ich betrat den Keller nie wieder, wenn es nicht sein mußte.

In Erinnerungen versunken, stand ich da und sah auf den Polizisten hinab.

»Beeil dich«, sagte Nona wieder.

Er war viel leichter als Norman Blanchette, oder aber mein Adrenalinspiegel war jetzt höher. Ich nahm ihn auf beide Arme und trug ihn zum Rand der Brücke. Ich konnte die Wasserfälle stromabwärts kaum erkennen, und stromaufwärts war die Eisenbahnbrücke von GS & WM nur ein schmaler Schatten, wie ein Galgen. Der Nachtwind heulte und pfiff, Schnee peitschte mir ins Gesicht. Einen Augenblick hielt ich den Bullen an die Brust gepreßt wie ein schlafendes neugeborenes Kind, dann fiel mir wieder ein, was er wirklich war, und ich warf ihn in die Dunkelheit hinab.

Wir gingen zum Lieferwagen und stiegen ein, aber er sprang nicht an. Ich quälte den Motor, bis mir der süßliche Benzingeruch des abgesoffenen Vergasers in die Nase stieg, dann gab ich auf.

»Komm«, sagte ich.

Wir gingen zum Streifenwagen. Auf dem Vordersitz lagen Strafzettel, Formulare, zwei Notizblocks. Der Kurzwellensender unter dem Armaturenbrett knackte und rauschte.

»Wagen vier, kommen, Wagen vier. Hören Sie mich?«

Ich griff nach unten und stellte ihn ab, wobei ich mir die Knöchel an etwas anschlug, als ich nach dem richtigen Kippschalter suchte. Es war eine Schrotflinte. Vermutlich Privateigentum des Bullen. Ich nahm sie und gab sie Nona, die sie auf den Schoß legte. Ich stieß zurück. Der Wagen war verbeult, aber sonst unversehrt. Er hatte Winterreifen, und die griffen hervorragend, sobald wir das vereiste Stück hinter uns hatten, das an allem schuld war.

Dann waren wir in Castle Rock. Die Häuser waren verschwunden, abgesehen von einem gelegentlichen baufälligen Wohnwagen am Straßenrand. Die Straße selbst war noch nicht geräumt worden, und es gab keine Reifenspuren außer denen, die wir hinterließen. Riesige schneebedeckte Fichten ragten um uns herum empor, die mir das Gefühl gaben, klein und unbedeutend zu sein, ein winziger Bissen in der Kehle dieser Nacht. Es war schon nach zehn.

Während meines ersten Jahrs an der Universität bekam ich vom gesellschaftlichen Leben nicht viel mit. Ich studierte eifrig und arbeitete in der Bibliothek, wo ich Bücher in die Regale stellte, Einbände reparierte und lernte, wie man katalogisiert. Im Frühling spielte ich Baseball.

Gegen Ende des Semesters, kurz vor den Schlußexamen, fand eine Tanzveranstaltung in der Turnhalle statt. Ich hatte gerade nichts Besseres zu tun, war auf die beiden ersten Prüfungen gut vorbereitet und ging hin. Den Dollar Eintritt hatte ich auch, also ging ich rein.

Es war dunkel und überfüllt und verschwitzt und hektisch wie es nur eine Collegeveranstaltung sein kann, über der das Damoklesschwert der Schlußexamen hängt. Sex lag in der Luft. Man mußte ihn nicht riechen, man konnte ihn fast mit beiden Händen greifen wie ein nasses, schweres Stück Stoff. Man wußte, daß später Liebe gemacht werden würde, oder was eben für Liebe galt. Die Leute würden es unter den Zuschauersitzen, auf dem Parkplatz, in Apartments und Schlafsälen miteinander treiben. Verzweifelte Männer/Jungen, denen die Einberufung zum Militär im Nacken saß, würden es treiben, ebenso hübsche Studentinnen, die dieses Jahr abgehen, nach Hause zurückkehren und eine Familie gründen würden. Es würde unter Tränen oder Gelächter gemacht werden, betrunken oder nüchtern, steif oder hemmungslos. Vor allem aber schnell.

Es waren ein paar Männer solo da, aber nicht viele. Es war keine Nacht, in der jemand solo bleiben mußte. Ich schlenderte zur erhöhten Plattform für die Band. Als ich näher kam, wurde die Musik, der Beat, zu etwas Spürbarem. Hinter der Gruppe waren im Halbkreis eineinhalb Meter hohe Verstärker aufgestellt, und man fühlte, wie das Trommelfell sich im Rhythmus der Baßeinsätze bewegte.

Ich lehnte mich an die Wand und sah zu. Die Tänzer bewegten sich nach vorgeschriebenen Regeln (als wären sie Trios, nicht Paare, der Dritte, der von vorne und hinten gestoßen wurde, unsichtbar zwischen ihnen) und schoben die Füße durch das auf den Linoleumboden gezettelte Sägemehl. Ich entdeckte keine Bekannten und begann mich einsam zu fühlen, aber auf eine ziemlich angenehme Art. Ich war in jenem Stadium des Abends, wo man sich zusammenfantasiert, daß einen alle verstohlen aus den Augenwinkeln beobachten, den romantischen Fremden.

Etwa eine halbe Stunde später ging ich hinaus und holte mir eine Cola im Foyer. Als ich wieder reinging, hatte jemand mit einem Rundtanz begonnen, und ich wurde hineingezogen und legte die Arme um die Schultern von zwei Mädchen, die ich noch nie gesehen hatte. Wir tanzten immer rundherum. Der Kreis bestand aus etwa zweihundert Leuten und beanspruchte die halbe Turnhalle. Dann löste er sich teilweise auf und zwanzig oder dreißig Leute bildeten in der Mitte des ersten Kreises einen zweiten und tanzten anders herum. Mir wurde schwindlig. Ich sah ein Mädchen, das wie Betsy Malenfant aussah, aber ich wußte, daß ich mir das nur einbildete. Als ich wieder nach ihr Ausschau hielt, konnte ich sie nicht sehen, und auch niemand, der ihr ähnlich gesehen hätte.

Als der Kreis sich endlich auflöste, fühlte ich mich schwach und alles andere als wohl. Ich ging zu den Bänken zurück und setzte mich. Die Musik war zu laut, die Luft zu verbraucht. Mein Kopf brummte und kreiste. Ich konnte meinen Herzschlag darin pochen hören wie nach dem schlimmsten Besäufnis meines Lebens.

Ich glaubte, was als nächstes geschah, wäre auf meine Müdigkeit und die Übelkeit vom Rundtanz zurückzuführen, aber diese Niederschrift hat, wie schon gesagt, alles in klareres Licht gerückt. Ich kann das nicht mehr glauben.

Ich betrachtete sie wieder, all die schönen Menschen, die sich im Halbdunkel tummelten. Es kam mir vor, als würden alle Männer erschrocken aussehen, als wären ihre Gesichter zu langen grotesken Zeitlupenmasken erstarrt. Es war verständlich. Die Frauen — Studentinnen in Sweatern und kurzen Röcken und Faltenröcken — verwandelten sich alle in Ratten. Zuerst machte mir das keine Angst. Ich kicherte sogar. Ich wußte, was ich sah, war eine Art Halluzination, und eine Zeitlang konnte ich sie fast unbeteiligt beobachten.

Dann stellte sich ein Mädchen auf Zehenspitzen, um ihren Freund zu küssen, und das war zuviel. Ein behaartes, verzerrtes Gesicht mit schwarzen Knopfaugen, ein Mund, der sich öffnete und Zähne entblößte ...

Ich ging.

Einen Augenblick stand ich halb von Sinnen im Foyer. Am Ende des Flurs lag ein Waschraum, aber ich ging daran vorbei die Treppe hinauf.

Der Umkleideraum befand sich im zweiten Stock, und die letzte Treppe mußte ich hochlaufen. Ich riß die Tür auf und stürzte in eine der Toilettenkabinen. Ich übergab mich in den vermischten Gerüchen von Pomaden, verschwitzten Uniformen, geöltem Leder. Die Musik war weit entfernt da unten, die Stille hier oben jungfräulich. Ich fühlte mich getröstet.

Wir mußten an einem Stop-Schild in Southwest Bend halten. Die Erinnerung an den Tanz hatte mich aus unerfreulichen Gründen erregt. Ich fing an zu zittern.

Sie lächelte mich mit ihren dunklen Augen an. »Jetzt?«

Ich konnte ihr nicht antworten. Dafür zitterte ich zu sehr. Sie nickte langsam an meiner Stelle.

Ich bog in eine Nebenstraße der Route 7 ab, die im Sommer als Holzweg dienen mußte. Ich fuhr nicht zu weit, weil ich befürchtete, ich würde steckenbleiben. Ich schaltete die Scheinwerfer aus, und Schneeflocken sammelten sich lautlos auf der Windschutzscheibe.

»Liebst du?« fragte sie fast zärtlich.

Ein Laut entrang sich meiner Kehle, wurde aus mir herausgequetscht. Ich glaube, es muß eine Art verbales Gegenstück zu den Gedanken eines Kaninchens in einer Schlinge gewesen sein.

»Hier«, sagte sie. »Genau hier.«

Es war Ekstase.

Wir schafften es fast nicht auf die Hauptstraße zurück. Der Schneepflug war vorbeigefahren, orangefarbene Blinklichter in der Nacht, und hatte einen hohen Schneewall vor unseren Weg geworfen.

Im Kofferraum des Polizeiwagens lag eine Schaufel. Ich brauchte eine halbe Stunde, um uns freizuschaufeln, und es war fast Mitternacht, als ich fertig war. Nona hörte währenddessen den Polizeifunk und erfuhr, was wir wissen mußten. Die Leichen von Blanchette und dem Fahrer des Lieferwagens waren gefunden worden. Sie vermuteten, daß wir den Streifenwagen genommen hatten. Der Bulle hatte Essegian geheißen, und das ist ein komischer Name. Es hatte einmal einen Baseballprofi namens Essegian gegeben — ich glaube, er spielte für die Dodgers. Vielleicht hatte ich einen Verwandten von ihm getötet. Es belastete mich nicht, daß ich den Namen des Bullen kannte. Er war zu dicht hinter uns gefahren und uns in die Quere gekommen.

Wir fuhren auf die Hauptstraße zurück.

Ich spürte ihre Erregung, groß, heiß und brennend. Ich hielt gerade lange genug, die Windschutzscheibe mit dem Arm zu säubern, dann fuhren wir weiter.

Wir passierten Castle Rock West, und ich wußte, wo ich abbiegen mußte, ohne daß sie es mir zu sagen brauchte. Ein schneeverkrustetes Straßenschild besagte, daß es die Stackpole Road war.

Der Schneepflug war nicht hier gewesen, aber ein Fahrzeug mußte vor uns gefahren sein. Die Reifenspuren im wirbelnden, rastlosen Schnee waren noch frisch.

Eine Meile, dann weniger als eine Meile. Ihre wilde Begierde, ihr Verlangen übertrugen sich auf mich und machten mich wieder nervös. Wir bogen um eine Kurve, und da stand der orangefarbene Lkw des Elektrizitätswerkes mit blutrotpulsierenden Warnlichtern. Er blockierte die Straße.

Sie können sich Nonas Wut nicht vorstellen — besser gesagt, unsere Wut —, denn nach allem, was geschehen war, waren wir wirklich eins geworden. Sie können sich das überwältigende Gefühl intensiver Paranoia nicht vorstellen, die Überzeugung, daß sich alles gegen uns verschworen hatte.

Sie waren zu zweit. Einer war ein gebeugter Schatten in der Dunkelheit vor uns. Der andere hielt eine Taschenlampe. Er kam auf uns zu, und das Licht bewegte sich auf und ab wie ein gespenstisches Auge. Es war nicht nur Haß. Es war auch Angst — Angst, daß man uns im letzten Moment alles verderben würde.

Er schrie etwas, und ich kurbelte das Fenster herunter.

»Sie können hier nicht durchfahren! Fahren Sie über die Bowen Road! Wir haben hier eine gerissene Stromleitung. Sie können nicht ...«

Ich stieg aus dem Auto aus, hob die Schrotflinte und feuerte beide Läufe auf ihn ab. Er wurde gegen den orangefarbenen Lkw geschleudert, ich stolperte gegen den Polizeiwagen. Er rutschte zentimeterweise zu Boden, wobei er mich ungläubig anstarrte, dann fiel er in den Schnee.

»Sind noch Patronen da?« fragte ich Nona.

»Ja.« Sie gab mir welche. Ich klappte die Schrotflinte auf, warf die leeren Hülsen heraus und lud nach.

Der Kumpel des Mannes hatte sich aufgerichtet und sah fassungslos herüber. Er rief mir etwas zu, aber der Wind trug seine Worte davon. Es klang wie eine Frage, aber das spielte keine Rolle. Ich würde ihn töten. Ich ging auf ihn zu, und er stand nur da und sah mich an. Er bewegte sich nicht, nicht einmal als ich die Flinte hob. Ich glaube nicht, daß er begriff, was vorging. Ich glaube, er hielt es für einen Alptraum.

Ich feuerte aus einem Lauf, aber zu tief. Schnee wirbelte auf und hüllte ihn ein. Erst jetzt stieß er einen lauten Entsetzensschrei aus, sprang mit einem Satz über die Stromleitung auf der Straße und lief weg. Ich feuerte den anderen Lauf ab und verfehlte ihn wieder. Dann verschwand er in der Dunkelheit, und ich konnte ihn vergessen. Er war uns nicht mehr im Weg. Ich ging zum Streifenwagen zurück.

»Wir werden zu Fuß gehen müssen«, sagte ich.

Wir gingen an der Leiche vorbei, stiegen über die Stromleitung und liefen die Straße entlang, den Spuren des fliehenden Mannes nach. Manche Schneeverwehungen reichten mir bis zu den Knien, aber sie war mir immer ein Stück voraus. Wir keuchten beide.

Wir kamen über einen Hügel in eine schmale Senke. Auf einer Seite stand ein baufälliger Schuppen mit scheibenlosen Fenstern. Sie blieb stehen und packte mich am Arm.

»Dort«, sagte sie und deutete in die andere Richtung. Ihr Griff war sogar durch meinen Mantel kraftvoll und schmerzhaft. Ihr Gesicht war eine triumphierende, starre Fratze. »Dort. Dort.«

Es war ein Friedhof.

Wir stolperten und rutschten die Böschung hoch und kletterten über eine schneebedeckte Steinmauer. Auch hier war ich selbstverständlich schon gewesen. Meine leibliche Mutter stammte aus Castle Rock, und obwohl sie und mein Vater nie hier gewohnt hatten, befand sich das Familiengrab hier. Die Eltern meiner Mutter, die in Castle Rock gelebt hatten und gestorben waren, hatten es ihr zum Geschenk gemacht. Während der Geschichte mit Betsy war ich oft hergekommen, um die Gedichte von John Keats und Percy Shelley zu lesen. Sie werden das vermutlich für albern und unreif halten, aber ich nicht. Auch heute noch nicht. Ich fühlte mich ihnen nahe, getröstet. Nachdem mich Ace Merrill verprügelt hatte, war ich nie wieder hier gewesen. Nicht, bis Nona mich herführte.

Ich rutschte aus, fiel in den losen Pulverschnee und verstauchte mir den Knöchel. Ich stand auf, ging weiter und benützte die Schrotflinte als Krücke. Die Stille war grenzenlos und unglaublich. Der Schnee fiel als weiche, gerade Linien, sammelte sich auf den schiefen Grabsteinen und Kreuzen und begrub alles, bis auf die Spitzen der verrosteten Flaggenhalterungen, die nur am Memorial Day und am Veterans Day Flaggen trugen. Die Stille war unheilig in ihrer Unermeßlichkeit, und zum ersten Mal wurde ich von Schrecken gepackt.

Sie führte mich zu einem Steingebäude am Hügel im Hintergrund des Friedhofs. Eine Gruft. Ein schneebedecktes Grabmal. Sie hatte einen Schlüssel. Ich wußte, daß sie einen Schlüssel haben würde, und sie hatte einen.

Sie blies den Schnee von der Türkante und fand das Schlüsselloch. Das Geräusch des Schlüssels, der sich im Schloß drehte, schien über die Dunkelheit zu kratzen. Sie lehnte sich gegen die Tür, und diese schwang nach innen.

Der Geruch, der uns entgegenwehte, war herbstlich kühl, so kühl wie die Luft im Obstkeller der Hollis. Ich konnte nur ein kleines Stück weit sehen. Auf dem Steinboden lagen vertrocknete Blätter. Sie trat ein, blieb stehen, sah mich über die Schulter hinweg an.

»Nein«, sagte ich.

»*Liebst* du?« fragte sie und lachte mich an.

Ich stand im Dunkeln und fühlte, wie sich alles zusammenfügte — Vergangenheit, Gegenwart, Zukunft. Ich wollte weglaufen, schreiend weglaufen, schnell genug weglaufen, um alles ungeschehen zu machen, was ich getan hatte.

Nona stand da und sah mich an, das schönste Mädchen der Welt, das einzige Wesen, das mir je gehört hatte. Sie strich mit den Händen über den Körper. Ich werde Ihnen diese Geste nicht beschreiben. Sie wüßten, was für eine, wenn Sie sie gesehen hätten.

Ich trat ein. Sie schloß die Tür.

Es war dunkel, aber ich konnte hervorragend sehen. Der Ort wurde von einem grünen Feuer erhellt. Es glitt langsam über die Wände und zungenförmig über den blätterbedeckten Boden wie eine Schlange. In der Mitte der Gruft stand eine Totenbahre, aber sie war leer. Welke Rosenblätter waren darauf verstreut wie ein altes Brautopfer. Sie winkte mir und deutete auf die kleine Tür im Hintergrund. Eine kleine, unscheinbare Tür. Mir graute davor. Ich glaube, daß ich da begriff. Sie hatte mich ausgenutzt und über mich gelacht. Jetzt würde sie mich vernichten.

Aber ich konnte nicht aufhören. Ich ging zu dieser Tür, weil ich mußte. Der geistige Telegraf funktionierte immer noch, und was sich mir mitteilte, war Fröhlichkeit — eine schreckliche, wahnsinnige Fröhlichkeit — und Triumph. Meine Hand griff zitternd zur Tür. Sie war in grüne Flammen gehüllt.

Ich öffnete die Tür und sah, was sich dahinter verbarg.

Es war das Mädchen, mein Mädchen. Tot. Ihre Augen starrten leer in die Oktobergruft, in meine eigenen Augen. Sie roch nach heimlichen Küssen. Sie war nackt und von der Kehle bis zum Schritt aufgeschlitzt worden, so daß ihr ganzer Körper ein einziger Schoß war. Und etwas lebte dort drinnen. Die Ratten. Ich konnte sie nicht sehen, aber ich konnte hören, wie sie da drinnen wuselten. Ich wußte, daß sie im nächsten Augenblick ihren verdorrten Mund öffnen und mich fragen würde, ob ich liebe. Ich wich mit tauben Gliedern am ganzen Körper zurück, mein Gehirn schwebte in einer dunklen Wolke.

Ich drehte mich zu Nona um. Sie lachte und breitete die Arme für mich aus. Und mit plötzlich auflodererndem Begreifen wußte, wußte ich es. Der letzte Test. Die letzte Prüfung. Ich hatte sie bestanden und *war frei*!

Ich wandte mich wieder zur Tür, und natürlich war dahinter nur ein leeres Steingewölbe mit welkem Laub auf dem Boden.

Ich ging zu Nona. Ich ging zu meinem Leben.

Sie legte mir die Arme um den Hals, und ich zog sie an mich. Und da begann sie sich zu verwandeln, zu zerfließen wie Wachs. Die großen dunklen Augen wurden klein und knopfförmig. Das Haar wurde struppig und braun. Die Nase schrumpfte zusammen, die Nasenlöcher wurden größer. Ihr Körper wurde unförmig und stieß gegen mich.

Ich wurde von einer Ratte umarmt.

»Liebst du?« quiekte sie. »Liebst du, liebst du?«

Sie streckte mir den lippenlosen Mund entgegen.

Ich schrie nicht. Ich hatte keine Schreie mehr übrig. Ich bezweifle, daß ich jemals wieder schreien werde.

Es ist so heiß hier drinnen.

Eigentlich macht Hitze mir nichts aus. Ich schwitze gern, wenn ich duschen kann. Ich habe Schweiß immer als etwas Gutes empfunden, *Männliches*, aber manchmal gibt es bei großer Hitze Insekten, die stechen oder beißen — Spinnen, beispielsweise. Wußten Sie, daß Spinnenweibchen ihre Männchen stechen und auffressen? Sie machen es gleich nach der Paarung.

Außerdem höre ich Wuseln in den Wänden. Das gefällt mir nicht.

Ich habe einen Schreibkrampf bekommen, und die Filzspitze meines Stifts ist weich und zerfasert. Aber ich bin fertig. Und es sieht jetzt anders aus. Nicht mehr so wie früher.

Können Sie sich vorstellen, daß sie mich eine Zeitlang fast soweit hatten zu glauben, ich hätte all diese schrecklichen Taten selbst vollbracht? Die Typen von der Raststätte, der Kerl vom Elektrizitätswerk, der entkommen war. Sie sagten, ich wäre allein gewesen. Ich war allein, als man mich fand, fast erfroren auf jenem Friedhof, neben den Grabsteinen meines Vaters, meiner Mutter, meines Bruders Drake. Aber das bedeutet nur, daß sie entkommen ist, das begreifen Sie doch. Jeder Narr würde es begreifen. Aber ich bin froh, daß sie entkommen ist. Wirklich. Aber Ihnen muß klar sein, daß sie die ganze Zeit bei mir war, bei jedem Schritt des Weges.

Ich werde mich jetzt umbringen. Es wird viel besser sein. Ich habe die Schuldgefühle und Seelenqual und Alpträume satt, und ich mag auch die Geräusche in den Wänden nicht. Jemand könnte sich dort versteckt haben. Oder etwas.

Ich bin nicht verrückt. Das weiß ich und vertraue darauf, daß Sie es auch wissen. Wenn man sagt, daß man *nicht* verrückt ist,

ist man es angeblich, aber ich bin über derartige Spielchen längst hinaus. Sie war bei mir, sie war wirklich da. Ich liebe sie. Wahre Liebe wird niemals enden. So habe ich alle Briefe an Betsy unterschrieben, die ich zerrissen habe.

Aber Nona war die einzige, die ich je wirklich geliebt habe.

Es ist so heiß hier drinnen. Und ich mag die Geräusche in den Wänden nicht.

Liebst du?

Ja, ich liebe.

Und wahre Liebe wird niemals enden.

Die Ratte

Der Schrecken der ganzen so alteingesessenen und wohlhaben-
den Gegend war ein Sbirre, Lump und Räuber, berühmt unter
dem Namen Huligan. Er war auf freiem Felde und auf weiter
Ebene geboren — in Wäldern, Bergen, Tälern und auf weiten
Fluren aufgewachsen — niemals schlief er in einem geschlossenen Raum —, und dies verlieh ihm eine spezifische Massivität
und Breite der Natur — eine Weite der Seele —, und seiner Ver-
anlagung gab es etwas breit Dahinfließendes, sanft Einwiegen-
des. Ja, das war eine breite Natur, die keine engen Winkel kannte und ab und an zu trinken liebte, und die weite Geste war die
einzige ihm eigentümliche Geste. Der Räuber Huligan verab-
scheute alles, was eng und kleinlich war, zum Beispiel Taschen-
diebe, und wenn er die Wahl hatte, jemanden entweder zu
zwicken oder zu schlagen, so schlug er — und schritt schwerfäl-
lig, breit über die Felder dahin, aus voller Lunge singend: »Heia
he, heia ho!«

Man ging ihm aus dem Wege. Und wenn jemand ihm nicht
schnell genug aus dem Wege ging, haute ihm der Räuber Huligan mit seiner Pratze mitten hinein oder hob ihn in die Höhe
und zermalmte ihn — oder er massakrierte ihn einfach —, wonach er ihn zur Seite warf und weiterging. Aber niemals beging
er irgendeinen heimlichen und kleinlichen Mord, alle seine Morde waren laut, geräuschvoll, kühn, voll Widerhall und weithin
bekannt, und er beging sie in einem großen Umzug mit den Liedern: »Hei, Mariechen, mein Mariechen!« ... Oder: »Hopsa, Marie, trallala!« ... Denn er liebte dieses sein Mariechen über alles
in der Welt, liebte es mit Saus und Braus, flott und grandios,
mit Tanzereien, Fußgestampf und Schnaps!

Ja, seine Natur war breit, die weiteste, die es nur geben kann.
Er verstand überhaupt keine Stille — und besonders kein Still-
werden — jenes Leisewerden, das, wie man so sagen kann, das
Spitzbuben-Merkmal der Menschen unserer Zeit ist —, er schlief

sogar ganz laut, mit offenem Munde schnarchend und die Täler mit seinem Schnarchen füllend. Er konnte keine Katzen ausstehen, und wenn er eine Katze sah, jagte er ihr zehn oder zwanzig Kilometer nach; Weiber hingegen pflegte er mit vollen Händen zu fangen und brüllte dabei: »Verflixt! Verflixt!« Oder er schrie dazu: »Hei — ho, ho, ho! Hotta! Hüh!« Und eben auf diese Weise pflegte er sein Mariechen zu fangen, sein einziges! Manchmal jedoch bedrückte ihn seine Sehnsucht, und dann wurde die ganze Gegend von seinen geräuschvollen Gedankenflüssen erfüllt, die in düsterer Melancholie gleißten, und man hörte bei Mondschein bald gebetartiges, bald burschenhaftes, kosakisches, hundsföttisches, ländliches Singen und Quaken des Banditen: »Hei, hei«, sang er, »hei, du mein Los! Hei, du mein Mariechen!« Und die verzweifelten Hunde antworteten von hinter den Zäunen her mit dumpfem und finsterem Geheul. Und dieses Heulen steckte schließlich auch die Menschen an. Und die ganze Gegend heulte sehnsüchtig, dumpf und schwarz, direkt zum Monde hin, der bläßlich leuchtete: »Hei, du mein Los, o du mein Los, du!«

Immer mehr und mehr Gesänge fielen ein und überfluteten den Räuber. Er wurde allmählich zur Legende, so daß auch Lieder über ihn entstanden, seien es ländliche, weite, seien es lärmend räuberische, stets jedoch mit diesem monotonen Refrain: »Hei, he! Hei, ho! O hei, juchhei!« … Und immer mehr gab es Gesänge, Durcheinanderstürzen und Totschlägereien. In einem nahen, zermorschten und einsamen Gehöft aber wohnte seit vielen Jahren ein gewisser alter Hagestolz, ein ehemaliger Richter, Skorabkowski, dem die weite, nach überall wuchernde Üppigkeit der Gegend maßlos auf die Nerven ging. Unaufhörlich wandte er sich vorsichtig mit Klagen an Behörden — übrigens in größter Heimlichkeit.

»Ich begreife nicht, wie man das tolerieren kann«, flüsterte er. »Morde, an hellichtem Tage begangen … Durcheinanderstürzen und Umherfläzen … wüste Kaschemmengelage. Und diese Gesänge, ach, diese Gesänge, dies Gebrüll, dieses ewige Gesinge, Geheule … Und dies Mariechen, Mariechen …«

»Was wollen Sie denn?« Der Polizeichef war korpulent. »Was wollen Sie nur, die Behörde ist machtlos. Machtlos ist sie«, wiederholte er und sah durch das Fenster auf die Brachfelder, auf denen hie und da einzelne Bäume hervorblühten. »Das Volk mag ihn gern. Es ist ihm gewogen.«

»Wie kann es ihm gewogen sein?« entrüstete sich der ehemalige Richter, aus seinen halbgeschlossenen Lidern den Blick über die Ebene in die Ferne von einigen hundert Kilometern schweifen lassend, bis weit, weit über die sandigen Dünen von Mala Wola, und seinen Blick gleich wieder unter die Lider zurückziehend. »Sie haben doch Angst, aus dem Hause zu gehen! Er mordet ...«

»Mordet, aber nur einige«, erwiderte murrend der Kommandant auf dem Hintergrunde der ebenen Grenzenlosigkeiten, »der Rest schaut zu ... Verstehen Sie denn nicht? Für sie ist das ein Spaß, eine Hetz — einen guten Mord zu sehen ... Oho!« murrte er und tat, als sehe er nicht, denn aus der nahen Baumgruppe flog plötzlich eine Leiche in die Höhe, und gleich darauf war ein herrliches Gebrüll zu vernehmen, als wenn Tausende von Büffeln die Saaten und Kräuter zertrampelten.

Die Sonne neigte sich dem Westen zu. Der Kommandant schloß das Fenster.

»Wenn ihr ihn nicht fangen wollt, dann werde ich ihn fangen«, sagte der Richter, fast wie zu sich selber. »Ich werde ihn schon fangen und einzwängen. Ihn einzwängen und ihm seine breite Natur schmäler machen. Ich werde sie ihm schmäler machen und ein wenig verknappen.«

Doch der Kommandant seufzte nur: »Ausgezeichnet! Ausgezeichnet! ...«

Skorabkowski kehrte zu seinem verlassenen Gehöft zurück, und in tabakfarbenem Schlafrock durch die leeren Zimmer irrend, spann er einen Plan zur Festname des Sbirren. Der Haß des Geizkragens gegen den Vagabunden nahm mit jedem Augenblick an Stärke zu. Das Fangen, Festnehmen, Gefangensetzen und irgendein Stillmachen wurde zu einer unbedingten Notwendigkeit seines allzu engen Geistes. Endlich beschloß er, die höllische Geradlinigkeit des Sbirren auszunutzen, der seine Opfer stets in gerader Linie anzufallen pflegte, und — was noch mehr war — er wünschte auch seine wachsende, schon maßlose Herrschsucht zu nutzen. In der Tat hatte der Bandit sich derart zum Herrn aufgespielt, sich so sehr an die allgemeine Flucht vor ihm gewöhnt, daß er den Anblick eines nicht vor ihm fliehenden, sondern dastehenden Menschen für eine persönliche Provokation hielt. Daher befahl Skorabkowski seinem Lakaien Xaver, zur nahen Anhöhe unter einen Baum zu gehen — und als der alte Diener den Befehl seines Herrn ausgeführt hatte, fing dieser ihn in ein Ketter.schloß ein — und schloß ihn mit der Kette an den Baumstamm. Danach schaufelte er eigenhändig vor dem Diener eine große Grube aus, legte Eisen in die Grube und versteckte sich schnell im Haus. Die Dämmerung senkte sich herab. Xaver lachte lange über die Späßlein des ›jungen Herrn‹, doch als der Mond aufging und die ganze Gegend bis zu den fernen Wäldern hin irgendwo an den Horizonten erhellte, begann der Diener allmählich zu begreifen, wozu er an den Baumstamm auf der Anhöhe angekettet worden war, wozu man ihn erbarmungslos der nächtlichen Weite ausgeliefert hatte. Hunde heulten auf — und aus dem Röhricht ertönte weithin der Gesang des Räubers, der sich einer seiner Steppensehnsüchte hingab. Und allmählich wälzte sich das große und schreckliche Geheul: »Hei, Mariechen, Marie ...« durch die Nacht, sehnsüchtig und trunken, unbändig, grenzenlos, ja, außer Sinnen. Als erster heulte der Räuber los, rücksichtslos, wild, bedenken- und zügellos, seiner Seele alle Schleusen öffnend, und nach ihm die Hunde an den Ketten — und weiter dann heulten die Menschen, zögernd und ängstlich, aus ihren mit allen Riegeln verschlossenen Hütten, durch die Oberfenster.

»Junger Herr!« wollte Xaver rufen, »junger Herr!« — doch er konnte nicht rufen, denn das Rufen hätte den Räuber aufmerksam machen können ... und sein angstvolles Flüstern drang nicht bis zu Skorabkowski, der durch das Oberfenster den Lauf der Dinge aufmerksam verfolgte. Xaver verwünschte, daß wir nicht verschwinden können, daß wir dem Anblick preisgegeben sein müssen, obgleich wir es nicht wollen, obgleich wir es nicht können, daß jemand anderer uns preisgeben und mit uns das tun, was über unsere Kräfte geht. Der alte Diener verwünschte die *Sichtbarkeit* unseres Körpers, die nicht von uns abhängt! Der Räuber aber stand schon auf, erhob sich von seinem Lagerplatz, und ob er wollte oder nicht, mußte der Alte ihm ins Auge fallen — seine Pupille reizen —, durch den Sehnerv ihm ins Gehirn dringen ... und schon kam Huligan in großen Sätzen daher, um die Kinnlade zu zerschmettern, die Nase und die Brust zu zermalmen, den Hals zu brechen, den dargebotenen und sichtbar gemachten! Haaa! Aaaa! Da stürzte er in die Grube und fing sich in den von Skorabkowski aufgestellten Schlingen, der sofort angerannt kam und dem es nach ein paar Stunden Arbeit irgendwie gelang, den massiven Räuberkorpus in die entlegenen Keller des alten Gehäuses zu bringen.

Also war Huligan in seiner Gewalt! Also war der Räuber Huligan ins Verlies geschleppt, eingesperrt in engem Raum, geknebelt, an einen Haken gekettet, auf Gnade und Ungnade ausgeliefert! Der Appellationsrichter rieb sich seine kleinen Hände und lachte sich ins Fäustchen, wonach er die ganze Nacht hindurch entsprechende Torturen ausdachte. Eine Hinrichtung des tollen Kerls schien ihm keineswegs verlockend — eng und formalistisch wie er war, verlangte es ihn danach, das Opfer ein wenig einzuengen und zu schmälern, sein Tod aber war ihm kein Leckerbissen, und nur seine Verengerung verlockte ihn. Der pensionierte Richter hatte es nicht eilig, und in den ersten Tagen ergötzte ihn einzig der Gedanke, Huligan bei sich im Keller zu haben — daß der Räuber nicht brüllen und keinen Lärm machen kann, da er *zugeknebelt* ist. Und erst, als er sich gut vergegenwärtigt hatte, daß der geräuschvolle Räuber kein Geräusch zu machen vermag, daß er *still* ist — erst da brachte der Richter Skorabkowski den Mut auf, in den Keller hinunterzugeben, und begann in völligem Schweigen seine Praktiken, die die Verengerung und Verschmälerung zum Ziele hatten. Oh, wie war es still! Wie stark war diese Stille, die aus den Kellern des Hauses entstand und zu einer Säule emporwuchs. Es folgten nun Wochen und Monate großer Stille, der Stille ungebrüllten Gebrülls...

Und tagtäglich um sieben Uhr abends ging Skorabkowski in das Gefängnis hinunter, im tabakfarbenen Schlafrock, mit Stöckchen oder Drähtchen in der Hand. Und Nacht für Nacht ab sieben arbeitete der enge Appellationsrichter an dem lautlosen Schurken im Schweiße seines Angesichts, schweigend, schweigend... Schweigend trat er an ihn heran und kitzelte ihn zuerst an der Fußsohle lange, lange, um ihn zu einem krampfhaften, kurzen Gekicher aufzureizen, und dann legte er ihm kleinliche Schikanen aus Stäbchen an und verengte ihm das Gesichtsfeld mittels Brettern, stach ihm Nadeln ein und zeigte ihm Erbsen,

Bohnen, rote Rübchen ... Aber der Räuber nahm das nicht stillschweigend, sondern *schweigsam* an. Und sein Schweigen wuchs, floß über und blühte sich in den Dunkelheiten auf, dem herrlichsten Gebrüll gleichwerdend — und vergebens wollte der Richter mit seinem Schweigen die Schweigsamkeit des Banditen besiegen — und Haß erfüllte die Verliese! Was eigentlich wollte Skorabkowski? Er wollte die Natur des Banditen verändern, ihm seine Stimme umändern, das breite Lachen in schmales Kichern umgestalten, das Brüllen zum Flüstern bringen, ihn zusammenkrumpfen und in seiner Gestalt zusammenkrümmen, mit einem Wort, ihn sich selber, Skorabkowski, ähnlich machen. Mit dem Eifer eines Schnüfflers suchte er in ihm die schwachen Punkte, unterzog ihn spezifischen und entsetzlichen Untersuchungen, um den Punkt ›*minoris resistentiae*‹ herauszufinden, diesen schwachen, durch den er zu dem Banditen gelangen könnte, wie es sich gehört. Doch der Bandit wies keine schwachen Punkte auf, sondern schwieg nur.

Oftmals schien es dem alten Herrn, als habe er auf dem Wege rastloser Eingriffe eine gewisse Verschmälerung zu erreichen vermocht — doch jede Woche nahte der Moment der Probe, und das war für den Henkersknecht ein entsetzlicher Augenblick, den der armselige Schweiger über alles in der Welt fürchtete. Denn jede Woche mußte er dem Banditen den Knebel aus dem Munde nehmen, um den Räuber zu füttern — oh, mit welch einem tödlichen Erdulden des Grauens! Nachdem er sich die Ohren mit Watte vollgestopft hatte, stellte er vor dem niedergeworfenen Totschläger eine Schüssel Essens hin und zog ihm mit einer einzigen krampfigen Bewegung den Korken aus dem Munde! Und jedesmal gab er sich der eitlen Hoffnung hin, daß es vielleicht dennoch gelungen sei, den Bösewicht etwas stiller zu machen, daß er vielleicht diesmal nicht explodieren werde ... Und jedesmal explodierte der entkorkte Lumpenkerl mit einer höllischen Orgie von Geschrei, Gefluche und Gebrüll! »Verflucht! Verdammt!« brüllte er, »Aas du! Pascholl! Pascholl! Ich werde dich schon kriegen! Deine Fresse, in die Fresse ... Ich, Huligan, verflucht, verdammt, du Hundesohn! Ich werde dich ermorden! Mariechen, Mariechen! Wo ist Mariechen, hei, Mariechen!« Und er füllte die Keller an mit Gebrüll, das in die Gegend hinausdrang, warf mit Flüchen um sich, sang Lieder, entlud seine Seele, und der Henkersknecht, bleich wie Linnen, geizig und zusammengekrümmt, stopfte ihm das Essen ins Maul ... und er brüllte zwischen den Bissen. Die Bevölkerung aber wiederholte es in den umliegenden Dörfern: »Das ist Huligan, der brüllt! Huligan brüllt noch!« ... Der ehemalige Appellationsrichter kehrte nach solch einer Sitzung starr vor Schrecken zurück und suchte, suchte immerfort den Punkt ›minoris resistentiae‹.

Und endlich fand er ihn.

Es war eine Ratte.

Seltsam — eine Ratte ...

Als einmal eine ziemlich große Ratte zufällig das Gefängnis aufsuchte und an der Wand entlanghuschte, krampfte sich der bisher unerschütterliche Lumpenkerl zusammen.

Skorabkowski riß ihm den Knebel aus dem Mund. Doch, obwohl entkorkt, brach er in kein Geschrei aus, sondern, der Ratte nachblickend, blieb er stumm. Der höllische Ekel und die Angst waren stärker als er. Und nur, als die Ratte dicht an seinen in Eisen gelegten Beinen dahinhuschte, lachte der Räuber kurz auf, um eine Oktave höher ...

Endlich! Endlich! Wie sollte man Gott dafür danken?! Auf die Knie für eine solch unbegreifliche Gnade! Endlich war ein Mittel gefunden! Der Appellationsrichter konnte sich der Tränen nicht enthalten! Denn durch eine unbegreifliche Fügung der Natur hat jeder, auch der stärkste Mensch auf dieser Welt, eine für ihn bestimmte einzige Sache, die stärker ist als er, die über seine Kräfte hinausgeht und die er nicht ertragen kann! Und die einen vertragen keine Primeln, andere keine Leber, andere wiederum bekommen von Erdbeeren einen nervösen Ausschlag; doch das Erstaunliche war, daß ein Mörder, den weder Quälereien mit Stöckchen noch mit Nadeln, ja nicht einmal aus tausend Möglichkeiten ausgeklügelte Kombinationen schwach zu machen vermocht hatten, der scheinbar stärker als alles war, sich vor einer Ratte fürchtete.

Er konnte keine Ratte ertragen! Er war schwächer als eine Ratte. Gott weiß warum. Vielleicht darum, weil ein Totschläger, der Menschen mordete wie Insekten, sich fürchtete, eine Ratte zu morden — ach, nicht vor ihr selber, nicht vor der Ratte fürchtete er sich — sondern lediglich vor dem Rattentod fürchtete er sich, ekelte sich vor ihm über alles, der Tod einer Ratte war für ihn von unermeßlichem Ekel, er vermochte nicht, diesen Tod zu geben; und kein anderer Tod, weder der eines Schweins, noch eines Kalbes, noch eines Menschen, eines Regenwurms, Huhns oder eines Frosches war für ihn zum tausendsten Teil so entsetzlich, widerwärtig, krampfhaft, schlüpfrig, ekelerregend und falsch wie eben der Tod einer Ratte! Und deswegen war der fürchterliche Totschläger angesichts des Nagetiers wehrlos — es war dies der einzige ihm unzugängliche, unmögliche Tod. Also erstarrte er beim Anblick einer Ratte und krümmte sich, verengte una verschmälerte er sich deutlich, zitterte er und vibrierte. Endlich!

Endlich wurde der alte Richter zum Herrn über Huligan!

Und seither ließ er erbarmungslos die Ratte auf ihn los.

Mit der Ratte an einer Leine näherte er sich ihm, trat zu ihm heran, verkrumpelte den Lumpenkerl und verschmälerte ihn, oder er ließ ihm die Ratte auf einen Moment ins Hosenbein und verdünnte ihm die Stimme bis zu einem Quietschen, oder brachte den Totschläger zum Erstarren, indem er die Ratte über ihn hielt, oder schließlich hüpfte und hoppelte er mit der Ratte rings um den sich immer mehr zusammenkrümmenden Lumpenkerl. Der Knebel war schon nicht mehr vonnöten! Der Lump konnte schon nicht mehr schreien, geschweige denn brüllen, und Wochen gingen auf diese Weise hin, ja Monate, und der alte Lakai Xaver, dessen Aufgabe es war, die erbarmungslose Ratte mittels einer Kerze zu beleuchten, stöhnte und betete im Geiste — und gesträubten Haares, Eis im Herzen, flehte der alte Lakai die Ratte um Erbarmen an, verfluchte die absolute Mitleidslosigkeit der Ratte, verwünschte diese entsetzliche und wie unwiderruflichen Beziehungen in der Natur, verfluchte die Grenzenlosigkeit der Grausamkeit. »Verflucht sei die Ratte und der junge Herr und das Haus und die Natur des Räubers und die Natur der Richters und die Natur der Ratte, oh, verflucht seien die Naturen, und verflucht sei die NATUR!«

Jahre vergingen. Immer stärker, immer mächtiger spannte sich die Qual, immer mehr und ohne das geringste Nachlassen verengte sich Skorabkowski durch die Ratte — und die Spannung wuchs und wuchs.

Und immer — die Ratte.

Ohne Unterlaß — die Ratte.

Einzig — die Ratte.

Die Ratte, die Ratte, die Ratte ...

Bis Xaver, am äußersten Rande der Anstrengungen, den Kopf senkte und hinter der Ratte herrannte, die sich mit Gequietsch von der Leine losgerissen hatte und davongerannt war, sich in die Tiefe, in einen Spalt, in ein Loch vergraben hatte. Da stolperte der Diener im heftigen Lauf und stieß mit dem gesenkten Kopf auf den Richter ...

Skorabkowski, bis zum Äußersten angestrengt, stolperte und senkte den Kopf ...

Und rannte auf Xaver mit gesenkter Stirn. Ein Krachen erfolgte im Keller, ein Spritzen der Hirne — ach! Da war der Räuber Huligan frei nach elf Jahren und vier Monaten, seine Henkersknechte lagen entseelt da. Und die Ratte war weg! Der Bandit schluckte den Speichel hinunter, dachte, daß man hinausgehen müsse — und durch kleine Bewegungen mit dem Körper begann er, das Ziel der Freiheit anzustreben. Bei Morgengrauen hatte er sich aus den Fesseln losgemacht, öffnete die Tür um einen Spalt, die zu einem kleinen, mit Wein bewachsenen Vorplatz führte, und entschlüpfte in die Freiheit — ein ehemals großer Kerl, jetzt stark zusammengeschrumpft. Gleich von der Veranda aus tauchte er in die Büsche, und hinter den Büschen schlich er zum Deich — und unterdessen hob sich die Sonne am Horizont empor. Da rief von weitem ein Hirte:

»Eine Kuh, eine Kuuuh!«

Und Huligan kauerte sich so schnell wie möglich hinter einen Strauch. Oh, gerne hätte er sich in irgend etwas eingekuschelt, wäre er in eine Höhle gekrochen, in eine Spalte, eine Öffnung, ein Loch, hätte sich in ein Gestrüpp gewühlt, den Rücken und den Rest der Körperoberfläche versteckt. Der Bandit schaute zu seinen Füßen hin.

Ein leichter Hauch streifte ihn, doch er erquickte sich nicht durch ihn, atmete nicht auf und sog ihn nicht ein — sondern strich mit dem Blick aufmerksam und vorsichtig um seine Füße hin und her. Ein einziger Gedanke absorbierte ihn: Was war mit der Ratte geschehen? Wo war die Ratte hin, die Xaver in eine Kellerspalte gescheucht hatte?

Doch die Ratte war nicht da.

Huligan jedoch ließ den Blick nicht von der Erde. Allzugut hatte er die Entsetzlichkeit der Ratte kennengelernt, allzu gründlich hatte er die ganze Bodenlosigkeit des Rattengrausens ausgeschöpft, als daß das bloße Fehlen der Ratte ihm nicht wichtiger gewesen wäre als alle allersüßesten Stimmen und Lüftchen der Welt — nein, der Rest war nur ein Ornament —, die Ratte oder das Fehlen der Ratte war wichtig! Und die Ohren des Banditen waren schließlich auf die kleinen Geräusche gespitzt, die dem Laufen oder Schurren einer Ratte verwandt waren, und alle Augenblicke schien es ihm, als unterscheide er schon, schon ... daß er schon, schon errate ... beinahe jenes Hitz-Hatz, Schurr-Schurr höre und wahrnehme ... Doch die Ratte war nicht da.

Und dennoch schien es unmöglich, daß das Nagetier, das seit so vielen Jahren mit seiner Person in so enger und fürchterlich durchdringender Verbindung gewesen war, mit seiner Person in einem Martersystem vereint, an seine Person gewöhnt, mehr als je irgendein Tier an einen Menschen — dennoch schien es unmöglich, daß das Nagetier (denn man mußte ja die blinde Anhänglichkeit der Tiere in Betracht ziehen) sich von ihm hätte trennen, verschwinden und auf ihn verzichten können, so mir nichts, dir nichts ...

Doch die Ratte war nicht da.

Auf einmal huschte da etwas Längliches äußerst flink an einem entfernteren großen Sonnenfleck vorbei und versteckte sich ...

Sollte das die Ratte sein?

Der Lump irrte mit dem Blick hin und her, spähte — nicht ganz sicher —, aber wieder schurrte irgend etwas im trockenen Laub.

Und wieder — war das etwa die Ratte?

Fast bestimmt — es war die Ratte:

> Er tat Schritt um Schritt,
> Und ihm nach und immer mit
> Diese treue Ratte!
> Er, Satz um Satz,
> Und ihm nach, Hitz und Hatz,
> Diese treue Ratte!

Huligan stürzte zu einem hohlen Baum hin, duckte sich in die Höhlung, die Ratte aber stürzte ins Gestrüpp, duckte sich ins Gestrüpp. Doch die Baumhöhle war kein genügender Schutz, das unberechenbare Nagetier, vom Tageslicht geblendet, aus der Kellerfinsternis entkommen, konnte ihm unter die Füße schlüpfen, ins Hosenbein kriechen. Oder war es etwa nicht so, daß die aus der Finsternis gelangte Ratte entsetzt, sichtbar geworden, mit aller Gewalt irgendein Versteck suchte, etwas Bekanntes, — und was konnte ihr bekannter sein als das Hosenbein Huligans? An welches Loch war sie denn mehr gewöhnt? Und der Räuber wurde sich bewußt, daß diese Spalten und Höhlen, die er darstellte, die er nolens volens am Körper und zwischen Körper und Anzug hatte — ersehnte Zufluchtsorte für die Ratte sind. Also stürzte er aus der Baumhöhle hinaus und warf sich, vom Schrecken gejagt, zur Flucht in die Weite hinaus, wohin ihn die Beine trugen, und hinter ihm her (beinahe gewiß) huschte dicht am Boden hin die Ratte. Oh, eine Höhle finden, ein Loch, eine Spalte, den Rücken bedenken, die Beine schützen, sich von allen Seiten einhüllen, seine eigenen, so verlockenden Löcher, Höhlen und Spalten unzugänglich — und der von unter der Erde hervorgeholte Räuber rannte, rannte, rannte über Wiesen dahin, durch Wälder, Täler, über Höhen, Felder und durch Schluchten, riß aus mitsamt seinen Höhlen, und hinter ihm her (wahrscheinlich) rannte die Ratte. Mit seinen letzten Kräften erreichte der Bandit irgendeine Höhle, die sich ihm gerade bot, halb bewußtlos kroch er in das Loch, seine Spalten schützend, und verkroch sich ins Stroh. Erst nach einigen Minuten gewahrte er, halb wahnsinnig geworden, daß das Loch, in das er gekrochen war, ein Loch in der Holzwand eines Schuppens war — daß er in eine Scheune oder auch in einen Schober gekrochen war. Und jeden Augenblick konnte die Ratte aus dem Stroh hervor und ihm unter die Achsel kriechen oder in eine von seinen Hemdfalten gebildete Höhlung — also beugte er sich wiederum heraus und spähte. Doch was war das? War es Traum oder Wirklichkeit? Wo bin ich denn? Ha, das ist ja ein bekannter Schuppen! Wer liegt denn da auf der Tenne, auf einem Strohlager an der Wand da drüben? He, Mariechen ist's, Mariechen! He, Mariechen liegt hier, Mariechen ruht sich hier aus, Mariechen schläft, atmend, ach, he, he, Mariechen, Mariechen! Heia,

Mariechen, heia! Zusammengekrümmt, bis in die Eingeweide vor der Ratte erschreckt, starrte er auf das Mädchen und wollte es nicht glauben, daß sie es sei ... Das Mädchen lag im Schlummer da, mit offenem Munde, und Huligan sprang auf — schon, schon wollte er lossingen, losbrüllen wie früher — wie einst: »Mariechen, Mariechen, ... hei, Mariechen, Mariechen ...«

Da, von der Seite, kroch die Ratte hervor.

Bei Mariechen — eine Ratte.

Diesmal war das keine Erscheinung, sondern eine zweifellose, handgreifliche Ratte — sie schliefte vier Schritte von ihm auf der Tonne dahin. Der Räuber erstarrte. Wahrscheinlich war das eine andere Ratte — nicht die, mit der man ihn gefoltert hatte, eine andere —, doch sind Ratten einander derart ähnlich, daß er nicht ganz sicher sein konnte. Und mehr noch: er war nicht sicher, ob nicht der jahrelange und schmerzliche Umgang mit einem dieser Nagetiere etwas Anziehendes für Ratten im allgemeinen an ihm belassen hatte. Und am schrecklichsten fürchtete er sich, etwa die Ratte anzufallen, denn dann könnte die Ratte vor Schreck ihn selber anfallen — nein, nein, man mußte vorsichtig vorgehen, seine eigene Gegenwart die Ratte so delikat als nur möglich merken lassen, sie nur ein ganz, ganz klein wenig verscheuchen, damit sie sich wieder ins Loch flüchte. Um Gottes willen! — alle Gewaltsamkeit vermeiden, keiner Panik unterliegen, nicht in jene wilde, unterirdische, hopsend-huschende Unberechenbarkeit geraten, die diesen entsetzlichen, huschenden, quietschenden, geschwänzten Bewohnern der Unterwelt zu eigen ist! Der Räuber fand die Stelle auf, wo sich wahrscheinlich das Rattenloch befand, und machte sich bereit, die Ratte still und delikat zu verscheuchen — in fast vollkommener Stille, mit einem nur ganz leichten Geräusch oder einem Räuspern — als plötzlich ... etwas die Ratte unter das rechte Knie des Mädchens lockte. Sie kroch dort hinein — und Huligan erstarrte —, da berührte die Ratte das Mädchen, das Rattenwesen rieb sich an seinem Mädchen, an seinem Mariechen — am Mariechen!

Und auf einmal verursachte diese Berührung, dieses über alles Grausen ekle Sich-Reiben der Ratte an Mariechen, daß der Bandit ... losbrüllte! Er brüllte los wie einst, aus voller Brust, über die ganze Welt hin, brüllte mit seinem einstigen, unaufhaltsamen Gebrüll und stürzte sich auf die Ratte, brüllend sprang er los! Schon fürchtete er sich nicht mehr, mit Gebrüll stürzte er los, mit Gebrüll warf er sich auf die Ratte, mit einem solch wahnsinnigen Gebrüll, so mit Gebrüll gepanzert, daß die Ratte nie und durch dieses Gebrüll hätte hindurch und in sein Hosenbein vorstoßen können! Er wurde sich dessen schon nicht mehr gewahr, daß er der Ratte den Weg zu ihrem Loch abschnitt; mit Gebrüll warf er sich frontal auf sie. Oh, dieser plötzliche Sprung Huligans, oh, dieser Satz der Ratte zur Seite, oh, dieses Beiseitespringen, dieses Aufspringen und Forthuschen — und die blitzartige Gewißheit des brüllenden Räubers, daß ihm die Ratte nicht entwischen werde, daß er sie erwischt habe, sie töten werde, sie, die nun aller Löcher und Spalten beraubt war! ... Und ich weiß nicht, soll ich weitersprechen? Werden meine Lippen dieses Allerscheußlichste aussprechen? Ach, sie werden es wohl aussprechen, denn der Entsetzlichkeit sind keine Grenzen gesetzt — gewiß, es gibt eine gewisse Grenzenlosigkeit der Unbarmherzigkeit, es beginnt dann, wenn sich das Grausen zu türmen anfängt, dann türmt es sich, türmt sich — türmt sich, sich türmend — ohne Ende, ohne Grenzen, fort und fort, wachsend wächst es über sich selbst hinaus — mechanisch. Oh, oh, meine Lippen werden es wohl aussprechen, daß die Ratte ... daß das halbblinde Nagetier, erschreckt und gejagt, von der blinden und absoluten Notwendigkeit eines Loches wahnsinnig gemacht ... Mariechen in den Mund hineinkroch, hineinschlüpfte mit einem Ruck in die halbgeöffnete Mundhöhle der mit offenem Munde Schlafenden. Und bevor sich Huligan noch krampfhaft wieder fassen konnte, sah er bereits dieses: die sich in den Mund hineindrängende, in panischem Schreck ein Versteck in der geliebten Mundhöhle suchende Ratte! O Mechanik! Und Mariechen, halb unbewußt, erwacht, vollkommen mechanisch, biß blitzartig die geliebten Kiefern zusammen — und aus war es mit der Mechanik des Grausens, zu Ende mit der geköpften Ratte, und mit dem vom Rumpf abgebissenen Kopf erfolgte der Tod der Ratte.

Schon gab es keine Ratte mehr.

Huligan aber stand da angesichts des abgebissenen Rattentodes in der geliebten Mundhöhle seines Mariechen-Liebchens.

Und damit ging er davon.

Er, Schritt um Schritt,
Und ihm nach, immer mit,
Der Tod der Ratte.
Er, Satz um Satz,
Ihm nach, Hitz und Hatz,
Der Tod der Ratte
In Mariechens Mundhöhle.

ALEXANDER GRIN

Der Rattenfänger

In Chillons Kerker tief und alt
Stehn sieben Pfeiler, hochgestalt't.
Ja, sieben Säulen grau und dick ...

1

Im Frühjahr 1920, und zwar im März, und zwar am zweiund-
zwanzigsten — diesen Tribut wollen wir der Genauigkeit zol-
len, um in die verschworene Gemeinschaft der Dokumentari-
sten aufgenommen zu werden, weil sonst der wißbegierige Leser unserer Tage wahrscheinlich in den Redaktionen nachforschen
würde —, ging ich auf den Markt. Ich ging auf den Markt am
22. März, und zwar, ich wiederhole es, im Jahre 1920. Es war
der Markt auf dem Sennaja-Platz. Jedoch ich kann nicht genau
sagen, an welcher Ecke ich stand, ich weiß auch nicht mehr,
worüber an jenem Tag die Zeitungen schrieben. Ich stand an
keiner Ecke, weil ich auf der Straße hin und her ging, vor der
zerstörten Markthalle. Ich bot einige Bücher feil — das letzte,
was ich noch hatte.

Die Kälte und der feuchte Schnee, der in Haufen weißer Flok-
ken über den Köpfen der Menge stiebte, verliehen der Szenerie
einen unwirtlichen Anblick. Müdigkeit und Verfrorenheit spie-
gelten sich auf allen Gesichtern. Ich hatte kein Glück. Über zwei
Stunden streifte ich umher und war nur drei Leuten begegnet,
die fragten, was ich für meine Bücher haben wollte, doch auch
sie fanden den Preis von fünf Pfund Brot unangemessen hoch.
Mittlerweile begann es zu dunkeln — für Bücher der denkbar
ungünstigste Umstand. Ich trat von der Fahrbahn aufs Trottoir
und lehnte mich an die Wand.

Rechts von mir stand eine alte Frau, sie trug einen Burnus
und einen alten schwarzen Hut mit Glasperlen. Mechanisch mit
dem Kopfe wackelnd, bot sie mit ihren knotigen Fingern ein

paar Kinderhäubchen, Bänder und Bündel vergilbter Krägelchen feil. Links stand, mit der freien Hand ein warmes graues Tuch unterm Kinn zusammenhaltend, ein junges Mädchen, das machte einen recht selbstbewußten Eindruck und trug dasselbe bei sich wie ich — Bücher. Ihre kleinen, sehr adretten Stiefelchen, ihr Rock, der fließend bis zu den Füßen reichte — kein Vergleich mit den kniefreien Wippröckchen, die damals sogar schon ältere Frauen trugen —, ihre Tuchjacke, die alten warmen Handschuhe, aus deren Löchern nackte Fingerpölsterchen lugten, und sogar die Art und Weise, wie sie die Passanten ansah — ohne Lächeln, ohne Herausforderung, zuweilen nachdenklich die langen Wimpern auf ihre Bücher senkend — und wie sie die Bücher hielt und wie sie von Zeit zu Zeit stöhnte und leise seufzte, wenn jemand nach einem Blick auf ihre Hände und auf ihr Gesicht weiterging, als sei er verwundert, und sich Sonnenblumenkerne in den Mund schob —, das alles gefiel mir außergewöhnlich, mir schien sogar, auf dem Markt sei es wärmer geworden.

Wir sind ja stets interessiert an Leuten, die unserer Vorstellung in einer bestimmten Situation entsprechen, und so fragte ich das junge Mädchen, ob ihr kleiner Handel sich gut anlasse. Sie hüstelte leicht, wandte den Kopf, musterte mich aus aufmerksamen graublauen Augen und sagte: »Genau wie bei Ihnen.«

Wir wechselten einige Bemerkungen über den Handel im allgemeinen. Anfangs äußerte sie nur das Notwendigste, um überhaupt verstanden zu werden; dann kaufte ein Mann mit dunkler Brille und Stiefelhosen ihr den ›Don Quijote‹ ab, und daraufhin wurde sie etwas lebhafter.

»Niemand weiß, daß ich Bücher verkaufe«, sagte sie und zeigte mir zutraulich einen falschen Geldschein, den ein gewitzter Bürger ihr zwischen anderen angedreht hatte; sie schwenkte ihn zerstreut und fuhr fort: »Das heißt, ich stehle sie nicht etwa, aber ich nehme sie aus dem Regal, wenn Vater schläft. Mutter ist gestorben, wir haben damals alles verkauft, fast alles. Wir hatten kein Brot, kein Holz, auch kein Petroleum. Verstehen Sie? Trotzdem, mein Vater würde schimpfen, wenn er wüßte, daß ich hierhergehe. Aber ich gehe und bringe heimlich Bücher her. Schade drum, doch was soll man machen? Gott sei Dank, wir haben viele. Haben Sie auch viele?«

»N-nein«, sagte ich unter leisem Zittern — ich war schon damals erkältet und etwas heiser —, »nicht viele, glaub ich. Jedenfalls ist das hier alles, was ich besitze.«

Sie sah mich mit naiver Aufmerksamkeit an — so betrachten Dorfkinder einen durchreisenden Beamten, der in der Bauernstube Tee trinkt —, dann streckte sie die Hand aus und berührte mit bloßer Fingerspitze meinen Hemdkragen. Daran, wie auch am Kragen meines Sommermantels, fehlten die Knöpfe, ich hatte sie verloren und keine neuen angenäht, denn ich vernachlässigte mein Äußeres schon lange und scherte mich weder um Vergangenheit noch Zukunft.

»Sie werden sich erkälten«, sagte sie, während sie mechanisch ihr Tuch fester raffte, und mir wurde klar, daß ihr Vater sie liebte, daß sie ein verwöhntes und eigenwilliges Mädchen war, aber ein gutherziges. »Sie werden sich erkälten, wenn Sie mit offenem Kragen herumlaufen. Kommen Sie mal mit, junger Mann.«

Sie nahm ihre Bücher unter den Arm und ging ein paar Schritte bis zu einem Torbogen. Dort hob ich mit blödem Grinsen den Kopf und ließ sie an meinen Hals. Das Mädchen war schlank, aber wesentlich kleiner als ich, und sie besorgte das Erforderliche mit jenem rätselhaften abwesenden Gesichtsausdruck, den Frauen an sich haben, wenn sie sich mit einer Nadel an ihrer Kleidung zu schaffen machen, sie legte die Bücher ab, machte sich unter ihrer Jacke zu schaffen, dann hob sie sich auf die Zehenspitzen und steckte meinen Hemdkragen und auch den Mantel mit einer hellen Sicherheitsnadel fest zu, wobei sie konzentriert und ernsthaft atmete.

»Turtelei«, sagte eine dicke Frau im Vorübergehen.

»So.« Kritisch betrachtete das Mädchen sein Werk. »Hm. Fertig. Nun können Sie ausgehen.«

Ich lachte und staunte. Selten war ich solcher Ungezwungenheit begegnet. Wir glauben entweder nicht an sie oder nehmen sie nicht wahr; wahr nehmen wir sie nur, ach ja, wenn es uns schlecht geht.

Ich ergriff ihre Hand, drückte sie, bedankte mich und fragte nach ihrem Namen.

»Das ist schnell gesagt«, erwiderte sie und sah mich mitleidig an, »nur wozu? Es lohnt sich nicht. Übrigens, notieren Sie sich unsere Telefonnummer, vielleicht können Sie einmal für mich Bücher verkaufen.«

Ich schrieb die Nummer auf, dabei beobachtete ich lächelnd ihren Zeigefinger, mit dem sie, die anderen zur Faust geballt, in der Luft schrieb, während sie in schulmeisterlichem Ton Ziffer für Ziffer nannte. Gleich danach gerieten wir in den Sog einer Menschenmenge, die vor einer berittenen Streife davonrannte, und wurden getrennt. Ich ließ meine Bücher fallen, und als ich sie wieder aufgehoben hatte, war das Mädchen verschwunden. Der Schreck reichte nicht aus, mich ganz vom Markt zu vertreiben, und wenige Minuten später kaufte meine Bücher ein alter Marineoffizier mit Ziegenbart und runder Brille. Er zahlte wenig, doch ich war auch damit zufrieden. Erst als ich nach Hause ging, wurde mir klar, daß ich auch das Buch verkauft hatte, wo die Telefonnummer notiert war, und daß ich sie unwiderruflich vergessen hatte.

2

Anfangs war ich nur verwirrt wie bei einem beliebigen geringen Verlust. Mein noch ungestillter Hunger verdrängte das Erlebnis. Geistesabwesend kochte ich mir Kartoffeln in meinem Zimmer, in dem das Fenster vor Feuchtigkeit zu faulen anfing. Ich hatte ein kleines eisernes Öfchen. Was das Holz betrifft, damals durchstöberten viele die Dachböden, ich auch, im Halbdunkel balancierte ich unter schrägen Dächern und fühlte mich als Dieb, der Wind orgelte in den Schornsteinen, und durch die zerschlagenen Scheiben der Dachluken war ein blasses Stück Himmel zu sehen, aus dem Schneeflocken auf den Hinterhofmüll fielen. Hier fand ich Reste von abgerissenen Dachsparren, alte Fensterrahmen, kaputte Gardinenblenden, und all dies schleppte ich nachts in meinen Keller, auf den Treppenabsätzen immer lauschend, ob nicht ein Türschloß schnappte, um einen späten Besucher zu entlassen. Wand an Wand mit mir wohnte eine Waschfrau; tagelang hörte ich die kräftige Bewegung ihrer Hände im Waschtrog, die wie das gleichmäßige Kaugeräusch eines Pferdes klang. Manchmal auch war von dort das Rattern einer Nähmaschine zu vernehmen, oftmals tief in der Nacht, wie das Ticken einer verrückt gewordenen Uhr. Tisch ohne Decke, Bettgestell ohne Federbett, ein Hocker, eine Tasse ohne Untertasse, eine Bratpfanne und der Teetopf, in dem ich meine Kartoffeln kochte — genug davon. Häufig verflüchtigt sich die Alltagsatmosphäre gerade dann, wenn allzu eifrige Leute, die die neue Orthographie ebenso beschimpfen wie die alte, ihr den Spiegel vorhalten.

Als es Nacht wurde, fiel mir das Markterlebnis wieder ein, und ich rief mir alles in Erinnerung, während ich meine Sicherheitsnadel betrachtete. Carmen tat nur sehr wenig, sie warf einem schwerfälligen Soldaten eine Blume zu. Nicht mehr war hier geschehen. Schon lange hatte ich mir Gedanken gemacht über Begegnungen, erste Blicke, erste Worte.

Sie hinterlassen tiefe Spuren in der Erinnerung, sofern nichts Überflüssiges geschieht. Es gibt die ungetrübte Reinheit charakteristischer Augenblicke, die man ganz und gar in Verse oder in ein Bild übertragen kann — dies eben ist jener Teil des Lebens, der der Kunst zugrunde liegt. Der pure Zufall, ins schlichte Gewand eines aufrichtigen, natürlichen Tones gekleidet, nach dem wir doch zeit unseres Lebens immerzu lechzen, ist stets voll Zauber. So wenig braucht es, daß ein Erlebnis uns voll und ganz beeindruckt.

Dies war der Grund, weshalb ich mir immer wieder die Sicherheitsnadel vornahm und mir ins Gedächtnis rief, was wir gesprochen hatten, ich und das Mädchen. Endlich wurde ich müde, legte mich schlafen, erwachte wieder, doch als ich aufstehen wollte, fiel ich sofort in Ohnmacht. So begann bei mir der Typhus, und am nächsten Morgen kam ich ins Krankenhaus. Immerhin hatte ich noch genügend Bewußtsein, um meine Sicherheitsnadel in ein Blechkästchen zu legen, das einmal eine Tabaksdose gewesen war, und bis zum Schluß trennte ich mich nicht von ihr.

3

Bei einundvierzig Grad nahmen die Fieberfantasien die Form von Besuchen an. Mich suchten Leute auf, von denen ich seit Jahren nichts mehr gehört hatte. Ich unterhielt mich des langen und breiten mit ihnen, und alle bat ich, mir saure Milch zu bringen. Doch alle, als hätten sie sich verschworen, behaupteten, der Arzt habe saure Milch verboten. Indessen wartete ich insgeheim, ob nicht unter den Gesichtern, die verschwommen vorüberhuschten wie hinter einem Dunstschleier, das Gesicht einer neuen barmherzigen Schwester auftauchen würde, die niemand anders sein sollte als das Mädchen mit der Sicherheitsnadel. Von Zeit zu Zeit ging sie wie hinter einer Wand vorüber, zwischen hohen Blumen vor dem Hintergrund eines goldenen Himmels. Sie trug einen grünen Kranz, und ihre Augen leuchteten so lieb, so fröhlich! Sogar wenn sie nicht erschien, war das durch eine abgeschirmte Lampe schwach erhellte Krankenzimmer von ihrer unsichtbaren Anwesenheit erfüllt, und von Zeit zu Zeit fingerte ich in dem Kästchen nach meiner Sicherheitsnadel. Gegen Morgen waren fünf Patienten gestorben, sie wurden auf Tragen von rotwangigen Sanitätern fortgebracht, mein Thermometer hingegen zeigte etwas über sechsunddreißig, und so begann der matte und nüchterne Zustand der Rekonvaleszenz. Aus dem Krankenhaus entlassen wurde ich, als ich schon wieder gehen konnte, allerdings mit schmerzenden Beinen. Drei Monate nach der Erkrankung kam ich heraus und hatte kein Dach mehr über dem Kopf. In mein früheres Zimmer war ein Invalide eingezogen, und bei den Ämtern um ein Zimmer zu betteln, war ich moralisch außerstande.

Jetzt ist es wohl an der Zeit, daß ich etwas über mein Äußeres sage, und ich bediene mich dazu eines Briefzitats von meinem Freund Repin an den Journalisten Fingal. Ich tue das nicht etwa, weil ich daran interessiert wäre, meine Züge auf den Seiten eines Buches zu verewigen, sondern aus Gründen der Anschaulichkeit. Repin schreibt: »Er ist dunkel und hat ein ebenmäßiges Gesicht, das stets einen unwilligen Ausdruck zeigt; er trägt das Haar kurzgeschnitten, spricht langsam und mit Mühe.« Das stimmt, doch meine Art zu sprechen war nicht Folge der Krankheit — sie entsprang vielmehr dem traurigen Empfinden, welches uns nur selten bewußt wird, daß unser Innenleben für die wenigsten von Interesse ist. Ich selbst jedoch interessierte mich brennend für jede fremde Seele, und deshalb sprach ich wenig, hörte mehr zu. So kam es, wenn mehrere Leute beisammen waren, die sich mühten, einander möglichst oft ins Wort zu fallen, um möglichst viel Aufmerksamkeit zu erregen, daß ich normalerweise still am Rande saß.

Drei Wochen lang übernachtete ich bei Bekannten und bei Bekannten von Bekannten — ich wurde mitleidig weitergereicht. Ich schlief auf dem Fußboden und auf Sofas, auf dem Küchenherd und auf leeren Kisten, auf zusammengeschobenen Stühlen und einmal sogar auf dem Bügelbrett. In dieser Zeit bekam ich eine Menge Interessantes zu sehen, alles zum Ruhme des Lebens, das sich wacker schlägt für Wärme, Nahrung und für die nächsten Menschen. Ich sah, wie man mit dem Büfett den Ofen heizt, wie der Teekessel auf der Lampe erwärmt wird, wie Pferdefleisch in Kokosfett zu braten ist und wie man aus zerstörten Gebäuden Holzbalken stiehlt. Doch dies alles — und noch viel mehr als das — ist bereits von Federn, die alles in winzige Teile zerpflückten, beschrieben; wir wollen daran nicht mehr rühren. Mich bewegt anderes — das, was mit mir selbst geschah.

4

Gegen Ende der dritten Woche begann ich unter starken Schlafstörungen zu leiden. Schwer zu sagen, wie das kam, ich weiß nur noch, daß ich immer schwerer einschlief und immer früher aufwachte. In dieser Zeit verhalf mir eine Zufallsbegegnung zu einem fragwürdigen Asyl. Ich schlenderte am Moika-Kanal entlang und sah dem Vorgang des Fischefangens zu — ein Männlein mit einem Netz an langer Stange schritt gravitätisch auf der Kaimauer hin und her, wobei es manchmal sein Gerät ins Wasser senkte und eine Handvoll Fischlein herausholte, da traf ich einen, aus dessen Kramladen ich vor einigen Jahren meine Lebensmittelration bezogen hatte. Dieser Mensch hatte jetzt, wie sich erwies, irgendeine staatliche Funktion inne; er ging in Wirtschaftsangelegenheiten in vielen Häusern aus und ein. Ich erkannte ihn nicht gleich: kein Kattunhemd mit Türkenmuster, weder Bart noch Schnurrbart; der Händler war streng nach militärischem Schnitt gekleidet und gut rasiert, er sah aus wie ein Engländer, wenngleich mit Jaroslawler Einschlag. Obwohl er eine dicke Aktentasche trug, stand es nicht in seiner Macht, mich unterzubringen, wo ihm beliebte, deshalb schlug er die verwaisten Räume der Zentralbank vor, wo zweihundertsechzig Zimmer leerstanden, still und einsam, wie Wasser in einem Teich.

»Das ist ja ein ganzer Vatikan«, sagte ich, leicht schaudernd beim Gedanken an eine solche Unterkunft. »Was denn, wohnt dort wirklich niemand? Und wenn nun jemand kommt — wird der Hausmeister mich nicht der Miliz übergeben?«

»Ach was!« sagte der Ex-Händler nur. »Das Gebäude ist ganz in der Nähe, kommen Sie mit, sehen Sie sich's an.«

Er führte mich in einen großen Hof, den Torbögen anderer Höfe begrenzten, dort sah er sich um, und da wir auf dem Hof niemandem begegneten, schritt er selbstsicher auf eine dunkle Ecke zu, von wo aus eine Hintertreppe nach oben führte. Auf dem dritten Treppenabsatz machte er halt vor einer gewöhnlichen Wohnungstür. Die Schwellenspalte war von Abfällen verstopft. Auf dem ganzen Treppenabsatz häufte sich schmutziges Papier. Es schien, als kröche das unwirtliche Schweigen, das hinter der Tür herrschte, durchs Schlüsselloch heraus in Form von massenhafter Ödnis und Verwahrlosung. Hier erklärte der Händler mir, wie die Tür ohne Schlüssel zu öffnen sei: die Klinke anziehen, rütteln und nach oben drücken, dann gingen die Flügel auseinander, denn Riegel gab es nicht.

»Es gibt einen Schlüssel«, sagte der Händler, »nur, ich habe ihn nicht. Wer Bescheid weiß, kommt ohne weiteres rein. Bloß verraten Sie es niemandem. Zumachen können Sie von innen und auch von außen, Sie brauchen nur kräftig zuzuschnappen. Wenn Sie mal weggehen müssen — prüfen Sie erst das Treppenhaus. Dafür gibt es ein Guckfensterchen [in der Tat, in Augenhöhe war neben der Tür ein Spion, ein dunkles Loch mit kaputter Scheibe]. Ich komme nicht mit rein. Sie sind ein gebildeter Mensch und finden selbst heraus, wie Sie sich am besten einrichten. Vergessen Sie nur nicht, daß man hier ein ganzes Regiment verstecken kann. Drei Tage können Sie erst mal bleiben. Sobald ich was anderes für Sie finde, gebe ich sofort Bescheid. Und das hier — verzeihen Sie die peinliche Situation, aber schließlich muß jeder essen und trinken — nehmen Sie freundlicherweise als Darlehen bis auf bessere Zeiten.«

Er öffnete einen dicken Geldbeutel, steckte mir, der ich schweigend die Hand ausstreckte wie beim Arzt zur Untersuchung, einige Papiergeldscheine zu, wiederholte seine Unterweisungen und ging. Ich aber, nachdem ich die Türen geschlossen hatte, setzte mich auf eine Kiste. Indessen, die Stille, die wir stets in uns erlauschen, war voller Erinnerung an die Geräusche des Lebens und lockte mich wie ein geheimnisvoller Wald. Sie war ganz nah, verborgen hinter der halbgeschlossenen Tür zum Nebenzimmer. Ich stand auf und begann meinen Rundgang.

Große hohe Räume. Eine Tür nach der anderen durchschritt ich mit den Empfindungen eines Menschen, der sich aufs erste Eis wagt. Überall Weite und hallendes Echo. Kaum hatte ich eine Tür hinter mir gelassen, sah ich vor mir und seitlich andere Türen, die in düstere Fernen mit weiteren, noch finstereren Eingängen führten. Überall auf dem Parkett lag Papier herum, wie schmutziger Schnee auf den Straßen im Frühjahr. Es war so viel, daß es wirklich aussah wie bei der Schneeräumung. In manchen Räumen mußte ich gleich von der Tür aus durch das kniehohe lockere Geraschel waten.

Papier aller Art, aller Farben und verschiedenster Verwendungszwecke breitete sich hier aus in allgegenwärtigem Wirrwarr und mit wahrhaft elementarer Wucht. Es häufte sich an den Wänden, hing auf den Fensterbrettern, und seine weißen Fluten, aus geöffneten Schränken strömend, überschwemmten alle Parkettfußböden, füllten alle Ecken, bildeten hier und da Wellenkämme und gekräuselte Flächen. Notizblöcke, Formulare, Kontenbücher, Umschlagaufkleber, Ziffern, Linien, gedruckter und handschriftlicher Text — der Inhalt von Tausenden Schränken lag offen zutage, und meine Blicke verwirrten sich, schockiert vom Ausmaß des zu Schauenden. Alle Geräusche, meine Schritte und sogar mein eigener Atem dröhnten mir in den Ohren — so gewaltig, so beeindruckend deutlich war die hohle Stille. Immerzu verfolgte mich muffiger Staubgeruch; die Doppelfenster waren geschlossen. Es ging auf Abend, und der Blick durch die Scheiben zeigte mir erst die Bäume am Kanal, dann die Dächer des Hofes und schließlich die Fassaden des Newski-Prospekts. Das bedeutete, daß das Gebäude ein ganzes Straßengeviert umfaßte, mir allerdings, der ich immer wieder bis zur Erschöpfung die schier unaufhörlich durch Wände und Türen geteilte Weite spürte, kam es vor, man könnte tagelang darin herumgehen — ein Gefühl, entgegengesetzt dem, mit dem wir sagen ›kleine Straße‹ oder ›kleiner Platz‹. Gleich nach Beginn meines Rundganges schon hatte ich diesen Ort mit einem Labyrinth verglichen. Alles wiederholte sich — die Haufen von Abfallpapier, die Ödnis hier und dort, von Fenstern und Tür begrenzt, und die Erwartung vieler weiterer Türen, durch die keine Menschenseele kam. So könnte, wenn er es könnte, ein Mensch in einem Spiegelkabinett umherirren, wo zwei Spiegel bis zum Verrücktwerden den gespiegelten Raum reflektieren, es fehlte nur noch mein eigenes Gesicht, das mir aus einer Tür entgegengeblickt hätte wie aus einem Rahmen.

Nicht mehr als zwanzig Räume hatte ich durchschritten, aber schon geriet mir alles durcheinander, und ich mußte mir Orientierungshilfen einprägen, um mich nicht zu verirren: hier eine Kalkschicht auf dem Boden; dort ein kaputter Schreibtisch; eine aus den Angeln gerissene, an der Wand lehnende Tür; ein Fensterbrett voller lila Tintenfässer; ein Drahtkorb; Haufen ausgedienten Löschpapiers; ein Kamin; manchmal ein Schrank oder ein einzelner Stuhl. Doch auch die Orientierungshilfen wiederholten sich: zuweilen glaubte ich voll Erstaunen, ich sei wieder dorthin geraten, wo ich schon gewesen war, und bemerkte meinen Irrtum erst anhand anderer Gegenstände. Manchmal begegnete mir ein Stahltresor, dessen schwere Tür aufgerissen war wie bei einem leeren Ofen; ein Telefon, das inmitten der Wüstenei deplaziert wirkte wie ein Briefkasten oder ein Birkenpilz; eine transportable Trittleiter. Ich fand sogar einen schwarzen Hutständer — wer weiß, wann und wie der ins Inventar geraten war.

Schon füllte Abenddämmerung die Tiefe der Säle, in denen Papierbelag weiß schimmerte, Durchgänge und Korridore verschwammen im Dunkel, und trübes Licht zeichnete rhombische Muster aufs Parkett, doch die Wände an den Fenstern leuchteten noch vom gespeicherten Widerschein des Sonnenunterganges. Die Erinnerung an das, was ich beim Rundgang hinter mir ließ, verdickte sich wie geronnene Milch, sobald sich neue Gänge vor mir auftaten, und im Grunde wußte ich nur noch, daß ich durch eine Flucht von Wänden ging, durch Abfall und Papier. An einer Stelle mußte ich klettern und Haufen von Pappe, die unter meinen Füßen rutschte, übersteigen — ein Lärm, als schlage ich mich durch Gebüsch. Im Gehen blickte ich besorgt zurück: Dieses an sich geringe Geräusch war in der Stille so aufdringlich und so untrennbar mit mir verbunden, daß es schien, als schleppte ich trockene Besenbündel an den Füßen und müßte lauschen, ob nicht jemandes Gehör mein Gehen auffange. Anfangs durchschritt ich die Nervensubstanz der Bank, den schwarzen Ziffernsamen zertrampelnd, mit dem Gefühl, die Verbindung der von Alaska bis zu den Niagarafällen hörbaren Orchesternoten zu zerstören. Ich suchte die Vergleiche nicht; hervorgerufen durch das, was ich an Unvergeßlichem sah, kamen sie von selbst und schwanden wieder wie eine Phalanx von Nebelfiguren. Mir war, als ginge ich auf dem Grund eines Aquariums, aus dem das Wasser abgelassen war, oder inmitten ewigen Eises, oder — was am deutlichsten und am bedrückendsten war — als durchstreifte ich vergangene Jahrhundere, die Gegenwart geworden wären. Ich durchschritt einen Innengang, der war verwinkelt und so lang, daß man ihn mit dem Fahrrad hätte durchfahren können. An seinem Ende befand sich eine Treppe, ich stieg hinauf in die nächste Etage und eine andere Treppe wieder hinunter, dabei kam ich durch einen Saal von mittlerer Größe, dessen Fußboden mit Beleuchtungsarmaturen vollgestellt war. Hier gab es Mattglaskugeln zu sehen, Lampenschirme in Tulpen- und Glockenform, schlangenförmige bronzene Kornleuchter, Drahtrollen, Berge von Fayence und Kupfer.

Der nächste winklige Durchgang führte mich ins Archiv, wo die Regale, die in Parallelen den Raum aufteilten, in dunkler Enge Fußboden und Decke miteinander verbanden, so daß kein Durchkommen war. Höher als bis zur Brust türmte sich eine Menge von Durchschreibebüchern; nicht einmal mit gebotener Aufmerksamkeit umsehen konnte ich mich — so heillos war das Durcheinander.

Ich ging durch eine Seitentür hinaus und im Halbdunkel zwischen weißen Wänden so lange weiter, bis ich einen großen Bogen sah, der die Wandelgänge mit der zentralen Halle verband. Diese war von einer Doppelreihe schwarzer Säulen umgeben, und oben bildete ein Alabastergeländer ein riesiges Viereck: die Decke war kaum zu sehen. Jemand, der Angst vor großen Räumen hat, hätte die Hände vors Gesicht geschlagen und wäre davongelaufen — so weit war es bis zum anderen Ende dieser Menschenbeherbergungsstätte, wo sich spielkartenklein die Türe schwarz abhob. Tausend Menschen hätten hier tanzen können. In der Mitte stand ein Springbrunnen, und seine Finger mit den komisch oder tragisch aufgerissenen Mündern wirkten wie ein großer Haufen Köpfe. Dicht an den Säulen lief rings um die Halle eine durchgehende Mattglasbarriere mit Kassenschaltern, die durch goldene Buchstaben markiert waren. Zerbrochene Trennwände, eingestürzte Kabinen, zur Wand geschobene Tische fielen hier kaum auf, weil der Saal so riesig war. Mit einiger Mühe erfaßte mein Blick die Gegenstände, die genauso der leblosen Verwüstung anheimgefallen waren wie alles andere. Ich stand umbeweglich und schaute um mich. Allmählich fand ich Geschmack an dieser Art Anblick, gewöhnte mich an den Stil. Einmal mehr begriff ich, daß man sich als bloßer Betrachter einer großen Feuersbrunst erhaben fühlen kann. Der Zauber des Ruins verführte zu poetischen Empfindungen: Vor mir breitete sich eine eigenständige Landschaft aus, ein ganzes Land sogar. Sein Kolorit machte Eindrücke zu Suggestionen, ähnlich wie in der Musik ein originelles Motiv Suggestivkraft annehmen kann. Es war schwer vorstellbar, daß hier einmal eine Menschenmenge aus und ein gegangen war, mit tausenderlei Angelegenheiten in Köpfen und Aktentaschen. Über allem lag ein Hauch von Verwesung und Friedhofsstille. Von Tür zu Tür zog sich mit unerhörter Frechheit das Fluidum elementarer, unaufhaltsamer Zerstörung, die sich so leicht vollzogen hatte, wie man eine Eierschale platt tritt. Diese Empfehlungen verursachten mir ein Kribbeln im Kopf, verführten zu Katastrophengedanken mit ähnlich magnetischen Kräften wie beim Blick in einen Abgrund. Ein einziger Gedanke, wie ein Echo, schien hier alle Formen zu beherrschen, und unabweisbar dröhnte in meinen Ohren der Gedanke, der an die Devise erinnerte:

»Es ist vollbracht — der Rest ist Schweigen.«

5

Schließlich ermüdete ich. Es fiel mir schon schwer, Übergänge und Treppen zu unterscheiden. Ich war hungrig. Aber ich hatte keine Hoffnung, den Ausgang zu finden, um an der Straßenecke etwas Eßbares zu kaufen. In einem der Küchenräume stillte ich meinen Durst an einem Wasserhahn. Zu meiner Überraschung lief das Wasser, wenn auch spärlich, und dieses winzige Zeichen von Leben gab mir neue Zuversicht. Dann suchte ich mir ein Zimmer aus. Es dauerte noch einige Zeit, bis ich schließlich einen Büroraum mit nur einer Tür, mit Kamin und Telefon fand. Möbel fehlten fast völlig; das einzige, worauf ich liegen oder sitzen konnte, war ein skalpiertes Sofa ohne Beine; nach allen Seiten ragten Fetzen abgerissenen Leders, Sprungfedern und Roßhaarfüllung. In einer Wandnische stand noch ein hoher Nußbaumschrank, er war verschlossen. Ich rauchte eine Zigarette, dann noch eine zweite, bis ich endlich mein inneres Gleichgewicht einigermaßen wiederhergestellt hatte und mir ein Nachtlager richtete.

Schon lange kannte ich nicht mehr das glückhafte Gefühl des Müdeseins, des tiefen ruhigen Schlafes. Den hellen Tag über dachte ich an die bevorstehende Nacht mit der Vorsicht eines Menschen, der ein randvoll mit Wasser gefülltes Gefäß trägt und alle Aufregung vermeiden will, und jedesmal war ich fast sicher, daß die Erschöpfung über die lästige Wachheit des Bewußtseins siegen würde. Doch kaum wurde es Abend, überwältigte mich mit aller Wucht die Furcht, nicht einschlafen zu können, und ich quälte mich und wünschte die Nacht herbei, um zu wissen, ob ich endlich schlafen könne. Doch je mehr es auf Mitternacht ging, um so deutlicher meldeten sich meine Gefühle in unnatürlicher Überschärfe; Unrast und Ruhelosigkeit, wie Magnesiumblitze im Dunkeln, verwandelten meine Nerven in gespannte Saiten, die beim geringsten Eindruck zu schwingen begannen, und so wurde ich immer munterer im Laufe der Nacht, die kein Ende nehmen wollte für mein unruhiges Herz. Die Müdigkeit verging, die Augen schmerzten wie von trockenem Sand; jeder beliebige Gedanke entfaltete sich, kaum aufgetaucht, in all seiner Kompliziertheit, und die noch bevorstehenden Stunden, in denen ich zur Tatenlosigkeit verdammt war und den Erinnerungen nicht entgehen konnte, erfüllten mich mit hilfloser Wut wie eine unausweichliche, aber sinnlose Arbeit. Was tat ich nicht alles, um den Schlaf herbeizuzwingen! Gegen Morgen, wenn mein Körper schmerzte wie von heißen Wassergüssen, versuchte ich die trügerische Anwesenheit des Schlafes durch künstliches Gähnen zu beschwören, doch kaum schloß ich die Augen, so geschah, was uns geschieht, wenn wir tagsüber ohne zwingende Notwendigkeit die Augen schließen — ich mußte die Sinnlosigkeit meines Tuns einsehen. Alle Mittel probierte ich aus: Anstarren eines Punktes an der Wand, Zählen, unbewegliches Stilliegen, Wiederholen ein und desselben Satzes — vergeblich.

Ich verfügte über einen Kerzenstummel, eine absolut notwendige Sache zu jener Zeit, als die Treppen nicht beleuchtet waren. Mit ihm erhellte ich, wenn auch spärlich, den kalten hohen Raum, danach stopfte ich die Sofakuhlen mit Papier aus und errichtete eine Kopfunterlage aus Büchern. Der Mantel diente mir als Zudecke. Nun mußte der Kamin geheizt werden, damit ich ins Feuer schauen konnte. Überdies war es hier für sommerliche Verhältnisse nicht warm genug. Jedenfalls hatte ich mir Beschäftigung gesucht und war froh. Bald loderten in diesem großen Kamin ganze Packen von Rechnungen und Büchern, loderten hell und fielen als Asche auf dem Rost zusammen. Die Flamme spielte im Dunkel der offenen Tür und entschwand als stiller leuchtender Fleck.

Doch ergebnislos verglühte dieses heimliche, zufällige Feuer. Es beleuchtete nicht vertraute Gegenstände, deren Anblick im fantastischen Abglanz roter und goldener Kohlen uns immer Wärme und ein helles Gemüt verleiht. Es war unbehaglich wie die Feuerstelle eines Diebes. Ich lag da, den Kopf in die Hand gestützt, die schon taub wurde, und verspürte nicht die geringste Lust zum Schlafen. Alle meine Bemühungen in dieser Richtung wären dem Als-ob eines Schauspielers gleichgekommen, der sich angesichts der Publikumsmenge gähnend ins Bett legt. Außerdem war ich hungrig und rauchte viel, um den Hunger zu betäuben.

Ich lag und schaute träge ins Feuer und auf den Schrank. Jetzt kam mir in den Sinn, der Schrank sei nicht ohne Grund verschlossen. Was aber konnte in ihm verborgen sein, wenn nicht dieselben Haufen abgelegter Akten? Was war hier noch nicht ans Licht gezerrt? Die traurige Erfahrung mit kaputten elektrischen Glühbirnen, die ich haufenweise in einem ebensolchen Schrank gefunden hatte, nährte den Verdacht, der Schrank hier sei ohne besondere Absicht verschlossen, nur weil jemand fürsorglich den Schlüssel gedreht hatte. Nichtsdestoweniger betrachtete ich die massiven Türflügel, die es an Solidität mit der Haustür aufnahmen, im Gedanken an Nahrungsmittel. Meine

Hoffnung, im Schrank etwas Eßbares zu finden, war nicht gerade ernsthaft. Mich trieb blindlings mein Magen, er lenkte meine Gedanken immerzu in Bahnen, die nur ihm gemäß waren — ebenso, wie einem beim Anblick von Speisen das Wasser im Munde zusammenläuft. Um mich abzulenken, durchstöberte ich einige angrenzende Zimmer, doch dort fand ich beim Licht meines Kerzenstummels nicht einmal einen Zwiebackkrümel, und so kehrte ich zurück, immer stärker von dem Schrank angezogen. Im Kamin verglomm düster die Asche. Meine Fantasie gaukelte mir Abenteuerliches vor. Hatte nicht doch jemand in diesem Schrank einen Brotlaib eingeschlossen und womöglich auch Tee und Zucker? Gold und Edelsteine werden anderswo verwahrt, das ist eindeutig. Ich hielt mich für berechtigt, den Schrank zu öffnen, da ich selbstverständlich keine Wertgegenstände anrühren würde, wären sie hier eingeschlossen, jedoch auf Eßbares, wie auch immer, hatte ich jetzt gesetzmäßigen Anspruch.

Allerdings hütete ich mich, während ich schon mit der Kerze leuchtete, diese Erwägungen der Kritik zu unterziehen, um mich nicht unversehens aller moralischen Stützen zu berauben. Also nahm ich ein metallenes Lineal, schob sein Ende in den Spalt neben dem Schlüsselloch, drückte und zog es wieder heraus. Mit leichtem Klirren schnappte das Schloß auf, schwer knarrend öffnete sich der Schrank — und ich fuhr zurück, denn ich erblickte Außerordentliches. Heftig warf ich das Lineal weg, ich erbebte, und ich schrie nur deshalb nicht, weil mir die Kraft dazu fehlte. Ich stand wie vom Donner gerührt.

6

Der erste Entdeckungsschauder war gleichzeitig der Schauder eines blitzkurzen, aber schrecklichen Zweifels. Jedoch war es kein Sinnentrug. Ich erblickte ein Vorratslager wertvoller Lebensmittel, sechs Fächer voll, die tief ins Innere des Schrankes reichten und sich unter der Last ihrer Überfülle bogen. Diese Last bestand aus Sachen, die zu Raritäten geworden waren — erlesene Produkte allerfeinster Küche, an deren Geschmack und Geruch man sich nur noch dunkel erinnerte. Ich zog mir einen Tisch heran und begann mit der Durchsicht.

Vorher schloß ich noch die Tür, denn die leeren Räume fürchtete ich wie argwöhnische Augen; ich ging sogar hinaus und lauschte, ob nicht jemand, so wie ich, innerhalb dieser Wände umgeht. Die Stille war mir Beweis genug.

Ich fing oben an. Oben, das war das fünfte und sechste Fach. Darin standen vier große Körbe, und kaum hatte ich diese bewegt, sprang dort eine riesige rotbraune Ratte heraus und platschte auf den Fußboden mit quietschendem Pfeifen, so daß mir ganz übel wurde. Krampfartig zuckte meine Hand zurück, und ich erstarrte vor Ekel. Meine nächste Bewegung ließ noch zwei solche Scheusale flüchten, sie schlüpften zwischen meinen Füßen durch wie große Eidechsen. Da rüttelte ich am Korb und schlug an den Schrank, ängstlich abgewandt, falls eine ganze Sturzflut dieser düsteren Schlängelkörper mit zappelnden Schwänzen hervorbrechen würde. Doch die Ratten, sofern dort mehrere gewesen, waren fort, sie mußten wohl durch die Rückwand des Schranks in die Mauerspalten gekrochen sein, der Schrank stand ruhig da.

Selbstverständlich verwunderte mich diese Art der Aufbewahrung von Lebensmittelvorräten an einem Ort, wo Mäuse (*Muridae*) und Ratten (*Musdecumanus*) sich heimisch fühlen mußten. Doch meine Begeisterung fegte alle Bedenken hinweg; ganz dünn nur sickerten sie durch diese wilde Apotheose, wie Wasser durch eine Talsperrenwand. Man sage nicht, daß Empfindungen, die mit Nahrungsaufnahme zu tun haben, immer gleich sind, daß der Appetit den Menschen auf eine Stufe mit den Amphibien stellt. In solchen Minuten, wie ich sie durchlebte, wachsen all unseren Gefühlen Flügel, und die Freude ist nicht weniger erhaben als beim Anblick eines Sonnenaufganges in den Bergen. Die Seele schreitet nach den Klängen eines Marsches. Ich war schon trunken vom bloßen Anblick der Schätze, um so mehr, da jeder Korb ein Sortiment gleichartiger, insgesamt jedoch sehr unterschiedlicher Genüsse enthielt. In einem Korb war Käse, eine ganze Kollektion von Käsesorten — von grünem Reibekäse bis zu Roquefort und Brie. Der zweite Korb, nicht weniger gewichtig, duftete nach Fleischerladen; da stapelten sich Schinken, Würste, geräucherte Zungen und gefüllte Puten neben dem Korb, der mit einer Ladung Konserven vollgestopft war. Der vierte barst fast von einem Berg Eier. Ich kniete nieder, denn jetzt mußte unten nachgesehen werden. Hier entdeckte ich acht Zuckerhüte und eine Büchse Tee; ein Eichenfäßchen mit Kupferreifen, bis oben voll Kaffee; Körbe mit Gebäck, Torten und Zwieback. Die beiden untersten Fächer erinnerten an das Büfett eines Restaurants, denn ihr Inhalt bestand ausschließlich aus Weinflaschen, ordentlich und eng gestapelt wie Holz in einer Miete. Alle Geschmacksrichtungen, alle Marken, alle Künste und Feinheiten der Kellermeister waren auf den Etiketten abzulesen.

Nun hieß es, wenn schon nicht mit Beeilung, so doch auf jeden Fall anfangen zu essen, denn es war klar, daß dieser Reichtum an Vorräten, eindeutig erst frisch und wohldurchdacht angelegt, nicht von jemandem im Stich gelassen worden sein konnte, um einem Zufallsbesucher hiesiger Örtlichkeiten das Vergnügen eines gewaltigen Fundes zu bereiten. Ob tagsüber oder nachts, jeden Augenblick konnte ein Mensch auftauchen, schreiend und mit erhobenen Armen, wenn nicht gar mit Schlimmerem, etwa mit einem Messer. Alles sprach für die obskure Gespanntheit der Situation. Vielerlei hatte ich zu befürchten in dieser Umgebung, da ich auf Unbekanntes gestoßen war. Mittlerweile meldete sich der Hunger auf seine Weise, und nachdem ich die Schranktür angelehnt hatte, nahm ich auf den Resten des Sofas Platz und verteilte rings um mich Happen, die ich, anstelle von Tellern, auf große Papierbögen legte. Ich aß erst einmal das Nötigste, also Zwieback, Schinken, Eier und Käse, als Nachtisch Gebäck, dazu trank ich Portwein und hatte bei jedem Schluck das Gefühl eines Wunders. Anfangs konnte ich Zittern und nervöses Lachen nicht unterdrücken, doch als ich ein wenig zur Ruhe kam, mich ein wenig an den Umgang mit den leckeren Dingen gewöhnte, die vor nicht mehr als fünfzehn Minuten für mich noch über allen Wolken geschwebt hatten, wurde ich wieder Herr meiner Bewegungen und Gedanken. Die Sattheit kam schnell, wesentlich schneller, als ich zu Beginn der Mahlzeit vermutet hätte, das lag an der Aufregung, die sogar den Appetit beeinträchtigte. Doch ich war viel zu ausgehungert, um in Resignation zu verfallen, und die Sättigung erquickte mich vollauf, ohne jene schläfrige geistige Ermattung, die das tagtägliche Verschlingen reichlicher Mahlzeiten begleitet. Nachdem alles verzehrt war, was ich mir genommen hatte, vernichtete ich sorgfältig die Reste des Mahles, und ich spürte: Dieser Abend ist *gut*.

Übrigens, so angestrengt ich mich auch in Vermutungen erging, sie kratzten, wie ein stumpfes Messer, doch nur an der Oberfläche des Erlebten, sein Kern hingegen blieb dem uneingeweihten Blick verborgen. Während ich durch die schlafenden Riesengemächer der Bank spazierte, hatte ich wahrscheinlich ziemlich genau begriffen, was mein Ex-Händler mit diesem Papier-Klondike zu tun hatte: Hier konnte man Hunderte Fuhren von Einwickelpapier herausholen, welches die Händler aus Gründen des Falschwiegens außerordentlich schätzten; außerdem brachten Elektrokabel und kleine Armaturen gewiß manchen Packen Papiergeld ein; nicht von ungefähr waren hier fast überall, wo ich die Wände ansah, Kabel und Steckdosen herausgerissen. Doch hielt ich meinen Händler nicht für den Besitzer des Geheimproviants; so etwas konnte er sicherlich anderswo genießen. Aber keinen Schritt weiter ging ich in meinen Überlegungen, alle anderen Gedanken waren unpersönlich wie bei jedem beliebigen Fund. Daß eine Zeitlang niemand an ihn gerührt hatte, ersah ich aus den Spuren der Ratten, deren Zähne hatten in Schinken und Käse große Löcher hinterlassen.

Nach dem Essen machte ich mich daran, den Schrank gründlicher zu untersuchen, und ich entdeckte manches, das mir in den ersten Minuten entgangen war. Zwischen den Körben lagen Stapel von Messern, Gabeln und Servietten; hinter den Zuckerhüten war ein silberner Samowar versteckt; in einem Kasten klirrten, dicht an dicht, viele Wein- und Schnapsgläser und geschliffene Pokale. Offensichtlich pflegte sich hier eine Gesellschaft zu versammeln zu Zwecken der Ausschweifung oder der Konspiration, auf Abgeschiedenheit und Geheimhaltung rechnend, vielleicht eine machtvolle Organisation, mit Wissen und unter Teilnahme der Leitung des Hauses. In diesem Fall mußte ich auf der Hut sein. So sorgfältig ich konnte, räumte ich den Schrank auf, hoffend, die unbedeutende Menge des für mein Abendbrot Vertilgten werde unbemerkt bleiben. Trotzdem (und das machte ich mir nicht zum Vorwurf) entnahm ich noch einiges, darunter auch eine weitere Flasche Wein, machte ein flaches Paket daraus und versteckte es unter einem Papierhaufen in einer Biegung des Korridors.

Selbstverständlich stand mir der Sinn in diesen Minuten nicht nach Schlaf, nicht einmal nach Hinlegen. Ich rauchte eine helle parfümierte Zigarette aus Kräuseltabak mit langem Mundstück — der einzige Fund, den ich voll gewürdigt hatte, indem ich mir alle Taschen mit den wunderbaren Zigaretten vollstopfte. Ich war in einem Zustand rauschhafter, geradezu musikalischer Erregung und hielt mich für einen Menschen, dem eine Reihe sagenhafter Unerhörtheiten bevorstand. Inmitten dieser funkelnden Geistesverwirrung fiel mir das Mädchen im grauen Tuch ein, das meinen Kragen mit der Sicherheitsnadel zusammengesteckt hatte — wie hätte ich diese Bewegung je vergessen können! Sie war der einzige Mensch, dessen ich mit schönen und anrührenden Worten gedachte. Es ist zwecklos, diese Worte zu nennen, denn sie verlieren, kaum ausgesprochen, ihr faszinierendes Aroma. Dieses Mädchen, dessen Namen ich nicht einmal wußte, hatte eine Spur hinterlassen, vergleichbar dem schimmernden Streifen des Sonnenuntergangs auf fließendem Wasser. Diese zarte Wirkung erzielte sie durch eine einfache Sicherheitsnadel und durch das Geräusch ihres konzentrierten Atmens, als sie sich auf die Zehenspitzen reckte. Das ist doch wahrhaftig weiße Magie. Da das Mädchen ebenfalls Not litt, wünschte ich leidenschaftlich, ihr mit meiner atemberaubenden Entdeckung eine Freude zu bereiten. Doch ich wußte nicht, wo sie war, ich konnte sie nicht anrufen. Selbst ein Wunder meines Gedächtnisses, wenn dieses plötzlich die vergessene Telefonnummer hervorgeschleudert hätte, konnte mir nicht helfen, trotz der zahlreichen Apparate, zu deren einem meine Augen unwillkürlich wanderten: sie funktionierten nicht, sie konnten aus einleuchtenden Gründen nicht funktionieren. Trotzdem betrachtete ich den Apparat mit zweifelnder Neugier, an der meine Vernunft nicht den geringsten Anteil hatte. Es zog mich hin wie im Spiel. Der Wunsch, eine Dummheit zu begehen, ließ mich nicht los, und wie jeder nächtliche Unsinn wurde er immer verlockender im Sprühfeuer meiner schlaflosen Fantasie.

Ich bildete mir ein, die Nummer müsse mir einfallen, wenn ich physisch die Lage eines Telefonierenden einnähme. Außerdem waren da an der Wand rätselhafte Pilze mit Kautschukmündern und Metallohren, die kamen mir schon lange vor wie nicht ganz dechiffrierte Zeichen — eine Form von Aberglauben, der neben vielem anderen auch durch Flammarions ›Atmosphäre‹ mit der Geschichte über den Blitz genährt wurde. Ich empfehle jedem, dieses Buch zu lesen und sich noch einmal in die Absonderlichkeiten des elektrischen Gewitters zu vertiefen, besonders in die Wirkungen des Kugelblitzes, der beispielsweise über ein von ihm selbst in die Wand getriebenes Messer eine Bratpfanne oder einen Stiefel stülpt oder der ein Ziegeldach so umwandelt, daß die Ziegel mit Reißbrettgenauigkeit umgekehrt zu liegen kommen, gar nicht zu reden von den Fotografien vom Blitz Erschlagener und Fotografien der Umgebung, in der ein solches Unglück geschah. Sie sind immer bläulich wie alte Daguerreotypien. Mir sagen ›Kilowatt‹ und ›Ampere‹ wenig. In meinem Fall mit dem Telefon handelte es sich um eine Vorahnung, um jene seltsame Dumpfheit und Bewußtseinstrübung, die die meisten unserer absurden Handlungen begleitet. So kann ich es jetzt erklären, damals jedoch reagierte ich nur wie ein Stück Eisen vor einem Magneten.

Ich nahm den Hörer ab. Er schien mir kälter, als er wirklich war, taubstumm vor der gleichgültigen Wand. Ich hielt ihn ans Ohr mit ebensowenig Hoffnung wie eine defekte Uhr, ich drückte auf den Knopf. War es nun ein Summen in meinem Kopfe oder die Erinnerung an das tatsächliche Geräusch, jedenfalls hörte ich, erbebend, eine Art Fliegengesumm, ebenjene an Insektensirren erinnernde Vibration der Drähte, die unter diesen Umständen genau das Absurde war, das ich erstrebte.

Hoffärtig ist es, *begreifen* zu wollen, wie wenn ein Wurm eine Marmorskulptur zernagen wollte, dadurch werden alle Erscheinungen mit verborgenem Ursprung ihrer Kraft beraubt. Mir war es nicht gegeben, mich ums Begreifen des Unbegreiflichen zu mühen. Jedoch ich prüfte mich. Ich nahm den Hörer vom Ohr weg, erzeugte in meiner Vorstellung jenes charakteristische Geräusch und vernahm es abermals, sobald ich wieder in die Hörmuschel lauschte. Das Geräusch schwankte nicht, riß nicht ab, wurde weder schwächer noch stärker; im Hörer rauschte, wie es sich gehörte, der unsichtbare Raum und wartete auf Kontakt. Mich überkamen verschwommene Vorstellungen, sonderbare, wie ja auch dieses Rauschen der Drähte im ausgestorbenen Haus höchst sonderbar war. Ich sah Knäuel verwirrter Kabel, vom Sturm zerrissen und an unauffindbaren Stellen in ihrem Chaos

Kontakte bildend; ich sah Garben elektrischer Funken, sprühend aus den gebuckelten Rücken von Katzen, die über Dächer sprangen; magnetisches Aufflammen an Straßenbahnleitungen sah ich und das Gewebe und Herz der Materie in Form einer scharfkantigen futuristischen Zeichnung. Solche Visionen währten nicht länger als einen Herzschlag; mein Herz tobte, es schlug, klopfte in unübersetzbarer Sprache die Empfindungen nächtlicher Gewalten.

Und dann trat, klar wie der zunehmende Mond, die Gestalt jenes Mädchens hinter den Wänden hervor. Hatte ich erwarten können, daß ihr Bild so lebendig in mir haften blieb? Kräfte wie von hundert Menschen drängten und rumorten in mir, während ich die verwischte Nummer des Apparats anstarrte und meinen Geist durch einen Wirbelsturm von Ziffern hetzte, bemühte, herauszufinden, welche Anordnung der verlorenen Telefonnummer entspräche. Arglistiges, unzuverlässiges Gedächtnis! Leichtfertig verspricht es, keine Zahl, keinen Tag, keine Einzelheit, kein vertrautes Gesicht zu vergessen, und jedem Zweifel begegnet es mit treuherzigem Blick. Doch wenn es darauf ankommt, muß der Leichtgläubige erkennen, daß er die Wette mit einem schamlosen Affen abgeschlossen hat, der für eine Handvoll Nüsse einen Brillantring weggibt. Unvollständig und verschwommen sind die Züge des Gesichts, an das wir uns erinnern wollen, und in der Zahl fehlt eine Ziffer; die Zusammenhänge verwirren sich, vergebens zerbricht sich der Mensch den Kopf über nebulöse Erinnerungen, die ihn quälend narren. Andererseits, wenn wir *alles* behielten, alles behalten könnten — welcher Verstand hielte das ungestraft aus: ein ganzes Leben in einem einzigen Moment, besonders das Erinnern der Gefühle?

Sinnlos sprach ich Ziffern vor mich hin, mit der Bewegung meiner Lippen mich ihrer versichernd. Endlich kam eine Reihe, die der vergessenen Nummer zu ähneln schien: 107-21. »Einhundertsieben-einundzwanzig«, sagte ich und lauschte dem Gesprochenen nach, ohne genau zu wissen, ob ich mich nicht wieder irrte. Unerwartet, als ich den Knopf zum zweitenmal drückte, überfiel mich blinder Zweifel, doch es war bereits zu spät. Das Summen schwoll an, in der Ferne der Telefonleitung veränderte sich knackend etwas, und direkt an meine Wange sprach eine müde weibliche Stimme in tiefem Alt: »Fernsprechamt«. Sie wiederholte ungeduldig: »Fernsprechamt«, doch auch da antwortete ich nicht sofort, so eisig preßte es mir die Kehle zusammen, denn im tiefsten Innern wußte ich, daß ich noch immer nur *spielte*.

Wie dem auch sei, ich hatte die Geister einmal gerufen und beschworen — ob sie nun der ›Atmosphäre‹ zuzuschreiben waren oder den ›Kilowatt‹ der Gesellschaft des Jahres 86 —, und so sprach ich und erhielt Antwort. Die Zahnräder der defekten Uhr begannen sich zu drehen. An meinem Ohr bewegten sich die Stahlgewichte für die Zeiger. Wer auch immer das Pendel abgestoßen hatte, der Mechanismus fing an, regelmäßig zu ticken. »Einhundertsieben-einundzwanzig«, sagte ich gepreßt, während ich auf meine Kerze blickte, die inmitten des Gerümpels zu Ende brannte. »Gruppe A«, lautete die mürrische Antwort, und das Geräusch brach ab, ausgeschaltet durch eine ferne matte Handbewegung.

In diesen Augenblicken arbeitete mein Verstand heiß und heftig. Ich hatte ja gerade die Taste mit dem Buchstaben A gedrückt; folglich funktionierte das Telefon nicht nur, sondern es unterstrich diese erstaunliche Realität auch noch dadurch, daß die Leitungen vertauscht waren — ein bemerkenswertes Detail für meine ungeduldige Seele. Um ›A‹ zu bekommen, drückte ich nun den ›B‹-Knopf. In das Dröhnen des in Gang gesetzten Stromes fielen, wie aus einer plötzlich geöffneten Tür, scharfe Stimmen ein, die an das Gequäke eines Grammophontrichters erinnerten, unbekannte Redner tönten in meiner Hand, die die Hörmuschel hielt. Sie fielen einander ins Wort mit der Eile und Heftigkeit von Leuten, die aus ihren Häusern auf die Straße gelaufen kommen. Die miteinander vermischten Satzfetzen erinnerten an ein Krähenkonzert. »A-la-la-la-la «, schluchzte ein unbekanntes Wesen vor dem Hintergrund einer im Bariton gehaltenen, zögernd-bedachtsamen Rede, die in honigsüßer Expressivität dahinfloß, von Pausen und Satzzeichen unterbrochen. »Kann ich Ihnen nicht geben« ... »Wenn Sie ihn sehen« ... »Irgendwann« ... »Aber ich sage doch« ... »Sie hören« ... »Größe fünfunddreißig« ... »Ende« ... »Das Auto ist schon unterwegs« ... »Ich verstehe kein Wort« ... »Legen Sie bitte auf«. — In diesen Jahrmarktstrubel klangen schwach, wie Mückengesumm, Stöhnen, fernes Weinen, Lachen, Schluchzen, ein paar Takte auf einer Geige, das Klappern langsamer Schritte, Rascheln und Flüstern. Wo, auf welchen Straßen erklangen all diese Worte, sorgenvolle, schreiende, mahnende und klagende? Endlich ertönte ein sachliches Rasseln, die Stimmen verschwanden, und ins Summen der Drähte schaltete sich dieselbe Stimme ein, die ich schon kannte: »Hier Gruppe B.«

»A! Geben Sie mir A«, sagte ich, »die Leitungen sind vertauscht.«

Nach einer Pause, während der das Summen zweimal abbrach, meldete sich eine neue Stimme, klangvoller und ruhiger: »Hier Gruppe A.«

»Bitte einhundertsieben-einundzwanzig«, sagte ich so deutlich wie möglich.

»Einhundertacht-nulleins«, wiederholte die Telefonistin unbeteiligt, aber aufmerksam, und ich hielt mit Mühe die Korrektur zurück, die mir von den Lippen wollte.

Dieser Widerspruch beseitigte die letzten Zweifel und bestätigte mir die vergessene Nummer. Kaum vernommen, erkannte und erinnerte ich sie, wie wir ein Menschenantlitz wiedererkennen.

»Ja, ja«, sagte ich in höchster Erregung, die am Rande eines schwindelerregenden Abgrunds verlief. »Ja, genau: einhundertacht-nulleins.«

In mir und um mich herum erstarrte alles. Das Vermittlungsgespräch traf mich wie ein Schwall kalten Wassers und preßte mir das Herz zusammen; ich nahm nicht einmal das übliche »Ich verbinde« oder »Bitte sprechen« wahr — ich weiß nicht mehr, was gesagt wurde. Ich hörte zauberhaftes Vogeltrillern. Am Ende meiner Kräfte, lehnte ich mich an die Wand. Dann, nach einer schlimmen Pause, kam wie frische Luft ein helles bedachtsames Stimmchen, das sagte zögernd:

»Ich versuche es. Du hast doch gehört, wie das kaputte Telefon geklingelt hat? Wer ist da?« fragte sie, offenbar ohne auf Antwort zu rechnen, fragte quasi für alle Fälle, in spielerisch-strengem Ton.

Fast schreiend sagte ich:

»Ich bin's, der auf dem Markt mit Ihnen gesprochen hat, der Mann mit der Sicherheitsnadel. Ich habe Bücher verkauft. Erinnern Sie sich, ich bitte Sie! Ich weiß Ihren Namen nicht — sagen Sie mir, daß Sie es sind!«

»Seltsam«, erwiderte die Stimme nachdenklich und hüstelte leicht. »Warten Sie, legen Sie nicht auf. Ich muß überlegen. Alter Herr, hast du so etwas schon erlebt?«

Die letzten Worte waren nicht an mich gerichtet. Eine männliche Stimme antwortete darauf etwas Unverständliches, offensichtlich aus einem anderen Zimmer.

»Ich erinnere mich an die Begegnung«, wandte sie sich wieder an mich. »Aber ich weiß nicht, von was für einer Nadel Sie sprechen. Ach, doch! Ich wußte nicht, daß Sie so ein gutes Gedächtnis haben. Aber es ist seltsam, daß ich mit Ihnen sprechen kann — unser Telefon ist nämlich gestört. Was ist denn da los? Von wo sprechen Sie?«

»Können Sie mich gut hören?« erwiderte ich, als hätte ich ihre Frage nicht verstanden, denn ich wollte den Ort, an dem ich mich befand, nicht nennen, und als sie bejahte, fuhr ich fort: »Ich weiß nicht, ob unser Gespräch lange dauern kann. Ich habe meine Gründe, nicht weiter darüber zu reden. Ich weiß vieles nicht, genau wie Sie. Deshalb sagen Sie mir bitte unverzüglich Ihre Adresse, die weiß ich auch nicht.«

Eine Zeitlang war nur das gleichmäßige Summen des Stromes zu hören, als hätten meine letzten Worte die Verbindung unterbrochen. Wieder entschwand mir die Ferne hinter einer undurchdringlichen Wand, das widerliche Empfinden von Ärger und beschämender Wehmut drückte mich fast nieder, und ich war drauf und dran, mich auf komplizierte und unangebrachte Meditation einzulassen über die Eigenart von Telefongesprächen, die es unmöglich macht, Nuancen natürlichster schlichter Gefühle frei zum Ausdruck zu bringen. In gewissen Situationen sind Gesicht und Worte eben nicht voneinander zu trennen. Dasselbe hatte vielleicht auch sie gedacht, während das Schweigen sich hinzog, danach hörte ich sie wieder:

»Wozu? Nun, meinetwegen. Also, schreiben Sie ...« Dieses ›Schreiben Sie‹ klang ein wenig verschmitzt. »Schreiben Sie meine Adresse auf: Fünfte Linie, Nummer siebenundneunzig, Wohnung elf. Bloß warum, warum brauchen Sie meine Adresse? Ich sage offen, ich verstehe das nicht. Abends bin ich gewöhnlich zu Hause ...«

Die Stimme redete gemächlich weiter, doch plötzlich klang sie leise und dumpf, wie aus einem hohlen Kasten. Ich hörte sie sprechen, sie schien etwas zu erzählen, aber ich verstand kein Wort. Immer entfernter, undeutlicher floß die Rede, bis sie nur noch wie Regengerinnsel klang, und zum Schluß gab ein kaum hörbarer Stromstoß zu erkennen, daß die Verbindung abgerissen war. Der Apparat schwieg, er funktionierte nicht mehr. Vor mir war die Wand, der Kasten, der Hörer. Ans Fenster klopfte nächtlicher Regen. Ich drückte auf den Knopf, der quietschte und klemmte. Der Resonator war tot. Die Verzauberung war dahin. Aber ich hatte gehört, ich hatte *gesprochen,* das Geschehene konnte nicht mehr ungeschehen gemacht werden. Die Erlebnisse dieser Minuten waren wie ein Wirbelsturm über mich hinweggerast, ich war noch erfüllt von ihrem Nachhall und setzte mich hin, erschöpft, als hätte ich eine steile Treppe erklommen.

Dabei stand ich erst am Anfang der Ereignisse. Deren weitere Entwicklung begann mit dem Tappen ferner Schritte.

7

Noch sehr weit weg von mir — vielleicht am Anfang des Weges, den ich gegangen war, vielleicht auch von der anderen Seite her, jedenfalls aus der beträchtlichen Entfernung, aus der man Geräusche gerade noch aufnimmt — hörte ich Schritte. Ich konnte feststellen, daß da ein einzelner ging, er trat flink und leicht auf, kannte wohl den Weg im Dunkeln und leuchtete womöglich auch mit einer Taschenlampe oder Kerze. Vor meinem geistigen Auge allerdings sah ich ihn vorsichtig durch völlige Finsternis eilen, aufmerksam um sich blickend. Keine Ahnung, warum mir das so vorkam. Ich saß starr vor Entsetzen, wie von einer fernen gigantischen Zange gepackt. Angstvolle Erwartung breitete sich in mir aus, daß mir die Schläfen schmerzten, die Furcht lähmte mich, machte mich unfähig zu jeder Gegenmaßnahme. Ich wäre ruhig gewesen oder hätte mich doch allmählich beruhigt, wenn die Schritte sich entfernt hätten, jedoch ich hörte sie immer deutlicher, immer näher und verlor mich in Vermutungen über das Ziel dieses entnervend langdauernden, das Gehör folternden Rundgangs durchs ausgestorbene Haus. Schon streifte die widerliche Vorahnung, daß eine Begegnung unvermeidlich sein würde, mein Bewußtsein; ich stand auf, setzte mich wieder, wußte nicht, was tun. Mein Puls folgte genau dem Gleichmaß der Schritte oder ihrem Innehalten, doch schließlich überwand ich die dumpfe Taubheit meines Körpers, und mein Herz schlug wieder kräftig, so daß ich mich selbst mit jedem seiner Schläge deutlich spürte. Meine Absichten schwankten; sollte ich die Kerze löschen oder brennen lassen? Dabei leiteten mich keine verstandesmäßigen Motive, sondern allein die Möglichkeit, überhaupt etwas zu tun, schien mir ein glücklich ersonnenes Mittel, die gefährliche Begegnung zu vermeiden. Ich zweifelte nicht, daß diese Begegnung gefährlich oder aufregend sein würde. In diesen unwirtlichen Mauern hatte ich Ruhe empfunden, und ich gierte danach, mir diese nächtliche Illusion zu bewahren. Einmal ging ich vor die Tür, bemüht, unhörbar aufzutreten, ich wollte nachsehen, in welchem der Nachbarzimmer ich mich verstecken könnte, als sei der Raum, in dem ich saß und meine Kerzenstummel mit dem Rükken abschirmte, bereits für den Besuch ausersehen, als wisse jemand, daß ich mich hier befände. Ich ließ den Gedanken wieder fallen, denn mir kam in den Sinn, daß ich, wenn ich umzöge, wie ein Roulettspieler handeln würde, der die Zahl wechselt und dann bedauernd sehen muß, daß er gerade darum verlor, weil er der Ziffer untreu wurde. Das Vernünftigste war wohl doch, sitzen zu bleiben, die Flamme zu löschen und zu warten. Gedacht — getan, ich wartete im Finstern weiter.

Inzwischen war jeder Zweifel ausgeschlossen, daß der Abstand zwischen mir und dem unbekannten Ankömmling sich mit jedem Pulsschlag verringerte. Jetzt war er nur noch durch fünf, höchstens sechs Wände von mir getrennt, und er ging von Tür zu Tür mit der flinken Gelassenheit eines Leichtgewichtigen. Ich duckte mich, durch seine Schritte ganz und gar fixiert auf den wie ein Auto heranrasenden Moment des Gegenüberstehens, Auge in Auge, und ich flehte zu Gott, daß dies nicht die weit aufgerissenen Augen eines Wahnsinnigen sein möchten, mit dem weißen Ring um die glänzenden Pupillen. Ich erwartete nicht nur, ich wußte bereits, daß ich *ihn* sehen würde; mein Instinkt, der in diesen Minuten den Verstand hinwegschwemmte, sprach die Wahrheit, er brach blindlings ins lähmende Entsetzen ein. Die Finsternis belebte sich mit Gespenstern. Ich sah das zottige Wesen, das in einer dunklen Ecke meines Kinderzimmers gestanden hatte, Phantom in der Dämmerung, und am schlimmsten, schlimmer als ein Fall aus großer Höhe, war die Erwartung, die Schritte könnten direkt vor der Tür verstummen, es könnte gar niemand erscheinen, und dieses Ausbleiben von wem auch immer könnte mein Gesicht wie ein Windstoß streifen. Mir einen Menschen wie mich selbst vorzustellen, blieb keine Zeit mehr. Die Begegnung nahte, ich konnte mich nirgends verbergen. Plötzlich verstummten die Schritte, sie verhielten so dicht vor der Tür, und ich hörte, außer dem Rascheln der Mäuse in den Papierhaufen, so lange nichts, daß ich einen Aufschrei kaum noch zurückhalten konnte. Mir schien, jemand zwängte sich geduckt durch die Tür, um mich zu packen. Ein sinnloser Schrei hallte in der Dunkelheit, das Entsetzen trieb mich mit ausgestreckten Armen vorwärts, doch ich prallte sofort zurück und schlug die Hände vors Gesicht. Licht flammte auf und erleuchtete die Zimmerflucht, so weit das Auge reichte. Es wurde taghell. Mich erfaßte ein nervöses Zittern, doch ich ging nach kurzem Zögern sofort weiter. Da sagte hinter der nächsten Wand eine weibliche Stimme: »Kommen Sie her.« Es folgte ein leises, herausforderndes Lachen. Ich war fassungslos, ein solches Ende der Folter, die ich soeben etwa eine Stunde lang aushalten mußte, hatte ich nicht erwartet. »Wer ruft da?« fragte ich leise und näherte mich vorsichtig der Tür, hinter der die Unbekannte mit solch schöner und lieblicher Stimme ihre Anwesenheit kundgetan hatte. Ich stellte mir ihr Äußeres vor, das sicherlich dem angenehmen Klang entsprach, und ging zutraulich weiter, da hörte ich sie schon wiederholen: »Kommen Sie. Kommen Sie her.« Jedoch im Nebenzimmer sah ich niemanden. Mattglaskugeln und Lüster glänzten an der Decke und machten zwischen den schwarzen Fenstern die Nacht zum Tage. Ich ging weiter, fragend und jedesmal aus dem nächsten Raum die stereotype Antwort erhaltend: »Kommen Sie, oh, kommen Sie schnell!« So durchforschte ich fünf oder sechs Zimmer, in einem begegnete ich in einem Spiegel mir selbst, wie ich den aufmerksamen Blick aus dem Nichts ins Nichts schweifen ließ. Auf einmal schien mir, als sei die Tiefe des Spiegels voller winziger, sich davonstehlender Frauen in Mantille und Schleier, mit dem sie ihr Gesicht verhüllten, und nur ihre schwarzen Augen, lächelnd zwischen schelmisch verzogenen Brauen, leuchteten und blitzten flüchtig auf. Doch ich hatte mich geirrt, denn ich wandte mich so schnell um, daß selbst die flinksten Geister dieses Hauses nicht hätten entschlüpfen können. Schließlich wurde es mir zuviel, auch fürchtete ich, übererregt, wie ich war, etwas ernsthaft Bedrohliches in dieser stummen erleuchteten Ödnis, und so sagte ich schroff:

»Zeigen Sie sich, oder ich gehe keinen Schritt weiter. Wer sind Sie, und warum rufen Sie mich?«

Bevor ich Antwort erhielt, ballte das Echo meinen Ruf zu einem dumpfen düsteren Dröhnen. Unruhe und Besorgnis schwangen in den Worten der geheimnisvollen Frau, als sie mir, wer weiß woher, erregt zurief: »Schnell, schnell, nicht stehenbleiben! Kommen Sie ohne Widerrede!« Diese Worte, flink wie Wasserplätschern, klangen, obwohl halb geflüstert, so vernehmlich, als hätte sie mir jemand ins Ohr gesagt. Jedoch vergebens hastete ich mit ungeduldiger Vehemenz von Raum zu Raum, stieß Türen auf, passierte komplizierte Durchschlupfe, um irgendwo eine davonhuschende Frauengestalt zu erspähen — überall begegneten mir nur Leere, Licht und Türen. So ging es weiter, das reinste Versteckspiel, und schon mehrmals hatte ich ärgerlich geseufzt, unschlüssig, ob ich weitergehen sollte oder innehalten, stehenbleiben, bis ich sähe, mit wem ich eigentlich das fruchtlose Gespräch per Distanz führe. Sobald ich schwieg, suchte mich die Stimme; immer dringlicher und nervöser klang sie, wies mir flink die Richtung und rief leise von vorn, hinter der nächsten Wand:

»Hierher, schnell zu mir!«

Wie feinfühlig ich auch für Stimmnuancen war, im allgemeinen und besonders in dieser Situation höchster Anspannung, so erspürte ich doch im Rufen, im unentwegten Locken der lautlos laufenden Frau weder Hohn noch Heil; zwar benahm sie sich mehr als rätselhaft, aber vorerst hatte ich keinen Anlaß, an Bedrohliches oder überhaupt Schlechtes zu denken, da ich die Beweggründe für ihr Benehmen nicht kannte. Eher war anzunehmen, sie wünsche mir dringend etwas mitzuteilen oder zu zeigen und habe äußerst wenig Zeit. Wenn ich mich irrte und das Zimmer verfehlte, aus dem jeweils der melodische Ruf, vermischt mit Geraschel und hastigem Atmen, zu mir drang, dann wurde mir der rechte Weg gewiesen durch ein weiches und einschmeichelndes »Hierher!«. Ich war schon zu weit gegangen, um noch umkehren zu können. Auch zog mich das Geheimnis erregend in seinen Bann, und so stürmte ich fast im Laufschritt übers weitläufige Parkett, den Blick der Stimme zugewandt.

»Hier bin ich«, sagte endlich die Stimme in einem Ton, der das Ende der Geschichte verhieß. Das war an einer Stelle, wo vom

Gang eine Treppe abzweigte, einige Stufen zu einem höher gelegenen Gang.

»Nun gut, aber das ist das letztemal«, warnte ich.

Sie erwartete mich am Anfang des Ganges, rechts, wo es weniger hell war; ich hörte ihren Atem, als ich die Treppe erklommen
hatte und wütend mit den Augen das Halbdunkel durchforschte.
Natürlich narrte sie mich abermals. Beide Gangseiten standen
voller Bücherstapel, es blieb nur ein schmaler Durchlaß. Beim
Schein einer einzigen Lampe, die nur die Treppe und den Anfang
des Ganges schwach erhellte, konnte ich keinen Menschen erblik-
ken.

»Wo sind Sie denn?« fragte ich und strengte meine Augen an.
»Bleiben Sie stehen, Sie rennen ja so. Kommen Sie her.«

»Ich kann nicht«, antwortete die Stimme leise. »Aber sehen Sie
denn nicht? Ich bin hier. Ich war müde und habe mich hingesetzt.
Kommen Sie zu mir.«

Wahrhaftig, ich hörte sie ganz nah. Nur um eine Ecke brauchte
ich noch zu biegen. Dahinter herrschte Dunkel, am Gangende
leuchtete ein heller Türfleck. Ich stolperte über die Bücher, glitt
aus, schwankte und stieß im Fallen einen wackligen Stoß Kontenbücher um. Er stürzte in die Tiefe. Ich fiel auf die Hände und griff
ins Leere, beinahe wäre ich selbst in den Abgrund gerutscht, aus
dem, wie ein Echo meines unwillkürlichen Aufschreis, das Dröhnen der Bücherlawine erscholl. Meine Rettung war nur, daß ich
zufällig zu früh gefallen war, ehe ich den Rand des Abgrunds erreichte. Wenn auch der Schreck im ersten Moment alles Denken
verdrängte, so wurde ich doch sehr schnell durch ein Lachen, ein
erheitertes kaltes Auflachen von jenseits der Falle, über meine
Rolle aufgeklärt. Das Lachen entfernte sich, brach mit hartem Ton
ab, und ich hörte es nicht mehr.

Ich sprang nicht auf, kroch auch nicht zurück, denn zu dem
Sturz, der mir zugedacht war, paßte kein weiteres Geräusch; da
ich begriff, welcher Streich mir gespielt werden sollte, bewegte
ich mich nicht einmal, damit sich bei meinem Gegner der Eindruck im erhofften Sinne festigte. Jedoch es schien geraten, einen
Blick auf das mir bereitete Ruhelager zu werfen. Vorerst deutete
nichts darauf hin, daß ich beobachtet würde, und so entzündete
ich mit größter Vorsicht ein Streichholz und sah eine viereckige
Luke im Fußboden. Der Lichtschein drang nicht bis nach unten,

doch ich rief mir die Zeitspanne ins Gedächtnis, die zwischen meinem Anstoßen an die Bücher und dem Dröhnen ihres Aufpralls lag, danach schätzte ich die Fallhöhe auf etwa zwölf Meter. Folglich mußte der Fußboden der nächsttieferen Etage genau unter dem oberen Loch ebenfalls durchbrochen sein, so daß ein doppelt tiefer Schacht entstand. Ich war jemandem im Wege. Das begriff ich ohne weiteres, denn ich hatte sichere Beweise, nur war mir unbegreiflich, wie eine Frau, und wäre sie noch so leicht, die riesige Luke überfliegen konnte, an deren Rand keinerlei Geländer war; die Breite betrug immerhin sechs Arschin.

Nach einiger Zeit, als der erste Schreck des frischen Erlebnisses ein wenig verklungen war, kroch ich zurück bis dahin, wo von fern herandringendes Licht die Wände erkennen ließ, und erhob mich. In die hellerleuchteten Weiten wagte ich mich nicht zurück. Aber ich war auch nicht imstande, die Szene zu verlassen, wo sich beinahe das Finale des fünften Aktes abgespielt hätte. Ich hatte an allzu ernste Dinge gerührt, um mich noch weiter zu wagen. Ohne recht zu wissen, was tun, tastete ich mich vorsichtig in umgekehrter Richtung vor, versteckte mich manchmal in Wandnischen, um zu prüfen, ob wirklich niemand da war. In einer solchen Nische befand sich ein Ausgußbecken; aus dem Hahn tropfte Wasser; daneben hing ein Handtuch mit feuchten Spuren von soeben abgetrockneten Händen. Das Handtuch *bewegte* sich noch; hier war jemand gegangen, vielleicht zehn Schritte von mir entfernt, und nur durch Zufall war er unbemerkt geblieben, wie auch ich für ihn. Ich sollte diese Örtlichkeiten lieber nicht noch mehr herausfordern. Ich stand starr vor Spannung angesichts des fast unter meinen Augen berührten Handtuchs, schließlich trat ich zurück, immer noch mit angehaltenem Atem, und entdeckte zu meiner Erleichterung im Schatten der Nische eine schmale Seitentür, vor der Papier sich häufte. Es gelang mir, wenn auch mit Mühe, sie ein wenig aufzuziehen und mich hindurchzuzwängen. Ich verschwand in diesem Schlupfloch wie in der Wand und geriet in einen erleuchteten, stillen, menschenleeren Gang, sehr eng, mit einer Biegung in der Nähe, hinter die zu lugen ich nicht riskierte, und ich schmiegte mich an die wieder geschlossene Tür.

Nicht der geringste Laut, nicht der winzigste Sinneseindruck wäre mir in diesen Minuten entgangen — so sehr war ich innerlich geschärft und angespannt; ich war nur noch Gehör und

Atèm. Doch es schien, das Leben auf der Erde sei ausgestorben — solch eine Stille schlug mir entgegen im unbeweglichen Licht des weißen stummen Ganges. Offenbar war alles Lebendige von hier verschwunden oder hatte sich versteckt. Ich hielt es kaum noch aus, mit der Ungeduld der Verzweiflung verzehrte ich mich nach Lärm, welcher Art immer er sei, nur fort aus dem starren Licht, das mit seinem Schweigen mein Herz erstickte. Plötzlich erhoben sich Laute, mehr als genug zu meiner *Beruhigung* — wenn man »Ruhe im Sturm« mit diesem Wort bezeichnen darf —, eine Vielzahl Schritte drang von tief unten durch die Wand zu mir. Ich hörte Stimmen, Rufe. Zu diesen Geräuschen beginnenden undurchschaubaren lebhaften Treibens gesellte sich der Klang von Instrumenten, die gestimmt wurden: schrill sägte eine Geige; Violoncello, Flöte und Kontrabaß intonierten einige Takte, die dann im Möbelrücken untergingen.

Mitten in der Nacht — ich wußte nicht, wie spät es war — und nach allem, was ich über der Luke schon durchgemacht hatte, mußte dieses Leben, das sich da drei Etagen tiefer regte, für mich wie eine neue Bedrohung klingen. Wahrscheinlich hätte ich, unermüdlich weitergehend, aus diesem schier endlosen Haus einmal herausgefunden, jedoch nicht jetzt, da ich nicht wußte, was mich hinter der nächsten Tür erwarten mochte. Klarheit über meine Lage konnte ich nur gewinnen, wenn ich herausfand, was sich dort unten tat. Angespannt lauschend, schätzte ich den Abstand zwischen mir und den Geräuschen. Er war ziemlich groß, und seine Richtung verlief durch die gegenüberliegende Wand nach unten.

Ich stand so lange in meiner Türnische, bis ich mich zuletzt ermannte hinauszutreten; ich wollte sehen, ob nicht irgend etwas zu unternehmen wäre. Während ich mich behutsam voranstahl, bemerkte ich rechts von mir ein Loch in der Wand, nicht größer als ein Guckfensterchen und verglast; es befand sich so hoch über meinem Kopf, daß ich es gerade noch berühren konnte. Nicht weit entfernt stand eine Trittleiter, wie sie Maler beim Weißen von Decken verwenden. Mit aller gebotenen Vorsicht zog ich die Leiter heran — nur nicht poltern, nur nicht an die Wände stoßen! — und stellte sie unterm Fensterchen auf. Zwar war die Glasscheibe auf beiden Seiten stark verschmutzt, doch ich wischte sie mit der Hand ab, so gut es ging, und konnte nun hindurchsehen, wenn auch immer noch wie durch einen Rauchschleier. Meine Vermutung, die mir während der akustischen Orientierung gekommen war, bestätigte sich: Ich blickte in jene zentrale Halle der Bank, wo ich abends gewesen war; allerdings konnte ich nicht bis nach unten sehen — das Fenster ging auf die Galerie. Dicht vor mir breitete sich die Stuckdecke; die Balustrade, auf dieser Seite direkt vor meinen Augen, versperrte den Blick in den Saal hinab, nur die Säulen der gegenüberliegenden Seite, weit entfernt, waren knapp zur Hälfte zu sehen. Auf der ganzen Galerie war keine Menschenseele zu entdecken, während unten, quälend in seiner Unsichtbarkeit, fröhliches Treiben herrschte. Ich hörte Lachen, Rufe, Stühlerücken, unverständliche Gesprächsfetzen, gleichmäßiges Pendeln der Eingangstüren. Geschirr klapperte; Husten, Schnaufen, leichte und schwere Schritte, melodische spielerische Stimmen: ja, das war ein Bankett, ein Ball, eine Versammlung, ein Gelage, ein Jubiläum — was auch immer, jedenfalls nicht mehr die vorherige kalte und gewaltige Leere, wo das Echo im Staub lauerte. Die Lüster verströmten glitzernde Lichtmuster, und obwohl es in meiner Höhle auch hell war, lag der Abglanz des grelleren Saallichtes auf meiner Hand.

Ich war fast sicher, daß hierher niemand kommen würde, in diese Sackgasse, die eher zum Dachgeschoß gehörte als zur unteren Magistrale des Gebäudes, und so wagte ich, die Fensterscheibe zu entfernen. Der Rahmen, von zwei krummen Nägeln gehalten, wackelte ein wenig. Ich bog die Nägel zurück und nahm die Scheibe heraus. Sofort schlug mir Lärm entgegen, wie Wind ins Gesicht. Während ich mich mühte, Deutlicheres herauszuhören, ertönte leichte Musik, allerdings seltsam leise, ohne sich voll entfalten zu können oder zu wollen. Als hätte es jemand so befohlen, spielte das Orchester gedämpft. Trotzdem wurden die Stimmen lauter, sie strengten sich naturgemäß an und drangen bis zu meinem Schlupfwinkel als äußere Hülle dessen, was sie bedeuteten. Soviel ich verstehen konnte, kreiste das Interesse der verschiedenen Gruppen in der Halle um zwielichtige Geschäfte, wenngleich ich zwischen den einzelnen Gesprächen keinen Zusammenhang erkennen konnte. Manche Sätze klangen wie Gewieher, andere wie grausames Kreischen; wichtigtuerisches Händlerlachen vermischte sich mit Gezischel. Die Stimmen der Frauen hatten ein angespanntes dunkles Timbre und verfielen zuweilen in verführerische Koketterie, in lasterhafte Kameliendamen-Intonation. Hin und wieder gab jemandes Frohlocken dem Gespräch eine neue Wendung, Preise von Gold und Edelsteinen wurden genannt; manche Worte ließen mich schaudern, weil sie auf Mord oder andere Verbrechen ebenso entschiedenen Charakters hindeuteten. Gefängnisjargon, die Schamlosigkeit der nächtlichen Straße, schillerndes Intrigantengeschwätz und die wortreiche Lebhaftigkeit von Leuten, die nervös um sich blickten — dies alles verschmolz mit den Klängen eines *anderen* Orchesters, dem das erste zart und verspielt erwiderte.

Eine Pause trat ein; fern dort unten in der Tiefe gingen einige Türen, es schienen neue Personen hereinzukommen. Das bestätigte sich sogleich, indem triumphierende Rufe laut wurden. Nach undeutlichem Wortwechsel erschollen Ankündigungen und die Aufforderung zum Zuhören. Währenddessen war dort schon eine Rede im Gange, sie bahnte sich gemächlich ihren Weg, wie ein Käfer durch Nadelmulm.

»Gruß dem Erlöser!« brüllte der Chor. »Tod dem Rattenfänger!«

»Tod!« echoten dumpf die Frauenstimmen.

Das Geheul hallte lange nach und verebbte. Obwohl ich von allem, was ich hörte, auf schreckliche Wiese gefesselt war, drehte ich mich in diesem Moment um, als hätte mich jemand von hinten angeblickt; aber hinter mir stand niemand, und ich seufzte nur tief. Noch blieb mir Zeit zu überlegen, wie ich mich verbergen könnte: Hinter der Gangbiegung kamen zwei, ohne etwas von meiner Anwesenheit zu ahnen. Sie blieben stehen. Ihre Schatten fielen quer über mein Versteck, doch so genau ich auch hinsah, ich erkannte nur einen dunklen Fleck. Sie redeten mit der Sicherheit von Menschen, die sich unbelauscht fühlen. Offenbar setzten sie ein Gespräch fort. Auf dem Weg hierher waren sie auf eine Frage zu sprechen gekommen, die ich nicht kannte, und jetzt war die Antwort fällig. Wort für Wort prägte sich mir die düstere, unerbittliche Prophezeiung ein:

»Er wird sterben«, sagte der eine Unbekannte, »aber nicht gleich. Hier die Adresse: Fünfte Linie, Nummer siebenundneunzig Wohnung elf. Mit ihm auch seine Tochter. Das wird das große Werk des Befreiers sein. Der Befreier ist von weit her gekommen. Sein Weg ist mühselig, und er wird in vielen Städten erwartet.

Heute nacht muß alles erledigt sein. Du geh und sondiere den freien Gang. Wenn dem Befreier keine Gefahr droht, stirbt der Rattenfänger, und wir werden seine erloschenen Augen sehen!«

<h2 style="text-align:center">8</h2>

Ich lauschte dieser gehässigen Tirade und berührte mit einem Fuß schon den Boden, denn kaum hatte ich genau dieselbe Adresse vernommen, die das Mädchen mir genannt hatte, dessen Namen ich noch immer nicht wußte, da trieb es mich blindlings hinab — zu fliehen, mich zu verbergen und in Windeseile Nachricht in die Fünfte Linie zu bringen. Freilich konnte ich den Ziffern und der Benennung der Straße, selbst bei vernünftigster Erwägung, nicht entnehmen, ob es in der Wohnung noch eine andere Familie gab, doch mir genügte, daß ich an *sie* dachte und daß sie dort war. In meinem aufgestörten Zustand, mit verzweifelter Hast wie bei einer Feuersbrunst, trat ich beim letzten Schritt nach unten fehl: Die Leiter rutschte krachend weg, meine Anwesenheit wurde offenbar, und ich verhielt mich erst einmal still wie ein herabgefallener Sack. Das Licht erlosch augenblicklich; die Musik verstummte augenblicklich, und ein zorniger Schrei traf mich, als ich blind durch den engen Raum rannte und, ohne zu wissen wie, mit der Brust gegen jene Tür prallte, durch die ich hereingekommen war. Mit ungeahnter Kraft schob ich mit einem Ruck das davorliegende Gerümpel weg und huschte in den Gang unseligen Angedenkens, den Gang mit der Falluke! Gerettet! Erste trübe Morgendämmerung kam auf und ließ mich die Türen erkennen; ich konnte laufen, so lange mein Atem reichte. Doch instinktiv suchte ich den Ausgang nicht nach unten, sondern nach oben, jeweils mit einem Sprung kurze Treppen und leere Durchgänge nehmend. Manchmal drehte ich mich im Kreise, hielt schon durchlaufene Türen für neue und rannte in Sackgassen. Das war schrecklich, wie ein Alptraum, zumal ich verfolgt wurde — von hinten und von vorn hörte ich eiliges Getrappel, ein Geräusch, das mich psychisch lähmte und dem ich nicht entrinnen konnte. Es klang unregelmäßig, wie Straßenlärm, manchmal so nah, daß ich hinter eine Tür schlüpfte, manchmal folgte es mir gleichmäßig, als wolle es sich jede

Sekunde über mich stürzen. Meine Kräfte ließen nach, auch stumpfte ich ab durch die Angst und das ununterbrochene Dröhnen der Dielen. Doch nun war ich schon im Mansardengeschoß. Die letzte Treppe, die ich entdeckte, führte zu einem quadratischen Loch in der Decke. Ich kletterte hoch mit dem Gefühl, einen Stoß in den Rücken zu erhalten — so schnell raste es von allen Seiten auf mich zu. Im schwülen Dunkel einer Bodenkammer fand ich mich wieder und warf sofort alles auf die Luke, was ringsum weißlich schimmerte. Es war ein Haufen Fensterrahmen, den nur die Kraft der Verzweiflung im ersten Ansturm bewegen konnte. Sie lagen, undurchdringliches Dickicht, kreuz und quer und ineinander verhakt. Nachdem das geschafft war, lief ich zum Bodenfenster hinüber, durch das graues Licht auf Fässer und Bretter fiel. Der Weg war voller Hindernisse wie im Wald. Ich mußte über Balken, Kisten, Mauerkanten aus Ziegeln klettern, zwischen Gruben und Rohren balancieren. Endlich erreichte ich das Fenster. Die frische Weite draußen atmete Ruhe und Schlaf. Über den fernen Dächern stand ein schattiger rosa Schimmer; aus den Schornsteinen quoll kein Rauch, auch Fußgänger waren nicht zu hören. Ich stieg hinaus und kroch zur Dachrinne. Das Fallrohr wackelte; als ich abzusteigen begann, krachte es in den Fugen; auf halber Höhe war das kalte Blech naß vom Tau, ich konnte mich kaum halten und glitt verkrampft hinunter. Endlich ertasteten meine Füße das Trottoir. Ich wollte schnell zum Fluß und fürchtete, die Brücke könnte aufgezogen sein; deshalb verschnaufte ich nur kurz und rannte los.

9

Kaum war ich um die erste Ecke gebogen, da mußte ich schon wieder stehenbleiben, denn vor mir stand ein hübscher Junge von etwa sieben Jahren, der weinte, sein Gesicht war ganz blaß unter den Tränen; er schluchzte und rieb sich mit den Fäustchen die Augen. Mitleidig, wie es für jeden Menschen bei solcher Begegnung natürlich ist, beugte ich mich zu ihm hinab und fragte: »Wo kommst du denn her, Junge? Haben sie dich im Stich gelassen? Wie bist du hierhergeraten?«

Er schwieg, schluchzte nur, dabei sah er mich von unten herauf an, und sein Zustand jammerte mich. Ringsum war es menschenleer. Sein magerer Körper zitterte, die Füße waren nackt und schmutzig. Sosehr es mich auch zu dem Ort zog, dem Gefahr drohte, so konnte ich doch das Kind nicht seinem Schicksal überlassen, zumal es aus Furcht oder Erschöpfung kein Wort sagte, bei jeder meiner Fragen zitternd wie bei einer Drohung. Ich strich ihm übers Haar und blickte ihm in die Augen, in denen Tränen standen, aber ich bekam nichts heraus. Er ließ nur den Kopf hängen und weinte. Ich entschloß mich, irgendwo anzuklopfen und um Aufnahme für das Kind zu bitten. »Freundchen«, sagte ich, »warte hier, ich komme gleich wieder, dann suchen wir deine nichtsnutzige Mama.« Doch zu meinem Erstaunen klammerte sich der Junge an meine Hand und ließ sie nicht los. In seiner Heftigkeit lag etwas Erbärmliches und zugleich Wildes. Er ließ sich sogar übers Trottoir ziehen und kniff vor Anstrengung die Augen zusammen, als ich, einem plötzlichen Verdacht folgend, meine Hand wegreißen wollte. Sein hübsches Gesicht war ganz verzerrt und verkniffen. »He du!« rief ich und suchte mich zu befreien. »Laß los!« Ich stieß ihn fort. Immer noch schweigend, aber schon nicht mehr weinend, sah er mich aus großen schwarzen Augen unverwandt an; dann stand er auf, lachte und ging so schnell weg, daß ich verblüfft zusammenfuhr. »Wer bist du?« rief ich drohend. Er kicherte, beschleunigte den Schritt und verschwand um eine Straßenecke, ich aber blickte ihm noch eine Zeitlang nach wie betäubt, dann raffte ich mich zusammen und rannte los wie jemand, der einer Straßenbahn nachläuft. Die Luft wurde mir knapp. Zweimal mußte ich stehenbleiben, dann schritt ich wieder aus, so schnell ich konnte, kam erneut ins Rennen, mußte nochmals verschnaufen und strebte weiter in verzweifelt scharfem Schritt, fast Lauf.

Ich war bereits auf dem Konnogwardejski-Boulevard, als mich ein junges Mädchen überholte, das streifte mich mit einem flüchtigen Blick, in dem angestrengtes Sich-Erinnern lag. Sie wollte weitergehen, doch mit einem inneren Ruck, der Rettung verhieß, hatte ich sie sofort erkannt. Ich rief sie an, und gleichzeitig erklang ein leiser Ausruf von ihr, worauf sie mit einem Ausdruck liebreizenden Unmuts stehenblieb.

»Ach, Sie sind das!« sagte sie. »Daß ich Sie nicht gleich erkannt habe! Ich wäre vorbeigegangen, wenn ich nicht gespürt hätte, wie Sie zusammenfuhren. Wie erschöpft Sie sind, wie blaß!«

Große Verwirrung, aber auch riesengroße Ruhe überkam mich. Ich blickte in das Gesicht, das ich so lange entbehrt hatte, und glaubte an die verwickelte Bedeutsamkeit des Zufalls, zugleich fühlte ich mich wie vom Blitz getroffen. Ich war völlig aus dem Konzept geraten: Sie selbst hielt mich auf in meinem Streben zu ihr, und das auf der letzten Wegstrecke, die die Fantasie, welche uns immer voraus ist, mir schon vorgegaukelt hatte, und ich hatte das Gefühl, in einen Abgrund zu stürzen — lieber wäre mir gewesen, ich hätte *dorthin* gehen können, zu ihr.

»Hören Sie«, sagte ich, ohne den Blick von ihren zutraulichen Augen zu lösen, »ich will schnell zu Ihnen. Noch ist es nicht zu spät ...«

Sie unterbrach mich, indem sie mich am Ärmel faßte und zur Seite führte.

»Jetzt ist es zu früh«, sagte sie vieldeutig, »oder zu spät, wie immer Sie wollen. Es ist hell, aber noch Nacht. Kommen Sie am Abend zu mir, hören Sie? Dann erkläre ich Ihnen alles. Ich habe viel über unsere Beziehung nachgedacht. Sie sollen wissen: Ich liebe Sie.«

Was in diesem Moment geschah, war wie das Stehenbleiben einer Uhr. Meine seelische Verbindung zu ihr riß ab. Sie hätte nicht so sprechen können, sprechen dürfen. Seufzend gab ich die kleine kühle Hand frei, die die meine preßte, und trat zurück. Sie sah mich an, und ihr Gesicht spiegelte nervöse Ungeduld. Das verzerrte ihre Züge — die Zärtlichkeit wich stumpfem Ausdruck, der Blick wurde stechend kalt —, und ich selbst, schrecklich lachend, drohte ihr mit dem Finger.

»Nein, du täuschst mich nicht«, sagte ich, »sie ist dort. Sie schläft jetzt, und ich werde sie wecken. Hinweg, Scheusal, wer immer du bist!«

Sie schlug schnell ihr Tuch vors Gesicht, und das war das letzte, was ich aus zwei Schritt Entfernung noch wahrnahm. Dann sah ich nur noch schmale Durchblicke zwischen Bäumen, glaubte dahinter manchmal eine laufende weibliche Gestalt zu sehen; dabei merkte ich, daß ich selbst schon wieder aus Leibeskräften lief. Schon war die Uhr am Platz zu sehen. Auf der Brücke die Schlagbäume. Drüben, an der gegenüberliegenden

Ufermauer, qualmte ein schwarzer Schleppkahn mit einer Schute am straffgespannten Tau. Ich übersprang den Schlagbaum und bezwang die Brücke im letzten Moment, als der bewegliche Teil schon einen Spalt freigab und die Straßenbahnschienen trennte. Die Wächter begleiteten meinen Sprung mit Schimpfen und Schreien, doch ich warf nur einen kurzen Blick auf das glitzernde Wasser unterm Spalt und war schon weit weg. Ich rannte, bis ich das Tor erreichte.

10

Von diesem Moment an — oder, genauer gesagt: wenig später — konnte ich den flüchtigen und verworrenen Gang der Handlung rückerinnernd wieder teilweise rekonstruieren. Als erstes sah ich das junge Mädchen; sie stand an der Tür und lauschte, eine Hand mir entgegengestreckt, wie es üblich ist, wenn man jemanden bittet oder schweigend auffordert, still sitzen zu bleiben. Sie trug einen Sommermantel, ihr Gesicht zeigte Unruhe und Kummer. Bevor ich hier erschienen war, hatte sie geschlafen. Das wußte ich genau, doch die näheren Umstände meines Erscheinens entglitten mir, wie Wasser durch die Finger rinnt, sobald ich bewußte Anstrengungen unternahm, alles in Zusammenhang zu bringen. Ich fügte mich ihrer von Besorgnis diktierten Geste und blieb weiterhin unbeweglich sitzen, voll Spannung, worauf dieses Lauschen hinauslaufen würde. Gern wollte ich den Sinn all dessen begreifen, doch vergeblich. Es fehlte nicht viel, und ich hätte mich aufgerafft und meine Schwäche bezwungen, ich wollte fragen, was jetzt in diesem großen Zimmer vorging — doch da, als hätte sie meine Bewegung vorausgeahnt, wandte das Mädchen den Kopf zu mir, runzelte die Stirn und drohte mir mit dem Finger. Auf einmal fiel mir ein, daß sie Susi hieß, daß jemand sie so genannt hatte, der hinausgegangen war mit den Worten: »Es muß vollkommene Stille herrschen.« Schlief ich, oder war ich nur durcheinander? Während ich dieser Frage nachhing, glitt mein Blick unbewußt nach unten, und ich sah, daß mein Mantelschoß zerrissen war. Er war aber heil gewesen, als ich hierhereilte. Meine Verwirrung ging in Erstaunen über. Auf einmal geriet alles ins Wanken und rückte mit einem Schlag fort, so daß Hell und Dunkel ineinander verschwammen; das Blut schoß mir zu Kopfe; ein ohrenbetäubender Knall schlug wie ein Schuß an mein Ohr, danach ein Schrei. »Halt!« rief draußen jemand auf deutsch. Ich sprang auf und rang nach Luft. Zur Tür herein kam ein Mann in grauem Kittel, er hielt dem zurückweichenden Mädchen ein kleines Brett hin, daran hing, von einem Drahtbogen gefangen und in der Mitte zerquetscht, eine riesige schwarze Ratte. Ihre Zähne waren gefletscht, ihr Schwanz baumelte herab.

Endlich, durch Knall und Schrei aus einem wirklich grauenhaften Zustand befreit, überbrückte mein Gedächtnis den dunklen Abgrund. Auf einmal erfaßte und erinnerte ich vieles.

Ich konnte wieder fühlen. Die Kette der Anstrengungen zurückverfolgend, wandte sich mein irrer Blick dem Beginn der Szene zu. Mir fiel ein, wie ich übers Tor gestiegen war, um nicht durch Anklopfen neue Gefahr heraufzubeschwören, wie ich an einer Tür vorbeigegangen war und in der dritten Etage geläutet hatte. Doch das Gespräch hinter der Tür — ein langes, erregtes Gespräch, bei dem eine Frauen- und eine Männerstimme stritten, ob ich einzulassen sei — hatte ich restlos vergessen. Es ließ sich erst später rekonstruieren.

All diese Einzelheiten, die noch nicht gänzlich zusammenpaßten, entstanden vor mir so schnell, wie man einen Blick aus dem Fenster wirft. Der alte Mann, der die Rattenfalle hereingebracht hatte, trug dichtes weißes Haar, gleichmäßig rund geschnitten und eng am Kopf anliegend, wie die Eichelhütchen. Seine spitze Nase, der bartlose schmale Mund mit dem sensiblen, eigenwilligen Ausdruck, die scharfblickenden hellen Augen und die weißhaarigen Koteletten auf dem rosigen Gesicht, das über blauem Schaltuch in ein vorstehendes Kinn auslief — dies alles war durchaus etwas für einen Porträtisten, der markante Linien liebte.

Er sprach:

»Hier sehen Sie die sogenannte schwarze Guinea-Ratte. Ihr Biß ist sehr gefährlich. Er läßt den Gebissenen lebendigen Leibes langsam verwesen, verwandelt ihn in eine Anhäufung von Geschwüren und Abszessen. Diese Art Nagetier kommt in Europa selten vor, es wird zuweilen durch die Schiffahrt eingeschleppt. Der freie Gang, von dem Sie nachts gehört haben, ist ein künstlicher Schlupfweg, den ich für Versuche mit Fallen verschiedenster Systeme neben der Küche angelegt habe. Die letzten beiden Tage war dieser Gang tatsächlich frei, denn mich nahm die Lektüre eines Buches ganz in Anspruch — ›Die Schatzkammer des Rattenkönigs‹ von Ert Ertrus. Das Buch ist eine ausgesprochene Rarität, es erschien in Deutschland vor vierhundert Jahren. Der Autor wurde in Bremen als Ketzer verbrannt. Was Sie erzählt haben ...«

Folglich mußte ich schon alles berichtet haben, weswegen ich hergekommen war. Aber ich hegte noch Zweifel. Ich fragte:

»Haben Sie Maßnahmen ergriffen? Wissen Sie, welcher Art die Gefahr ist, da ich sie doch nicht ganz begreife?«

»Maßnahmen?« sagte Susi. »Von was für Maßnahmen sprechen Sie?«

»Die Gefahr ...«, begann der Mann, doch nach einem kurzen Blick auf seine Tochter brach er ab. »Ich weiß nicht recht.«

Eine kleine Verlegenheitspause trat ein. Wir alle drei wechselten abwartende Blicke.

»Ich meine«, begann ich unsicher, »ich meine, Sie müssen auf der Hut sein. Das habe ich wohl schon gesagt, aber, verzeihen Sie, ich weiß nicht ganz, was ich gesagt habe. Wie mir scheint, habe ich in einer tiefen Ohnmacht gelegen.«

Das Mädchen sah den Vater an, dann mich und lächelte zweifelnd: Wie ist so etwas möglich?

»Er ist müde, Susi«, sagte der Mann. »Ich weiß, was Schlaflosigkeit bedeutet. Es ist alles gesagt worden, und Maßnahmen wurden ergriffen.« Mit dem zufriedenen Blick eines Jägers legte er die Falle zu meinen Füßen nieder. »Wenn ich diese Ratte mit dem Wort ›Befreier‹ bezeichne, werden Sie schon einiges wissen.«

»Das ist ein Scherz«, widersprach ich, »und zwar ein Scherz, der zum Beruf des Rattenfängers paßt.«

Während ich so sprach, fiel mir das kleine Schild ein, das unter der Türklingel hing. Darauf stand:

RATTENFÄNGER

Vertilgung von Ratten und Mäusen

O. JENSEN
Telefon 1-08-01

Ich hatte es am Eingang gesehen.

»Sie scherzen, denn ich kann mir nicht vorstellen, daß dieser ›Befreier‹ Ihnen soviel Unannehmlichkeiten bereitet hat.«

»Er scherzt nicht«, sagte Susi. »Er *weiß*.«

Ich verglich die beiden Blicke, die ich im Moment nur mit einem verständnislosen Lächeln erwidern konnte — ein jugendlicher Blick voll aufrichtiger Überzeugung und ein Blick aus alten, aber klaren Augen, in denen Zweifel stand, ob das Gespräch in der begonnenen Weise fortzusetzen sei.

»Möge Ihnen, statt meiner, Ert Ertrus etwas über diese Dinge sagen.«

Der Rattenfänger ging hinaus und holte ein altes Buch mit Ledereinband und rotem Schnitt.

»Hier ist eine Stelle, über die Sie sich amüsieren oder nachsinnen können, wie es Ihnen beliebt: ›... Dieses heimtückische und finstere Lebewesen verfügt über menschliche Geisteskräfte. Es beherrscht auch die Geheimnisse der Unterwelt, wo es sich verbirgt. Es steht in seiner Macht, sein Aussehen zu verändern, in menschlicher Gestalt aufzutreten, mit Armen und Beinen, in menschlicher Kleidung, mit Gesicht, Augen und Bewegungen, die denen des Menschen ähneln, ihm sogar in nichts nachstehen — als sein vollkommenes, wenn auch nicht echtes Ebenbild. Die Ratten können auch unheilbare Krankheiten verursachen, mit Mitteln, die nur ihnen zur Verfügung stehen. Begünstigt werden sie von Seuchen, Hunger, Krieg, Überschwemmungen und Invasion. Dann rotten sie sich zusammen im Zeichen geheimnisvoller Verwandlungen, sie handeln wie Menschen, und man spricht mit ihnen, ohne zu wissen, wen man vor sich hat. Sie stehlen, und sie verkaufen mit Gewinn, der ehrlich arbeitenden Leute unvorstellbar ist, auch blenden sie durch schöne Kleider sowie liebliche Reden. Sie morden und brennen, betrügen und spionieren; sie umgeben sich mit Prunk, essen und trinken reichlich und haben alles im Überfluß. Gold und Silber sind ihre liebste Beute, desgleichen Edelsteine, die in unterirdischen Schatzkammern aufbewahrt werden.‹ Doch genug zitiert«, sagte der Rattenfänger. »Sie können sich natürlich denken, warum ich gerade diese Stelle angeführt habe. *Sie waren von Ratten umgeben.*«

Doch ich hatte bereits begriffen. In gewissen Fällen ziehen

wir vor zu schweigen, damit ein schwankender Eindruck, von anderen Überlegungen bedroht, sich fest einnisten kann. Inzwischen begannen im stärker werdenden Licht, das durchs Fenster fiel, die Möbelüberzüge zu leuchten, und die ersten Stimmen der Straße waren deutlich zu hören, wie im Zimmer. Ich versank abermals ins Nichts. Des Mädchens und ihres Vaters Gesicht entfernten sich, verschwammen zu einer trüben Vision hinter durchsichtigem Nebelschleier. »Susi, was ist mit ihm?« hörte ich eine laute Stimme. Das Mädchen kam herbei, es befand sich jetzt ganz in meiner Nähe, doch wo genau, konnte ich nicht sehen, denn ich war nicht imstande, den Kopf zu wenden. Plötzlich empfand meine Stirn die Wärme einer aufgelegten weiblichen Hand, während alles andere ringsum mit verzerrten Umrissen in einer chaotischen Gefühlslawine unterging. Ein wüster tiefer Traum trug mich hinweg. Ich hörte noch ihre Stimme: »Er schläft«, Worte, mit denen ich nach dreißig nichtexistenten Stunden wieder erwachte. Man hatte mich ins enge Nachbarzimmer auf ein richtiges Bett getragen, und später erfuhr ich, ich sei »für einen Mann sehr leicht.« Man hatte Erbarmen mit mir: Ein Zimmer der Nebenwohnung stand mir vom selben Tag an voll zur Verfügung. Das Weitere soll hier nicht mehr berücksichtigt werden. Jedoch von mir hängt ab, daß es so wird wie in dem Augenblick, da ich die warme Hand auf meinem Kopfe spürte. Ich muß Vertrauen erwerben ...

Und nun — kein Wort mehr darüber.

Das leere Haus

Ich stieß durch Zufall auf das Haus. Ich meine, ich war irgendwo falsch abgebogen, und hatte mich hoffnungslos verfahren. Und da stand es dann plötzlich, umgeben von einem unkrautüberwucherten Garten, ein scheußliches geducktes Gebäude mit grauweißem Verputz, mit drei Fenstern oben und zweien im Erdgeschoß und einer noch eben grünen Tür genau in der Mitte. Es war die Art Haus, wie Kinder sie immer malen. Sogar der Gartenweg fehlte nicht, der von einem schiefen Tor zu einer kleinen, zerfallenen Vortreppe führte. Als ich das Haus sah, vergaß ich den fast leeren Benzintank und die untergehende Sonne, ich vergaß mich sogar selbst. Wer ich war, wie ich hier in diesen entlegenen Winkel von Devonshire geraten war — das alles war nicht mehr wichtig, als ich den Wagen bremste, ausstieg und das an einem rostigen Scharnier hängende Gartentor aufstieß.

Eine verwilderte Weißdornhecke trennte den ehemaligen Garten von der staubigen Straße. Diese war voll von allerlei Gerümpel. Die Überreste eines Einspänners, von Pflanzenranken durchzogen, eine Kinderkarre, die inmitten der Blätter ein dunkles Rechteck bildete, eine alte verrostete Pfanne, durch deren löcherigen Boden einige dünne Zweige wuchsen.

Der Verfall war von dem Haus ausgegangen und färbte nun auf alles ab, was einmal dazugehört hatte. Eine kleine Scheune, etwa dreißig Meter weiter links, verrottete langsam. Die Zeit hatte sich ihrer Verbündeten bedient, Sonne, Wind, Regen und Frost, hatte Vögel ihr Nest bauen, Ratten nagen und Holzwürmer bohren lassen, und das Ergebnis war langsame, unausweichliche Vernichtung.

Ich pochte an die Haustür, an der Klopfer und Briefkasten fehlten. Es tönte dumpf. Das wettergebleichte Holz tat meinen Knöcheln weh. Die schmutzverkrusteten Fenster, jedes mit zerfallenen Spitzenvorhängen drapiert, waren die Augen eines Toten, die niemand hatte schließen wollen.

Ich ging um das Haus herum, wobei ich mich dicht an der Außenmauer hielt, denn der Garten kam mir wie ein Ort unsagbaren Unheils vor, die Brombeersträucher und das hoch aufgeschossene Gras wie Verstecke grotesken Lebens. Hinten war eine angebaute Küche mit einer weiteren Tür — zersplittert und zerschlagen, offenbar nach außen getreten, als habe eine urgewaltige Kraft in ungezügelter Panik in die Freiheit fliehen wollen. Ich trat ein. Tote Blätter bildeten einen dicken Teppich auf dem Steinfußboden, die Wände waren mit grünem Schimmel überzogen, ein irdenes Waschbecken enthielt abscheulichen grauen Schlamm. Auf Tisch und Anrichte lagen und standen Tassen, Untertassen, Saucieren, ein schöner alter Kupferkessel, ein rostzerfressenes Geflügelmesser und ein schmutziges Tuchstück, das noch entfernt als Wischleder für Gläser erkennbar war. Ich durchschritt einen offenen Durchgang und erreichte das ›Wohnzimmer‹.

Hier hatte der Staub die Möbel mit einem grauen Furnier versehen. Girlanden aus Spinngewebe rankten sich an den Wänden, wanden sich um Tisch- und Stuhlbeine. Der Tisch war zum Abendessen gedeckt. Vier Teller ruhten in ihren Staubkissen, grünlich-silbrige Messer, Gabeln und Löffel lagen griffbereit daneben, zusammengefaltete Servietten bildeten graue Pyramiden in stauberstickten Bechern. Eine winzige Spinne hatte ihr Netz zwischen den Türmen eines herrlichen Gewürzständers gewoben.

Meine Füße hinterließen eine Spur in dem gleichmäßigen Staubbelag des Bodens, aber es gab auch Hinweise auf andere Eindringlinge. Winzige Fährten, Fußabdrücke, Wischstellen auf Tisch, Fußboden und Anrichte. Ich ging weiter in die Diele. Verhüllte Hüte und Mäntel hingen an Wandhaken, Regenschirme und Spazierstöcke standen im Ständer, sogar ein Paar Galoschen lagen verkehrt auf dem Boden.

Die Treppe knarrte. Mehrere Metallschrauben waren locker, und das Geländer quietschte unheildrohend, als ich es berührte. Und überall war Staub — Staub. Die Schlafzimmertüren standen weit offen. Im größten Zimmer war das Doppelbett zum Lüften abgezogen worden. Die grauen Laken und Decken hingen über dem Messingbettgestell. Ein Kissen war von einer Mausfamilie in Beschlag genommen worden. Als ich hinschaute, wurde eben in einem Haufen alter Federn ein winziger Kopf sichtbar. Die hellen Augen der Maus musterten mich aufmerksam. In dem kleinen Raum daneben war das Bettzeug aufgeschlagen, als sei der Schläfer eben erst aufgestanden. Auf dem Frisiertisch sah ich Flaschen, Haarbürsten mit langen Griffen, einen silberverkleideten Kamm. Ich nahm ihn zur Hand, blies den Staub fort und untersuchte die schwarzen Haare zwischen den Zinken. Es waren Frauenhaare.

Ich hatte mich umgewandt und wollte eben das Zimmer verlassen, als ich die Ratte erblickte. Sie war ein ungeheuer großes Vieh, fast von der Größe einer ausgewachsenen Katze, und hatte langes, schimmerndes Fell und — was das Schlimmste war — blaue Augen mit schwarzen Lidern. Anscheinend hatte sie sich unter dem Bettzeug eingenistet, denn sie hockte auf dem Bett, und ihre winzigen, zierlich geformten Vorderpfoten ruhten auf der zurückgeschlagenen Bettdecke. Das lange schwarzschimmernde Fell und die blauen Augen verliehen dem Tier eine Art bösartiger Schönheit, und ich erkannte nun, daß die winzigen Vorderfüße eine Nachahmung menschlicher Hände waren. Sie schimmerten rosa und hatten fünf winzige Finger, von denen jeder in einem durchsichtigen, spitzen Fingernagel auslief. In meiner Panik keuchte ich heftig, und die Kreatur spuckte aus. Das war keine Einbildung. Der Kopf ruckte hoch, eine Reihe winziger Zähne wurde sichtbar und „Spp-tt" — erschien ein Speichelfaden auf dem staubigen Laken. Dann wandte sich die Ratte um, lief über das Bett, sprang mit dumpfem Laut zu Boden und hastete durch die offene Tür davon.

Ich sah dem Tier nach. Die Ratte beeilte sich nicht, glitt einfach dahin, die winzigen Füße gleichmäßig bewegend wie die Rollen an einem Teewagen. Mir war übel, und doch — der Himmel möge mir verzeihen — war ich neugierig.

Ich verließ das Zimmer und trat auf den Treppenabsatz. Die untergehende Sonne sandte goldene Pfeile durch die verdreckten Fenster, warf Lichtpunkte in den grauen Staub, malte gelbe Quadrate auf Wände, Möbel und Fußböden. Ein Zimmer hatte ich bisher noch nicht gesehen, den Raum hinter dem Wohnzimmer, und mir geisterte die Vorstellung im Kopf herum, es könnte dort einen Hinweis auf das Rätsel dieses Hauses geben. Widerstrebend gab die Tür dem Druck meiner Schulter nach und stöhnte dabei wie ein alter Mann, dessen Gelenke durch lange Ruhe steif geworden sind. Vor dem Fenster standen ein großer Schreibtisch, an einer Wand ein Ledersessel und zu beiden Seiten des Kamins Lehnstühle — und überall natürlich der unvermeidliche Staub. An der Wand über dem Kamin befand sich eine Art Schild, meiner Schätzung nach etwa anderthalb Meter groß, auf dem — trotz des Staubs erkenntlich — ein Hakenkreuz zu sehen war, das Emblem, das auf jungsteinzeitlichen Töpferarbeiten zu finden ist, mit den Enden links herum. Unmittelbar darunter, auf dem Kaminsims, stand eine gerahmte Fotografie. Ich wischte den Staub vom Glas. Das Foto dreier Menschen, mit dem Haus (diesem Haus) als Hintergrund. Der Mann links war mittleren Alters, zwischen fünfundvierzig und fünfzig. Er trug eine lange dunkle Robe, war groß, glattrasiert, hatte volles, dunkles, vielleicht sogar schwarzes Haar, hier und dort von Grau durchzogen, und wirkte ausgesprochen kräftig. Das Gesicht war rechteckig, die Nase gebogen, die weit offenen Augen blickten arrogant. Der Mann zur Rechten war jung — ich schätze ihn auf Anfang Zwanzig — und wirkte wie der jüngere, schmächtigere Bruder des anderen. Die Frau jedoch, die zwischen ihnen stand und ihre Hände hielt, nahm meine Aufmerksamkeit besonders gefangen. Ihr Alter zu schätzen, war unmöglich, sie hätte sechzehn, aber auch dreißig sein können. Das lange dunkle Haar rahmte ein glattes Gesicht. Ihre Augen, die denen der Männer links und rechts glichen, starrten herausfordernd in die Kamera. Sie war splitternackt. Venus selbst hätte sie um diesen Körper beneidet. Die Brüste waren hoch und fest, doch nicht übermäßig entwickelt, die geschwungenen Hüften waren der Traum jedes Künstlers, und als ich die Fotografie hinstellte, spürte ich, wie meine Hand zitterte.

Im Gegensatz zum übrigen Zimmer herrschte auf dem Tisch ein Chaos. Schubladen standen offen, zerrissenes Papier lag stapelweise auf dem Tisch und auf dem Boden. Ich nahm mehrere Fetzen zur Hand. Sie waren zerrissen, nein, wie ich bei näherer Untersuchung feststellte, in winzige Stücke zerkaut worden. Hier waren Ratten am Werk gewesen, und zwar über längere Zeit hinweg. Entweder hatte der letzte Bewohner dieses Zimmers versehentlich Schubladen und Türen offengelassen, oder die Ratten hatten irgendwie den Tisch geöffnet. Jedenfalls war das Ergebnis für mich niederschmetternd. Die Papierfetzen, die ich zu glätten vermochte, waren mit derart schlechter Handschrift bedeckt, daß ich kaum mehr als ein oder zwei Worte und nur selten ganze Sätze entziffern konnte.

Die meisten Papiere schienen zu einer Art Aufsatz oder Abhandlung zu gehören. Zum Glück fand ich ein ganzes Blatt, das die Ratten nicht hatten erreichen können, weil es sich hinter einer Schublade verklemmt hatte. Die Zeit und der Staub hatten die Schrift fast ausgelöscht, aber ich vermochte einige Sätze zu lesen.

»Das einfache Leben ist die Grundlage allen Lebens. Der Drang, etwas Neues zu schaffen, ermöglicht den bösen Kräften, sich zu ballen...« Der Rest war nicht zu lesen, dann: »... die Vorfahren wußten Bescheid... die entflammten Sinne sind wesentlich... Vollmond... Sonne gestattet Störung... Harry ist schwächlich... Entwickelt sich nach seiner Mutter, das Mädchen ist jedoch wie ich, zum Glück.«

Und auch der letzte Absatz war leserlich.

»Gefahr schwebt über uns, große Gefahr. Erhielt heute die Nachricht, daß von Kleinberg verschwunden ist. Vielleicht hat er sich mit Hitler und Konsorten angelegt, die vor einigen Monaten an die Macht gekommen sind. Ich mache mir große Sorgen. Er betrieb die gleichen Studien wie ich, und in letzter Zeit hat es düstere Anzeichen gegeben. Harrys Zähne wachsen, und ich verspüre den Drang...

Gestern nacht ging Miranda...«

Das war alles, und ich legte den schmutzigen Bogen Papier beiseite. Hitler war in Deutschland vor siebenunddreißig Jahren an die Macht gekommen. Ich durchsuchte den Schreibtisch bis in den letzten Winkel und entdeckte einen Abreißkalender. Seltsamerweise hatten ihn die Ratten verschont, so daß das Datum deutlich zu erkennen war. 23. August 1933. Die Antwort auf meine Frage. Hitler war in Deutschland vor siebenunddreißig Jahren an die Macht gekommen, und der Allgemeinzustand des Hauses deutete darauf hin, daß es seither unbewohnt war. Warum in der Zwischenzeit niemand hier eingezogen war, beunruhigte mich nicht weiter. Da gab es verschiedene Erklärungen. Der Eigentümer mochte sich im Ausland aufhalten, war vielleicht sogar Ausländer. Vielleicht hatte er seine Bank angewie-

sen, die nötigen Zahlungen zu leisten, und hatte das Haus ansonsten verkommen lassen. Das Grundstück lag derart einsam,
daß niemand daran interessiert war, in den staubigen Zimmern
herumzustöbern. Außerdem hatte das Haus zweifellos einen
schlechten Ruf.

Ich verließ den Raum, wobei ich die Tür sorgfältig hinter mir
schloß, und kehrte ins Wohnzimmer zurück. Ich verspürte den
dringenden Wunsch, das Haus zu verlassen. Jeder Nerv meines
Körpers gab mir diesen Befehl, doch meine Neugier war noch
längst nicht gestillt. Ich zögerte, öffnete die Anrichte, holte
Glasgeschirr, Bestecke und allerlei schöne Dinge hervor, die siebenunddreißig Jahre lang nicht mehr das Tageslicht gesehen
hatten.

Das Klirren von Porzellan ließ mich herumfahren. Die blau-
äugige Ratte saß auf dem Tisch, auf einem Teller, wobei sie eine
zierliche Hand auf den blaugemusterten Tellerrand gestützt hatte und leise mit den Fingern klopfte (ich konnte sie mir nicht als
Zehen oder Pfoten vorstellen). Ein leises Schnurren ertönte, das
Knirschen von reißendem Stoff, und im nächsten Augenblick erschien der Kopf einer zweiten Ratte über dem Tischrand. Sie
zog ihren rundlichen Körper hoch und ließ sich schließlich auf
einem anderen Teller nieder. Der Neuankömmling hatte ebenfalls blaue Augen, war jedoch hagerer und — wenn der Ausdruck gestattet ist — nicht so ›schön‹ wie das erste Tier. Sein
Fell war kürzer, der Körper muskulöser, und ihm fehlte der
Ausdruck kalter Überheblichkeit.

Ich preßte mich mit dem Rücken gegen die Anrichte, vor
Angst wie gelähmt, und die beiden beobachteten mich mit star-
kem Blick. Die dritte Ratte kam aus der Küche. Ein so großes
Tier hatte ich in meinem ganzen Leben noch nicht gesehen. Im
Vergleich zu ihm wirkten die beiden anderen wie Jungtiere. Von
der Schnauze bis zur Schwanzspitze maß es mindestens achtzig
Zentimeter. Ein schwarzhaariges, blauäugiges Monstrum von
Ratte. Sie hob den Kopf, maß die Entfernung vom Fußboden
zum Stuhl wie eine Katze und sprang. Den Stuhlsitz bewältigte
sie nicht ohne Schwierigkeiten, quälte sich dann auf den Tisch
hinauf, wo sie sich niederhockte und ihren dünnen, kaum be-
haarten Schwanz hin und her peitschen ließ.

Alle drei spuckten zugleich aus.

Ich spürte ihren Haß. Er war wie ein heißer, übelriechender Hauch, der sich schwer auf meine Lungen legte, mein Herz zusammenpreßte. Ich konnte mir gut vorstellen, in welch geistiger Verfassung ein Vagabund oder ein Wanderer die Flucht ergriff, der sich dieses Haus als Unterkunft ausgesucht hatte — sofern er überhaupt mit dem Leben davonkam. Die Gefahr, die mich bedrohte, hatte sich noch nicht offenbart. Drei Ratten, davon eine sehr groß, alle blauäugig und mit schwarzem Fell, bösartig, stellten für einen starken gesunden Mann keine große Bedrohung dar. Aber ... nun kamen andere herbei, einfache graue Ratten, die durch die Küchentür huschten, hüpften, quiekend sich drängelten, zu Reihen formiert wie Soldaten, die zur Parade befohlen sind. Ich beobachtete sie, wobei ich mich noch weiter zurückzuziehen versuchte. So gewöhnlich waren sie gar nicht. Ihre Augen! Einige hatten grüne Augen, andere braune, einige ebenfalls blaue, und ein Tier war ganz offensichtlich kurzsichtig. Doch im Vergleich zu den Aristokraten auf dem Tisch waren sie absolut unbedeutend, waren sie Fußvolk, ja, man konnte sie — unwillkürlich kam mir das in den Sinn — als Wanderratten bezeichnen.

Sie begannen zu tanzen.

Das große Tier machte den Anfang, indem es mit den Vorderpfoten leise den Takt zu schlagen begann, dann setzte sich die erste Ratte, die ›Schöne‹, wie ein kleines Hündchen auf, das betteln will, und vollführte auf den Hinterbeinen eine Art Hula-Hula-Tanz. Und dort ... auf ihrem Brustkasten ... sah ich ein Paar winziger weißer menschlicher Frauenbrüste ... und ... und der spitze Mund war zur Travestie eines verführerischen Lächelns verzogen.

Nun tanzten alle, tapsten aufrechtstehend herum, wobei einige der Wanderratten den Eindruck machten, als wären sie nicht mit vollem Herzen dabei, und im Tanzen kam die ganze Herde, wenn man sie so nennen kann, ein Stückchen näher heran.

Die ›Schöne‹ verlieh mir schließlich die nötige Entschlußkraft. Sie ›schritt‹, bei Gott, das tat sie ... sie *schritt* auf zwei Beinen unmittelbar an den ... an den ... Tischrand, die vollkommenen winzigen, rosaknospigen Brüste stolz vorgestreckt wie auf der Fotografie. Noch immer tanzte sie ihren Hula-Hula. Sie war ... die zierlichen winzig-winzig-winzigen vollkommenen Hände ausgestreckt ... und ... oh ... bei Luzifer ... ich wäre am liebsten in die Knie gesunken und wäre so geworden wie sie. Ja, das wollte ich.

Ich ergriff die Flucht. Kreischend wie eine verbrannte Katze hastete ich in den Durchgang, stürzte in den nächsten Raum und knallte die Tür zu. Ich stellte den Schreibtisch dagegen, riß aus irgendeinem Grunde das große Schild von der Wand und klemmte es zwischen Tisch und Tür. Dann saß ich da und wartete ... und wartete ...

Ich fand Schreibpapier, und während des Wartens habe ich all das aufgeschrieben. Eines Tages findet es vielleicht jemand, immerhin steht mein Wagen noch draußen, und ich möchte bezweifeln, daß ›sie‹ ein ganzes Auto zernagen können. Ich werde das Manuskript in den Kamin schieben, alle zwölf Blätter, vielleicht finden sie's dort nicht ... vielleicht ... vielleicht ...

›Sie‹ sind an der Tür, nagen eifrig an ihr, knabbern die Wandverkleidung ab ... eine Fußbodendiele hat sich gerade bewegt, und ... Oh, gnädiger Gott ... das große Vieh sitzt auf dem Fensterbrett ... es kann mich noch nicht sehen ... ich muß jetzt zum Kamin ... mein Kugelschreiber geht zu Ende ... sei mir gnädig ...

ROBERT BLOCH

Am Ufer

The Bright Spot Restaurant stand an der von Fliegenschmutz ge-
sprenkelten Scheibe. Darüber ein Schild, das zum Essen auffor-
derte. Er war weder hungrig noch fand er die Lokalität sehr an-
ziehend, trotzdem ging er hinein.

Drinnen einen Tresen, gegenüber eine Reihe von Eßnischen
mit Holzbänken an den Wänden. Am einen Ende des Tresens
hingen in der Nähe der Tür ein halbes Dutzend Leute auf den
Barhockern. Er ging an ihnen vorbei zum anderen Ende und
setzte sich.

Er saß und starrte die drei Serviererinnen an. Keine von ihnen schien die Richtige zu sein, aber versuchen mußte er es. Er
wartete, bis eine der Frauen zu ihm kam.

»Was kriegen Sie, Mister?«

»Cola.«

Sie brachte die geöffnete Flasche und setzte das Glas vor ihn
hin. Er tat so, als sei er mit der Speisekarte beschäftigt und
sprach sie an, ohne hochzusehen.

»Sagen Sie, arbeitet eine Mrs. Helen Krauss hier?«

»Das bin ich.«

Er sah auf. Das sollte wohl 'n Witz sein. Er erinnerte sich genau daran, wie Mike von ihr gesprochen hatte Nacht für Nacht.
»Sie is 'ne große Blondine, tolle Figur. Sieht 'n bißchen aus wie
die, die im Fernsehen immer die doofen Blonden spielt, wie
heißt sie noch? — Na, du weißt schon, welche ich meine. Nur,
der Unterschied is, Helen is nich doof. Und wenn's um die Liebe geht, o Mann ...« Und dann wurden seine Erzählungen
meist detailliert bis in anatomische Einzelheiten. Das hatte er
sich alles gut gemerkt.

Doch als er jetzt sein Gedächtnis durchforschte, fand er keinerlei Ähnlichkeit zwischen dem, was er sich dort aufbewahrt
hatte, und dem, was er hier vor sich sah.

Diese Frau war groß, aber das war auch alles, was sie mit
dem Bild gemeinsam hatte, das Mike von Helen gezeichnet hat-

te. Sie mußte ungefähr 80 Kilogramm wiegen, ihr Haar war von einem langweiligen Graubraun, und sie trug eine Brille, hinter deren dicken Gläsern blaßblaue, dümmliche Augen hervorlugten.

Sie hatte gemerkt, wie er sie anstarrte, und ihm war klar, daß er jetzt schnell mit einer Erklärung rausrücken mußte. »Ich such 'ne Helen Krauss, die früher in Norton's Center gewohnt hat. Sie war mit 'nem Mann namens Mike verheiratet.«

Die dümmlichen Augen blinzelten. »Das bin ich. Also, was soll das Ganze?«

»Ich hab eine Nachricht für Sie von Ihrem Mann.«

»Mike? Der ist tot.«

»Ich weiß, ich war bei ihm, als er starb, oder zumindest kurz vorher. Ich bin Rusty Connors. Wir waren zwei Jahre lang Zellengenossen.«

Ihr Ausdruck veränderte sich nicht, aber ihre Stimme sank zu einem Flüstern herab. »Was is das für 'ne Nachricht?«

Er sah sich um. »Hier kann ich nich reden. Wann machen Sie Schluß?«

»Halb acht.«

»Gut, ich wart dann draußen.«

Sie zögerte. »Vielleicht besser an der Ecke, drüben auf der anderen Straßenseite. Kennen Sie den Park da?«

Er nickte, stand auf und ging, ohne sich noch einmal umzudrehen. Das war nicht, was er erwartet hatte, nicht nach allem, was Mike ihm über seine Frau erzählt hatte. Als er die Fahrkarte nach Hainsville gekauft hatte, waren seine Gedanken andere Wege gegangen. Er hatte sich überlegt, wie nett es sein könnte, diese scharfe, attraktive Blondine, die Witwe Mikes, zu besuchen und vielleicht Geschäft mit Vergnügen zu kombinieren. Er hatte sogar daran gedacht, mit ihr zusammen abzuhauen, wenn sie nur halb so gut wäre, wie Mike sie geschildert hatte. Aber das kam nicht in Frage, nachdem er diese aufgedunsene Schlampe mit den doofen Augen gesehen hatte. Das war nichts für ihn.

Rusty wunderte sich, wie Mike ihn zwei Jahre lang mit so 'nem Quatsch hatte anschmieren können. Zwei Jahre, ja, das war die Antwort, zwei Jahre in einer Zelle ohne Frau. Das hatte die Erinnerung für Mike vergoldet. Wahrscheinlich hatte er nach all der Zeit selbst an seine Geschichten geglaubt. Vielleicht war er auch einfach ein bißchen verrückt gewesen, bevor er starb.

Rusty hoffte nun nur noch, daß Mike in der anderen Sache nicht auch gelogen hatte. Besser, wenn wenigstens das die Wahrheit wäre, denn das war schließlich der Hauptgrund für Rustys Hiersein. Nur deswegen hatte er sich auf das Unternehmen, inklusive Mikes Frau, eingelassen. Ja, er hoffte, daß Mike die Wahrheit gesagt hatte, als er erzählte, daß er die Hunderttausend damals versteckt habe.

Sie trafen sich im Park, und es war dunkel. Das war gut, denn keiner würde sie im Dunkeln zusammen sehen. Zudem konnte er ihr Gesicht nicht erkennen und sie seines nicht, was es für ihn einfacher machte, ihr das zu sagen, was er sich vorgenommen hatte.

Sie setzten sich auf eine Bank, und er zündete sich eine Zigarette an. Dann fiel ihm ein, daß er ja nett sein wollte, und bot ihr auch eine an. Aber sie schüttelte den Kopf.

»Nein, danke — ich rauche nicht.«

»Ach ja richtig, das hat Mike erwähnt.« Er hielt inne. »Er hat mir 'ne Menge über Sie erzählt, Helen.«

»Von Ihnen hat er mir geschrieben, Sie seien der beste Freund, den er je gehabt hätte.«

»Ja? Das hör ich gern. Mike war in Ordnung. Ich kenn kaum 'nen besseren Mann. Und ins Gefängnis gehörte er bestimmt nich.«

»Dasselbe sagte er auch über Sie.«

»Tja, wahrscheinlich hatten wir beide irgendwie Pech. Ich war fast noch ein Kind und wußte nicht, wo's längs geht. Als ich mit dem Wehrdienst fertig war, hab ich 'ne Weile nichts gemacht. Aber als das Geld alle war, hab ich diesen Job bei 'nem Buchmacher angenommen. Ich hab bestimmt nie irgendwelche krummen Dinger gedreht, bis zu der Nacht, als die Razzia war. Mein Boss drückte mir plötzlich 'nen Koffer mit Geld in die Hand und sagte, ich soll hintenrum abhauen. Und dann war da der Bulle mit seiner Kanone. Er kam direkt auf mich zu, also hab ich ihm den Koffer übern Schädel gehauen. Tja, so war das — ich wollte den Mann nich verletzen, ich wollt bloß raus. Aber dann is er mit 'nem Schädelbruch ins Krankenhaus gekommen und gestorben.«

»Mike hat mir das geschrieben. War 'ne ziemlich üble Situation für Sie.«

»Ja, aber er selbst war ja ähnlich dumm dran, Helen.« Rusty nannte sie absichtlich beim Vornamen, wobei er seiner Stimme einen sanften Unterton verlieh. Das war Teil seines Plans.

»Tja, wie ich schon sagte, es wollte mir einfach nicht in den Kopf, daß ein anständiger Kerl wie Mike seinen besten Freund bei 'ner Lohngeldaffäre umbringen und die Leiche dann noch so gut verstecken konnte, daß sie nie gefunden wurde. Sie ham ihn doch nie gefunden, oder?«

»Bitte! Ich möchte darüber nicht mehr reden.«

»Ich weiß, wie Ihnen zumute ist, Helen.« Rusty nahm ihre Hand. Eine plumpe, verschwitzte Hand, die wie ein dickes, warmes Stück Fleisch in seiner lag. Aber sie zog sie nicht weg, und er redete weiter. »Er wurde nur auf Grund von Indizien verurteilt, nich?«

»Jemand hat gesehen, wie Mike an dem Nachmittag Pete abgeholt hat«, sagte Helen. »Pete hatte seine Autoschlüssel verlegt, und sicher hat er gemeint, wenn Mike ihn mit den Lohngeldern zur Fabrik brächte, dann wäre das in Ordnung. Das war alles, was die Polypen brauchten. Sie waren hier, bevor er sich das Blut abgewaschen hatte. Und natürlich hatte er kein Alibi. Ich hab geschworen, daß er den ganzen Nachmittag bei mir zu Hause war, aber das ham sie mir nich abgenommen. Also waren's zehn Jahre für ihn.«

»Und nach zweien ist er gestorben«, seufzte Rusty. »Aber er hat ihnen nie gesagt, wie er die Leiche losgeworden ist, nie etwas über den Verbleib des Geldes erzählt.«

Er sah, wie sie im Dunkel neben ihm nickte. »Stimmt. Wahrscheinlich haben sie ihn zusammengeschlagen beim Verhör, aber er hat keinen Ton gesagt.«

Rusty schwieg einen Augenblick, dann zog er an seiner Zigarette. »Hat er's Ihnen denn erzählt?«

Helen Krauss schnaubte verächtlich. »Was denken Sie eigentlich? Ich bin aus Norton's Center verschwunden, weil ich nich mehr aushalten konnte, wie die Leute geredet haben. Ich bin hierher nach Hainsville gekommen und hab zwei Jahre lang in dieser stinkenden Bude gearbeitet. Klingt das so, als hätte Mike mir irgendwas erzählt?«

Rusty ließ seine Zigarette auf den Weg fallen und starrte auf das kleine rote Auge, während er sprach.

»Was würden Sie machen, wenn Sie das Geld finden würden, Helen? Würden Sie's der Polizei abliefern?«

Sie machte wieder dies merkwürdige, schnaubende Geräusch. »Wozu? Vielleicht um mich dafür zu bedanken, daß sie Mike eingesperrt und ermordet haben! Ja, das isses doch, was sie getan ham. Lungenentzündung wollten sie mir weismachen. Ich kenn denen ihre Lungenentzündung! Sie ham ihn doch in seiner Zelle verrotten lassen, oder?«

»Der Arzt sagte, es sei nur 'ne Erkältung. Aber ich hab so 'n Putz gemacht, daß sie ihn dann doch in die Krankenstation gebracht ham.«

»Na ja. Aber ich sag, die ham ihn auf'm Gewissen. Und ich sag auch, er hat mit seinem Leben bezahlt für das Geld. Also isses meins, ich bin seine Witwe.«

»Unsers«, sagte Rusty.

Ihre Finger krampften sich zusammen, er spürte ihre Nägel in seiner Handfläche. »Er hat was erzählt, bevor er gestorben is? Ja, isses das?«

»Ein bißchen, bevor sie ihn weggebracht ham. Er lag schon im Sterben und konnt nich viel sagen. Aber es war genug, um mir 'ne Idee in den Kopf zu setzen. Ich dacht, wenn ich hierher käm und wir uns zusammentäten, dann könnten wir vielleicht zwei und zwei zusammenzählen und das Geld finden. Hundert Riesen, das is auch noch 'ne Menge, wenn wir's teilen.«

»Warum woll'n Sie mit mir halbe-halbe machen, wenn Sie bereits wissen, wo das Geld ist?« Plötzliches Mißtrauen war aus ihrer Stimme herauszuhören. Er merkte es sofort und parierte.

»Ganz einfach, weil ich nicht genug weiß. Wir müßten erst mal rausfinden, was er gemeint hat und dann zusammen auf Jagd gehn. Ich bin hier fremd, und es würde wahrscheinlich bald auffallen, wenn ich hier rumhinge. Aber zu zweit würde sich niemand was dabei denken, wenn wir uns umsehn.«

»Is das ein geschäftliches Angebot?«

Rusty sah auf den immer noch glühenden Zigarettenstummel. Sein rotes Auge schien ihm zuzublinzeln.

»Nicht nur Geschäft, Helen. Sie wissen, wie Mike und ich zueinander standen. Er redete die ganze Zeit über von Ihnen. Und nach 'ner Weile hatte ich das komische Gefühl, ich — ich würd Sie kennen, beinah so gut wie Mike. Und dann wollt ich Sie besser kennenlernen.« Er sprach leise und fühlte wieder ihre Nägel in seiner Handfläche. Plötzlich erwiderte er den Druck und seine Stimme wurde brüchig. »Helen, vielleicht bin ich verrückt, aber über zwei Jahre war ich in diesem Loch. Zwei Jahre ohne Frau, weißt du, was das heißt?«

»Für mich waren's auch zwei Jahre.«

Er legte die Arme um sie und preßte seinen Mund auf den ihren. Sie leistete keinen Widerstand. »Hast du 'n Zimmer?« flüsterte er.

»Ja, Rusty — ich hab ein Zimmer.«

Eng umschlungen standen sie auf. Bevor sie gingen, warf er noch einen Blick auf das kleine, blinkende rote Auge und trat es dann aus.

Ein anderes rotes Auge brannte in dem Zimmer, und er hielt die Zigarrette zur Seite, um sein Gesicht nicht zu beleuchten. Er wollte nicht, daß sie den Ekel darin sehen konnte. Vielleicht schlief sie ja auch. Er hoffte es, denn dann hatte er Zeit nachzudenken.

Bisher lief ja alles ganz gut. Und es mußte auch laufen, denn früher war immer irgendwo ein Haken gewesen, und er hatte es nie ganz geschafft.

Zum Beispiel als er den Koffer mit dem Geld an sich riß in dem Moment, da die Polizisten in den Buchmacherladen stürmten. Das hatte zuerst ausgesehen, als sei es ganz erfolgversprechend. Er hatte sich gesagt, er könne es schaffen, in dem Tumult heimlich durch die Hintertür zu verschwinden. Aber dann hatte er Mist gebaut, und die Sache hatte ihn ins Kittchen gebracht.

Später dann Freundschaft zu schließen mit dieser kleinen Ratte Mike, das war auch keine schlechte Idee gewesen. Es hatte nicht lange gedauert, bevor Mike ihm jede Einzelheit der Sache mit den Lohngeldern erzählt hatte, außer wo er das Zeug versteckt hatte. Und das wollte er auch nie erzählen. Erst als Mike krank wurde, war es Rusty gelungen, ihn kleinzukriegen, ohne daß jemand etwas merkte. Allerdings hatte er sich erst vergewissert, daß Mike richtig elend war, bevor er seine Maßnahmen ergriff. Und sogar dann hatte der Idiot gezögert — Rusty mußte ihn erst mal halb ins Jenseits befördern da in der Zelle. Na ja, vielleicht hatte er ein bißchen übertrieben, denn alles, was er schließlich aus ihm rausbekommen hatte, war dieser eine Satz gewesen; dann hatten die Wachen ihn weggebracht.

Ein bißchen Angst hatte er schon gehabt, daß die Sache platzen könnte, denn wenn Mike redete ... Aber Mike hatte nicht geredet, er war noch in derselben Nacht gestorben, und sie hatten gesagt, es sei die Lungenentzündung gewesen.

Also war Rusty aus dem Schneider — und konnte Pläne schmieden. Pläne, die bisher ganz gut gelaufen waren.

Er hatte sich nicht um frühzeitige Entlassung bemüht, er fand es besser, seine Zeit abzusitzen, so konnte er nach den sechs Monaten, die ihm noch verblieben waren, ohne Bewährungshelfer und ähnliche Bürden abziehen. Er hatte den ersten Bus nach Hainsville genommen. Mike hatte ihm gesagt, wo Helen arbeitete.

Er hatte sie nicht direkt in seine Pläne miteinbezogen, außer insoweit als er sie erst mal wirklich brauchte. Er brauchte ihre Hilfe bei den Erkundigungen, die er einziehen mußte. Er wollte schließlich keine Neugier mit seinen Fragen erregen, das konnte sie, die sich hier auskannte, besser erledigen.

Aber trotzdem hatte er im Vertrauen auf Mikes Erzählungen doch gehofft, daß mit dieser gutaussehenden Puppe, die Art Frau, über die man in den Pornoheften liest, vielleicht etwas anzufangen wäre. Ja, irgendwie hatte er sich an der vagen Idee, mit ihr zusammen fortzugehen, nachdem sie das Geld gefunden hatten, hochgezogen.

Na ja, das konnte er sich aus dem Kopf schlagen.

Er verzog angewidert das Gesicht, in der Erinnerung fühlte er ihre Speckpolster, hörte ihr Schnaufen und Stöhnen und wie sie sich an ihn geklammert hatte. Nein, davon konnte er nicht viel mehr ertragen. Aber er mußte es durchstehen, denn es war Teil seines Plans und äußerst wichtig für ihn, daß sie auf seiner Seite war. Ja, das war immer noch die einfachste Art, sie bei der Stange zu halten.

Doch jetzt mußte er über den nächsten Schritt entscheiden. Wenn sie das Geld fanden, wie konnte er wissen, ob er ihrer ganz sicher war, nachdem sie geteilt hatten? Er hatte keine Lust, an sie gebunden zu sein. Es mußte einen Weg geben ...

»Darling, bist du wach?«

Ihre Stimme! Und sie nannte ihn Darling. Ihn schauderte, aber dann riß er sich zusammen.

»Jaa.« Er drückte seine Zigarette in den Aschenbecher.

»Wollen wir jetzt reden?«

»Sicher.«

»Ich dachte, wir machen vielleicht besser einen Plan.«

»Das find ich toll, 'ne praktische Frau.« Er bemühte sich, ein Lächeln in seiner Stimme mitklingen zu lassen. »Du hast völlig recht, Süße, je eher wir anfangen, desto besser.« Er setzte sich auf und wandte sich ihr zu. »Also, ich fang mal da an, wo's für uns wichtig wird, nämlich mit dem Satz, den Mike mir sagte, bevor er starb. Er sagte, sie würden das Geld nie finden, da Pete es noch hätte.«

Einen Augenblick war es totenstill, dann fragte Helen Krauss: »Is das alles?«

»Alles? Was willst du mehr? Es is so klar wir Kloßbrühe, das Geld ist da, wo Pete Taylors Leiche versteckt is.«

Er fühlte Helens Atem an seiner Schulter. »Wunderbar. Seit zwei Jahren sind sämtliche Polizisten hier damit beschäftigt, Pete Taylors Leiche zu suchen.« Sie seufzte. »Ich dachte, du hättest wirklich was Neues. Na ja, hab ich eben mal wieder Pech gehabt.«

Rusty packte sie an den Schultern. »Red doch kein Blech. Wir ham doch die Antwort, die wir brauchen. Wir müssen bloß überlegen, wo wir suchen sollen.«

»Natürlich, ganz einfach.« Ihre Stimme kippte beinahe um vor Sarkasmus.

»Denk doch mal scharf nach, wo ham die Bullen überall gesucht?«

»Ja, bei uns natürlich. Wir wohnten in 'nem gemieteten Haus, aber das hat sie nich davon abgehalten, sämtliche Böden aufzureißen. Sie ham das ganze Ding auseinandergenommen, sogar den Keller. Nichts.«

»Wo noch?«

»Ach, der Sheriff hat einen Monat lang die Wälder durchsuchen lassen. Sie ham alle alten Schuppen, verlassenen Farmhäuser und so in der Nähe von Norton's Center abgegrast. Pete Taylor war Junggeselle, er hatte ein kleines Häuschen in der

Stadt und eines am See draußen, beide wurden regelrecht zerlegt. Nichts.«

Rusty schwieg eine Weile. Dann: »Wieviel Zeit hatte Mike zwischen dem Aufgabeln von Pete und seinem Nachhausekommen?«

»Ungefähr drei Stunden.«

»Zum Donnerwetter, dann kann er nich weit gekommen sein, oder? Die Leiche muß in der Nähe der Stadt versteckt sein.«

»Das dachte die Polizei auch. Ich sag dir, die ham alles versucht. Sie ham sich sogar die Abwässerkanäle und den Steinbruch vorgenommen. Es hat aber alles keinen Zweck gehabt.«

»Okay, aber irgendwo muß es eine Lösung geben. Also versuchen wir mal 'ne andere Richtung. Pete Taylor und Mike waren Freunde, ja?«

»Ja, seit wir verheiratet sind. Sie verstanden sich sehr gut, waren richtig dick miteinander.«

»Was machten sie so, wenn sie zusammen waren? Ich mein, spielten sie Karten oder ham sie gesoffen oder was?«

»Ne, das war nix für Mike. Meist gingen sie angeln oder jagen. Pete hatte ja die Hütte am See, von der ich erzählt hab.«

»Is das in der Nähe von Norton's Center?«

»Vielleicht drei Meilen außerhalb.« Helen klang ungeduldig. »Ich weiß, was du denkst, aber es hat keinen Sinn. Die ham schon alles aufgegraben und umgepflügt, sogar die Fußbodenbretter ham sie rausgerissen und so.«

»Was is mit irgendwelchen Schuppen oder 'nem Bootshaus?«

»Auf Petes Grundstück gab's so was nich. Wenn Mike und er angeln gingen, dann liehen sie sich ein Boot.« Sie seufzte wieder. »Denk bloß nich, daß ich das nich schon alles durchgekaut hätt. Zwei Jahre lang hab ich überlegt und hab die Antwort nich gefunden.«

Rusty zündete sich eine neue Zigarette an. »Für 100 Riesen, da muß es 'ne Antwort geben«, sagte er. »Was passierte denn genau an dem Tag, an dem Pete Taylor ermordet wurde? Vielleicht war irgendwas, das du vergessen hast.«

»Was wirklich geschehen is, weiß ich nich. Ich war zu Hause. Mike hatte frei an dem Tag und fuhr in die Stadt.«

»Hat er was gesagt, bevor er weg is? War er nervös? Hat er sich irgendwie komisch benommen?«

»Nein — ich glaub nich, daß er was geplant hatte, wenn du das meinst. Ich denke mir, es kam eben so — er saß im Auto neben Pete und all dem Geld, und da hat er beschlossen, es zu machen.

Die Polizei dachte, es sei alles vorher genau geplant gewesen. Sie sagen, Mike wußte, daß Zahltag war und auch, daß Pete in seinem Auto zur Bank fuhr, das Geld zu holen. Der alte Huggins, der Boss von der Fabrik, war da komisch, er wollte bar zahlen. Na ja. Also, die sagen, Pete ging zur Bank und Mike wartete auf dem Parkplatz auf ihn.

Sie denken, Mike hat Petes Autoschlüssel geklaut, und als er dann mit der Wache rauskam und nich losfahren konnte, schlenderte Mike wie zufällig vorbei, als die Wache wieder weg war, und bot Pete seine Hilfe an.

So ähnlich muß es gewesen sein, denn der Parkwächter sah die beiden miteinander reden und dann mit Mikes Wagen wegfahren. Das is alles, was ich weiß. Mike kam dann ungefähr drei Stunden später nach Hause.«

Rusty nickte. »Er kam nach Hause zu dir, im Auto und allein. Was hat er gesagt?«

»Nich viel. Er hatte ja auch gar keine Zeit. Ungefähr zwei Minuten nachdem er zurück war, hielt draußen der Streifenwagen.«

»So schnell waren die? Wer hat ihnen denn die Sache gesteckt?«

»Na ja, die in der Fabrik wurden wohl unruhig, als Pete nich mit dem Geld kam. Der alte Huggins rief bei der Bank an. Die fragten den Kassierer und die Wache. Einer ging dann raus zum Parkplatz, und der Parkwächter erzählte, was er gesehen hatte. Also kamen sie hierher.«

»Hat er sich gewehrt?«

»Nein. Er hat überhaupt nichts gesagt. Kein Wort. Sie ham ihn einfach mitgenommen, und das war's. Er war gerade im Bad gewesen und hatte sich gewaschen.«

»War er irgendwie schmutzig?«

»Nur die Hände, das is alles. Sie ham nie was gefunden, womit sie ihn hätten festnageln können. Seine Schuhe waren voller Schlamm, glaub ich. Dann gab's 'nen Aufstand, weil sein Revolver fehlte. Das war das Schlimmste, daß er den mitgenommen hatte. Natürlich ham sie ihn nie gefunden, aber sie wußten, daß er einen hatte und der war weg. Er sagte, er hätte ihn schon vor Monaten verloren, aber sie glaubten ihm nicht.«

»Und du?«

»Ich weiß nich.«

»Noch was?«

»Na, er hatte einen Schnitt an der Hand. Es blutete etwas, als er reinkam. Ich sah's und fragte, was er gemacht hätte. Er war schon halb die Treppe rauf und murmelte irgendwas von Ratten. Später vor Gericht hat er gesagt, er hätte seine Hand am Glas seiner kaputten Fensterscheibe geschnitten. Deshalb sei auch Blut im Auto. Die Scheibe war kaputt, das stimmte, aber das Blut stammte von Pete.«

Rusty sog an seiner Zigarette und inhalierte tief. »Aber als er heimkam, hat er dir nich erzählt, daß ihn 'ne Ratte gebissen hat.«

»Nein, er erwähnte nur was von Ratten, ich hab's nich so genau mitgekriegt. Vor Gericht hat der Arzt dann ausgesagt, er hätte seine Hand mit dem Rasierapparat verletzt. Sie ham ihn auch auf dem Waschtisch gefunden, und es war Blut daran.«

»Moment mal«, sagte Rusty langsam. »Er fing an, was von Ratten zu erzählen. Dann ging er rauf und schnitt sich in die Hand. Jetzt verstehe ich. Merkst du nichts? Es hat ihn wirklich eine Ratte gebissen, aber wenn er das zugegeben hätte, dann wären sie schnell draufgekommen, die Leiche dort zu suchen, wo es Ratten gibt. Also versuchte er, die Geschichte zu vertuschen, indem er sich die Hand mit dem Rasierapparat aufschnitt.«

»Kann sein«, meinte Helen Krauss. »Aber was fangen wir damit an? Sollen wir vielleicht jedes Rattenloch in Norton's Center durchsuchen?«

»Ich hoffe nich«, entgegnete Rusty. »Ich hasse die verdammten Viecher. Sind mir unheimlich. Während meiner Militärzeit hab ich diese dicken, fetten Riesenbiester oft bei den Docks gesehen ...« Er schnippte mit den Fingern. »Moment mal, du sagst, wenn Pete und Mike angeln gingen, hätten sie sich immer ein Boot von einem Nachbarn geliehen. Und wo hatte der das Boot?«

»Na — in einem Bootshaus.«

»Hat die Polente da gesucht?«

»Ich weiß nich — ich denke schon.«

»Vielleicht nich sorgfältig genug. Waren die Leute an dem Tag im Haus?«

»Nein.«

»Bist du sicher?«

»Ziemlich. Sie stammten aus Chicago, hießen Thomason. Zwei Wochen vor dieser ganzen Geschichte wurden sie bei einem Autounfall getötet.«

»Also war niemand da, und Mike wußte das.«

»Das stimmt.« Helens Stimme klang plötzlich rauh. »Es war sowieso schon ziemlich spät in der Saison, so wie jetzt. Der See war verlassen. Meinst du ...«

»Wer wohnt jetzt dort?« fragte Rusty.

»Niemand, soviel ich weiß. Sie hatten keine Kinder, und es is noch nich weiter verkauft. Pete Taylors Hütte steht aus demselben Grund leer, sie werden sie nich los.«

»Tja, scheint alles zusammen zu passen. Wann fahren wir hin?«

»Morgen, wenn du willst. Ich hab frei. Wir nehmen meinen Wagen. Oh, ich bin so aufgeregt, Darling.«

Sie brauchte ihm das nicht erst zu sagen. Er fühlte es. Fühlte sie, als sie in seine Arme kam. Wieder mußte er sich zwingen, an etwas anderes zu denken, damit er sich nicht verriet.

Er mußte sich Gedanken über das Geld machen, und darüber, was er tun würde, wenn sie es hätten. Er brauchte die richtige Antwort, und zwar schnell.

Er dachte noch nach, als sie sich zurücklegte und ihn plötzlich mit der Frage überraschte: »Woran denkst du, Darling?«

Er öffnete den Mund und die Wahrheit kam heraus. »Das Geld«, sagte er. »Ich hab an all das Geld gedacht. 50 Riesen für jeden.«

»Müssen wir's denn aufteilen, Darling?«

Er zögerte — dann fiel ihm die richtige Antwort ein. »Natürlich nicht, wenn du's nicht möchtest.« Und sie hatte recht. Es würde nicht geteilt werden. Es würde zusammen bleiben, die 100000 Dollar würden ihm gehören, wenn sie sie gefunden hatten.

Er mußte die Frau nur abservieren.

Falls Rusty überhaupt je Skrupel über das Wie seines Vorhabens hatte, dann verschwanden sie im Laufe des nächsten Tages. Er mußte notgedrungen den Morgen und den Nachmittag mit ihr in ihrem Zimmer verbringen, denn wenn sie zusammen ausgingen, wäre das nur ein unnötiges Risiko. Also bemühte er sich, sie bei Laune zu halten und das konnte er nur auf eine Art. Als es Abend wurde, hätte er sie dann sowieso umgebracht, Geld oder kein Geld, nur um diesen stinkenden, fetten Koloß loszusein.

Wie war Mike nur jemals darauf gekommen, daß sie gut aussah? Er würde das nie kapieren, genausowenig wie die Tatsache, daß diese kleine Ratte seinen besten Freund um die Ecke gebracht hatte.

Aber das war jetzt nicht wichtig. Wichtig nur, die schwarze Kassette mit dem Geld zu finden.

Gegen vier Uhr ging er hinaus und um den Block herum. Zehn Minuten später ließ sie ihn an der Ecke in ihr Auto steigen. Zum See dauerte es ungefähr eine Stunde. Sie fuhren im Bogen um Norton's Center herum und gelangten auf einer Schotterstraße zum See. Er wollte, daß sie die Scheinwerfer ausmachte, aber sie sagte, das sei nicht nötig, da sowieso kein Mensch hier wäre. Und als sie den Strand absuchten, merkte Rusty schnell, daß sie recht hatte. Der See lag dunkel und verlassen in der Novembernacht.

Sie parkten hinter Pete Taylors Hütte. Rusty war klar, daß die Leiche auf keinen Fall dort versteckt sein konnte. In dieser schäbigen Baracke würde man nicht mal 'ne tote Fliege lang verbergen können.

Helen holte eine Taschenlampe aus dem Wagen.

»Ich nehme an, du willst gleich zum Bootshaus«, sagte sie. »Es ist hier links runter. Paß auf, der Weg ist glitschig.«

Unsicher tasteten sie sich den Weg entlang. Rusty ging hinter ihr her und überlegte, ob jetzt wohl der rechte Augenblick wäre, ihr mit einem Stein den Kopf einzuschlagen. Es würde ihm ein leichtes sein, solange sie ihm den Rücken zugekehrt hatte.

Aber dann entschied er sich dagegen, besser zu warten, bis sie gefunden hatten, was sie suchten. Er konnte sich dann auch umsehen, ob es ein gutes Versteck für ihre Leiche gab. Es mußte eines geben, denn Mike hatte es ja auch gefunden.

Das Bootshaus war am Ende eines Piers, der in den See hinausreichte. Rusty rüttelte an der Tür. Verschlossen.

»Tret zurück«, sagte er. Dann hob er einen Stein auf. Das rostige, schwache Schloß sprang beim ersten Schlag auf.

Er nahm ihr die Taschenlampe ab und leuchtete hinein. Der Strahl durchbrach die Dunkelheit im Innern des Bootshauses. Aber es war keine absolute Dunkelheit. Hunderte kleiner roter Zigarettenstummel glühten auf. Wie Augen.

Dann wurde ihm klar, es waren Augen.

»Ratten«, sagte er. »Komm, hab keine Angst. Ich glaube, wir hatten recht mit unserer Vermutung.«

Helen kam hinter ihm durch die Tür, und sie hatte keine Angst. Aber eigentlich hatte er auch mehr sich selbst Mut zugesprochen. Er haßte Ratten. Und er war erleichtert, als sie vor dem Strahl der Taschenlampe zurückwichen und verschwanden. Wahrscheinlich verkrochen sie sich unter dem Fußboden.

Der Fußboden! Rusty beleuchtete ihn. Beton natürlich. Und darunter ...?

»Verdammt, sie müssen hier gewesen sein«, sagte er.

Sie waren dagewesen, denn der einst durchgehende Betonfußboden war an verschiedenen Stellen aufgerissen und sah aus, als wäre ein Erdbeben darüber hinweggegangen. Die Leute des Sheriffs hatten gute Arbeit geleistet.

»Ich hab's dir ja gesagt«, seufzte Helen Krauss. »Sie sind schon überall gewesen.«

Rusty leuchtete in dem Raum herum. Es war kein Boot da, keine Vorräte, kein Gerümpel, nur die kahlen Wände. Oben prallte der Lichtstrahl gegen Teerpappe.

»Es hat keinen Zweck«, sagte Helen. »So leicht kann es einfach nicht sein.«

»Es bleibt immer noch das Haus«, brummte Rusty. »Komm.«

Er drehte sich um, froh rauszukommen, weg von dem durchdringend animalischen Geruch und den Ratten. Im Hinausgehen richtete er die Lampe gegen das Dach.

Er blieb stehen. »Siehst du was?« fragte er.

»Was?«

»Na, das Dach, es ist höher als die Decke.«

»Na und?«

»Da könnte ein Zwischenraum sein.«

»Ja, aber ...«

»Hör mal ...«

Sie lauschten — ohne einen Laut von sich zu geben, und in der Stille konnten sie das Geräusch hören. Zuerst schien es wie Regen, der auf ein Dach trommelt, aber es regnete nicht, und es kam auch nicht vom Dach. Es kam von unten — das Geräusch ungezählter, winziger Füße, die zwischen Decke und Dach hin und herliefen. Die Ratten! Die Ratten und was noch?

»Komm«, sagte er heiser. »Wir gehen zum Haus, eine Leiter suchen.«

Er mußte nicht einbrechen und war froh darüber. Im Schuppen stand eine Leiter. Er nahm sie mit. Helen entdeckte eine Eisenstange. Sie hielt die Lampe, während er hochkletterte. Mit der Stange stemmte er die Dachpappe weg. Es war einfach, sie aus den paar rostigen Nägeln zu reißen. Offenbar war sie hastig angebracht worden. Ein Mann, der nur ein paar Stunden Zeit für seine Aufgabe hat, würde das so machen.

Unter der Dachpappe kamen Balken zum Vorschein. Jetzt konnte er die Eisenstange gut gebrauchen. Die Balken krachten unter seinen Bemühungen, und er war froh, daß sich die Ratten dadurch vertreiben ließen. Sonst hätte er es nie über sich gebracht, in die Öffnung zu kriechen und sich umzusehen. Helen reichte ihm die Taschenlampe hoch, und er leuchtete hinein.

Sehr weit brauchte er nicht zu suchen.

Die schwarze Metallkassette lag direkt vor ihm, dahinter das Ding. Rusty wußte, daß es Pete Taylor sein mußte, aber eine Möglichkeit der Identifikation gab es nicht, denn es waren keine Kleider mehr da und auch kein Fleisch. Alles, was übriggeblieben war, war ein Skelett — ein Skelett und die Kassette.

Rusty umklammerte die schwarze Kassette, dann öffnete er sie. Er sah das Geld, Scheine quollen ihm entgegen, und er konnte es sogar riechen. Es roch gut, es übertönte den ekelerregenden Gestank, der ihn umgab. Es roch nach Parfum und Steak und nach den ledernen Bezügen eines glänzenden neuen Autos.

»Hast du was gefunden?« fragte Helen von unten. Ihre Stimme zitterte dabei.

»Ja«, antwortete er, und seine Stimme war auch nicht ganz sicher. »Ich hab's. Halt die Leiter, ich komm jetzt runter.«

303

Er stieg hinunter, und das hieß, daß es jetzt an der Zeit war — an der Zeit, zu handeln. Er reichte ihr die Stange und die Lampe. Die kostbare Metallbox wollte er selbst halten. Dann würde er sie auf den Boden stellen, und während sie sich darüber beugte, um den Inhalt zu betrachten, würde er einen Betonbrocken nehmen und sie erledigen.

Es war gar nicht schwer. Er hatte sich alles genau überlegt, alles — nur nicht, daß er ihr die Eisenstange geben würde. Die Stange, die sie nun dazu benutzte, ihm eins über den Schädel zu geben, als er die letzte Leitersprosse hinuntersteigen wollte ...

Er mußte sicherlich zehn Minuten bewußtlos gewesen sein. Jedenfalls lange genug für sie, um ein Seil zu finden. Vielleicht hatte sie es aus dem Auto geholt. Woher auch immer, sie wußte damit umzugehen. Seine Hand- und Fußgelenke schmerzten fast so sehr wie sein Kopf.

Er öffnete den Mund, merkte aber schnell, daß das keinen Sinn hatte. Sie hatte ihn sorgfältig mit einem Taschentuch geknebelt, und alles was er tun konnte war, dazuliegen und zuzusehen, wie sie die Kassette aufnahm.

Sie öffnete sie und lachte.

Auf dem Boden lag die Lampe, und in ihrem Schein konnte er das Gesicht sehen. Sie hatte die Brille abgenommen und auf den Boden geworfen, wo sie zerbrochen war.

Helen Krauss sah, daß er sie anstarrte und lachte wieder.

»Die Dinger brauch ich nich mehr«, sagte sie. »Ich hab sie nie gebraucht. Das gehörte alles zu meiner kleinen Maskerade. Genauso wie das Haarefärben und dies ganze Fett. Zwei Jahre lang hab ich jetzt die blöde Schlampe gespielt, nur damit keiner auf mich aufmerksam wird. Wenn ich hier verschwinde, wird's auch niemand merken. Manchmal ist es ganz praktisch, sich dumm zu stellen, weißt du?«

Rusty gurgelte unter seinem Knebel, und sie schien das ulkig zu finden.

»Jetzt begreifst du wohl so langsam, was?«

»Mike hatte nie einen Überfall geplant. Pete Taylor und ich hatten schon ein halbes Jahr lang ein Verhältnis, und Mike war mißtrauisch geworden. Ich weiß nich, wer ihm was gesteckt hat, aber so war's. Er hat keinen Ton zu mir gesagt, hat nur seine

Kanone genommen und is los. Er wollte Pete umbringen. Vielleicht mich auch. Er wußte nur, daß er Pete am Zahltag ganz sicher treffen würde.

Wahrscheinlich hat er ihn bewußtlos geschlagen und hierhergebracht. Und dann is Pete zu sich gekommen bevor er starb und hat geschworen, er sei unschuldig. Jedenfalls hat mir Mike das gesagt, als er zurückkam.

Ich hatte gar keine Zeit, zu fragen, wohin er Pete gebracht hatte, oder was er mit dem Geld gemacht hatte. Ich mußte erst mal mich selber schützen, indem ich beteuerte, das Ganze sei ein Irrtum, und Pete und ich hätten nie was miteinander gehabt. Ich war gerade beim Erklären, als die Polente anrückte.

Ich nehm an, er hat mir geglaubt, denn er hat während der ganzen Verhandlung keinen Ton gesagt davon. Aber ich hatte nie mehr die Gelegenheit ihn zu fragen. Die Post aus dem Gefängnis wurde ja zensiert. Also mußte ich warten, bis er zurückkam, oder jemand anderes. Tja und so war's dann auch.«

Rusty versuchte unter seinem Knebel zu sprechen, aber er brachte kein Wort heraus.

»Warum ich dir eins übergezogen hab? Na, aus demselben Grund, aus dem du mir eins übergezogen hättest. Versuch nicht, es zu leugnen, du wolltest es, nich? Ich weiß, was in den Köpfen von Figuren wie dir vor sich geht.« Ihre Stimme klang sanft. Sie lächelte ihn an. »Ich weiß, wie du und deinesgleichen denken im Gefängnis — ich war auch zwei Jahre drin. Hier in dem Gefängnis dieses fetten, unappetitlichen Körpers. Ich hab durchgehalten wegen des Geldes, und jetzt hau ich ab. Ich hau ab aus der Hülle der blöden Serviererin, ich nehm 40 Pfund ab, laß mir das Haar wieder bleichen und bin wieder die alte Helen Krauss — nur mit dem Unterschied, daß sie jetzt noch den ganzen Zaster hat.«

Rusty versuchte wieder, etwas zu sagen, aber es kam nur ein Gurgeln heraus. »Keine Angst«, sagte sie. »Mich finden sie nicht — und dich erst recht nicht. Wenn ich geh, bring ich das Schloß wieder an. Und dann — es gibt nichts, was uns in Verbindung bringen könnte. Alles klar?«

Sie drehte sich um und Rusty hörte auf zu gurgeln. Er bog sich nach vorn und trat mit seinen gefesselten Füßen nach ihr. Er traf sie direkt in die Kniekehlen, daß sie hinfiel. Rusty rollte sich über Betonbrocken und hob noch einmal die Beine. Diesmal traf er gegen ihren Magen, und sie keuchte. Sie sank gegen die Tür und verschloß sie mit ihrem Körper. Rusty fing an, nach ihrem Gesicht zu treten. Dann rollte die Lampe zur Seite und ging aus, also trat er nur noch in die Richtung, aus der die keuchenden Laute kamen. Nach einer Weile hörten sie auf, und es wurde still in dem Bootshaus.

Er lauschte, ob sie noch atmete, aber er hörte nichts. Er rollte sich hinüber, und sein Gesicht kam mit etwas Feuchtem, Warmem in Berührung. Er fröstelte und zog sich zurück. Dann versuchte er es noch einmal. Die Teile ihres Körpers, die er nicht zerschlagen hatte, fühlten sich kalt an.

Er wälzte sich herum und versuchte, seine Hände aus den Fesseln zu lösen. Er rieb das Seil gegen Betonbrocken in der Hoffnung, es aufzureiben, aber es hielt, nur seine Handgelenke bluteten. Ihr Körper lag gegen die Tür und hielt sie geschlossen.

Rusty wußte, er mußte diesen Körper wegschaffen, die Tür öffnen, hinauskriechen. Er stieß mit dem Kopf gegen sie, versuchte sie so beiseite zu schieben, aber sie war zu schwer. Er fühlte die Kassette, und unter seinem Knebel versuchte er ihr zu sagen, daß sie aufstehen solle, daß sie sie beide befreien müsse, daß sie hier beide gefangen saßen und daß das Geld jetzt keine Rolle mehr spiele. Es war alles ein Mißverständnis, er hatte ihr nichts tun wollen, er wollte nur raus. Aber er kam nicht raus.

Und nach einer Weile kamen die Ratten zurück.

Da unten

»Beeilt euch!« rief Steve, als die Mädchen im Gänsemarsch das Büro verließen. »Ich bleibe heute als Letzter hier. Verwechselt mir die Türen nicht.«

Die Mädchen lächelten Elaine zu, als sie an ihrem Schreibtisch vorbeigingen; aber ihr Lächeln hatte verschiedene Gründe: sieht dir ähnlich, uns andere wieder einmal dumm dastehen zu lassen, scheint fast so, als müßtest du nachsitzen, hast wahrscheinlich nichts Besseres zu tun, willst ihn wohl für dich alleine haben. Sie scherte sich keinen Deut darum, was die anderen von ihr denken mochten. Zweifellos verdienten sie auch ohne Überstunden genug Geld, das sie dann für Make-up und Modefetzen hinauswarfen.

Sie wünschte sich nur, Steve würde nicht alles ins Lächerliche ziehen: selbst die Sache mit den Aufzügen, von denen einer außer Betrieb war, nachdem er immer wieder unkontrolliert den Schacht hinabgerutscht war. Sie freute sich, daß es nicht ihr widerfahren war, obwohl sie annahm, daß das Tiefgeschoß jetzt nicht mehr so abstoßend sein würde. Dennoch hatte der funktionierende Aufzug sie von der Gegenwart aller anderen befreit, einschließlich Mr. Williams, des Gewerkschaftsfunktionärs, der am intensivsten versucht hatte, sie von ihrem Verbleib abzubringen. Er verzieh der Gewerkschaft immer noch nicht, daß sie dieses Gebäude als vorübergehende Bleibe akzeptiert hatte; möglicherweise ließ er das an ihr aus. Inzwischen war auch er gegangen, verschwunden im regnerischen Novemberabend.

Es hatte schon den ganzen Tag geregnet. Die Lagerhäuser vor den Fenstern erinnerten an schmelzende Schokolade; den Fluß und die Kanäle überzogen undurchsichtige Kräuselwellen. Die Hütten und Häuserreihen, einige davon reichlich vernachlässigt, bedeckten dichtgedrängt die steilen Hügel auf die stillgelegten Minen zu. Durch die Wasserrinnsale auf den Fensterscheiben wirkten ihre unregelmäßigen Lichter wie flackernder Kerzenschein.

In dem langen Büro über fünf freistehenden Etagen und zwei Untergeschossen blieb sie von all dem verschont. Vollgestopfte Aktenböcke teilten das Büro etwa in der Mitte; der Geruch von Staub und altem Papier hing in der Luft. Unter dem flackernden Neonlicht schienen die Akten förmlich zum Leben zu erwachen. Durch die beschlagenen Fensterscheiben über einer fast kochenden Heizung konnte sie draußen gerade noch einen Bruchteil dessen ausmachen, was eigentlich der obere Teil der Feuerleiter hätte sein sollen.

»Fühlen Sie sich ausgenutzt?« erkundigte sich Steve.

Er hatte Mr. Williams' sarkastische Abschlußbemerkung mitbekommen, in der er sie die Arbeitgeberwaffe gegen Solidarität nannte. »Nein, ganz sicher nicht.« Sie wünschte, er würde sie einen Augenblick in Frieden lassen. »Mir ist nur furchtbar heiß«, sagte sie.

»Ja, es ist tatsächlich ein bißchen viel des Guten.« Er stand auf und strich sich mit theatralischer Geste über die Stirn. »Ich werde nach Mr. Tuttle Ausschau halten.«

Sie bezweifelte, daß er den Hausmeister finden würde, der sich zweifellos irgendwo mit einer Flasche billigem Rum verborgen hielt. Wenigstens versuchte er seine Sauferei zu verbergen, was man von seinen angebissenen Sandwiches nicht sagen konnte, die er auf Fensterbänken, in der Teeküche, einmal sogar auf einem Schreibtisch liegen ließ.

Sie drehte sich gemächlich auf ihrem Stuhl herum und beobachtete die Aufzugsanzeige im Korridor. Steve war inzwischen im Keller angekommen. Der Buchstabe B flackerte und leuchtete dann voll auf: er war weiter ins Tiefgeschoß hinabgefahren, was eigentlich vor der Anzeige und allen anderen mit Ausnahme des Schlüsselverwalters verborgen bleiben sollte. Vielleicht hatte die Entdeckung des Geheimlagers dort unten Mr. Tuttle ermutigt, mit seinen Lebensmitteln so nachlässig umzugehen.

Unwillkürlich wurde sie wütend. Wenn der Mann, der dieses Büros gebaut hatte, tatsächlich über soviel Geld verfügte, warum war er dann damit nicht vernünftiger umgegangen? Die Büroräume dienten nur dem einen Zweck, das Tiefgeschoß zu verbergen, welches offensichtlich seine Zuflucht war. Was hatte er eigentlich befürchtet? Krieg, Revolution, eine nukleare Katastrophe? Man wußte von ihm nur, daß er die letzten Monate, bevor er als Geisteskranker in die Anstalt eingeliefert wurde, damit zugebracht hatte, unten Lebensmittel einzulagern. Er hatte alles dort verderben, verrotten lassen, ohne auch nur einen Gedanken an die Menschen zu verschwenden, die in den darüberliegenden Büros arbeiten mußten; kein Treppenhaus, nur eine Feuerleiter, die allein bei dem Versuch, sie anzustreichen, schon in sich zusammenfiel — aber sie hörte sich inzwischen an wie Mr. Williams, und es hatte keinen Zweck, weiter darüber nachzugrübeln.

Dann leuchtete die Anzeige wieder auf. Steve kehrte zurück. »Keine Spur von ihm zu entdecken«, verkündete er. »Vermutlich hält er wieder ein trautes Zwiegespräch mit einer Flasche. Die meisten Lampen sind ausgeschaltet, aber das besagt wenig.«

Es sah ganz nach einer List von Mr. Tuttle aus. »Sind Sie ganz nach unten gefahren?« erkundigte sie sich. »Wie ist es dort?«

»Riesig. Man sagt, es sei viel größer als jede andere Etage. Man könnte dort zwei Fußballspiele gleichzeitig anpfeifen.« Übertrieb er vielleicht? Bis auf die hochgezogenen Augenbrauen war sein Gesicht gleichgültig wie das eines stillen Komödianten. »Nach den Reinigungsarbeiten haben sie die großen Türen offen gelassen. Mit Beleuchtung hätte ich meilenweit sehen können, nehme ich an. Ich bin nur überrascht, daß es bei der Größe nicht mit der Kanalisation in Konflikt gekommen ist.«

»Ich kann mir nicht vorstellen, daß es dort noch sehr stinkt!«

»Es mieft immer noch ein bißchen. Möchten Sie es sich mal ansehen?« Als er auf sie zukam, als wolle er sie mit sich ziehen, klammerte sie sich energisch an ihrem Schreibtisch fest. »Nein, vielen Dank«, wehrte sie ab, obwohl eine köstliche Neugier von ihr Besitz zu ergreifen begann.

»Haben Sie eigentlich schon gehört, was bei den Aufräumarbeiten angeblich passiert sein soll? Tuttle hat es mir erzählt, falls man ihm Glauben schenken kann.« Sie wollte nichts davon wissen, Tuttle hatte sie für diesen Tag schon genug geärgert. Sie blätterte unmißverständlich in ihrer Akte, worauf sich Steve an seinen Schreibtisch begab.

Einen Augenblick lang war sie imstande, sich voll zu konzentrieren. Die Bürogeräusche waren nunmehr diskrete Kulisse: das Papiergeraschel, das Heulen des Windes und das Summen der defekten Neonröhre, das sich anhörte, als suche ein Insekt verzweifelt den Weg nach draußen.

Sie verteilte die Steuerakten auf ihrem Schreibtisch. Dieser Mann würde erfreut sein, denn er bekäme etwas zurück. Beim nächsten Burschen war genau das Gegenteil der Fall.

Aber der Gedanke an die Lebensmittel nahm sie gefangen wie die Hitze. Selbst an diesem Morgen noch hatte sie im Papierkorb der Teeküche ein uraltes Frühstückspaket von Mr. Tuttle entdeckt. Es war zweifellos immer noch dort, da sich die Putzkolonne weigerte, das Gebäude zu betreten, solange es derartig unsicher war. Sie konnte bald an nichts anderes mehr denken.

Nein, was sie roch, konnte unmöglich ihrer Erinnerung entsprungen sein. Als sie schnuppernd aufsah, entdeckte sie, daß es Steve ähnlich erging. »Tuttle!« meinte er nur und verzog das Gesicht.

So als habe er das Stichwort gefunden, hörten sie plötzlich Geräusche in der Etage unter sich. Jemand zog ein feuchtes Tuch über den Linoleumbelag des Fußbodens. Übernahm der Hausmeister etwa Putzarbeiten? Wahrscheinlicher war, daß er seine Flasche versehentlich umgekippt hatte und nun die Spuren beseitigen wollte. »Dieses Mal erwische ich ihn«, sagte Steve und rannte in den Korridor hinaus.

Hatte er zuviel Lärm gemacht? Das schlurfende Geräusch im unteren Stockwerk hörte jedenfalls auf. Hitze, Staub und der Essensgestank hingen schwer in der Luft; als sie sich eine Zigarette anzündete, stieg der Rauch fast tadelnd über ihr auf. Sie öffnete die schmalen Lüftungsschlitze am oberen Teil des nächstgelegenen Fensters, was jedoch völlig wirkungslos blieb. Es gab keine andere Wahl; sie mußte das Fenster öffnen, das dort hinausführte, wo eigentlich die Feuerleiter hätte sein sollen.

Es überstieg fast ihre Kräfte. Ein Regenguß platschte herein, ihr direkt ins Gesicht, während sie sich verzweifelt am Fenstergriff festklammerte. Es hätte nicht viel gefehlt, und es wäre weit aufgesprungen und hätte sie mit sich in den Sturm gerissen. Es gelang ihr gerade noch, den Befestigungshebel anzuhängen, dann lehnte sie sich in die Nacht hinaus, wobei der Regen ihr den Geruch abzuwaschen schien.

Am unteren Stockwerk konnte sie die Plattform der Feuerleiter erkennen; das eiserne Gitternetz war triefendnaß und rutschig. Die Eisenstufen baumelten zur nächsten Plattform hinab und erweckten den Eindruck, als wollten sie jeden Moment in sich zusammenfallen. Der Gedanke, daß sie möglicherweise gezwungen wäre, auf die Plattform zu springen, ließ sie zurückweichen; sie stellte sich vor, wie sie abrutschen und ins Nichts fallen würde.

Sie wollte gerade das Fenster schließen, weil die Unterlagen auf ihrem Schreibtisch durcheinander gerieten, als sie im unbeleuchteten Lagerhaus gegenüber und genau unter sich etwas entdeckte. Es erinnerte sie an eine Made, die sich durch das Essen wand. Der Grund war natürlich, daß sie es durch die Lagerhausfenster, schmale dunkle Löcher, erspähte. Ein Spiegelbild aus ihrem eigenen Gebäude, deshalb wirkte es so groß und verschwommen. Nur Mr. Tuttle konnte es gewesen sein, denn als es sich bewegte, hörte sie auch unter sich etwas schlürfen.

Als Steve wieder hereinkam, hatte sie inzwischen das Fenster geschlossen. »Sie haben ihn nicht gefunden, stimmt's? Macht nichts«, fügte sie dann hastig hinzu, als sie sein Stirnrunzeln bemerkte.

Glaubte er vielleicht, sie würde ihm nachspionieren? Sein Gesicht wurde sofort ausdruckslos. Vielleicht gefiel es ihm nicht, daß sie etwas mitbekommen hatte; erst von seinem Besuch im Tiefgeschoß und jetzt darüber, daß er überlistet worden war. Als er sich hinter seinen Schreibtisch am anderen Ende des Büros setzte, wirkte die Schweigsamkeit zwischen ihnen wie eine Zurückweisung. »Möchten Sie eine Tasse Tee?« fragte sie, um ihn zu beschwichtigen.

»Ich werde ihn zubereiten. Lassen Sie sich dazu einladen.« Er sprang sofort auf und ging in den Korridor hinaus.

Warum war er so eifrig? Fünf Minuten später, als sie gerade jemandes persönliche Daten überflog, fragte sie sich, ob er sich vielleicht den Scherz erlauben würde, sich anzuschleichen, um sie zu erschrecken. Ihr Vater pflegte das zu tun, als sie klein — und er dazu noch imstande war. Sie drehte sich abrupt herum, aber Steve hatte die Türen zum Schacht des defekten Aufzuges aufgerissen und starrte aufmerksam lauschend hinab. Vielleicht wollte er Mr. Tuttle überraschen und nicht sie.

Der Tee war heiß und bräunlich, mehr aber auch nicht. Warum nur schien sich der hartnäckige Gestank daran bemerkbar zu machen? Natürlich hatte Steve die Tür zum Raum, in dem Mr. Tuttles Brote immer noch im Papierkorb gammelten, nicht geschlossen. Sie eilte hinaus und knallte die Tür zu, während sie sich die andere Hand vor den Mund hielt.

Wie unter Zwang ging sie zu den Aufzugtüren hinüber, an denen Steve vorher gelauscht hatte. Sie ließen sich leicht wie Vorhänge öffnen; einen Augenblick lang schwankte sie auf der Schwelle. Der Schock beeinträchtigte ihr Sehvermögen, aber sie wußte mit Sicherheit, daß es nicht Mr. Tuttle sein konnte, der wie ein fetter, bleicher Affe das Aufzugseil heraufkletterte. Nachdem sie sich irritiert die Augen gerieben hatte und erneut hinuntersah, war nichts mehr da.

Steve beobachtete sie, wie sie an ihren Schreibtisch zurückkehrte. Sein Gesichtsausdruck war völlig unverbindlich. Verbarg er etwas vor ihr — einen besonderen Spaß vielleicht? Jetzt würde er damit herauskommen; er machte Anstalten zu sprechen. »Wie geht es Ihrem Vater?« erkundigte er sich.

Es klang für sie wie die Fangfrage eines Scherzboldes. »Oh, er ist jetzt ganz zufrieden«, platzte sie heraus. »Sie haben jetzt einige neue Bücher mit Großbuchstaben in der Bibliothek bekommen.«

»Hat er Gesellschaft?«

»Ab und zu.« Der Gemeinschaftssinn war entschwunden, sobald die Grubenbesitzer die Gegend verließen. Was zurückblieb, waren stillgelegte Zechen und Arbeitslosigkeit. Die Menschen schienen sich einzukapseln, aus Angst, daß ihnen das bißchen, was noch geblieben war, auch abhandenkommen könnte.

»Ich frage mich nur, ob er so ganz alleine zurechtkommt.«

»Das wird er wohl müssen, habe ich recht?« Ihre Verärgerung wuchs; er war genauso schlimm wie Mr. Williams, der auf Dingen herumritt, die ohnehin niemand ändern konnte.

»Mir fiel nur gerade ein, wenn Sie nach Hause möchten, tun Sie sich keinen Zwang an. Von mir erfährt niemand ein Sterbenswörtchen. Sie haben jetzt schon mehr gearbeitet als die ganze Meute zusammen.«

Um Haltung zu bewahren, ballte sie ihre Hände unter dem Tisch zu Fäusten. Offensichtlich wollte er selbst früher gehen und versuchte sie deshalb zu überreden. Zweifellos hatte er selbst Probleme — vielleicht spiegelte sich das in seinem verkrampften Gesichtsausdruck wider —, aber er sollte deshalb noch lange nicht versuchen, sie zur Unaufrichtigkeit zu überreden. Oder wollte er sie nur auf die Probe stellen? Sie wußte so wenig von ihm. »Es ist alles in bester Ordnung«, sagte sie. »Wenn jemand kommen soll, braucht er nur an die Wand zu klopfen.«

Obwohl sein Gesicht ohne Regung blieb, verrieten seine Augen eine gewisse Verunsicherung. Fünf Minuten später öffnete er das Fenster und renkte sich fast den Hals aus. Elaine versuchte unterdessen, herausrutschende Akten mit beiden Händen in die übervollen Regale zurückzuschieben. Ob es möglich war, daß er sich hier draußen bei dem schlechten Wetter mit seiner Freundin verabredet hatte? Typisch Mann, sie vor der Tür warten zu lassen!

Schlimmer als alles andere war jedoch, daß Elaine eine gewisse Enttäuschung verspürte, die gleichermaßen absurd wie ärgerlich erschien. Sie wußte ganz genau, daß er heute abend nur aus dem einen Grund Überstunden machte, weil man es von einem der älteren Angestellten voraussetzte. Guter Gott, was hätte sie erwarten können, mit ihm hier allein zu sein? Sie waren beide Mitte Vierzig — und hatten ihr Ziel fest vor Augen, was in seinem Fall sicher ein Mädchen jünger als Elaine bedeutete. Sie hoffte, daß er und seine Freundin sehr glücklich würden. Ihre auf den Akten ruhenden Hände ballten sich zu Fäusten.

Als er das Fenster zuschlug, bemerkte sie, daß sein Gesicht glitzerte. Es war natürlich kein Schweiß, sondern nur Regen. Ohne sie eines Blickes zu würdigen, eilte er an ihr vorbei und verschwand im Aufzug. Vielleicht wartete das Mädchen am Eingang und versuchte vergeblich, Mr. Tuttle zum Öffnen herbeizurufen. Elaine hoffte inständig, daß Steve sie nicht mit heraufbringen würde. Sie würde sie nur ablenken, das war der einzige Grund. Elaine hatte zu arbeiten.

Steve und seine merkwürdigen Scherze könnten sie davon mit Sicherheit nicht abhalten. Als sie das sanfte Summen des Aufzugs hörte, drehte sie sich bewußt nicht um. Zweifellos würde er durch das Korridorfenster zu ihr hereinspähen und gespannt auf ihre Reaktion warten. Oder war es vielleicht seine

Freundin? Als Elaine über den Schreibtisch hinweg nach einer neuen Akte griff, kam ihr das Gesicht, das sie aus den Augenwinkeln sah, ganz bleich und ungeheuer fett vor. Elaine war fest entschlossen, sie konsequent zu ignorieren — aber sie konnte sich nicht mehr auf ihre Arbeit konzentrieren. Wütend wirbelte sie herum. Der Korridor war verlassen.

Sie stand kurz vor dem Siedepunkt. Es war deutlich zu erkennen, wo er, oder besser, sie sich versteckten: die gegenüberliegende Tür stand weit offen. Fest entschlossen weiterzuarbeiten, wandte sie sich wieder ihrem Schreibtisch zu; aber das leere Büro ließ sie nicht zur Ruhe kommen; zwischen den Aktenschränken gab es unzählige Versteckmöglichkeiten, während das Summen der defekten Neonröhre und der prasselnde Regen leise Schritte leicht übertönen könnten. Es war schon lange nicht mehr lustig. Er ging wirklich zu weit.

Schließlich kam er ohne jeden Versuch einer Heimlichkeit herein. Vielleicht hatte er seine eigenen Scherze satt. Er mußte zur Eingangstür hinausgegangen sein: Seine Stirn war feucht, obwohl es eigentlich nicht so recht nach Regen aussah. Würde er jetzt wieder an die Arbeit gehen und so tun, als sei niemand in der Teeküche? Nein, offensichtlich hatte er sich einen neuen Trick ausgedacht, denn er ging von Schrank zu Schrank, warf einen Blick in einige Akten und stellte sie dann wieder an ihren Platz zurück. Versuchte er sie mit seiner Unruhe anzustecken? Seine hastigen Schritte schienen immer lauter und nervenaufreibender zu werden; genau wie das Ticken der Uhr, wenn sie sich krampfhaft bemühte wachzubleiben, um ihrem Vater zu helfen, wenn er sie brauchte. »Steve, was um Gottes willen, ist los?«

Er ließ ab von seinem Tun. Verunsichert, wie ein beim Schummeln ertappter Schuljunge, suchte er nach Worten. Ohne daß sie es hätte verhindern können, tat er ihr plötzlich leid; ihre Entrüstung war reichlich anmaßend gewesen. »Sie sind nicht hinuntergefahren, um nach Mr. Tuttle zu suchen, nicht wahr?« meinte sie, um ihm eine Brücke zu bauen.

Aber er wirkte jetzt sogar noch angespannter. »Nein, deshalb nicht. Ich glaube nicht, daß er überhaupt noch hier ist. Meiner Meinung nach ist er schon vor Stunden gegangen.«

Was veranlaßte ihn zu lügen? Kurz zuvor hatten sie doch beide den Hausmeister im unteren Geschoß gehört. Steve schien entschlossen, noch mehr von sich zu geben. »Tatsache ist«, fuhr er fort, »daß es mir allmählich so vorkommt, als schleiche er sich immer fort, sobald das Gebäude leer ist.«

Er sprach sehr leise, was sie ärgerte: sollte seine Freundin ihn nicht hören?

»Aber es ist jemand anders hier im Gebäude«, verkündete er.

»O ja!« schnaufte sie, »dessen bin ich ganz sicher.« Warum redete er um den heißen Brei herum, anstatt gleich mit der Wahrheit herauszurücken? Er war ja noch schlimmer als ihr Vater, wenn der in seiner Vergangenheit zu graben begann.

Er runzelte die Stirn, schien sich zu fragen, wieviel sie bereits wußte. »Wer immer es sein mag, er führt nichts Gutes im Schilde. Den Rest erzähle ich Ihnen, wenn wir das Gebäude erst einmal verlassen haben. Wir sollten keine Zeit mehr verlieren.«

Seine Versuche, die Wahrheit zu umgehen, amüsierten und irritierten sie gleichzeitig. Die Feuchtigkeit auf seiner Stirn rührte tatsächlich nicht vom Regen her. »Wenn es wirklich ein Bösewicht sein sollte«, sagte sie mit Unschuldsmiene, »sollten wir warten, bis die Polizei eintrifft.«

»Nein, wir rufen die Polizei, sobald wir draußen sind.« Offensichtlich geriet er jetzt in Panik. Wie lange noch konnte er seinen unverfänglichen Gesichtsausdruck bewahren? »Hören Sie«, stieß er hervor, seine Finger krallten sich an einem Aktenordner fest. »Ich werde Ihnen sagen, warum Tuttle nachts nicht hierbleibt. Ich glaube, er hat auch der Putzkolonne davon erzählt, darum kommt sie nicht mehr. Während der Zeit, als das Tiefgeschoß gereinigt wurde, verschwanden einige der Lebensmittel über Nacht. Begreifen Sie, was das bedeutet? Jemand hat zentnerweise vergammeltes Zeug gestohlen. Die Arbeiter interessierten sich nicht weiter dafür, sie betrachteten es als einen Scherz, und es war kein Hinweis zu finden, wie jemand hätte hereinkommen können. Aber wie Tuttle mit Recht sagte, war das, um was immer es sich handeln mochte, clever genug, seinen Einstieg zu verbergen. Mein erster Gedanke war natürlich, er sei betrunken oder erlaubte sich einen Scherz mit mir, aber jetzt ...«

Seine letzten Worte blieben förmlich in der Luft hängen. Sie wagte nicht zu sprechen. Wie kam er nur darauf, daß sie einen solchen Unsinn schlucken würde; als ob sie zu dumm sei, sich zusammenzureimen, was hier vorging? Ihre Reaktion mußte an ihrem Gesichtsausdruck erkennbar gewesen sein; denn nie zuvor hatte er so kühl und bestimmt zu ihr gesprochen. »Wir müssen sofort gehen!« befahl er.

Ihr Gesicht glühte. »Ist das ein Befehl?«

»Ja, das ist es! Ich werde dafür sorgen, daß Ihnen dadurch kein Verlust entsteht.« Seine Stimme klang sehr autoritär. »Ich hole den Fahrstuhl herauf, während Sie Ihre Sachen packen.«

Fast außer sich vor Zorn ging sie zur Garderobe im hinteren Teil des Büros. Als sie ihren Mantel herunternehmen wollte, klappten zwei Kleiderbügel quietschend gegeneinander; das schrille Geräusch gab ein treffendes Bild über augenblickliche Empfindungen. Da Steve keinen Mantel bei sich hatte, würde er binnen kurzem bis auf die Haut durchnäßt sein. Obwohl ihr der Gedanke keine besondere Freude bereitete, konnte sie ein Lächeln nicht unterdrücken.

Die Fenster vibrierten fast unter dem kräftigen Regenguß. Ihre Schritte hallten im leeren Büro. Nein, sie war nicht nervös, sondern einzig und allein wütend. Es machte ihr gar nichts aus, den schmalen Gang zwischen den Aktenschränken zu passieren, sie würde einfach geradeaus schauen; auch die schemenhaften Umrisse an der einen Seite konnte sie nicht aus der Fassung bringen; es war sicher nur der Schatten eines Schrankes, den das defekte Neonlicht warf. Ohne auch nur einmal zu zögern, erreichte sie den Korridor; von Steve jedoch keine Spur.

War er ohne sie gegangen? Wollte er seine Freundin zuerst hinausschmuggeln? Im Nebenraum waren sie auch nicht, die Tür stand offen, und sie konnte sehen, daß sich niemand darin befand: der umgekippte Papierkorb jedoch schien ihren hastigen Abmarsch zu demonstrieren. Die Türen zum defekten Aufzugschacht waren ebenfalls geöffnet. Sie mußten aufgegangen sein, als Steve den Rufknopf für den anderen Lift betätigte. Alles würde sich erklären lassen; es bestand kein Grund anzunehmen, daß hier etwas nicht mit rechten Dingen zuging.

Aber irgend etwas schien tatsächlich nicht zu stimmen. Der Rufknopf zwischen den beiden Aufzügen leuchtete. Das konnte nur eines bedeuten: der intakte Aufzug war dem Ruf noch nicht nachgekommen. Vom Korridor gab es zwar keinen anderen Ausgang — aber Steve war trotzdem nirgendwo zu entdecken.

Als sie sich dem Schacht des defekten Aufzuges näherte, wollte sie eigentlich nur bestätigt haben, daß ihre Gedanken absurd waren. Sie klammerte sich an den Türen fest und beugte sich vor. Der Aufzug saß im düsteren Tiefgeschoß fest. Anfänglich konnte sie nur erkennen, daß die Einstiegsluke in dem Aufzug offenstand, obwohl die Öffnung größtenteils von einem Sack bedeckt war. Könnte denn irgend etwas anderes so schlaff daliegen? Ja, denn es war Steve, die Lider weit geöffnet über den gläsern wirkenden Augen, sein Mund geknebelt mit einem — wie es schien — Pfropf aus Teig; nur, daß dieser Teig über Finger und einen Daumen verfügte.

Sie taumelte, vielleicht in den Abgrund? Nein, sie wankte in den Korridor zurück, ohne recht zu begreifen, was sie gesehen hatte. Steve war tot, und sie mußte unbedingt aus diesem Gebäude gelangen; dieser eine Gedanke ging ihr unentwegt im Kopf herum. Gott sei Dank brauchte sie nicht weiter zu grübeln, denn der intakte Aufzug war inzwischen angekommen. War da in dem unbenutzten Schacht eine Bewegung gewesen, ein Geräusch wie von unzähligen saugenden Babys? Nichts auf der Welt hätte sie veranlassen können nachzusehen. Sie stolperte durch die sich öffnenden Türen — in die totale Finsternis.

Einen Augenblick lang fürchtete sie, in einen Brunnen zu fallen. Aber sie spürte Boden unter den Füßen; wahrscheinlich war nur die Glühbirne kaputt. Als sich die Türen hinter ihr schlossen, umgab sie vollkommene Dunkelheit.

In hektischer Suche nach den Knöpfen tastete sie sich die Metallwand entlang — sie wollte die Türen erneut öffnen, um ein wenig Licht hereinzulassen —, dann rief sie sich zur Ordnung. Was war schlimmer: eine schnelle Fahrt nach unten in Dunkelheit oder allein im sechsten Stock eingesperrt zu sein? Wie dem auch sei, dunkel brauchte es nicht zu bleiben. Eilig wühlte sie in ihrer Tasche nach dem Feuerzeug. Als der Aufzug die fünfte Etage erreichte, hatte sie mehrmals vergeblich versucht, das Feuerzeug zu entzünden. Der plötzliche Krampf in ihren Eingeweiden rührte nicht allein vom Schock; der Aufzug hielt mit einem kräftigen Ruck. Sie mühte sich verzweifelt mit dem Feuerzeug ab. Es leuchtete gerade auf, als sich die Türen rumpelnd öffneten.

Das fünfte Stockwerk war unbeleuchtet. Hinter dem Korridor

konnte sie die Fenster des leerstehenden Büros erkennen, Wassermassen rannen daran herunter. Der nackte Fußboden wirkte wie mit einem düsteren Nebelteppich überzogen. Von Mr. Tuttle oder wen immer sie von oben gehört hatte, war keine Spur zu entdecken. Die Türen schlossen sich wieder, aber sie fühlte sich ganz und gar nicht wohl in ihrer Haut: falls der Aufzug verrückt zu spielen begann, so wäre es das kleinste Übel, wenn er nur in jeder Etage hielte.

So stand sie im dunklen Aufzug mit ihrem kleinen Licht. Die Flamme zeichnete bizarre Muster an die Metallwände; das Dach war ein schwankender Klecks. Die schwache Beleuchtung hatte ihr nur vor Augen geführt, wie sehr sie in dieser Kabine eingesperrt war. Sie starrte auf die bebenden Türen.

Als diese sich erneut teilten, wich sie einen Schritt zurück. Der vierte Stock war das Ebenbild des fünften — nackte, düstere Fußböden, regennasse Fenster —, aber das Schlurfen klang näher. Hatte sie Flecken auf dem Fußboden entdeckt — feuchte Abdrücke? Die Türen zögerten, wie zum Schutz schwenkte sie ihre winzige Flamme. Dann schlossen sie sich, und der Aufzug rumpelte weiter abwärts.

Sie hatte keine Zeit, erleichtert aufzuseufzen, falls ihr der Sinn danach stand, denn plötzlich hörte sie über sich Türen. Einen Augenblick später wackelte der Aufzug. Etwas war auf das Dach herabgefallen.

Der Schock fuhr ihr tief in die Glieder, und sie wußte in Sekundenschnelle, was ihr im Innersten schon lange klar war: Steve hatte sie nicht erschrecken wollen, genau das Gegenteil war der Fall. Sie hatte weder Mr. Tuttle im unteren Stockwerk gehört noch eine imaginäre Freundin Steves. Was immer es war, es befand sich jetzt genau über ihr und machte sich an der Einstiegsluke zu schaffen.

Es konnte nicht herein. Sie konnte es ganz genau hören, wenigstens nicht, bevor der Aufzug den dritten Stock erreicht hatte — o Gott, laß ihn schneller werden! Von dort aus könnte sie zur Feuerleiter rennen, die ab hier intakt war. Ihre Gedanken drehten sich im Kreis, und ihr fester Plan besiegte für den Augenblick die Angst. Aber vergeblich!

In der dritten angekommen, öffneten sich die Türen nur einen Spalt, und dann setzte der Aufzug seinen Weg ganz nach unten ohne Halt fort. Möglicherweise hatte es das Gewicht auf dem Dach verursacht. Hinter den spaltbreit geöffneten Türen zeigte sich die Ziegelwand des Schachtes, dann schlossen sie sich wieder; die Tür der Einstiegsluke schlug zurück, und so etwas wie eine Hand streckte sich ihr entgegen.

Sie war sehr groß. Wenn sie sie fände, würde sie ihr Gesicht vollständig bedecken. Die Hand hatte die Farbe von altem Teig und wirkte wie vor Verwesung aufgedunsen; ausgefranste zerrissene Fleischstücke, in denen offensichtlich kein Blut pulsierte, sondern nur ein alles umfassendes Grau. Sie schlug sich die linke Hand vor den Mund, der unkontrolliert zuckte und hielt das Feuerzeug an die klobigen, suchenden Finger.

Sie zischten in der Flamme und zogen sich zusammengekrümmt zurück. Weißliche Tropfen lösten sich von ihnen. Das schlimmste war das Ausbleiben eines Schreies. Die Hand verschwand durch die Öffnung, und ein riesiges verschwommenes Gesicht, mit Augen wie zwei Teigkleckse, blickte herab. Elaine brach beinahe in hysterisches Gelächter aus — sie unterdrückte es jedoch, denn zum Triumph bestand keinerlei Veranlassung. Ihre Überlegungen hatten sie ein wenig vom Aufzug abgelenkt, der inzwischen am Fuße des Schachtes angekommen war.

Sollte sie sich gegen die Tür lehnen, ihr Öffnen zu verhindern suchen? Es war zu spät. Sie krochen beiseite, waren jetzt offen, und sie konnte das Kellergeschoß erkennen.

Trotz der Dunkelheit hatte sie den Eindruck eines riesigen Durchgangs, hinter dem sich die Dunkelheit über Hunderte von Metern auszubreiten schien. Die Anlage erinnerte sie an den Eingang eines Bergwerks oder an Kanalisationsschächte. Der Gestank von verfaulter Nahrung nahm ihr fast den Atem, einige Stellen im Dunkeln wirkten ruhelos und aufgebläht. Aber als sie etwas trippeln hörte und ein finsterer Schatten auf sie zuschoß, stellte es sich als eine große Ratte heraus.

Obwohl das schon schlimm genug war, durfte sie sich nicht von dem Ding über ihr auf dem Lift ablenken lassen. Aber sie bekam dazu auch gar keine Chance. Die Ratte war noch einige Meter von ihr entfernt und versuchte dem Licht zu fliehen, als Elaine plötzlich eine schwammige Masse heranwälzen hörte, die von der Ratte, einer weißlichen Flutwelle gleich, Besitz ergriff. Sie wich zurück, bis die Aufzugwand ihr Einhalt gebot. Sie konnte immer noch zuviel sehen — aber wie um alles in der Welt hätte sie die Flamme löschen und sich somit selbst der Dunkelheit aussetzen können?

Die Flut setzte sich aus fetten Leibern zusammen, die übereinanderquollen und die gefangene Ratte zu umklammern versuchten. Die Ratte zerrte an den plumpen Händen, riß teigige Fleischstücke heraus, ohne irgend etwas zu bewirken. Riesige zahnlose Mäuler klafften in den aufgedunsenen Gesichtern, stülpten sich wie greisenhafte Lippen nach innen, saugten laut, hungrig. Drei der aufgeblähten Köpfe stürzten sich auf die Ratte, und sie hörte ihr schrilles Quieken durch das Schmatzen hindurch.

Dann kletterten die anderen über sie herüber und wandten sich aus dem Dunkel heraus zu ihr. Große feuchte Nüstern bläthen sich auf und verschwanden wieder in ihren nasenlosen Gesichtern. Konnten sie das Licht mit ihren Teigklumpenaugen erkennen, oder rochen sie ganz einfach ihre Panik? Vielleicht hatten sie hier unten bislang nur verrottetes Zeug zu essen, aber sie lernten schnell dazu. Hunger war ihr einziges Motiv; erbarmungslos, alles verschlingend.

Sie wälzten sich auf den Aufzug zu. Dieses sanfte schlurfende Geräusch war nervenzerfetzend. Sie versuchte gleichermaßen sich in den hintersten Winkel zurückzuziehen und hektisch den Stationsknopf zu drücken. Es war zwecklos, die Türen rührten sich nicht. Die teigigen Massen würden sich wie Gedärme vor ihr auftürmen, sie ersticken, die Flamme löschen und sich mit ihr in der Dunkelheit vollstopfen. Der eine auf dem Lift glitt jetzt auch herab und gesellte sich zu den anderen.

Vielleicht entlastete dieses den Aufzug, möglicherweise wurde aber auch eine Verbindung wiederhergestellt, jedenfalls schlossen sich plötzlich die Türen. Geschwollene Hände quetschten sich dazwischen, weiche, madengleiche Finger versuchten sie auseinanderzuschieben, aber der Aufzug befand sich schon auf dem Weg nach oben. O Gott, angenommen, er führe geradewegs in das sechste Stockwerk! Aber sie hatte den Knopf für das Erdgeschoß gefunden, obwohl er ihr im Flackerlicht der kleinen Flamme wegzurutschen drohte, und der Lift wurde langsamer. Durch den Türschlitz und die gläsernen Eingangstüren hindurch strahlte eine Straßenlaterne wie die Sonne.

Die Aufzugtüren öffneten sich, und ein teigiges Gesicht taumelte herein; die fetten blinden Augen vorstehend, der gierige Mund groß wie eine Faust. Sie benötigte eine panikerfüllte Weile, bis ihr klar wurde, daß es zwischen Lift und Schacht zerdrückt worden war, denn als die Türen weiter zurückwichen, begann es zu zerreißen. Schreiend zerrte sie die Türen gänzlich auf, wobei der Körper halbiert wurde. Als sie hinausstürmte, hörte sie ihn auf den Schachtboden klatschen, wo sofort eine eifrige Betriebsamkeit entstand — sie jedoch stolperte blindlings in den strömenden Regen hinaus, dem abschüssigen Labyrinth unbeleuchteter Straßen, dem wartenden Vater und seiner unausgesprochenen Bitte um einen Bericht über den Verlauf des Tages entgegen.

DEAN R. KOONTZ

Gehetzt

Es passierte in der Nacht. Der gesamte Nordosten wurde von einem Blizzard heimgesucht. Kreaturen, die es vorzogen, erst nach Einbruch der Dämmerung hervorzukommen, hatten es diesmal nicht nur mit der Dunkelheit, sondern auch mit dem Sturm zu tun.

Im Zwielicht begann Schnee zu fallen, als Meg Lassiter mit ihrem Sohn Tommy vom Arzt nach Hause fuhr. Weiße Flocken rieselten vom eisengrauen Himmel, fielen zunächst auf geradem Wege durch die kalte Luft. Als Meg acht Meilen hinter sich gebracht hatte, kam ein starker Wind im Südwesten auf und ließ die Flocken vor den Scheinwerfern ihres Jeeps herumwirbeln.

Hinter ihr auf dem Rücksitz versuchte Tommy, es sich mit seinem Gipsbein so bequem wie möglich zu machen, und seufzte. »Jetzt ist's wohl Essig mit Schlittenfahren und Skilaufen — und mit Eislaufen wird's auch nichts mehr.«

»Komm, der Winter hat ja gerade erst angefangen«, sagte Meg. »Bis zum Frühling hast du das Ganze schon wieder vergessen.«

»Ja, vielleicht.« Er hatte sich vor zwei Wochen das Bein gebrochen, und der heutige zweite Besuch bei Dr. Jacklin hatte ergeben, daß das Bein weitere sechs Wochen in Gips bleiben mußte. Ein Splitterbruch, es würde noch einige Zeit dauern, bis er wieder verheilt wäre.

Meg warf einen Blick in den Rückspiegel und lächelte ihm aufmunternd zu. »Du bist gerade zehn Jahre, Schatz. In deinem Alter hat man noch unzählige Winter vor sich — jedenfalls beinahe.«

»Das stimmt nicht, Mam. Bald gehe ich aufs College, und dann habe ich nicht mehr so viel Zeit zum Spielen, weil ich ja dann mehr lernen muß, und ...«

»He, das ist in acht Jahren!«

»Du sagst doch selbst immer, daß die Zeit um so schneller

vergeht, je älter man wird. Und nach dem College muß ich arbeiten und meine Familie ernähren.«

»Glaub mir, Schatz, bevor du dreißig wirst, merkst du kein bißchen, wie die Zeit vergeht.«

Obwohl er genauso unternehmungslustig wie jeder andere Zehnjährige war, legte er von Zeit zu Zeit eine merkwürdige Ernsthaftigkeit an den Tag. Seit dem Tod seines Vaters vor zwei Jahren war er immer stiller und ernster geworden.

Sie hielt vor der letzten Ampel an der Ortsgrenze. Es waren noch sieben Meilen bis zu ihrer Farm. Meg schaltete die Scheibenwischer ein, die den feinen, trockenen Schnee von der Windschutzscheibe fegten.

»Wie alt bist du, Mam?«

»Fünfunddreißig.«

»Wow, wirklich?«

»Du tust ja, als ob ich uralt wäre.«

»Gab es schon Autos, als du zehn warst?«

Er lachte hell. Meg liebte den Klang seines Lachens, vielleicht, weil sie ihn in den letzten zwei Jahren so selten gehört hatte.

An der Ecke rechts von ihnen standen zwei Wagen und ein Pick-up vor den Zapfsäulen der Shell-Tankstelle. Eine knapp zwei Meter hohe Kiefer lag quer auf der Ladefläche des Pick-ups. Es waren nur noch acht Tage bis Weihnachten.

Zur Linken lag Haddenbeck's Tavern, eingerahmt von in den Himmel ragenden Fichten. Im fahlen Licht der Dämmerung sah der Schnee aus wie Ascheteilchen, die nach einer unsichtbaren Explosion zu Millionen vom Himmel herabregneten, aber weiter unten, im bernsteinfarbenen Licht aus den Fenstern der Raststätte, sahen die Flocken wie Goldstaub aus.

»Weißt du, wie ich drauf komme«, sagte Tommy vom Rücksitz, »daß es noch keine Autos gab, als du zehn warst? Ich meine, das Rad ist doch erst erfunden worden, als du elf warst.«

»Weißt du, was es heute zum Abendessen gibt? Wurmkuchen und Käfersuppe.«

»Du bist die gemeinste Mutter der Welt.«

Sie warf wieder einen Blick in den Rückspiegel und sah, daß der Junge trotz seines scherzhaften Tons nicht mehr lächelte, sondern düster zur Raststätte hinüberstarrte.

Vor etwas mehr als zwei Jahren, als Jim Lassiter wegen der

Gründung eines Hilfsfonds zur St. Paul's Church unterwegs gewesen war, hatte kurz vorher ein Betrunkener namens Deke Slater Haddenbeck's Tavern verlassen, und Slaters Buick war auf der Black Oak Road frontal mit Jims Wagen zusammengestoßen. Jim war sofort tot gewesen, Slater saß seitdem im Rollstuhl — vom Hals abwärts gelähmt.

Wenn sie bei Haddenbeck's vorbeikamen — und durch die Kurve fuhren, in der Jim umgekommen war —, versuchte Tommy manchmal, seine anhaltende Traurigkeit damit zu überspielen, daß er Meg mit spitzfindigen Bemerkungen aufzog.

»Die Ampel ist grün, Mam.«

Sie fuhr über die Kreuzung, ließ die Ortsgrenze hinter sich. Die Hauptstraße ging in eine zweispurige Landstraße über, die Black Oak Road.

Es war sehr schwer für Tommy gewesen, den Verlust seines Vaters zu verkraften. Im Jahr nach der Tragödie hatte er oft gedankenverloren am Fenster gesessen, während ihm die Tränen über die Wangen gelaufen waren. In den letzten zehn Monaten hatte sie ihn nicht mehr weinen sehen. Zögernd hatte er den Tod seines Vaters akzeptiert. Er würde darüber hinwegkommen.

Was nicht hieß, daß er ganz über den Berg war. Sie konnte das Gefühl der Leere spüren, die ihn beherrschte, und es war nicht absehbar, wann es wieder verschwinden würde. Jim war ein wunderbarer Mann gewesen, aber ein noch besserer Vater, und die Zuneigung zu seinem Sohn war so groß gewesen, daß sie beide ein Teil des anderen gewesen waren. Wie eine Revolverkugel hatte Jims Tod ein Loch in Tommy hinterlassen, mit dem Unterschied, daß es entschieden länger dauern würde, bis die Wunde verheilt war.

Meg wußte, daß nur die Zeit diese Wunde heilen konnte.

Sie verlangsamte das Tempo, als das Schneegestöber zunahm und die hereinbrechende Dunkelheit die Sicht erschwerte. Auch wenn sie sich über das Steuer lehnte, konnte sie kaum zwanzig Meter weit sehen.

»Ist ja echt beschissen«, sagte Tommy.

»Hab' schon Schlimmeres gesehen.«

»Wo? Am Yukon?«

»Genau. Im Winter 1849, während des Goldrauschs. Hast du

vergessen, wie alt ich bin? Ich bin bereits mit Hundeschlitten gefahren, als die Hunde noch gar nicht erfunden waren.«

Tommy lachte, wenn auch eher pflichtbewußt.

Meg konnte weder die weiten Wiesen zu beiden Seiten der Straße noch das gefrorene Silberband von Seeger's Creek erkennen, obwohl sie die Umrisse der knorrigen Stämme und der schneebeladenen Äste der mächtigen Eichen wahrnahm, die diesen Abschnitt der Straße zu beiden Seiten flankierten. Die Bäume sagten ihr, daß sie etwa eine Viertelmeile von der Stelle entfernt waren, wo Jim gestorben war.

Tommy verfiel in Schweigen.

Dann, als es nur noch Sekunden bis zu der Kurve waren, sagte er: »Eigentlich vermisse ich das Rodeln und das Schlittschuhlaufen gar nicht so sehr. Es ist bloß ... Ich fühl' mich so hilflos in diesem Gips ... so *gefangen*.«

Das Wort *gefangen* gab Meg einen Stich; seine Angst, sich nicht richtig bewegen zu können, hatte mit dem Tod seines Vaters zu tun. Jims Chevy war durch den Aufprall so zerquetscht worden, daß die Polizei und die Leute von der Ambulanz mehr als drei Stunden gebraucht hatten, um seine Leiche aus dem Wrack zu bergen; sie hatten seinen Körper mit Schweißgeräten herausholen müssen. Sie hatte ihr Bestes getan, daß Tommy nichts von den entsetzlichen Details zu Ohren kam, aber als er dann schließlich wieder zur Schule gegangen war, hatten es sich seine Schulkameraden, getrieben von einer morbiden Neugier und jener unschuldigen Grausamkeit, die manchen Kindern eigen ist, nicht nehmen lassen, ihn mit der Nase auf die schauerlichsten Fakten zu stoßen.

»Du bist nicht in dem Gips gefangen«, sagte Meg, während sie den Jeep in die verschneite Kurve lenkte. »Ich bin doch bei dir.«

An seinem ersten Schultag nach der Beerdigung war Tommy früh nach Hause gekommen und hatte sie angeschrien: »Daddy war im Auto gefangen, er konnte sich nicht bewegen, er war eingequetscht in all dem Blech, sie mußten ihn herausschneiden, er war *gefangen*.« Meg hatte ihn beruhigt und ihm erklärt, daß Jim durch den Aufprall sofort tot gewesen war, daß er nicht gelitten hatte. »Liebling, es war nur sein Körper, der gefangen war, nichts als eine leere Hülle. Seine Seele, dein *wirklicher* Daddy, war da schon im Himmel.«

Meg bremste, als sie sich dem Scheitelpunkt der Kurve näherten, jener Kurve, die nichts von ihrem Schrecken verloren hatte, so oft sie seitdem auch hindurchgefahren waren.

Plötzlich wurde Meg von zwei wie aus dem Nichts auftauchenden Scheinwerfern die Sicht genommen. Der ihnen entgegenkommende Wagen fuhr viel zu schnell für die Straßenverhältnisse, war zwar nicht außer Kontrolle, aber von einer sicheren Straßenlage konnte bestimmt keine Rede sein; das Heck brach aus, schleuderte über die doppelt gezogene Mittellinie. Meg steuerte hart nach rechts und fürchtete, den Jeep in den Straßengraben zu lenken, als sie auf die Bremse ging. Trotzdem bremste sie weiter, während die Räder Straßendreck und Kiesel aufwirbelten, die gegen den Unterboden der Karosserie prasselten. Der entgegenkommende Wagen schrammte um Haaresbreite an ihnen vorbei und verschwand in Schnee und Nacht.

»Idiot!« sagte sie wütend.

Hinter der Kurve fuhr sie an den Straßenrand und hielt an. »Bist du okay?«

Tommy hatte sich in der Ecke zusammengekauert und den Kopf wie eine Schildkröte in den Kragen seines schweren Wintermantels gezogen. Bleich und zitternd nickte er. »Y-Yeah. Okay.«

Obwohl der Motor lief, der Wind heulte und der Scheibenwischer hektisch hin- und herschlug, schien eine merkwürdige Stille von der Nacht auszugehen.

»Mit diesem verantwortungslosen Scheißkerl würd' ich gern mal ein Wörtchen reden.« Sie schlug mit der geballten Faust gegen das Armaturenbrett.

»Es war ein Wagen von Biolomech.« Tommy meinte die Firma, deren Forschungslabors auf dem riesigen Gelände eine halbe Meile südlich ihrer Farm lagen. »Der Name stand auf der Seite. Biolomech.«

Sie holte wieder tief Luft. »Bist du wirklich okay?«

»Yeah. Alles in Ordnung. Ich will bloß ... nach Hause.«

Es war noch stürmischer geworden. Es war, als befänden sie sich unter einem Wasserfall, nur daß es Kaskaden von Schnee waren, Millionen und Abermillionen von pulverigen Flocken, die im Wind taumelten und auf sie herunterrieselten.

Sie setzten ihren Weg fort und krochen mit fünfundzwanzig

Meilen über die Black Oak Road. Das Wetter ließ keine höhere Geschwindigkeit zu.

Zwei Meilen weiter, auf der Höhe des Biolomech-Geländes, war die Nacht von seltsamem Licht erhellt. Hinter dem annähernd drei Meter hohen Drahtgeflechtzaun warfen Natriumdampflampen einen unheimlichen, im Schneetreiben seltsam verwaschenen Schein über das Gelände. Obwohl die an sechs Meter hohen Masten befestigten, in Fünfzig-Meter-Abständen verteilten Strahler die flachen Bürogebäude und die Forschungslabore sicherten, waren sie selten in Betrieb; in den letzten vier Jahren hatte Meg das Gelände nur einmal beleuchtet gesehen.

Die Gebäude lagen abseits der Straße hinter einer Baumreihe. Selbst bei Tageslicht und gutem Wetter waren sie auf die Distanz nur schwer auszumachen. Die mehr als hundert Lichthöfe ringsherum ließen jetzt überhaupt nichts erkennen.

Männer in schweren Mänteln bewegten sich an der Peripherie des Geländes, leuchteten mit Taschenlampen herum und konzentrierten sich augenscheinlich auf den schneebedeckten Boden entlang der Einfriedung, als würden sie nach einem Loch im Zaun suchen.

»Da wollte bestimmt jemand einbrechen«, sagte Tommy. Das Haupttor war von einer Reihe firmeneigener Wagen und Transporter versperrt. Blaulichtketten säumten beide Seiten der Black Oak Road und führten zu einer Straßensperre, an der drei Männer mit Taschenlampen standen. Drei andere hielten Schrotflinten in ihren Händen.

»Wow!« sagte Tommy. »Da muß irgendwas Großes passiert sein.«

Meg ging auf die Bremse, hielt und kurbelte ihr Fenster hinunter. Schneidend kalter Wind drang ins Wageninnere.

Sie erwartete, daß einer der Männer zum Auto kommen würde. Statt dessen näherte sich ein Mann in Stiefeln, einer grauen Uniformhose und einem schwarzen Mantel mit dem Biolomech-Firmenzeichen von der anderen Seite; er trug eine Stange bei sich, an deren Ende eine von Spiegeln umgebene Lampe befestigt war. Ein größerer, ähnlich gekleideter Mann mit einer Schrotflinte begleitete ihn. Der kleinere Wachmann schob die Stange unter den Jeep und überprüfte den Unterboden in den Spiegeln.

»Die suchen nach Bomben!« sagte Tommy.

»Bomben?« gab Meg ungläubig zurück. »Das glaubst du selbst nicht.«

Der Mann mit der Stange kam langsam um den Wagen herum, während der bewaffnete Begleiter in seiner Nähe blieb. Selbst im Schneetreiben konnte Meg Furcht auf ihren Gesichtern lesen.

Als die beiden um den Jeep herumgegangen waren, gab der Bewaffnete den Leuten an der Sperre ein Handzeichen, daß alles okay sei. Dann kam einer der Männer zum Wagen. Er trug Jeans und eine ausgebeulte braune Lederjacke mit einem Schaffellkragen, aber ohne den Biolomech-Aufnäher. Eine dunkelblaue, schneebedeckte Pudelmütze hatte er sich halb über die Ohren gezogen.

»Sorry, daß wir Ihnen Unannehmlichkeiten bereiten müssen«, sagte er, während er sich in das offene Wagenfenster lehnte.

Er war gutaussehend und hatte ein gewinnendes — wenn auch falsches — Lächeln. Die graugrünen Augen ließen keinen Zweifel daran, daß sich das Lächeln auf seine Lippen beschränkte.

»Was ist denn passiert?« fragte sie.

»Nur eine Sicherheitsüberprüfung«, sagte er, während sein Atem in der eiskalten Luft zu sehen war. »Könnte ich bitte mal Ihren Führerschein sehen?«

Es war offenkundig, daß er kein Polizist, sondern ein Firmenangestellter war, aber Meg sah keinen Grund, ihm den Führerschein nicht zu zeigen.

Während der Mann ihn überprüfte, fragte Tommy: »Hat jemand versucht, sich einzuschleichen? Etwa russische Spione?«

Wieder spielte das falsche Lächeln um die Lippen des Mannes, als er antwortete. »Wahrscheinlich nur ein Kurzschluß im Alarmsystem, Sohn. Hier gibt's nichts, woran die Russen interessiert wären.«

Biolomechs Geschäft war die DNA-Forschung und die Nutzung ihrer Forschungsergebnisse für kommerzielle Zwecke. Meg wußte, daß Genmanipulationsexperimente in den letzten Jahren einen Virus hervorgebracht hatten, der reines Insulin absonderte, darüber hinaus eine ganze Reihe von Wunderdrogen und andere Segnungen. Aber sie wußte auch, daß dieselbe Wissen-

schaft mit der Entwicklung biologischer Kampfstoffe beschäftigt
war — mit neuen Krankheiten, die genauso tödlich waren wie
die Atombombe —, auch wenn sie über eine mögliche Verwick-
lung Biolomechs in solche Geschäfte nie weiter nachgedacht
hatte, obwohl sich die Firma nur eine halbe Meile von ihrem
Anwesen befand. In der Tat war vor ein paar Jahren das Ge-
rücht aufgekommen, daß Biolomech Lieferant des Verteidi-
gungsministeriums sei, wenngleich die Firma klar und eindeutig
versichert hatte, daß sie ihre Forschung niemals in den Dienst
der bakteriologischen Kriegsführung stellen würde. Der Gitter-
zaun und das Sicherheitssystem erregten allerdings einen weit
abschreckenderen Eindruck, als es eine dem Gemeinwohl ver-
pflichtete Firma nötig gehabt hätte.

Während er sich Schnee von den Schultern strich, sagte der
Mann in der schaffellverbrämten Jacke: »Leben Sie hier in der
Nähe, Mrs. Lassiter?«

»Auf der Cascade Farm«, sagte sie. »Etwa eine Meile die Straße runter.«

Er reichte ihr die Brieftasche durchs Wagenfenster zurück.

Hinter ihr sagte Tommy: »Suchen Sie nach Bomben? Sind Sie
hinter Terroristen her, die das Gelände in die Luft jagen wollen?«

»Bomben? Wie kommst du auf die Idee, Sohn?«

»Na, wegen den Spiegeln an der Stange«, sagte Tommy.

»Ah! Das ist reine Routine bei einer Sicherheitsüberprüfung.
Wie ich schon sagte, es handelt sich wahrscheinlich lediglich um
falschen Alarm.« Zu Meg sagte er: »Bedaure, daß ich sie aufhalten mußte, Mrs. Lassiter.«

Während er sich umwandte und davonging, warf Meg einen
Blick auf die Wachmänner mit den Schrotflinten und die weiter
entfernten Gestalten, die das gespenstisch beleuchtete Gelände
durchkämmten. Falscher Alarm — das glaubten die doch selbst
nicht. Man brauchte nur ihre Gesichter zu sehen, um zu wissen,
daß irgend etwas ihnen ernste Sorge machte, und auch die
Hektik, mit der sie durch das Gelände streiften, verriet ihre Unruhe.

Sie kurbelte das Fenster hoch und legte den Gang ein.

Als sie losfuhr, sagte Tommy: »Glaubst du, daß er gelogen
hat?«

»Das geht uns nichts an, Liebling.«

»Russen oder Terroristen«, sagte Tommy mit jener Begeisterung für gravierende Krisen, wie sie nur Jungen seines Alters aufbringen können.

Sie kamen am Nordende des Biolomech-Geländes vorbei. Der Schein der Natriumdampflampen hinter ihnen wurde schwächer und schwächer, während sie von allen Seiten wieder von Schnee und Dunkelheit eingeschlossen wurden. Die Scheinwerfer des Jeeps malten kurzlebige, huschende Schatten auf die Stämme der Eichen am Straßenrand.

Zwei Minuten später bog Meg von der Landstraße auf den Weg zur Farm ein. Noch etwa eine Viertelmeile. Sie war erleichtert, zu Hause zu sein.

Die Cascade Farm — benannt nach drei Generationen der Cascade-Familie, die einst dort gelebt hatten — lag auf einem etwa fünf Hektar umfassenden Gebiet im ländlichen Connecticut. Der ehemalige Farmbetrieb war stillgelegt. Sie und Jim hatten das Anwesen vor vier Jahren gekauft, nachdem er aus seiner New Yorker Werbeagentur ausgestiegen war und sich von seinen beiden Partnern hatte auszahlen lassen. Die Farm hatte so etwas wie der Beginn eines neuen Lebens sein sollen. Jim hatte sich seinem Traum, dem Schreiben, widmen wollen, während Meg sich darauf gefreut hatte, der Malerei in einer ruhigen, friedlichen Umgebung nachgehen zu können.

Vor seinem Tod hatte Jim zwei halbwegs erfolgreiche Kriminalromane auf der Cascade Farm geschrieben. Meg hatte währenddessen einen anderen Stil entwickelt: sie hatte leichtere Töne verwendet, in klareren Farben zu einem neuen Ausdruck gefunden; dann, nach Jims Tod, waren ihre Bilder so düster und trübsinnig geworden, daß sie von ihrem New Yorker Galeristen darauf hingewiesen worden war, ihr veränderter Stil wirke sich mehr und mehr auf den Verkauf aus.

Das einstöckige Haus lag etwa hundert Meter vor der Scheune. Es hatte acht Zimmer, dazu eine geräumige, modern eingerichtete Küche, zwei Badezimmer, zwei Kamine sowie zwei Veranden, auf denen man im Sommer den Tag ausklingen lassen konnte.

Selbst jetzt, in Sturm und Dunkelheit, mit verschneitem Dach und ohne ein einziges erleuchtetes Fenster an der Vorderseite, sah das Haus im Scheinwerferlicht des Jeeps einladend und heimelig aus.

»Endlich zu Hause«, sagte sie. »Magst du Spaghetti zum Abendessen?«

»Kannst du so viele machen, daß ich morgen noch kalte zum Frühstück habe?«

»Klar.«

»Kalte Spaghetti schmecken toll zum Frühstück.«

»Du bist schon ein verrückter Bursche.« Sie fuhr vors Haus, hielt neben der rückwärtigen Veranda und half ihm aus dem Wagen. »Laß die Krücken liegen«, schrie sie gegen den heulenden Wind an. »Halt dich an mir fest.« Die Krücken waren auf dem schneebedeckten Boden sowieso nicht von großem Nutzen. »Ich bring' sie dir rein, sobald ich den Wagen in der Garage habe.«

Wenn der schwere Gips um sein rechtes Bein nicht von den Zehen bis übers Knie gereicht hätte, wäre sie vielleicht imstande gewesen, ihn zu tragen. Statt dessen hielt er sich an ihr fest und hüpfte auf seinem gesunden Bein.

Sie hatte das Licht in der Küche für Doofus, ihren vier Jahre alten schwarzen Labrador, angelassen. Hinter den eisblumen-übersäten Fenstern schimmerte bernsteinfarbenes Licht und warf gedämpften Schein auf die Veranda.

Tommy lehnte sich gegen die Hauswand, während Meg die Tür aufschloß. Als sie die Küche betrat, kam ihr der Hund nicht wie gewöhnlich mit aufgeregt wedelndem Schwanz entgegenge-laufen. Statt dessen kam er mit eingekniffenem Schwanz ange-schlichen; er hielt den Kopf gesenkt und beäugte sie mit arg-wöhnischem Blick. Sie schloß die Tür hinter sich und half Tom-my auf einen Stuhl am Küchentisch. Dann zog sie ihre Boots aus und stellte sie in die Ecke hinter der Tür.

Doofus zitterte, als ob ihn fröstelte, obwohl es in der Küche warm war, der Ölofen bullerte. Der Hund gab ein seltsames, winselndes Geräusch von sich.

»Was ist los, Doofus?« fragte sie. »Was hast du verbrochen? Eine Lampe umgeworfen? Hm? Ein Sofakissen gefressen?«

»He, er ist ein braver Köter«, sagte Tommy. »Wenn er 'ne Lampe umwirft, zahlt er für den Schaden. Nicht wahr, Doo-fus?«

Der Hund wedelte mit dem Schwanz, wenn auch nur zögernd. Er sah nervös zu Meg hinüber, dann zurück in Richtung des Eßzimmers — als würde dort jemand in den Schatten lauern, jemand, vor dem er zuviel Angst hatte, um zu bellen.

Und dann verstand Meg plötzlich.

Ben Parnell entfernte sich von der Straßensperre und lenkte seinen Chevy Blazer Richtung Labor Nummer drei, das im Herz des Biolomech-Komplexes lag. Schnee schmolz auf seiner Pudelmütze und rann ihm in den Kragen der schaffellverbrämten Lederjacke.

Überall suchten Leute im schwefelgelben Schein der Strahler das Gelände ab. Wie sie da mit hochgezogenen Schultern und gesenkten Köpfen durch die Nacht trotteten, erinnerten sie eher an Dämonen als an menschliche Wesen.

In gewisser Weise war er froh über die plötzliche Krise. Andernfalls hätte er zu Hause herumgesessen und so getan, als würde er lesen oder fernsehen, obwohl ihm nichts anderes im Kopf herumging als Melissa, sein vielgeliebtes Kind, das er an den Krebs verloren hatte. Und wenn seine Gedanken nicht um Melissa gekreist wären, hätte er statt dessen über Leah gegrübelt, seine Frau, die er ebenfalls verloren hatte.

Weswegen? Er verstand immer noch nicht ganz, warum ihre Ehe nach dem Unglück mit Melissa zerbrochen war. Soweit er es begreifen konnte, hatte es im Grunde nichts Trennendes zwischen ihnen gegeben als Leahs Trauer, die mehr und mehr von ihr Besitz ergriffen, schwerer und schwerer auf ihr gelastet hatte, bis sie nicht länger fähig gewesen war, überhaupt noch ein anderes Gefühl aufzubringen, geschweige denn Liebe für ihn. Möglich, daß ihre Trennung schon länger in der Luft gelegen hatte und durch Melissas Tod nur beschleunigt worden war; trotzdem hatte er Leah geliebt. Und er liebte sie immer noch, wenn auch nicht mit der einstigen Leidenschaft, sondern eher auf die melancholische Art und Weise, wie man seinen Traum vom Glück träumt. Selbst wenn man weiß, daß er niemals wieder Wirklichkeit werden kann. Genau das war es, was Leah während des vergangenen Jahres für ihn geworden war: keine Erinnerung, ob nun schmerzhaft oder glücklich, sondern ein Traum — der Traum von etwas, das es nie geben würde.

Er parkte den Wagen vor dem Labor, einem fensterlosen Flachbau, der wie ein Bunker aussah. Die Außentür schloß sich mit einem Zischen hinter ihm, und er zog die Handschuhe aus, während er vor der Innentür und der darüber angebrachten Kamera stand. Die Elektronik gab eine in die Wand eingelassene, grün beleuchtete Glasfläche frei, auf der die Umrisse einer Hand zu sehen waren. Ben legte seine Hand auf die Fläche und ließ seine Fingerabdrücke vom Computer überprüfen. Sekunden später, nachdem seine Identität bestätigt worden war, öffnete sich die Innentür zum Hauptflur, der zu den Büros und Labors führte.

Minuten vorher war Dr. John Acuff, der Leiter des Blackberry-Projekts, auf dem Gelände eingetroffen. Ben entdeckte Acuff in einem Korridor des Ostflügels, wo er mit ernster Miene auf drei am Projekt beteiligte Forscher einredete.

Als Ben auf ihn zuging, bemerkte er, daß Acuff der kalte Schweiß auf der Stirn stand. Der Wissenschaftler — ein hagerer Mann mit schütterem Haar und einem Pfeffer-und-Salz-Bart — war weder ein zerstreuter Professor noch ein kalter Analytiker, entsprach in keiner Weise den üblichen Stereotypen, die man Wissenschaftlern gern zuordnete, besaß tatsächlich eine ganze Menge Sinn für Humor; gewöhnlich waren in seinen Augenwinkeln lebensbejahende, sympathische Lachfältchen zu sehen. Wie auch immer, heute nacht schien ihm das Lächeln restlos vergangen zu sein.

»Ben! Haben Sie unsere Ratten gefunden?«

»Nicht die geringste Spur. Ich brauche dringend ein paar Informationen. Haben Sie irgendeine Ahnung, wohin sie verschwunden sein könnten?«

Acuff griff sich mit einer Hand an die Stirn, als wollte er prüfen, ob er Fieber hätte. »Wir müssen alles tun, was in unserer Macht steht, Ben. Wenn wir sie nicht finden ... wird es schreckliche Folgen haben.«

Der Hund knurrte zaghaft die unsichtbare Gefahr an, die sich in der Dunkelheit hinter dem Durchgang zum Eßzimmer verbarg, aber schließlich ging das Knurren wieder in ein leises Winseln über.

Zögernd, aber unbeirrt bewegte sich Meg in Richtung des Eßzimmers, tastete an der Wand nach dem Schalter und machte Licht.

Die acht Stühle standen ordentlich um den Queen-Anne-Tisch; matt schimmerten die Teller hinter dem facettierten Glas des großen Geschirrschranks; alles befand sich an seinem Platz. Sie hatte erwartet, einen Einbrecher vorzufinden.

Doofus hielt sich zitternd hinter ihr in der Küche. Er war kein Hund, der sich leicht bange machen ließ, aber irgend etwas mußte ihm einen gehörigen Schrecken eingejagt haben.

»Mam?«

»Bleib da«, sagte sie.

»Irgendwas nicht in Ordnung?«

Nacheinander betrat Meg die anderen Räume, machte Licht und sah sich um. Sie sah in die Schränke und hinter die größeren Möbelstücke. Oben hatte sie eine Waffe, die sie aber nicht holen wollte, bevor sie nicht sicher sein konnte, daß Tommy allein im Erdgeschoß war.

Megs Sorge um Tommys Gesundheit und Sicherheit war nach Jims Tod größer und größer geworden, nahm zuweilen übertriebene Formen an. Sie wußte, daß es so war, aber sie konnte nichts dagegen machen. Sobald er einen Schnupfen hatte, war sie sicher, daß daraus eine Lungenentzündung würde. Wenn er sich schnitt, schlug ihr das Herz bis zum Hals, als könnte ihn ein Teelöffel Blut gleich das Leben kosten. Als er beim Klettern vom Baum gefallen war und sich das Bein gebrochen hatte, war sie beim Anblick seines verdrehten Gelenks fast ohnmächtig geworden. Sie liebte Tommy mit jeder Faser ihres Herzens, und der Verlust ihres Sohnes hätte bedeutet, auch noch das letzte zu verlieren, was von Jims Leben geblieben war. Meg Lassiter hatte gelernt, den Tod der ihr am nächsten stehenden Menschen mehr zu fürchten als ihren eigenen.

Daß Tommy schwer erkranken oder bei einem Unfall umkommen würde, war immer eine ihrer größten Ängste gewesen — aber obwohl sie sich aus Gründen des Selbstschutzes eine Waffe gekauft hatte, war sie nie auf die Idee gekommen, daß ihr Sohn Opfer einer verbrecherischen Absicht werden könnte. *Verbrecherische Absicht*: das klang melodramatisch, lächerlich. Schließlich wohnten sie auf dem Land, wo von Gewalt, wie sie in New York zum alltäglichen Leben gehört hatte, nichts zu spüren war.

Aber irgend etwas hatte den sonst so ausgelassenen und mutigen Labrador verstört. Wenn es kein Einbrecher war — was dann?

Sie ging in die Diele und spähte die dunkle Treppe hinauf. Sie drückte auf den Schalter für das Flurlicht im Obergeschoß.

Langsam verließ sie der Mumm. Sie war durch die Räume im Erdgeschoß gestürmt, ohne an ihre eigene Sicherheit zu denken, rein aus Sorge um Tommys Wohlergehen. Jetzt begann sie sich zu fragen, was sie tun sollte, wenn sie plötzlich wirklich Auge in Auge einem Einbrecher gegenüberstand.

Kein Geräusch drang aus der oberen Etage zu ihr herunter. Sie hörte nur das Heulen und Pfeifen des Windes. Trotzdem hatte sie das dumpfe Gefühl, daß sie die Treppe besser nicht betreten sollte.

Vielleicht war es am klügsten, wenn sie den Wagen aus der Garage holten und ihre nächsten Nachbarn aufsuchten, die eine Viertelmeile weiter nördlich lebten. Von dort konnte sie dann auch den Sheriff anrufen und darum bitten, daß ihr Haus durchsucht wurde.

Andererseits war es ziemlich gefährlich, während eines Blizzards mit dem Auto unterwegs zu sein, selbst mit einem Jeep mit Allradantrieb.

Außerdem hätte Doofus bei einem Einbrecher wie wild gebellt. Der Hund mochte manchmal etwas tollpatschig sein, aber ein Feigling war er bestimmt nicht.

Vielleicht hatte sein Verhalten nichts mit Angst zu tun; vielleicht hatte sie die Anzeichen nur falsch gedeutet. Sein eingezogener Schwanz, sein hängender Kopf und das Zittern konnten ja auch heißen, daß er krank war.

»Jetzt mach dir nicht gleich in die Hose«, sagte sie wütend und lief die Treppe hinauf.

Der Flur war leer.

Sie ging in ihr Zimmer und holte die zwölfkalibrige Mossberg, eine Schrotflinte mit Pistolengriff und kurzem Lauf, unter dem Bett hervor. Es war die ideale Waffe, was die eigene häusliche Sicherheit anging, leicht zu handhaben, aber gleichzeitig von genug Durchschlagskraft, um potentielle Angreifer nachhaltig abzuschrecken. Man brauchte kein großartiger Schütze zu sein, um mit ihr umgehen zu können, weil die Streuung der

Schrotkugeln schon Treffer garantierte, wenn man die Waffe nur in die grobe Richtung des Ziels hielt. Außerdem konnte man einen Angreifer mit leichterer Ladung kampfunfähig machen, ohne ihn gleich zu vernichten. Es lag nicht in ihrer Absicht, irgend jemanden zu töten.

Eigentlich haßte sie Waffen und hätte die Mossberg nie gekauft, wenn sie sich nicht solche Sorgen um Tommy gemacht hätte.

Sie sah im Kinderzimmer nach. Niemand da.

Die beiden Schlafzimmer im hinteren Teil des Hauses waren durch einen großen Türbogen miteinander verbunden und bildeten ihr Atelier. Niemand hatte sich an der Staffelei, dem Zeichenbrett und den weiß lackierten Schränkchen mit ihrem Malzubehör zu schaffen gemacht.

Es lauerte auch niemand in den beiden Badezimmern.

Der letzte Raum, den sie aufsuchte, Jims Büro, war ebenfalls leer. Anscheinend hatte sie sich getäuscht, was das Verhalten des Labradors anging, und ihre Reaktion kam ihr jetzt ziemlich übertrieben vor.

Sie senkte die Schrotflinte, atmete tief durch und ließ ihren Blick durch den Raum schweifen. Sie hatte nichts in Jims Büro verändert, benutzte seinen Computer zum Briefeschreiben und seinen Schreibtisch für die geschäftlichen Angelegenheiten. Aber es gab auch Gefühlsgründe, warum sie seine Sachen unberührt gelassen hatte. Das Zimmer rief ihr in Erinnerung, wie glücklich Jim gewesen war, während er an seinen Romanen geschrieben hatte. Die jungenhaften Züge seines Wesens waren nie sichtbarer gewesen als in jenen Momenten, wenn er über eine neue Idee völlig aus dem Häuschen geraten war. Seit seiner Beerdigung war sie oft in sein Zimmer gegangen, um sich an ihn zu erinnern.

Zuweilen fühlte sie sich wie gefangen, wenn sie an Jims Tod dachte; es kam ihr vor, als wäre eine Tür zugeschlagen und hinter ihm abgeschlossen worden, seitdem er ihr Leben verlassen hatte, und als befände sie sich nun in einem winzigen Raum hinter dieser Tür, ohne jede Möglichkeit, jemals wieder daraus zu entkommen.

Wie konnte sie ein neues Leben beginnen oder neues Glück finden, nachdem sie den Mann verloren hatte, den sie so sehr geliebt hatte? Mit Jim war es perfekt gewesen. Wie sollte eine künftige Beziehung all das vergessen machen?

Sie seufzte, löschte das Licht und schloß die Tür hinter sich. Sie brachte die Schrotflinte wieder in ihr Zimmer zurück.

Während sie durch den Flur zur Treppe ging, hatte sie plötzlich das eigentümliche Gefühl, von jemandem beobachtet zu werden. Sie glaubte, den Blick fremder Augen zu spüren, und wandte sich abrupt um. Der Flur war leer. Außerdem hatte sie alle Räume abgesucht. Sie war sicher, daß Tommy und sie allein waren.

Du bist bloß so nervös wegen dem Irren, der dir vorhin beinahe in den Wagen gefahren wäre, beruhigte sie sich.

Als sie in die Küche zurückkam, saß Tommy, so wie sie ihn zurückgelassen hatte, auf dem Stuhl. »Was ist los?« fragte er besorgt.

»Nichts, Schatz. Doofus hat sich nur so komisch benommen, und da dachte ich, daß vielleicht jemand eingebrochen wäre.«

»Hat Doofus irgendwas angestellt?«

»Nein«, sagte sie. »Jedenfalls hab' ich nichts bemerkt.«

Der Labrador schlich nicht länger mit gesenktem Kopf herum. Er zitterte auch nicht mehr. Er hatte auf dem Boden neben Tommys Stuhl gehockt, als Meg hereingekommen war, und kam jetzt schwanzwedelnd auf sie zu und leckte ihr die Finger, als sie ihm die Hand hinhielt. Dann lief er auf den Flur und kratzte mit einer Pfote an der Haustür, um zu zeigen, daß er nach draußen mußte.

»Zieh den Mantel und die Handschuhe aus«, sagte sie zu Tommy, »aber bleib bloß sitzen, bis ich dir die Krücken gebracht habe.«

Sie zog wieder ihre Boots über und ging mit dem Hund nach draußen in den tobenden Sturm. Die Schneeflocken waren kleiner und härter, fast wie Sand geworden, und prasselten mit winzigen, millionenfach klickenden Geräuschen auf das Verandadach.

Doofus stürmte unverdrossen in den Hof.

Meg fuhr den Wagen in die Scheune, die als Garage diente. Als sie aus dem Jeep stieg warf sie einen Blick hinauf zu den im Dunkel liegenden Dachsparren, die im Sturm knarrten. Die Scheune roch nach verschüttetem Öl und Wagenschmiere; trotzdem lag immer noch ein vager Geruch nach Heu und Vieh in der Luft, den auch all die Jahre nicht ganz hatten verdrängen können.

Als sie Tommys Krücken aus dem Wagen nahm, spürte sie wieder, wie es ihr eiskalt den Nacken hochkroch: ihre körperliche Reaktion auf das Gefühl, beobachtet zu werden. Sie spähte ins Innere der Scheune, das nur von einer schwachen Leuchte über dem Tor erleuchtet wurde. Es hätte sich jemand hinter den Trennwänden der Pferdeboxen an der Südseite verbergen oder oben auf dem Heuboden lauern können, aber sie entdeckte weit und breit nichts, was ihren Verdacht bestätigte und auf einen Eindringling hinwies.

»Meg, du hast in letzter Zeit zu viele Krimis gelesen«, sagte sie laut, versuchte, sich mit dem Klang ihrer Stimme Mut zu machen.

Tommys Krücken in der Hand, verließ sie die Scheune, drückte auf den Knopf für die Torautomatik und sah zu, wie sich die Metallrollläden senkten, bis sie mit einem *Klonk* auf dem Boden aufsetzten.

Auf halbem Wege durch den Hof blieb sie stehen, berührt von der Schönheit der Winterlandschaft. Der Schnee auf dem Boden schimmerte in einem geisterhafte Glanz, ähnlich dem des Mondes, und ließ trotz des Sturms alles ruhig und friedlich erscheinen. Am nördlichen Ende des Hofs ragten die schwarzen Äste fünf kahler Ahornbäume in die Nacht; Schnee bedeckte ihre rauhe Borke.

Wenn sie Pech hatten, waren sie und Tommy morgen eingeschneit. Jeden Winter war die Black Oak Road ein paarmal wegen Schneeverwehungen nicht befahrbar. Es gab Schlimmeres, als für kurze Zeit von der Zivilisation abgeschnitten zu sein. In bestimmter Hinsicht war es sogar ein reizvoller Gedanke.

Trotz der seltsamen Schönheit der Nacht war es bitter kalt; die sturmgepeitschten Schneeflocken stachen ihr wie Nadeln ins Gesicht.

Sie rief nach Doofus, und der Labrador kam um die Hausecke gelaufen, war nur schemenhaft im Dunkel zu erkennen, mehr ein Phantom als ein Hund. Er schien über den Boden zu *gleiten*, als sei er kein lebendes Wesen, sondern eine zurückgekehrte Totenseele. Völlig unbeindruckt vom Wetter, japste er und wedelte mit dem Schwanz, genauso munter und unternehmungslustig wie sonst auch.

Meg öffnete die Küchentür. Tommy saß immer noch am Tisch. Hinter ihr verharrte Doofus auf dem obersten Treppenabsatz der Veranda.

»Komm schon, Alter, es ist kalt.«

Der Labrador winselte, als hätte er Angst, zurück ins Haus zu müssen.

»Komm jetzt, es ist Zeit zum Abendessen.«

Er nahm die letzte Treppenstufe und setzte zögernd seine Vorderpfoten über die Schwelle. Er steckte den Kopf durch den Türrahmen und beäugte die Küche mit unerklärlichem Argwohn, witterte in der warmen Luft, schüttelte sich.

Sanft versuchte Meg, den Hund mit dem Fuß in die Küche zu schieben.

Er sah mit vorwurfsvollem Blick zu ihr hoch und bewegte sich nicht vom Fleck.

»Jetzt komm aber endlich, Bursche. Willst du uns hier allein lassen?« sagte Tommy von seinem Stuhl aus.

Langsam kam der Hund über die Schwelle, als hätte er verstanden, daß sein Ruf auf dem Spiel stand.

Meg kam ebenfalls herein und schloß die Tür hinter sich.

Sie nahm ein Handtuch von der Wand und sagte: »Wag bloß nicht, dich hier auszuschütteln, bevor ich dich abgerubbelt habe.«

Als sie sich mit dem Handtuch zu ihm hinunterbeugte, schüttelte sich Doofus energisch, geschmolzener Schnee spritzte ihr ins Gesicht und über die Küchenmöbel.

Tommy lachte, so daß der Hund ihn verwundert ansah, worauf Tommy noch mehr lachen mußte, und als Meg sich auch noch anstecken ließ, faßte Doofus wieder Mut. Er richtete sich auf, wedelte, wenn auch zaghaft, mit dem Schwanz und kam zu Tommy herüber. Als sie und Tommy nach Hause gekommen waren, hatten sie sich nach dem gerade noch vermiedenen Zusammenstoß auf der Black Oak Road ziemlich angespannt gefühlt, und vielleicht hatte Doofus instinktiv gespürt, daß ihnen immer noch der Schrecken in den Knochen saß, genau wie er sich jetzt von ihrer Fröhlichkeit anstecken ließ. Hunde sind feinfühlige Tiere, die genau spüren, was in einem Menschen vorgeht, und es gab einfach keine andere Erklärung für sein merkwürdiges Verhalten.

Die Fenster waren vereist, draußen heulte der Wind, aber das unfreundliche Wetter ließ das Haus nur noch heimeliger erscheinen.

Meg und Tommy saßen am Küchentisch und aßen Spaghetti.

Doofus benahm sich nicht mehr so komisch wie vorher, war aber immer noch nicht wieder der alte. Er wich nicht von ihrer Seite, wollte nicht einmal allein fressen. Überrascht und amüsiert beobachtete Meg, wie der Hund seinen Chappi-Napf mit der Nase über den Boden stupste, bis er neben Tommys Stuhl gerutscht war.

»Demnächst will er wahrscheinlich einen Stuhl und einen eigenen Teller«, sagte Tommy.

»Zuerst muß er mal lernen, wie man eine Gabel hält«, sagte Meg. »Seine Tischmanieren sind nicht die besten.«

»Wir schicken ihn zur Schule«, sagte Tommy und drehte Spaghetti auf seine Gabel. »Vielleicht lernt er, auf Hinterbeinen zu stehen und wie ein Mensch zu gehen.«

»Wenn er erstmal stehen kann, will er bestimmt auch tanzen.«

»Er würde bestimmt keine schlechte Figur auf dem Tanzparkett machen.«

Sie grinsten sich über den Abendbrottisch hinweg an, und Meg genoß das Gefühl der Nähe, das sich einstellt, wenn man einfach hemmungslos herumalbert. In den letzten zwei Jahren war Tommy nur selten in der Laune dafür gewesen.

Doofus war mit seinem Chappi beschäftigt, verschlang es aber nicht wie sonst. Zögernd zerkaute er kleine Bissen, als hätte er keinen Hunger, und zwischendurch hob er immer wieder den Kopf und spitzte die Ohren, als wollte er dem heulenden Wind zuhören.

Später, als Meg das Geschirr wusch und Tommy mit einem Abenteuerroman am Küchentisch saß, sprang Doofus unvermittelt auf und stieß ein unterdrücktes Bellen aus. Stocksteif und mit hoch erhobener Rute fixierte er den Küchenschrank, der sich zwischen dem Kühlschrank und der Kellertür befand.

»Mäuse?« fragte Tommy hoffnungsvoll, weil er nichts so gräßlich wie Ratten fand.

»Hört sich ein bißchen groß für Mäuse an.«

Sie hatten schon früher Ratten gehabt. Immerhin lebten sie auf einer Farm, und Nagetiere suchten immer wieder in der Scheune nach Futter. Obwohl die Scheune nur noch den Jeep und einen anderen Wagen beherbergte, kamen die Ratten jeden Winter wieder, als erinnerten sie sich daran, daß die Cascade Farm einst ihr Zufluchtsort gewesen war.

Aus dem Küchenschrank war ein Kratzen zu hören, gefolgt von einem dumpfen Poltern, als irgend etwas umfiel, und den unverwechselbaren Geräuschen eines geschmeidigen Rattenkörpers, der zwischen den Konservendosen über die Einlegeböden lief.

»*Total* groß«, sagte Tommy mit weit aufgerissenen Augen.

Statt laut zu bellen, fing Doofus zu winseln an und zog sich ans andere Küchenende zurück, so weit nur weg, wie nur möglich vom rattenbehausten Küchenschrank. Und das, obwohl er sonst immer ganz wild darauf gewesen war, den Ratten an den Kragen zu gehen, auch wenn er selten eine gefangen hatte.

Während sie sich die Hände abtrocknete, fragte sich Meg wieder, warum der Hund plötzlich keinerlei Jagdinstinkt mehr zeigte. Sie ging zum Küchenschrank, legte das Ohr an die mittlere der drei Doppeltüren und horchte. Nichts.

»Es ist weg«, sagte sie nach langen Sekunden des Schweigens.

»He, du willst den Schrank doch jetzt nicht *aufmachen*«, sagte Tommy.

»Na sicher. Ich muß doch nachsehen, wie das Vieh da hineingekommen ist. Vielleicht hat es ein Loch in die Rückwand genagt.«

»Und was ist, wenn es noch da ist?« fragte der Junge.

»Es ist nicht mehr da, Liebling. He, Ratten sind vielleicht ekelhaft, aber sie sind nicht gefährlich. Nichts ist so feige wie eine Ratte.«

Sie klopfte laut an die Schranktür, um das Vieh zu verscheuchen, falls es tatsächlich noch da war. Sie öffnete die mittleren Türen, sah, daß alles an seinem Platz war, und öffnete den unteren Schrankteil. Ein paar Konservendosen waren umgestoßen. Ein Tüte Salzstangen war aufgerissen und geplündert worden.

Doofus gab ein hohes Wimmern von sich.

Sie griff in den Schrank, räumte ein paar von den Dosen beiseite und nahm ein paar Packungen Makkaroni heraus, um einen besseren Blick auf die Rückwand zu haben. Aus der Küche fiel gerade so viel Licht auf die Einlegeböden, daß sie das Loch in der Sperrholzrückwand erkennen konnte, wo sich die Ratte in den Schrank genagt hatte. Durch das Loch strömte ein kalter Luftzug herein.

Sie stand auf, wischte sich den Staub von den Händen und sagte: »Na, jedenfalls war das ganz bestimmt nicht Mickey Mouse, sondern eine große, garstige, fette Ratte. Besser, wir holen eine von den Fallen.«

Als sie zur Kellertür ging, sagte Tommy: »He, du willst mich doch nicht allein lassen.«

»Ich geh' nur die Falle holen, Liebling.«

»Aber ... was ist, wenn die Ratte wiederkommt, während du weg bist?«

»Wird sie nicht. Ratten bleiben da, wo's dunkel ist.«

Der Junge wurde rot; es war offensichtlich, daß ihm seine Angst peinlich war. »Es ist bloß ... mit dem Bein ... ich kann ja nicht weglaufen.«

Sie verstand den Jungen, war sich aber andererseits bewußt, daß es seine Furcht nur steigern würde, wenn sie ihn jetzt in die Arme nahm. Also sagte sie: »Es ist nur eine Ratte, Tommy. Sie hat Angst vor *uns*, verstehst du?«

Sie ließ Tommy mit Doofus in der Küche, knipste das Kellerlicht an und ging die Stufen hinunter. Zwei trübe Birnen erhellten das Kellergewölbe. Sie nahm die Fallen — große Geräte mit Stahlzangen, die den Ratten das Rückgrat brachen, keine harmlosen Mausefallen — und eine Schachtel mit vergiftetem Rattenfutter mit nach oben, ohne dabei irgend etwas von ihrem ungebetenen Gast zu sehen oder zu hören.

Tommy gab einen erleichterten Seufzer von sich, als sie zurückkam. »Irgendwas ist komisch an diesen Ratten.«

»Wahrscheinlich ist es nur eine«, sagte sie, als sie die Fallen auf die Arbeitsfläche neben der Spüle stellte. »Was meinst du denn mit ›komisch‹?«

»Du weißt doch, wie nervös Doofus war, als wir nach Hause gekommen sind. Es müssen die Ratten gewesen sein, die ihm Angst eingejagt haben. Aber wieso — er ist doch sonst auch nicht so leicht zu erschrecken?«

»He«, berichtigte ihn Meg, »bis jetzt haben wir nur eine Ratte gesehen. Ich hab' auch keine Ahnung, was ihm so unter die Haut gegangen ist. Aber das heißt doch nichts. Erinnerst du dich noch, wie er sich früher naßgemacht hat, wenn ich staubgesaugt habe?«

»Ja, aber da war er ja noch ein Welpe.«

»Komm, mit drei hatte er immer noch eine Heidenangst vor dem Staubsauger.« Sie nahm eine Packung geräucherten Schinken aus dem Kühlschrank, um damit die Fallen zu präparieren.

Doofus hielt sich weiter neben Tommys Stuhl, warf Meg einen bettelnden Blick zu und winselte leise.

Sie konnte nicht zugeben, daß das Verhalten des Labradors sie genauso nervös wie Tommy machte, weil sie die Angst des Jungen nicht noch schüren wollte.

Sie verteilte das vergiftete Rattenfutter auf zwei Teller, stellte den einen in den Stauraum unter der Spüle, den anderen in das Schränkchen mit den Salzstangen. Sie ließ die angebrochene Packung, wo sie war, und hoffte darauf, daß die Ratte zurückkommen und das Gift mitfressen würde.

Dann präparierte sie die Fallen mit dem Schinken. Zwei plazierte sie unter der Spüle und im Schrank bei den restlichen Salzstangen, die dritte in der Diele und die vierte unten im Keller.

Als sie in die Küche zurückkam, sagte sie: »Laß mich eben das bißchen Geschirr abwaschen, bevor wir ins Wohnzimmer rübergehen. Wetten, daß das Biest spätestens morgen früh in eine der Fallen läuft?«

Zehn Minuten später löschte Meg das Küchenlicht und hoffte, die Dunkelheit werde die Ratte aus ihrem Versteck locken und in die Falle laufen lassen. Tommy und sie würden besser schlafen, wenn sie wußten, daß das Biest tot war.

Sie machte Feuer im Wohnzimmerkamin, und Doofus ließ sich vor den prasselnden Flammen nieder. Tommy saß, seine Krücken in Reichweite, in einem Lehnsessel, hatte das eingegipste Bein auf einen Fußschemel gelegt und den Abenteuerroman aufgeschlagen. Meg legte eine Platte in den CD-Player ein und ließ sich dann mit dem neuen Roman von Mary Higgins Clark in ihren Sessel sinken.

Draußen heulte der Wind, aber hier drinnen war es warm

und gemütlich. Eine halbe Stunde später war Meg in ihren Roman vertieft, als sie plötzlich ein hartes Zuschnappen aus der Küche hörte.

Doofus hob den Kopf.

Tommy sah sie mit großen Augen an.

Dann ein zweites Geräusch. *Schnack!*

»Zwei«, rief der Junge. »Wir haben zwei auf einen Schlag erwischt!«

Meg legte ihr Buch zur Seite und griff nach dem gußeisernen Schürhaken, für den Fall, daß die Ratten noch nicht tot waren. Gott, wie sie diesen Teil der Rattenjagd *haßte!*

Sie ging in die Küche, machte Licht und sah zuerst unter die Spüle. Das Rattenfutter auf dem Teller war fast ganz aufgefressen; der Schinken war ebenfalls verschwunden; nur eine Ratte lag nicht in der Falle, obwohl die Zange zugeschnappt war.

Trotzdem war die Falle nicht leer. Unter dem Stahlbügel befand sich ein etwa fünfzehn Zentimeter langes Stück Holz, und es sah fast so aus, als wäre er zum Auslösen des Mechanismus verwendet worden, damit die Ratte gefahrlos an der Köder konnte.

Nein. Das war doch lächerlich.

Meg griff nach der Falle, um sie sich genauer anzusehen. Das Holzstäbchen war auf der einen Seite dunkel gebeizt, auf der anderen Seite naturbelassen, und sah ganz so aus wie ein Stück Sperrholz von der rückwärtigen Schankwand, durch die sich die Ratte genagt hatte.

Ein Schauder durchlief sie, und sie verdrängte den furchterregenden Gedanken, der ihn ausgelöst hatte.

Im Schrank war das vergiftete Rattenfutter ebenfalls vom Teller verschwunden. Der Mechanismus der zweiten Falle war auf die gleiche Weise ausgelöst worden. Mit einem Stück Sperrholz. Der Köder war fort.

Welche Ratte war gerissen genug, um ...?

Sie richtete sich auf und öffnete die mittleren Türen des Küchenschranks. Die Dosen, Jell-O-Packungen, Rosinenbeutel und Haferflockentüten sahen auf den ersten Blick unberührt aus.

Dann sah sie das dunkelbraune, erbsengroße Stück Rattenfutter, das auf dem Regal vor einer offenen All-Bran-Packung lag. Aber sie wußte genau, daß sie kein Rattengift auf dem Regal mit den Haferflocken ausgelegt hatte. Die Ratte hatte das Rattenfutter auf das höher liegende Regalbrett mitgeschleppt.

Wäre sie nicht dadurch alarmiert gewesen, hätte sie die Kratz- und Bißspuren auf der All-Bran-Packung wahrscheinlich gar nicht bemerkt. Mit klopfendern Herzen starrte sie eine Ewigkeit lang auf die Packung, bevor sie sie vom Regal und mit zur Spüle nahm.

Mit zitternden Händen nahm sie den Schürhaken von der Arbeitsfläche und starrte in die Packung. Sie schüttete ein paar Haferflocken in die Spüle. Zwischen den Flocken befanden sich vergiftete Getreidekörner. Sie leerte die ganze Packung ins Spülbecken. Das gesamte Rattenfutter von den beiden Tellern war unter die Haferflocken gemischt worden.

Ihr Herz raste, klopfte so sehr, daß sie ihren eigenen Puls an den Schläfen spüren konnte.

Was ging hier vor?

Dann hörte sie ein hohes, schrilles Kreischen hinter ihrem Rücken. Ein merkwürdiges, drohendes Geräusch.

Sie drehte sich um und sah die Ratte. Eine gräßliche weiße Ratte.

Sie reckte sich auf den Hinterbeinen und sah vom Einlegeboden, auf dem das All-Bran gestanden hatte, zu ihr herüber. Der Raum über dem Regalbrett maß fünfunddreißig Zentimeter, und die Ratte hatte sich nicht ganz aufgerichtet, weil sie fast einen halben Meter groß war, zwanzig Zentimeter größer als eine normale Ratte, den Schwanz nicht mitgerechnet. Aber es war nicht die Größe der Ratte, die Meg das Blut in den Adern gefrieren ließ. Das, was ihr wirklich angst machte, war der Kopf des Biests: Er war doppelt so groß wie der Kopf einer gewöhnlichen Ratte, stand in keinem Verhältnis zu ihrem übrigen Körper. Er wölbte sich an der Schädelrundung, während Augen, Nase und Mund merkwürdig zusammengepreßt aussahen.

Die Ratte starrte sie an und schlug mit ihren erhobenen Vorderpfoten in die Luft. Sie bleckte die Zähne und gab ein bösartiges Zischen von sich, wie das Fauchen einer Katze, kreischte dann wieder, und es lag soviel Feindseligkeit in ihrem schrillen Schrei und in ihrer Körperhaltung, daß Meg panisch nach dem Schürhaken neben sich auf der Arbeitsfläche griff.

Obwohl die Augen rund und rot waren wie bei jeder Ratte,

spiegelte sich etwas im Blick der Ratte, das Meg nicht sofort identifizieren konnte. Es war schrecklich, wie das Biest sie fixierte. Sie sah auf den unförmig großen Schädel — je größer der Schädel, desto größer das Gehirn —, und mit einem Schlag wurde ihr klar, was diesen scharlachroten Blick so anders machte: ein unvorstellbar hoher Intelligenzgrad, der mit dem einer normalen Ratte nichts mehr gemein hatte.

Die Ratte stieß wieder ein herausforderndes Kreischen aus.

Haus- und Wanderratten waren nicht weiß. *Laborratten* waren weiß.

Jetzt wußte sie, wonach sie bei Biolomech gesucht hatten. Sie hatte keine Ahnung, *wie und warum* die dortigen Forscher eine derartige Bestie gezüchtet hatten. Aber sie hatte genug über Genmanipulation gelesen, um zweifelsfrei zu wissen, daß das Biest aus den Labors von Biolomech stammte. Es gab keinen anderen Ort der Erde, von dem dieses Tier kommen konnte.

Sie hatten zu spät reagiert. Während die Biolomech-Sicherheitsleute mit dem Absuchen des Geländes beschäftigt gewesen waren, hatte die Ratte bereits ihr Lager in ihrem Haus aufgeschlagen.

Auf den drei unteren Einlegeböden kämpften sich jetzt andere Ratten durch das Gewirr aus Dosen, Flaschen und Packungen, widerliche, riesige Albinoratten, die genauso aussahen wie das mutierte Biest, das seine Zähne in ihre Richtung fletschte.

Hinter sich hörte sie Krallen über den Boden huschen.

Meg drehte sich nicht einmal um; sie wußte, daß sie sich etwas vormachte, wenn sie glaubte, mit dem Schürhaken etwas ausrichten zu können. Sie warf die nutzlose Waffe auf den Boden und rannte nach oben, um ihre Schrotflinte zu holen.

Der Raum hatte keine Fenster. In einer Ecke kauerten Ben Parnell und Dr. Acuff vor dem Käfig — einem Zwei-mal-zwei-Meter-Würfel mit einem Metallblechboden, auf den man, damit er nicht zu rutschig war, eine Lage aus weichem, gelb-braunem Heu gestreut hatte. Die Futter- und Wasserbehälter wurden von außen aufgefüllt, die Tiere im Käfig konnten jederzeit Nahrung oder Flüssigkeit zu sich nehmen. Etwa ein Drittel des vergitterten Gehäuses war mit kleinen Holzleitern und einem Klettergestänge als Spielecke eingerichtet. Die Käfigtür stand offen.

Acuff deutete auf die Käfigtür. »Sehen Sie? Der Bolzen hier wird automatisch verriegelt, wenn man die Tür zudrückt. Er kann also nicht aus Versehen oben geblieben sein. Und sobald die Verriegelung eingerastet ist, kann sie nur mit einem Schlüssel gelöst werden. Wir haben das für absolut sicher gehalten. Ich meine, wir konnten doch nicht damit rechnen, daß sie schlau genug sind, ein Schloß zu knacken.«

»So schlau sind sie bestimmt nicht. Wie hätten sie das denn fertigbringen sollen — ohne Hände?«

»Haben Sie sich mal ihre Füße aus der Nähe angesehen? Zugegeben, Rattenfüße sind nicht wie Hände, aber einfach nur mit Pfoten haben wir's auch nicht zu tun. Es gibt Ansätze einer Fingerbildung, so daß sie durchaus in der Lage sind, nach Dingen zu greifen. Bei den meisten Nagetieren ist das so. Eichhörnchen zum Beispiel — die haben Sie doch bestimmt schon mal aufrecht sitzen und ein Stück Obst in den Vorderpfoten halten sehen.«

»Ja, aber ohne Daumen, der dagegendrücken kann ...«

»Natürlich«, sagte Acuff, »besonders weit her ist es mit ihrer Geschicklichkeit nicht, verglichen mit uns. Aber hier haben wir es nicht mit gewöhnlichen Ratten zu tun. Bedenken Sie, daß wir sie genetisch erheblich weiterentwickelt haben. Bis auf die Körperlänge und die Größe des Schädels unterscheiden sie sich nicht sonderlich von anderen Ratten, aber sie sind schlauer. Erheblich schlauer.«

Acuff beschäftigte sich mit Experimenten zur Steigerung der Intelligenz. Er wollte herausfinden, ob bei künftigen Generationen niederer Arten — bei Ratten zum Beispiel — nach entsprechender Genveränderung eine nennenswerte Steigerung der Gehirnkapazität erreicht werden könnte, und das Ganze in der Hoffnung, durch erfolgreiche Laborversuche mit Tieren den Schlüssel zu Verfahren zu finden, mit denen eine Steigerung der menschlichen Intelligenz möglich würde. Seine Versuchsreihe trug die Projektbezeichnung Blackberry — nach dem schlauen, unerschrockenen Hasen in Richard Adams' *Watership Down*.

Ben hatte auf Acuffs Empfehlung Adams' Buch gelesen, und zwar mit großem Vergnügen, aber zu einem persönlichen Urteil, ob er das Projekt Blackburry gutheißen sollte oder nicht, hatte er sich bis jetzt nicht durchringen können.

»Gut«, fuhr Acuff fort, »lassen wir's dahingestellt sein, ob sie imstande gewesen sind, das Schloß zu knacken. Vielleicht waren sie's gar nicht. Nur das hier — das sollte uns zu denken geben.« Er deutete auf den Führungszylinder für den dicken Kupferbolzen im Rahmen der Käfigtür. Die Aushöhlung war mit einer körnigen braunen Masse vollgepackt. »Futterreste. Sie haben die Körner weichgekaut, den Zylinder mit Brei vollgestopft und so den Bolzen und damit die automatische Verriegelung blockiert.«

»Aber ... Das hätten sie nur tun können, solange die Tür offen stand.«

»Nun, da haben wir doch diesen Irrgarten, den wir — jedesmal ein bißchen verändert — von Zeit zu Zeit für sie aufbauen. Durchsichtige Plastikrohre mit komplizierten Hindernissen. Der Irrgarten zieht sich praktisch durch den ganzen Raum. Die Einstiegsröhre verbinden wir mit der Käfigtür, und wenn wir die Tür dann öffnen, können sie direkt in den Irrgarten klettern. Gestern haben wir das Experiment zum letztenmal gemacht, da stand die Käfigtür also längere Zeit offen. Nehmen wir einmal an, ein paar von ihnen hätten sich, statt sofort in die Röhre zu klettern, eine Weile am Einstieg herumgetrieben, ein bißchen geschnüffelt, auch am Zylinder für den Bolzen ... Da hätte sich keiner was dabei gedacht, wir haben uns ja ganz darauf konzentriert, was sie *im* Röhrensystem treiben.«

Ben kam aus der Hocke hoch. »Mir ist eine Idee gekommen, wie sie ins Freie gelangt sein können. Wissen Sie, was ich meine?«

»Ja.« Acuff stand ebenfalls auf, und sie gingen gemeinsam zur gegenüberliegenden Wand. Dicht über dem Boden war — hinter einem fünfzig-mal-fünfzig-Zentimeter großen Gitter — die Rohrverbindung zum Ventilationssystem in die Wand eingelassen. Das Gitter, gewöhnlich mit einfachen Federkrampen gesichert, war gelockert worden. Acuff fragte: »Haben Sie schon einen Blick in die Austauschkammer geworfen?«

Wegen der speziellen Versuche im Labor Nummer drei mußte die Luft, bevor sie ins Freie geblasen wurde, chemisch dekontaminiert werden. In der fünflagigen Austauschkammer, einer Installation von den Ausmaßen eines großen Pick-ups, wurde die Abluft unter hohem Druck durch mehrere chemische Bäder gejagt.

Acuff war überzeugt: »Durch die Austauschkammer — das haben sie nicht überlebt. Da müssen acht tote Ratten in den Austauschwannen schwimmen.«

»Eben nicht. Wir haben das überprüft. Und die Gitter an den Rohrverbindungen in allen anderen Räumen sitzen fest, da können sie also auch nicht rausgeschlüpft sein.«

Acuff hob die Augenbrauen. »Glauben Sie etwa, daß sie sich immer noch im Ventilationssystem aufhalten?«

»Nein, sie müssen irgendeinen anderen Weg nach draußen gefunden haben, durch die Wände.«

»Aber wie denn? Das ganze unterirdische System besteht aus PVC-Rohren, sämtliche Ventile sind druckversiegelt und absolut hitzebeständig.«

Ben nickte. »Wir vermuten, daß sie an irgendeiner Stelle den Adhäsionskleber aufgekaut und die Röhrenverbindung so weit gelockert haben, daß sie durchschlüpfen konnten. Auf dem Dachboden, unter dem Kniestock, haben wir Rattenkot gefunden. Und eine Stelle, die so aussieht, als hätten sie sich dort durchs Unterdach und die Schindel gefressen. Wenn sie erstmal auf dem Dach waren, kann es nicht besonders schwierig gewesen sein, nach unten zu kommen — an den Regenrinnen entlang und durch die Abwasserrohre.«

John Acuffs Gesicht war bleicher als die salzweißen Flechten in seinem Pfeffer-und-Salz-Bart. »Hören Sie«, sagte er, »wir müssen sie noch heute nacht wieder einfangen, ganz egal, wie. Noch heute nacht.«

»Wir werden's versuchen.«

»Versuchen genügt nicht, wir müssen es schaffen. Ben, in dem Rudel sind drei Männchen und fünf Weibchen, alle im fortpflanzungsfähigen Alter. Wenn wir sie nicht einfangen, und sie vermehren sich unkontrolliert irgendwo da draußen ... Das Ende vom Lied wäre, daß die normalen Ratten ausgerottet würden, und auf einmal wären wir mit einer nie gekannten Bedrohung konfrontiert. Stellen Sie sich das mal vor: Ratten, die so schlau sind, daß sie jede Falle erkennen und sofort merken, ob das, was wie Futter aussieht, in Wirklichkeit vergifteter Köder ist! Sie sind praktisch unausrottbar. Schon jetzt verliert die Welt durch Ratten riesige Mengen an Nahrungsmitteln, in hochentwickelten Ländern wie unserem zehn bis fünfzehn Prozent aller verfügbaren Ressourcen, in manchen Ländern der Dritten Welt sogar fünfzig Prozent. Ben, das sind die Verlustraten bei ganz gewöhnlichen dämlichen Ratten. Wie hoch wären sie bei der Sorte, mit der wir's jetzt zu tun haben? Sogar hier in den Staaten könnten wir uns einer Hungersnot gegenübersehen, im Falle von Ländern mit niedrigerem Entwicklungsstand müßten wir davon ausgehen, daß eine unvorstellbare Zahl von Menschen zum Hungertod verurteilt ist.«

Ben runzelte die Stirn. »Jetzt malen Sie aber den Teufel an die Wand.«

»Absolut nicht. Ratten sind Parasiten. Sie sind Kämpfernaturen, und diese hier, unsere Ratten, werden viel heftiger und entschiedener kämpfen, wenn es darum geht, eher als andere an den Futtertrögen zu sein.«

Ben spürte, wie ihn schauderte. Er hatte das Gefühl, daß ihm moderiges Herbstlaub am Rückgrat klebte. »Nur weil sie ein bißchen gerissener sind als gewöhnliche Ratten ...«

»Nicht ein bißchen. Verdammt viel gerissener.«

»Mein Gott, aber längst nicht so schlau wie wir.«

»Immerhin etwa halb so schlau wie ein durchschnittlich veranlagter Mensch«, sagte Acuff.

Ben blinzelte verblüfft.

Acuff bekräftigte: »Und das ist vielleicht noch untertrieben.« In seinen Augen, in jeder Falte seines zerfurchten Gesichts spiegelte sich Furcht wider. »Und wenn Sie zusätzlich noch ihre angeborene Verschlagenheit berücksichtigen und den Vorteil, den sie durch ihre Größe haben ...«

»Durch ihre Größe? Wir sind doch viel größer!«

Acuff wiegte den Kopf hin und her. »Wer kleiner ist, kann daraus durchaus Vorteile ziehen. Weil sie kleiner sind, sind sie schneller als wir. Sie können durch jede Ritze in der Wand schlüpfen, durch jede Regenrinne. Mit einer Körperlänge von fünfzig Zentimetern sind sie zwar anderthalbmal so groß wie gewöhnliche Ratten, aber trotzdem noch so klein, daß sie unbemerkt durchs Dunkel huschen können. Und das ist beileibe nicht ihr einziger Vorteil. Sie können bei Nacht genausogut sehen wie am Tag.«

»Jetzt wollen Sie mir Angst einjagen, Doc.«

»Sie können gar nicht genug Angst haben, Ben. Denn diese

Ratten, die wir geschaffen haben, diese neue Spezies, unsere Züchtung, sieht in uns ihre Feinde.«

In diesem Augenblick war sich Ben endlich klar darüber, was er von dem Projekt Blackberry zu hälten hatte — es verdiente keine, aber auch gar keine Unterstützung. »Was ... was genau meinen Sie damit?« fragte er. Aber er war sich durchaus nicht sicher, ob er die Antwort überhaupt hören wollte.

Acuff drehte sich um, ging ein paar Schritte, blieb mitten im Raum stehen, stemmte die Hände auf einen Labortisch, stand da wie ein gebrochener Mann, mit hängendem Kopf und geschlossenen Augen. »Wir wissen nicht, warum sie uns feindlich gesonnen sind. Es ist eben so. Eine Fehlschaltung in der genetischen Anlage? Oder sind sie inzwischen einfach intelligent genug, um zu begreifen, daß wir ihre Herren sind, und lehnen sie sich deshalb gegen uns auf? Was immer der Grund sein mag, sie sind aggressiv. Fanatisch aggressiv. Ein paar aus dem Forschungsteam haben schlimme Bißwunden davongetragen. Früher oder später wäre irgend jemand getötet worden, wenn wir nicht extreme Vorsichtsmaßnahmen ergriffen hätten. Wir fassen sie nur noch mit bißfesten Schutzhandschuhen an, tragen Gesichtsmasken aus Plexiglas und Kevlar-Overalls mit hohem Rollkragen. *Kevlar!* Das Material, aus dem schußsichere Westen gemacht werden! Und wir mußten so etwas anziehen, weil die Biester es mit aller Entschlossenheit darauf angelegt hatten, uns zu verletzen.«

Erstaunt fragte Ben: »Aber warum haben Sie sie dann nicht einfach vernichtet?«

»Wir konnten doch nicht unseren eigenen Erfolg vernichten.«

Ben war verblüfft. »Erfolg?«

»Vom wissenschaftlichen Standpunkt aus fiel ihre Feindseligkeit nicht so sehr ins Gewicht, solange sie nur schlau waren. Wir waren darauf aus, schlaue Ratten zu züchten, und das war uns gelungen. Was die Feindseligkeit angeht, rechneten wir damit, im Laufe der Zeit den Grund feststellen und entsprechend reagieren zu können. Deshalb haben wir ja alle in einen Käfig sperrt. Wir dachten, die Isolierung in Einzelkäfigen könnte mit für ihre Aggressivität verantwortlich sein. Wir nahmen an, sie seien schon so intelligent, daß ein adäquates soziales Umfeld für sie zur unabdingbaren Notwendigkeit geworden wäre. Und wir haben gehofft, daß sie durch Geselligkeit — nun ja, irgendwie sanfter gestimmt würden.«

»Statt dessen ist es ihnen im Rudel nur leichter geworden zu entkommen.«

Acuff nickte. »Und nun sind sie frei.«

Meg hastete durch den Flur und sah, als sie am Wohnzimmer vorbeikam, gerade noch, daß Tommy sich unbeholfen vom Stuhl hochstemmte und nach seinen Krücken langte. Doofus winselte aufgeregt. Tommy rief nach ihr, aber sie nahm sich keine Zeit, stehenzubleiben. Es kam auf jede Sekunde an.

Am Fuß der Treppe, schon auf den ersten Stufen, warf sie einen Blick zurück. Keine Ratten. Jedenfalls sah sie keine. Die Flurlampe hatte sie allerdings nicht eingeschaltet. Ausgeschlossen war es nicht, daß da unten im Halbdunkel irgend etwas herumwieselte.

Sie nahm zwei Stufen auf einmal und war völlig außer Atem, als sie im oberen Stock ankam. Hastig zog sie in ihrem Zimmer die Schrotflinte unter dem Bett hervor und lud die fünf Magazinkammern: *Klacketi-klack.*

Im Geiste sah sie ganze Rattenschwärme durchs Zimmer flitzen — eine Vision, die sie auf den Gedanken brachte, sie werde vielleicht noch mehr Munition brauchen. Im Kleiderschrank lag eine Schachtel mit fünfzig Patronen. Sie schob die Tür auf — und stieß einen entsetzten Schrei aus, als sie zwei große weiße Ratten über den Schrankboden huschen sah. Die Biester kletterten über ihre Schuhe und verdrückten sich durch ein Loch in der Rückwand. Alles ging so schnell, daß sie, selbst wenn sie in der ersten Verblüffung auf die Idee gekommen wäre, keine Zeit gehabt hätte, einen Schuß abzugeben.

Die Schachtel mit den Patronen hatte auf dem Schrankboden gestanden, und die Ratten hatten sie gefunden, den Karton durchgenagt, sich die Patronen geholt, eine nach der anderen, und in ein Versteck in der Wand geschleppt. Nur vier Schuß waren übriggeblieben. Meg raffte sie zusammen und stopfte sie sich in die Taschen ihrer Jeans.

Wenn die Ratten es geschafft hatten, sich mit fast dem gesamten Munitionsvorrat auf und davon zu machen, konnte es dann nicht sein, daß sie irgendwann einen Weg fanden, ihr auch die fünf Patronen aus der Magazinkammer der Schrotflinte wegzunehmen? Mußte sie nicht damit rechnen, daß die Biester alles versuchen würden, sie wehrlos zu machen? Die Frage war nur, wie gerissen sie waren. Nein, das war keine Frage mehr, Meg kannte die Antwort. Zu gerissen, viel zu gerissen.

Tommy rief nach ihr, und Doofus bellte ärgerlich. Sie rannte aus dem Schlafzimmer und so hastig die Treppenstufen hinunter, daß sie einen verstauchten Knöchel riskierte.

Der Labrador lag in der kleinen Diele beim vorderen Flur, alle viere von sich gestreckt, den kantigen Schädel tief nach unten gedrückt, die Ohren angelegt, und starrte zur Küche hinüber. Aus dem Bellen war ein gefährliches Knurren geworden, nur, daß er dabei am ganzen Leib zitterte. Tommy, auf seine Krücken gestützt, stand im Wohnzimmer. Der tiefe, erleichterte Atemzug, mit dem Meg feststellte, daß er nicht von wütenden Ratten eingekreist war, kam ihr wie ein stummer Schrei vor.

»Mam, was ist los? Was ist denn passiert?«

»Die Ratten ... Ich glaube — nein, ich *weiß*, daß sie von Biolomech kommen. Das war der Grund für die Straßensperre. Danach haben die Männer mit den Taschenlampen gesucht — und mit den Spiegeln unter dem Wagenboden.« Verstohlen suchte sie das Wohnzimmer ab, jeden Augenblick darauf gefaßt, irgendwo eine huschende Bewegung auszumachen.

»Woher willst du das wissen?« fragte der Junge.

»Ich hab' sie gesehen. Sobald du sie gesehen hast, weißt du's auch.«

Doofus lag immer noch in der Diele, aber Meg mußte sich eingestehen, daß sein drohendes Knurren keine beruhigende Wirkung auf sie hatte. Der Hund war den Ratten — *diesen* Ratten — nicht gewachsen. Sie würden ihn mit List oder mit Gewalt ausschalten, sobald sie sich zum Angriff entschlossen.

Und irgendwann würden sie angreifen. Das war nach allem, was sie gesehen hatte, keine Ahnung mehr, es war eine Gewißheit. Die Biester waren genetisch verändert, mit ungewöhnlich großen Köpfen und Gehirnen, und sie unterschieden sich durch ihr ganzes Verhalten von normalen Ratten. Die lebten gewöhnlich nur von Abfällen, nicht von der Jagd. Ihr Erfolg beruhte auf der Fähigkeit, ungesehen durchs Dunkel huschen und sich im Mauerwerk der Häuser oder in Kloaken verstecken zu können.

Einen Menschen anzugreifen, wagten sie nie, es sei denn, er war hilflos — ein sinnlos Betrunkener oder ein Baby in der Wiege. Aber die Biolomech-Ratten, die sie in der Küche gesehen hatte, waren frech und aggressiv, Jäger und Aasfresser zugleich, und die Raffinesse, mit der sie ihr die Schrotpatronen gestohlen und sie wehrlos gemacht hatten, konnte nichts anderes bedeuten, als daß sie sich auf einen Angriff vorbereiteten.

»Aber wenn sie nicht wie normale Ratten sind, wie sind sie denn dann?« fragte Tommy mit zitternder Stimme.

Meg sah den abscheulich großen Schädel vor sich, die scharlachroten Augen, in denen sie so viel bösartige Intelligenz gelesen hatte, und die plumpen, weißen, irgendwie abartig wirkenden Körper. »Das erklär' ich dir später«, sagte sie. »Komm, Liebling, wir sehen zu, daß wir wegkommen.«

Sie hätten durch die Vordertür gehen können, ums Haus herum, über den Hinterhof zur Scheune, wo der Jeep stand, aber das wäre ein langer Weg durchs Schneetreiben gewesen — vor allem für einen Jungen auf Krücken. Also entschied sie sich für den Weg durch die Küche und durch die Hintertür. Zumal sie auf dem Kleiderständer beim Hinterausgang die Jacken zum Trocknen aufgehängt hatte und der Autoschlüssel in ihrer Jackentasche steckte.

Doofus eskortierte sie mutig den Flur entlang und weiter bis in die Küche, nur daß er es offensichtlich nicht gern tat.

Meg hielt sich — die Schrotflinte fest in der Hand, den Finger am Abzug — dicht neben Tommy. Fünf Patronen im Magazin, vier in den Taschen. Reichte das? Wie viele Ratten waren bei Biolomech ausgebrochen? Ein halbes Dutzend, zehn, zwanzig? Sie würde es sich kaum leisten können, auf eine einzelne Ratte zu feuern, statt auf die Gelegenheit zu warten, zwei oder drei mit einem Schuß zu erledigen. Gut, aber wenn sie nun gar nicht im Rudel angriffen? Was, wenn sie einzeln auf sie losgingen, aus verschiedenen Richtungen, so daß sie die Waffe bald nach links, bald nach rechts schwenken mußte und jedesmal nur eine einzige Ratte aufs Korn nehmen konnte — so lange, bis sie die Munition verschossen hatte? Eins stand fest: Sie mußte sie aufhalten, bevor sie ihr oder Tommy zu nahe kamen, auch wenn die Ratten eine nach der anderen angriffen, denn wenn die Biester sie oder Tommy erst einmal angesprungen hatten, würde die Schrotflinte nutzlos sein. Dann blieb ihnen nur noch, sich mit bloßen Händen gegen die scharfen Zähne und Krallen zu wehren. Und in einem solchen Kampf waren sie nicht einmal einem halben Dutzend großer, unerschrockener und unheimlich schlauer Ratten gewachsen, wenn die Tiere es darauf anlegten, ihnen die Kehle aufzureißen.

In der Küche war es still, bis auf das Heulen des Windes und den klumpigen Schnee, der gegen die Scheiben klatschte. Die Schranktüren standen immer noch offen, auf den Einlegeböden waren momentan keine Ratten zu sehen.

Das alles war *verrrückt!* Seit zwei Jahren machte sie sich Sorgen, ob sie auch wirklich in der Lage war, Tommy allein großzuziehen, ohne Jims Hilfe. Zerbrach sich den Kopf, wie sie ihm beibringen sollte, was ein Leben rechtschaffen und anständig macht. Erschrak zu Tode über jede Verletzung und jede noch so harmlose Krankheit. Zermarterte sich das Hirn, was sie tun sollte, wenn eines Tages schwerwiegende Probleme auftauchten — weiß Gott, was es da geben mochte. Aber *so etwas* — so etwas hatte sie nicht erwartet, darauf war sie nicht vorbereitet gewesen. Oft genug hatte sie es als glückliche Fügung empfunden, daß sie und Tommy auf dem Land lebten, wo die Bedrohung durch Verbrechen nicht zur alltäglichen Sorge gehörte wie in der Stadt, aber jetzt war die idyllische Cascade Farm, friedlich in die Wiesen am Rande der Black Oak Road gebettet, auf einmal ein schlimmerer Ort als das finsterste Viertel in irgendeiner Großstadt.

»Zieh deine Jacke an«, sagte sie zu Tommy.

Doofus stellte die Ohren auf. Schnüffelte. Sein Blick irrte suchend umher, hakte sich einen Moment auf der Anrichte fest, wanderte weiter zum Kühlschrank, konzentrierte sich auf den offenen, dunklen Einbauschrank unter der Spüle.

Die Waffe fest in der rechten Hand, angelte Meg mit der linken ihre Jacke vom Haken, brauchte eine Weile, bis sie es geschafft hatte, in den Ärmel zu fahren, nahm die Schrotflinte in die linke Hand, schlüpfte in den rechten Ärmel. Auch als sie die Gummistiefel anzog, benutzte sie nur eine Hand, um keinen Preis der Welt hätte sie die Waffe weggelegt.

Tommy starrte auf die Rattenfalle, die ursprünglich unter der Spüle gestanden und die Meg später auf der Arbeitsplatte abgelegt hatte. Das Stück Holz, mit dem die Ratten den Mechanismus der Falle ausgelöst hatten, steckte immer noch unter dem gezahnten Schlaghammer. Tommy runzelte die Stirn.

Aber bevor er dazu kam, weiter darüber nachzudenken oder gar Fragen zu stellen, sagte Meg: »Du schaffst das kurze Stück draußen auch ohne Gummistiefel. Und laß die Krücken hier, mit denen kommst du im Schnee sowieso nicht zurecht. Du stützt dich besser auf mich.«

Urplötzlich erstarrte Doofus.

Meg brachte die Waffe hoch, ihr Blick suchte die Küche ab.

Der Labrador knurrte — ein Grollen, das tief aus seiner Kehle kam, aber von Ratten war weit und breit nichts zu sehen.

Meg zog die Tür auf, und steifer Wind wehte herein. »Komm, gehen wir«, sagte sie, »beeilen wir uns.«

Tommy stolperte nach draußen, suchte am Türrahmen Halt, tastete sich an der Wand der Veranda entlang. Der Hund drückte sich hinter ihm ins Freie. Meg folgte als letzte und zog die Tür hinter sich zu.

In der Rechten hielt sie die Waffe, mit der Linken stützte sie Tommy. Sie führte ihn über die Veranda und die schneebedeckten Stufen hinunter in den Hof. Es war kalt, und der schneidende Wind tat ein übriges; die Temperatur mußte inzwischen weit unter Null liegen. Ihre Augen tränten, ihr ganzes Gesicht fühlte sich taub an. Sie hatte sich keine Zeit genommen, Handschuhe anzuziehen, und nun kroch ihr die Kälte in die Finger. Trotzdem, hier draußen war ihr wohler zumute, hier fühlte sie sich sicherer als im Haus. Daß die Ratten sie hierher verfolgen würden, glaubte sie nicht. Der Sturm, gegen den sich schon Meg und Tommy anstemmen mußten, war für relativ kleine Lebewesen wie Ratten sicher eine unüberwindbare Barriere.

Es war nahezu unmöglich, sich zu unterhalten, so heftig fegte der Wind übers flache Land. Er fing sich heulend unter den Dachkanten und zauste die kahlen Äste der Ahornbäume. Tommy und Meg stapften schweigend durch den Schnee, Doofus blieb an ihrer Seite. Obwohl sie ein paarmal ins Rutschen gerieten und um ein Haar gestürzt wären, legten sie den Weg zur Scheune schneller zurück, als sie gedacht hatten. Meg drückte den Schalter für die Torautomatik, und sie und Tommy huschten gebückt in die Scheune, ehe der Metallrolladen noch ganz oben war. Im schwachen Lichtschein der einzigen Glühbirne gingen sie auf den Geländewagen zu.

Meg fischte die Autoschlüssel aus der Jackentasche, schloß die rechte Wagentür auf, ließ den Sitz so weit wie möglich zurückrutschen und half Tommy hinein. Sie wollte ihn dicht neben sich haben, auf dem Beifahrersitz, obwohl er es hinten auf der Rückbank bequemer gehabt hätte. Als sie sich nach dem Hund umdrehte, sah sie, daß er draußen stehengeblieben war, direkt vor dem Tor, und offensichtlich nicht vorhatte, ihnen zu folgen.

»Doofus, bei Fuß, schnell!« rief sie.

Der Labrador winselte und starrte ins Halbdunkel. Nicht lange, und sein Winseln ging in ein tief grollendes Knurren über.

Meg erinnerte sich an das Gefühl, heimlich beobachtet zu werden — vorhin, als sie den Jeep geparkt hatte. Sie spähte in die dunklen Winkel und hoch zu den Brettern des Heubodens. Aber da rührte sich nichts, da huschten keine bleichen Schatten geduckt durchs Dunkel. Und sie entdeckte auch nicht die gespenstisch rot leuchtenden Augen, an denen man Nagetiere bei Nacht zuerst ausmachen kann.

Der Labrador war wahrscheinlich nur nervös und übertrieben vorsichtig. Verständlich, aber sie hatte es eilig, sie mußte hier weg. Deshalb rief sie ihn noch einmal — und diesmal energischer: »Doofus, komm her, aber sofort!«

Er trottete zögernd in die Scheune, witterte, zog schnüffelnd die Nase über den Boden, kam schließlich angerannt und sprang mit einem Satz auf die Rückbank des Jeeps.

Meg schloß die Tür, ging um den Wagen herum auf die Fahrerseite und rutschte hinters Lenkrad. »Wir fahren zurück zu Biolomech«, sagte sie. »Wir sagen ihnen, daß wir gefunden haben, was sie suchen.«

»Was ist denn mit Doofus los?« fragte Tommy.

Der Hund tänzelte unruhig auf den Rücksitzen hin und her, drückte sich bald links, bald rechts die Nase am Seitenfenster platt und stieß kläglich-ängstliche Laute aus.

»Na ja, du kennst doch Doofus«, sagte Meg.

Tommy — tief in den Sitz geduckt, ein wenig verrenkt, weil er irgendwie mit dem Gipsbein zurechtkommen mußte — kam ihr auf einmal jünger vor als ein Zehnjähriger. Sie spürte, wieviel Angst sich in ihm aufgestaut hatte, wieviel Schutz er brauchte.

»Alles in Ordnung«, sagte sie, »wir sind so gut wie weg.«

Sie schob den Schlüssel ins Zündschloß, drehte ihn. Nichts. Sie versuchte es noch einmal. Der Jeep sprang nicht an.

Am Nordrand des Biolomech-Geländes kauerte Ben Parnell am Zaun und inspizierte den Kriechgang in der halb gefrorenen Erde — der Größe nach konnte er von Ratten stammen. Einige seiner Männer standen bei ihm, einer hielt die Taschenlampe auf das Loch im Boden gerichtet. Den Männern vom Suchtrupp war es erst beim zweiten Rundgang aufgefallen, und sogar das war ein Glücksfall, denn hätte es in einer Mulde gelegen, vor dem Wind geschützt, wäre es von einer Schneewehe zugedeckt gewesen.

Steve Harding mußte gegen den Sturm anschreien, als er fragte: »Meinen Sie, die haben sich eine Höhle gebuddelt und sind noch da drin?«

»Nein.« Bens Atem hing wie Rauch in der arktisch kalten Luft. Wenn er mit der Möglichkeit gerechnet hätte, daß die Ratten sich da unten versteckten, hätte er sich nicht so unbekümmert vor das Loch gekauert, wo sie ihn jederzeit anfallen und ihm direkt ins Gesicht springen konnten.

Feindselig, hatte John Acuff gesagt. Extrem feindselig.

»Nein«, sagte Ben, »sie haben sich nicht hier eingegraben. Der Gang führt nur unter dem Zaun durch. Auf der anderen Seite sind sie wieder herausgekrochen und wer weiß wohin verschwunden.«

Ein hochgewachsener, schlaksiger junger Mann, dem Ärmelabzeichen nach ein Deputy des County Sheriffs, stieß zu der Gruppe und fragte: »Heißt hier jemand Parnell?«

»Ja, ich.«

»Ich bin Joe Hockner.« Auch er mußte fast schreien, um sich verständlich zu machen. »Vom Sheriffsbüro. Ich hab' den Spürhund dabei, den Sie angefordert haben. Was ist denn hier eigentlich los?«

»Ich erklär's Ihnen gleich«, versprach Ben und wandte seine Aufmerksamkeit wieder dem Kriechgang zu, der unter dem Zaun ins freie Gelände führte.

George Yancy, einer aus Bens Gruppe, meinte skeptisch: »Woher wollen wir wissen, daß sie's waren, die das Loch gegraben haben? Es können doch genausogut andere Tiere gewesen sein.«

»Kommt mal mit der Lampe näher ran«, verlangte Ben.

Das Loch mochte einen Durchmesser von zwölf Zentimetern haben. Steve Harding richtete den Lichtstrahl direkt auf das Zentrum.

Ben beugte sich weiter vor, kniff die Augen zusammen und entdeckte etwas, was auf den ersten Blick aussah wie weiße Zwirnschnipsel. Sie klebten an der feuchten Erde, eine Handbreite im Inneren der Aushöhlung, nur deshalb hatte der Wind sie nicht weggetragen. Ben streifte den rechten Handschuh ab, langte mit spitzen Fingern hin und erwischte zwei Fäden.

Keine Fäden. Weiße Haare.

Tommy und der Hund blieben im Geländewagen, Meg nahm die Taschenlampe aus dem Handschuhfach und stieg — die Schrotflinte im Arm — aus, um einen Blick unter die Motorhaube zu werfen. Sie knipste die Lampe an. Ein wirres Durcheinander von zerrissenen, ineinander verschlungenen Kabelverbindungen — am Zündverteiler, unter den Zündkerzen, überall. Die Isolierungen waren aufgenagt, Öl und Kühlflüssigkeit tropften auf den Boden unter dem Jeep.

Bisher hatte ihr das Ganze Angst eingejagt, jetzt packte sie das blanke Entsetzen. Aber es war ihr auch klar, daß sie ihre Panik vor Tommy nicht zeigen durfte.

Sie schloß die Motorhaube, ging zur Fahrerseite und öffnete die Tür. »Ich weiß nicht, was los ist, aber da tut sich nichts mehr.«

»Vorhin auf dem Heimweg war doch noch alles in Ordnung.«

»Ja, stimmt. Aber jetzt nicht mehr. Komm, laß uns gehen.«

Der Junge ließ sich von ihr aus dem Wagen helfen, und als sie ihn festhielt und ihre Gesichter sich ganz nahe waren, fragte er: »Die Ratten haben sich drüber hergemacht, nicht wahr?«

»Die Ratten? Die treiben sich im Haus rum. Und wie ich schon sagte, es sind gräßliche Viecher, aber ...«

Er wollte sich nicht beschwindeln lassen. »Du willst es mich nicht merken lassen«, fiel er ihr ins Wort, »aber du hast Angst vor ihnen, mächtige Angst. Also können sie nicht nur ein bißchen anders sein als normale Ratten, denn so leicht geht dir nichts unter die Haut — dir nicht. Als Dad gestorben ist — das ist dir unter die Haut gegangen. Aber nicht lange, dann hast du wieder Mut gefaßt. Mir zuliebe, weil du wolltest, daß ich mich geborgen fühle. Und wenn Dads Tod dich nicht aus der Fassung gebracht hat, dann denk' ich mir, so schnell läßt du dich nicht umwerfen, von gar nichts. Aber diese Ratten von Biolomech, die gehen dir mehr unter die Haut als irgendwas je zuvor.«

Sie zog ihn fest an sich. Die Liebe, mit der sie an ihm hing, tat weh, fast wie ein körperlicher Schmerz. Trotzdem, die Schrotflinte legte sie nicht aus der Hand.

»Mom«, sagte er, »ich hab' die Falle mit dem Stück Holz gesehen, und die Haferflocken im Spülbecken mit den Giftkörnern dazwischen auch. Ich hab' über alles nachgedacht, und ich glaube, das mit den Ratten ... Es hat etwas damit zu tun, daß sie unheimlich schlau sind, nicht wahr? Sie sind's, weil sie im Labor irgendwas mit ihnen angestellt haben. Sie sind schlauer, als Ratten eigentlich sein können. Und jetzt haben sie uns den Jeep kaputtgemacht.«

»Sie sind nicht schlau genug. Nicht für uns, Liebling.«

»Was wollen wir denn jetzt machen?« flüsterte er.

Auch sie senkte die Stimme unwillkürlich zu einem Flüstern, obwohl sie in der Scheune keine Ratten gesehen hatte und sich nicht vorstellen konnte, warum die Biester sich, nachdem sie den Geländewagen unbrauchbar gemacht hatten, noch länger hier draußen herumtreiben sollten. Und selbst wenn sie noch im Dunkel gelauert hätten, die menschliche Sprache verstanden sie bestimmt nicht. Egal, was die Burschen bei Biolomech mit ihnen angestellt hatten, irgendwo war allem eine Grenze gesetzt. Trotzdem war ihre Stimme nur ein Hauch, als sie antwortete: »Wir gehen ins Haus und ...«

»Aber vielleicht warten sie nur darauf.«

»Vielleicht. Aber ich muß versuchen zu telefonieren.«

»Ans Telefon haben sie bestimmt längst gedacht.«

»Kann sein. Vielleicht aber auch nicht. Ich meine, wie schlau können die Biester denn sein?«

»Schlau genug, um an den Jeep zu denken.«

Hinter dem Zaun erstreckte sich eine knapp hundert Meter lange Wiese, danach begannen tiefe, dunkle Wälder.

Die Chance, die Ratten irgendwo aufzuspüren, war verschwindend klein, dennoch schwärmten die Männer in Zweier- und Dreiergruppen aus und suchten das offene Gelände ab. Dabei wußten sie im Grunde nicht, wonach sie eigentlich Ausschau halten sollten. Sogar bei gutem Wetter, an trockenen, sonnigen Tagen, war es nahezu unmöglich, Spuren von so kleinen Tieren wie Ratten zu verfolgen. Und jetzt — wo sollten sie nach diesem Sturm noch Spuren finden?

Ben Parnell führte vier Männer direkt zum Waldrand jenseits der Wiese. Sie sollten dort, wo der Baumwuchs und das wuchernde Gebüsch anfingen, mit Hilfe des Spürhundes alles absuchen. Der Hund hörte auf den Namen Max. Er war kräftig gebaut, nicht sehr groß, mit riesigen Ohren und einem Gesicht, das eher ein bißchen komisch wirkte. Aber wer ihm bei der Arbeit zusah, dem verging das Lachen schnell. Max war mit großem Ernst und mit Eifer bei der Sache. Deputy Joe Hockner, der Hundeführer, hatte Max am Kot aus dem Käfig schnuppern lassen und eine Stelle im Gras entdeckt, an der der Hund die Witterung aufnehmen konnte. Man sah es Max an, daß ihm der Geruch, den er in der Nase hatte, gar nicht schmeckte, aber die Fährte war offensichtlich so intensiv, daß einer wie er — ein Hund mit ausgeprägtem Jagdinstinkt, der immer sein Bestes geben wollte, egal, wie sehr der Wind heulte und wie dicht das Schneegestöber war — ihr leicht folgen konnte.

Es dauerte nur zwei Minuten, bis er in winterdürrem Gestrüpp fündig geworden war. Er zerrte an der Leine und zog Hockner hinter sich her in den Wald, Ben und seine Männer schlossen sich an.

Meg hielt Doofus die Wagentür auf, und sie, Tommy und der Hund eilten auf das weit offenstehende Scheunentor zu. Draußen formte der Sturm weiße Spukgestalten aus den wirbelnden Flocken. Er war stärker geworden, fuhr mit wütender Gewalt in die Dachziegel, zerrte an ihnen, daß sie klapperten und klirrten; ein paar hatte er schon herausgerissen. Die Dachsparren ächzten, und die Lukentür schwang lose in den Angeln.

»Tommy, du bleibst auf der Veranda. Ich gehe in die Küche, nur bis zum Telefon. Wenn es nicht funktioniert, schlagen wir uns zur Straße durch und halten einen Wagen an.«

»Bei so einem Sturm ist doch niemand unterwegs.«

»Irgend jemand wird schon vorbeikommen. Der Schneepflug oder der Streuwagen.«

Er blieb am offenen Scheunentor stehen. »Mam, bis zur Black Oak Road — das ist eine dreiviertel Meile. Ich glaub' nicht, daß ich mit dem Gipsverband so weit gehen kann, auch wenn du mir hilfst. Bei so einem Sturm! Ich bin jetzt schon müde, ich hab' Muskelkater, weil das eine Bein alles allein schaffen muß. Wenn ich überhaupt bis zur Straße komme, dauert es bestimmt sehr, sehr lange.«

»Wir schaffen es«, sagte sie, »und es ist ganz egal, wie lange es dauert. Bis zur Straße verfolgen sie uns nicht, da bin ich ganz sicher. Der Sturm ist unser bester Schutz — wenigstens vor ihnen.« Und dann fiel ihr der Schlitten ein. »Ich kann dich bis zur Straße ziehen.«

»Ziehen? Mich?«

Sie nahm in Kauf, daß sie Tommy unter Doofus' Obhut so lange allein lassen mußte, bis sie zurück in die Scheune gerannt war, zur Bretterwand an der Nordseite, wo neben dem Spaten, der Hacke und dem Rechen der Schlitten hing — der *Midnight Flyer*, wie der Schriftzug auf der Sitzschale verhieß. Ohne die Waffe aus der Hand zu legen, hakte sie den Schlitten los und schleppte ihn zum Scheunentor, wo Tommy wartete.

»Aber Mam, du kannst mich nicht ziehen, ich bin zu schwer.«

»Hab' ich dich nicht schon wer weiß wie oft durch den dicksten Schnee gezogen — kreuz und quer übers Farmgelände?«

»Ja, aber das war vor Jahren, da war ich noch klein.«

»He, Cowboy, ein Riese bist du jetzt auch noch nicht. Na, komm schon!«

Gut, daß ihr der Schlitten eingefallen war. *Einen Vorteil habe ich gegenüber den High-tech-Gespenstern aus dem Biolomech-Labor*, dachte sie. *Ich bin eine Mutter, die ihr Kind beschützen will, und das macht mich stark. Die Biester müssen mit mir rechnen.*

Sie stellte den Schlitten draußen ab und half Tommy in die Sitzschale. Links stemmte er den Schuh gegen die Führungskufen. Der rechte Fuß steckte im Gips, bis auf die Zehen. Der dicke Wollstrumpf, den sie ihm über den Gips und die nackten Zehen gezogen hatte, war völlig durchweicht, die nasse Wolle fing schon zu gefrieren an. Trotzdem schaffte es Tommy irgendwie, sich auch mit dem rechten Bein so abzustemmen, daß er festen Halt hatte.

Doofus strich ängstlich um den Schlitten herum und bellte ein paarmal laut die offene Scheune an, aber Meg, die jedesmal aufsah und das Dunkel absuchte, konnte nichts entdecken.

Sie nahm das steifgefrorene Nylonseil, betete stumm, daß das Telefon nicht tot war, und zog Tommy auf dem Schlitten über den langgestreckten Hof. An manchen Stellen — Gott sei Dank nur an wenigen — schnitten die Kufen so tief in den Schnee, daß sie sich sekundenlang im halb gefrorenen Boden festgruben, aber sie bekam den Schlitten jedesmal wieder flott. Im allgemeinen lag die frische Schneedecke so hoch, daß die Kufen leicht und geschmeidig darüber hinwegglitten. Das bestärkte sie in der Hoffnung, daß sie es, wenn nötig, bis zur Straße schaffen und nicht auf halbem Wege vor Erschöpfung zusammenbrechen würde.

Das Unterholz war nicht sehr dicht, und die Ratten schienen sich auf ihrer Flucht vorwiegend an die Pfade gehalten zu haben, die das Rotwild ins Dickicht getreten hatte, denn der Spürhund jagte, ohne erst lange suchen zu müssen, in einem solchen Tempo los, daß die Männer Mühe hatten, ihm zu folgen. Zum Glück war der meiste Schnee in den Baumkronen hängengeblieben, weswegen es nicht nur den Männern, sondern auch Max mit seinem gedrungenen Körperbau erspart blieb, sich mühsam durch hohe Verwehungen zu kämpfen. Ben wunderte sich, daß der Hund während der Verfolgungsjagd nicht laut bellte; in alten Filmen, erinnerte er sich, stieß die Meute immer ein gräßliches Gebell aus, wenn sie hinter Cagney oder Bogart herjagte. Von Max war nichts als das unablässige Hecheln und Schnüffeln zu hören.

Sie mochten etwa fünfhundert Meter vom Zaun entfernt sein und stolperten auf unebenem Boden von einer Furche zur anderen, während sie immer wieder unwillkürlich zurückschraken, wenn das schwankende Taschenlampenlicht ihnen jäh bizarre Gestalten vorgaukelte.

Auf einmal wurde Ben klar, daß die Ratten sich hier im Wald bestimmt keine Winterhöhle gegraben hatten. Wenn sie das vorgehabt hätten, hätten sie es gleich am Waldrand tun können, dicht hinter der ersten Baumreihe. Aber sie waren immer tiefer in den Wald eingedrungen, und das konnte nur bedeuten, daß sie auf einen bequemeren Unterschlupf aus waren als auf eine Erdhöhle mitten in der Wildnis. Eigentlich ganz logisch, da sie doch an ein Leben in der freien Natur überhaupt nicht gewöhnt waren. Die Generation am Ende einer langen Kette von Laborversuchen — zeitlebens war ihre vertraute Umgebung der Käfig gewesen, in dem immer frisches Futter und Wasser für sie bereitstand. So schlau sie auch sein mochten, im Wald wären sie verloren gewesen. Deshalb kämpften sie sich durch den Schnee — in der Hoffnung, irgendwo eine menschliche Behausung zu finden, in der sie sich verkriechen konnten. Und auf dem Weg zu diesem Ziel hätten nur ein rapider Temperatursturz oder völlige Erschöpfung sie aufhalten können.

Cascade Farm.

Mit einem Mal fiel ihm die attraktive junge Frau im Geländewagen ein. Kastanienfarbenes Haar, mandelbraune Augen, ein Gesicht wie aus Porzellan; wären da nicht ein paar hübsche Sommersprossen gewesen, hätte es fast eine Spur zu puppenhaft gewirkt. Der Junge hinten im Wagen, mit dem Bein im Gipsverband — neun oder zehn mochte er gewesen sein —, hatte Ben an seine eigene Tochter erinnert. Melissa war auch neun gewesen, als sie nach einem langen vergeblichen Kampf ihr Leben an den Krebs verloren hatte. In den Augen des Jungen hatte Ben dieselbe Unschuld gelesen wie seinerzeit bei Melissa, dieses grenzenlose, trügerische Vertrauen, das von dem Gefühl herrührte, in der Nähe eines liebenden Menschen geborgen zu sein. Vorhin auf der Straße, als Ben Mutter und Sohn durchs offene Wagenfenster gemustert hatte, war so etwas wie Neid in ihm wach geworden: zwei, die ein Leben in der Geborgenheit einer Familie führten, ohne von den düsteren Schatten eines Schicksalsschlages bedroht zu sein.

Jetzt, während er sich hinter Deputy Hockner und dem Hund seinen Weg durch den Wald bahnte, wuchs plötzlich die Gewißheit in ihm, daß die Ratten, die wenige Stunden vor Beginn des Schneefalls aus dem Biolomech-Labor entkommen waren, ihr Ziel gefunden hatten: die Cascade Farm, den am nächsten gelegenen Ort, der von Menschen bewohnt wurde. Und er wußte, daß sich die Familie, die er vorhin noch beneidet hatte, auf einmal in tödlicher Gefahr befand. Lassiter — so hießen die Leute auf der Farm. Er wußte es: Die Ratten hatten sich bei den Lassiters eingenistet. Er war sich so sicher, als hätte er es mit eigenen Augen gesehen.

Feindselig, hatte Acuff gesagt. Extrem feindselig. Von dumpfer Wut getrieben, unerbittlich, teuflisch feindselig.

»Haltet mal an! Wartet! Bleibt stehen!« rief er.

Deputy Hockner zerrte Max an der Leine zurück, auch die anderen Männer blieben stehen, und schließlich versammelten sich alle auf einer kleinen Lichtung. Ringsum bogen sich die Pinienstämme im peitschenden Wind. Der Atemhauch der Männer schien in der Luft zu gefrieren. Fragend sahen sie Ben an.

»Steve«, ordnete Ben an, »gehen Sie zurück zum Haupttor, nehmen Sie sich einen Lastwagen und eine Handvoll Männer und fahren Sie zur Cascade Farm. Sie wissen, wo das ist?«

»Ja, ein Stück weit die Black Oak Road hinunter.«

»Gott möge den Leuten dort beistehen. Ich bin so gut wie sicher, daß die Ratten sich da verkrochen haben. Es ist der einzige warme Unterschlupf in erreichbarer Nähe. Wenn sie's nicht bis zur Farm geschafft haben, kommen sie im Sturm um, aber an so viel Glück wage ich nicht zu glauben.«

Steve drehte sich um. »Bin schon unterwegs.«

Zu Deputy Hockner sagte Ben: »Okay, machen wir uns auch auf den Weg. Hoffen wir, daß ich falsch liege.«

Hockner gab die straffgezogene Leine frei, an der er Max zu sich herangezogen hatte. Und dieses Mal bellte der Hund, als wollte er mit seinem tiefen, langgezogenen Laut signalisieren, daß er die Fährte wieder aufgenommen hatte.

Zur selben Zeit hatte Meg, den Schlitten im Schlepp, die Stufen zur Veranda erreicht. Ihr Herz schlug wild, und ihre Kehle brannte von der rauhen, eiskalten Luft, mit der sie sich die Lungen vollgepumpt hatte. Von ihrer Zuversicht, Tommy notfalls auf dem Schlitten bis zur Landstraße ziehen zu können, war nicht viel übriggeblieben. Irgendwann später, wenn sich der Sturm gelegt hatte, mochte das nicht so schwierig sein, aber wie es jetzt aussah, bezweifelte sie, daß ihre Kräfte ausreichten, um den Jungen auf dem Schlitten — noch dazu ständig gegen den wütenden Sturm gestemmt — über eine so lange Strecke hinter sich herzuschleppen. Außerdem war der Schlitten noch gar nicht für den Winter hergerichtet: Die Kufen mußten mit Sandpapier entrostet, mit Öl und danach mit Seife eingerieben werden — und sie war fest davon überzeugt gewesen, daß das noch ein paar Wochen Zeit haben würde.

Doofus hielt sich dicht am Schlitten und wollte gar nicht mehr aufhören, sich zu schütteln. Nicht mal sein dichtes Fell bot genug Schutz vor dem Blizzard. Im Lichtschimmer, der durch die Küchenfenster nach draußen fiel, bis auf die Stufen vor der Veranda, sah Meg die Eiskristalle glitzern, die ihm das Fell verklebten.

Tommy hatte — die Kapuze der Jacke über den Kopf gezogen, tief nach vorn gebeugt und das Gesicht vor dem schneidenden Wind geschützt — den Weg von der Scheune zum Haus besser überstanden als der Labrador. Aber es ging ihm wohl nicht anders als ihr selbst, da sie ja beide keine dicken Thermohosen, sondern nur leichte Jeans trugen: Sie waren durchweicht bis auf die Haut. Meg konnte sich ausmalen, daß es nicht mehr lange bis zum Beginn einer gefährlichen Unterkühlung gedauert hätte — wieder etwas, was dagegen sprach, den weiten Weg bis zur Black Oak Road zu wagen.

Stumm wiederholte sie ihr Stoßgebet, daß um Himmels willen das Telefon funktionieren möge.

Tommy sah zu ihr hoch — ein blasses Gesicht, eingemummt vom hochgeschlagenen Jackenkragen. Sie schrie gegen das häßliche Heulen der Sturmböen an, als sie ihm auftrug, hier draußen zu warten, und versprach, gleich wieder zurück zu sein (obwohl sie beide nur zu gut wußten, daß ihr im Haus Gott weiß was zustoßen konnte).

Die Waffe in der Hand, stieg sie die Stufen hoch und öffnete vorsichtig die Hintertür. Ein unvorstellbares Durcheinander in der Küche. Sämtliche Päckchen, Tüten und sogar Gläser mit Vorräten waren aus den Schränken gezerrt worden und lagen aufgerissen oder zerschlagen auf dem Boden — Haferflocken, Müsli, Zucker, Mehl, Maisstärke, Crackers, Plätzchen, Makkaroni und Spaghetti, alles war durcheinandergemengt, mit dem Sud aus den Gläsern und mit Makkaronisoße bekleckert, grausig garniert mit Kirschen, Oliven und Mixed Pickles.

Ein Bild der Verwüstung — ohne Zweifel hatte sich hier sinnlose Wut ausgetobt. Wäre es das Werk eines Menschen gewesen, hätte man von einem Psychopathen gesprochen. Die Ratten hatten die Päckchen und Tüten nicht aufgerissen, um sich am Inhalt gütlich zu tun. Es machte ihnen einfach Spaß, etwas zu zerstören, was anderen gehörte. Dahinter steckte dieselbe unbeherrschte Wut, die manche Menschen zu Raserei und Vandalismus trieb. Die Gremlins der uralten Sagen schienen in Rattengestalt auferstanden zu sein.

Waren nicht auch die Gremlins Geschöpfe der Menschen gewesen? In welcher Welt lebten sie, wenn Menschen sich selbst die Spukgestalten schufen, von denen ihnen Verderben drohte? Oder war es vielleicht so, daß die Menschen das Unheil über ihren Häuptern schon immer selbst heraufbeschworen hatten?

Von den Ratten, die hier gehaust hatten, konnte Meg weit und breit nichts entdecken. Da huschte nichts Weißes über die Einlegeböden im Küchenschrank, da wieselte kein heller Schatten an der Wand entlang. Zögernd, einen Fuß vor den anderen gesetzt, betrat sie das Haus.

Hinter ihr wehte eisiger Wind herein, ein naßkalter Schwall, der mit der Gewalt einer Wasserwoge durch die Tür schwappte. Mehl stäubte hoch, Zuckerkörner wirbelten durch die Küche, Kekskrümel und zerbrochene Spaghetti tanzten durch die Luft.

Körner, Flocken, Teigwaren und Glasscherben knirschten unter Megs Schritten, als sie sich ihren Weg zum Telefon bahnte, das ziemlich weit hinten hing, neben dem Kühlschrank. Dreimal war sie ganz sicher, aus den Augenwinkeln eine Bewegung wahrzunehmen — eine Ratte natürlich, was sonst —, aber jedesmal, wenn sie blitzschnell den Lauf der Schrotflinte aufs Ziel richten wollte, sah sie, daß es nur der abgerissene Deckel von einem Päckchen oder ein Stück Zellophanpapier war, mit dem der Wind spielte.

Endlich stand sie vor dem Telefon und nahm den Hörer ab. Kein Freizeichen, nichts. Die Leitung war tot. Entweder hatte der Sturm sie gekappt ... Oder die Ratten. Niedergeschlagen legte sie den Hörer auf die Gabel.

Und dann verebbte der Sturm urplötzlich — wie von einem gewaltigen Sog schien der wirbelnde Wind aus der Küche gezogen zu werden, von einem Augenblick zum anderen. Und da nahm sie den beißenden Geruch wahr. Irgendein Gas. Nein, kein Gas, irgend etwas anderes. Mehr wie ... Wie Benzin?

Heizöl.

Alle Glocken ihres inneren Alarmsystems läuteten Sturm.

Jetzt, nachdem der Wind nicht mehr durch die Küche wirbelte, merkte sie, daß das ganze Haus nach Heizöl roch. Die Schwaden mußten von unten kommen, aus dem Keller. Und das konnte nur bedeuten, daß die Leitung zwischen dem Tank und dem Heizkessel gebrochen war.

Sie war blindlings in eine Falle gerannt.

Diese Gremlins in Rattengestalt schreckten nicht einmal davor zurück, das Haus, in dem sie gerade erst Zuflucht gesucht hatten, in die Luft zu sprengen. Sie mußten von einer so dämonischen Feindseligkeit beherrscht sein, daß sie wirklich alles in Kauf nahmen, wenn es nur dem Ziel diente, Menschen zu töten.

Hastig trat sie einen Schritt zurück, wandte sich zur Tür um. Und in diesem Augenblick hörte sie das leise, wohlvertraute Geräusch — dieses dumpf im Keller widerhallende Klicken der elektronischen Zündvorrichtung am Heizungskessel: der Zündfunke, der die Heizung anspringen ließ.

Den zweiten Schritt auf die Tür zu schaffte sie nicht mehr. Es dauerte nur einen Sekundenbruchteil, bis das Haus explodierte.

Vor sich den Spürhund und Deputy Hockner, hinter sich drei seiner Männer, erreichte Ben Parnell den nördlichen Waldrand und sah — knapp zweihundert Meter entfernt, kaum auszumachen durch den Schleier aus umherwirbelndem Schnee — den schwachen Lichtschein, der aus den Fenstern der Cascade Farm drang.

»Ich weiß es genau«, murmelte er, »dort stecken sie, das war ihr Ziel.«

Er mußte wieder an die Frau und den Jungen im Geländewagen denken und empfand plötzlich den beiden gegenüber eine zwingende Verpflichtung. Das Gefühl, persönlich für die Lassiters verantwortlich zu sein, hatte nichts damit zu tun, daß er bei Biolomech angestellt war. Vor zwei Jahren hatte er sich eingeredet, seiner eigenen Tochter Melissa gegenüber versagt zu haben. Ein ganz unbegründetes Schuldgefühl, natürlich, denn er war kein Arzt, er hätte sie nicht vor dem Krebs bewahren können — wie denn auch? Aber gegen Schuldgefühle helfen keine Argumente. Sein Verantwortungsbewußtsein für andere war schon immer stark ausgeprägt gewesen. Eine Tugend mochten das manche nennen, aber sie konnte schnell zur Last werden. Genau wie jetzt, als er am Waldrand stand, zur Farm hinübersah und es, ohne lange nachzudenken, für seine selbstverständliche Pflicht hielt, sich um die Frau dort drüben und ihren Sohn zu kümmern — und um alle, die noch in dem Haus leben mochten.

»Vorwärts!« rief er seinen Männern zu.

Deputy Hockner gab Ben ein Zeichen. »Geht schon voraus«, sagte er, kniete sich auf den Boden und breitete eine Decke aus federleichtem Isoliermaterial aus — eines jener Produkte, die erst durch Entwicklungen im Zusammenhang mit der Raumfahrtforschung möglich geworden waren. Fast liebevoll hüllte er Max in die Decke. »Mein Hund muß sich aufwärmen. So einem lausigen Wetter darf er nicht zu lange ausgesetzt sein. Wenn er ein bißchen aufgetaut ist, kommen wir nach.«

Ben nickte und drehte sich um. Er war gerade zwei Schritte weit gekommen, als drüben in der Ebene das Farmhaus in die Luft flog. Ein zuckender Lichtblitz, schmutziges Orange mischte sich mit grellem Gelb. Danach kam die Druckwelle wie ein tief grollendes *Wham*. Sie sahen und hörten die Explosion nicht nur, sie spürten sie auch. Aus den zerschmetterten Fenstern drang Feuerschein, die Flammen wogten wie Banner im Wind, und die ersten Zungen leckten schon an der Hauswand hoch.

Der Fußboden kam ihr entgegen, eine unsichtbare Kraft riß sie von den Beinen. Und dann fielen die Dielenbretter, die sich sekundenlang unter ihr aufgebäumt hatten, in sich zusammen, und sie fiel mit. Vornüber kippte Meg in das Durcheinander aus verstreuten Lebensmitteln, aufgerissenen Verpackungen und Glasscherben. Sie bekam auf einmal keine Luft mehr, und der ungeheure Druck raubte ihr fast das Bewußtsein. Aber die Flammen, die an den Wänden hochzüngelten und sich mit rasender Geschwindigkeit auf dem Boden ausbreiteten, nahm sie trotzdem wahr. Die Feuerzungen kamen ihr vor wie gierige Raubtiere, die nur das Ziel kannten, ihr den Fluchtweg zur Tür zu versperren.

Als sie es endlich geschafft hatte, sich auf die Knie zu stemmen, sah sie, daß Blut aus ihrer linken Hand sickerte. Keine Verletzung, an der sie verbluten konnte, nur eine Schnittwunde, die sich quer durch das weiche Fleisch des linken Handballens zog, aber immerhin so tief, daß es weh tun mußte. Nur stand sie noch so unter Schock, daß sie den Schmerz gar nicht spürte.

Die Schrotflinte fest in der rechten Hand, rappelte sie sich vollends hoch. Ein Zittern lief durch ihre Beine, aber sie durfte keine Zeit verlieren. Das Feuer fraß sich an allen vier Wänden hoch, und auf dem Fußboden gab es kaum noch eine Stelle, an der nicht schon Flammen züngelten. Es konnte nur eine Frage von Sekunden sein, bis sie von lodernder Glut und sengender Hitze eingeschlossen war. Hastig stolperte sie auf die Tür zu.

Mit knapper Not schaffte sie es über die Schwelle, ehe hinter ihr der Küchenfußboden einbrach. Die Druckwelle der Explosion hatte die Veranda übel zugerichtet, das Vordach war in der Mitte eingesackt. Meg war kaum die Treppenstufen hinuntergehastet, als der erste Stützpfosten umstürzte. Und dann gab es kein Halten mehr, die ganze Konstruktion mußte durch die Wucht der Explosion so baufällig geworden sein, daß Megs hastige Schritte und ihr Gewicht genügt hatten, um alles zusammenbrechen zu lassen.

Tommy war, als ihn die Druckwelle vom Schlitten gefegt hatte, instinktiv weiter vom Haus weggekrochen. Jetzt lag er erschöpft bäuchlings im Schnee, während der Labrador treu bei ihm Wache hielt. Meg rannte zu ihm, so schnell sie konnte. Ihr erster Gedanke war, daß der Junge sich irgendwie verletzt haben mußte, obwohl ihm die Flammen oder herabfallende Dachziegel hier draußen nichts anhaben konnten. Gott sei Dank, es war ihm nichts passiert. Der Schrecken saß ihm in den Knochen, aber das war zum Glück alles. »Sei ganz ruhig, Kleiner«, sagte sie, »es wird alles gut werden.« Und noch während sie beruhigend auf ihn einredete, wurde ihr klar, daß er bei dem heulenden Sturm und dem Prasseln der Flammen ihr Gemurmel wahrscheinlich gar nicht hören konnte.

Sie nahm ihn in die Arme, spürte das Leben in ihm pulsieren. Sie war unendlich dankbar und erleichtert, doch dann schlich sich ein anderes Gefühl ein: Wut. Unbändige Wut auf die Ratten und die Männer, die diese Gremlins geschaffen hatten.

Irgendwann früher hatte sie geglaubt, ihr Erfolg als Künstlerin wäre das Wichtigste in ihrem Leben. Dann, als Jim und sie gerade geheiratet hatten und sich abrackern mußten, um aus der kleinen Werbeagentur ein florierendes Unternehmen zu machen, war ihr der finanzielle Erfolg am wichtigsten erschienen. Aber inzwischen hatte sie schon lange begriffen, daß es nichts Wichtigeres gab als die Familie — das Band inniger Zuneigung zwischen Verheirateten, Eltern und Kindern. Nur, in einer Welt zwischen Himmel und Hölle wissen die Menschen sich oft nicht zu wehren gegen das, was ihr Leben in Liebe und Geborgenheit zerstört. Manches wird vom Schicksal bestimmt, Krankheit und Tod vor allem. Anderes mag an eigenem Verschulden liegen, Krieg und Fanatismus. Armut kann die Ursache sein, daß eine Familie plötzlich von Haß, Gewalt und Besitzgier beherrscht wird. Und mitunter sind es unbeherrschte Gefühle, die eine Familie zerbrechen lassen, Neid, Eifersucht, sexuelle Begierde. Sie selbst hatte die Hälfte ihrer Familie verloren, ihren Mann Jim, aber sie und Tommy hatten aneinander Halt gesucht und hier — in diesem Haus, das ihr jetzt von den Ratten, diesen Ausgeburten menschlichen Forschungswahns, genommen worden war — ihre Erinnerungen an glücklichere Zeiten wachgehalten. Nun gut, sie hatten es ihr genommen, und dafür würden die Biester büßen.

Sie half Tommy, noch ein Stück weiter vom brennenden Haus fortzuhumpeln. Vielleicht waren die Eiseskälte und der Sturm draußen auf dem offenen Hof der beste Schutz vor den Ratten. Dann ließ sie Tommy allein. Den Weg, der jetzt vor ihr lag, mußte sie ohne ihn gehen: nach hinten, zur Scheune.

Dort mußten die Ratten sein. Sie war sicher, daß die Biester sich nicht selbst in die Luft gesprengt hatten. Das mit der Heizung, die Manipulation an der Ölleitung, das war nur ein Intermezzo gewesen, um ihr eine tödliche Falle zu stellen. Im Freien drängten die Ratten sich bei dem Wetter bestimmt nicht zusammen. Also blieb nur die Scheune. Sie vermutete, daß sie sich einen Gang zwischen dem Haus und der Scheune gegraben hatten. Sie mußten irgendwann am späten Nachmittag auf der Cascade Farm angekommen sein, hatten also genug Zeit gehabt, alles auszukundschaften und ihre Vorbereitungen zu treffen. Einen unterirdischen Kriechgang zu graben, das konnte für sie nicht allzu schwierig gewesen sein, schließlich waren sie entschieden größer und kräftiger als normale Ratten. Schön einfach hatten die Biester es sich gemacht. Während sie und Tommy mühsam über den schneeverwehten Hof und durch den Sturm zur Scheune und zurück stolpern mußten, waren die Ratten warm und trocken durch ihren Gang hin und her gehuscht.

Nicht allein Rachegefühle und Mordlust trieben sie in die Scheune, sie *mußte* die Ratten vernichten, denn die Scheune war der einzige Ort, der ihr und Tommy eine Chance zum Überleben bot. Die Schnittwunde in der linken Hand war ein Handicap, genauso wie der Schock, der immer noch in ihr nachwirkte. Den Gedanken, sich bei Temperaturen weit unter Null und einem Sturm, der mit einer Geschwindigkeit von mehr als hundert Stundenkilometern übers Land fegte, bis zur Black Oak Road durchzuschlagen, um dann weiß Gott wie lange dort herumstehen zu müssen, bis irgendwann ein Fahrzeug vorbeikam, hatte sie längst aufgegeben. In der Verfassung, in der sie sich befand, hatte sie nicht die Kraft dazu, und auch Tommy würde es nicht schaffen. Das Haus war verloren, also blieb die Scheune der einzige Zufluchtsort. Sie mußte ihn von den Ratten zurückerobern, sie mußte die Biester töten, damit sie und Tommy überleben konnten.

Auf die Hoffnung, irgend jemand werde den Feuerschein sehen und herkommen, um zu helfen, wollte sie nicht vertrauen. Die Cascade Farm lag sehr einsam, und im Schneetreiben war die Feuersbrunst sicher nicht weit zu sehen.

Am offenen Scheunentor zögerte sie. Die Glühbirne, die einzige Lichtquelle, warf immer noch ihren trüben Schein, aber es kam Meg vor, als wären die Schatten, in die der größte Teil der Scheune getaucht war, inzwischen tiefer geworden. Dann gab sie sich einen Ruck. Den Sturm und den orangefarbenen Feuerschein im Rücken, wagte sie sich in die Höhle der Gremlins.

Ben Parnell merkte schnell, daß wegen der tiefen, kreuz und quer verlaufenden Bewässerungsgräben an ein schnelles Vorwärtskommen nicht zu denken war. Der Weg durchs unwegsame Gelände war nicht ungefährlich, weil man im dichten Schneegestöber oft nicht die Hand vor Augen sah. Ein paarmal war Ben schon blindlings in einen Graben gestolpert. Hast wäre sträflicher Leichtsinn gewesen; wer sich hier nicht vor jedem Schritt sorgfältig vergewisserte, wohin er führte, riskierte seine Knochen. Ob sie wollten oder nicht. Ben und die drei Männer, die ihn begleiteten, mußten es, immer das Bild des brennenden Hauses vor Augen, langsam angehen lassen.

Ben war sich sicher, daß die Ratten die Schuld an dem Feuer trugen. Er hatte keine Ahnung, wie sie es gelegt hatten und warum, aber daß der Brand gerade jetzt ausgebrochen war und daß die Flammen derartig schnell um sich griffen, konnte kein Zufall sein. Vor seinem inneren Auge stiegen Schreckensbilder auf — die Frau und der Junge inmitten der lodernden Flammen, beide schon von den Ratten angenagt.

Sie hatte furchtbare Angst, aber es war eine Angst ganz besonderer Art, die ihr, statt sie mutlos zu machen, zusätzliche Kräfte zu verleihen schien — und eine wilde Entschlossenheit. Eine Ratte mochte vielleicht in Panik geraten, wenn sie in die Enge getrieben wurde. Eine Frau, die auf sich allein gestellt war, konnte ganz anders reagieren. Nicht jede Frau, aber manche eben doch.

Meg ging in die Scheune, bis dahin, wo der Jeep stand. Ihr Blick suchte das Halbdunkel der Stallboxen ab, den offenen Heuboden, die einstige Futterkrippe. Sie spürte es: Die Ratten waren da und beobachteten sie.

Sie dachten nicht daran, sich offen zu zeigen, dafür war ihr Respekt vor der Schrotflinte zu groß. Meg mußte es irgendwie schaffen, sie aus ihren Verstecken zu locken. Mit Futter ließen sie sich — so schlau, wie sie waren — bestimmt nicht ködern. Wenn also List nicht half, mußte sie vielleicht versuchen, sie mit Gewalt aus dem Dunkel herauszutreiben — mit ein paar gutgezielten Schüssen aus der großkalibrigen Waffe.

Langsam ging sie auf die Wand gegenüber dem Scheunentor zu. Als sie an den Stallboxen vorbeikam, schielte sie — jeden Augenblick darauf gefaßt, irgendwo das gespenstische Glühen kreisrunder roter Augen zu sehen — verstohlen ins Dunkel. Mindestens ein, zwei Biester mußten sich dort drüben verkrochen haben.

Sie konnte nichts Verdächtiges entdecken, dennoch riß sie, als sie kehrtgemacht hatte und zurück zum Jeep ging, plötzlich die

Waffe hoch und feuerte in die Stallboxen: *Blam, blam, blam* — drei Schüsse aus nächster Nähe, einer dicht neben dem anderen. Das Mündungsfeuer riß das Dunkel auf wie grell zuckender Blitzschlag, der Explosionsknall hallte von den Bretterwänden wider wie grollender Donner. Als sie den dritten Schuß abgab, kam ein quiekendes Rattenpärchen aus der vierten Stallbox gerannt, zwei weiße Schatten huschten auf den Jeep zu, unter dem sie offenbar Deckung nehmen wollten. Zweimal zog Meg blitzschnell den Abzug durch, zweimal traf sie ihr Ziel — die Biester waren auf der Stelle tot, auch wenn ihre Kadaver sich endlos lange purzelnd und kugelnd überschlugen.

Sie hatte das Magazin verschossen. Rasch kramte sie — egal, wie sehr die Schnittwunde schmerzte — mit der linken Hand in den Jeans nach den vier Patronen, die ihr noch blieben, und lud die Waffe nach. Als sie die vierte Patrone ins Magazin schob, hörte sie hinter sich ein vielstimmiges schrilles Quieken. Sie fuhr herum. Sechs große weiße Ratten mit unförmigen Schädeln fauchten sie an.

Vier der Biester schienen zu begreifen, daß sie keine Chance hatten, rechtzeitig zum Biß zu kommen. Sie drehten ab und verschwanden unter dem Geländewagen. Die beiden anderen kamen so unglaublich schnell auf sie zu, daß Meg keine Zeit blieb, lange zu zielen. Sie konnte nur noch abdrücken — einmal, zweimal ... Und sie hatte Glück, sie erwischte beide Angreifer.

In wilder Hast hetzte sie um den Jeep herum und sah, wie die vier Ratten unter dem Wagenboden hervorhuschten und auf ihr Versteck unter der alten Futterkrippe zurannten. Sie feuerte zwei Schüsse hinter ihnen her, aber diesmal verschwanden die Biester ungeschoren unter dem Lattengestell der Futterkrippe.

Nun hatte sie keine Munition mehr. Dennoch lud sie die Waffe durch, als könnte wie von Zauberhand doch noch eine Patrone in den Lauf gerutscht sein. Eine trügerische Hoffnung, wie ihr klarwurde, als sie das trockene, leer hallende *Klacketi-klack* hörte.

Entweder hatten auch die Ratten an dem Geräusch gemerkt, daß das Magazin leer war, oder sie hatten von Anfang an mitgezählt: neun Schuß — fünf im Magazin und die vier aus der Schachtel im Schlafzimmerschrank, die letzten vier, die sie noch nicht fortgeschleppt hatten. Jedenfalls tauchten die vier Biester, die gerade erst unter der Futterkrippe verschwunden waren, sofort wieder auf. Vier bleiche Schatten kamen angehuscht und bauten sich vor Meg auf, mitten im trüben Lichtkreis, den die nackte Glühbirne auf den Scheunenboden malte.

Meg drehte die Schrotflinte um und packte sie wie eine Keule am Lauf. Sie biß die Zähne zusammen, versuchte, den Schmerz in der linken Hand zu vergessen, und schwang die Waffe mit beiden Händen hoch über dem Kopf.

Die Ratten kamen langsam näher... Und dann wurden sie schneller.

Meg warf rasch einen Blick über die Schulter, innerlich darauf gefaßt, ein Dutzend anderer Ratten zu sehen, die sie von hinten angriffen. Aber sie war nicht eingekreist, sie hatte es nur mit vier Tieren zu tun. Nur? Genausogut hätten es tausend sein können. Sie wußte, daß sie sowieso nur einmal dazu kommen würde, mit dem Schaft zuzuschlagen, bevor die anderen heran waren und an ihr hochkletterten. Und wenn sie erstmal an ihr hingen, sich festbissen und ihr die Krallen ins Fleisch schlugen, waren auch drei zuviel. Wie hätte sie sich denn mit bloßen Händen gegen sie wehren sollen?

Sie schielte zum offenen Scheunentor. Aber sie wußte, wenn sie die Schrotflinte fallen ließ und losrannte — hinaus in die eisige Winternacht, in der sie vielleicht vor den Ratten sicher war —, war sie erst recht verloren. Die Biester würden über sie herfallen, bevor sie das Tor erreicht hatte.

Als ahnten sie, daß Meg ihnen wehrlos ausgeliefert war, stießen die vier Ungeheuer gellend spitze Schreie aus — ein schrilles Triumphgeheul. Sie reckten die unförmigen Schädel, schnupperten gierig, peitschten mit ihren dicken Rattenschwänzen den Boden und stießen unablässig ohrenbetäubende Schreie aus.

Und dann gingen sie auf sie los.

Der Versuch, bis zum rettenden Scheunentor zu kommen, war aussichtslos, das hatte sie begriffen. Trotzdem, versuchen — wenigstens versuchen — mußte sie es. Denn wenn die Ratten sie töteten, lag Tommy mit seinem gebrochenen Bein hilflos draußen im Schnee. Bis der Morgen graute, war er längst erfroren. Es sei denn, daß sogar Kälte und Sturm die Ratten nicht davon abhielten, auch über ihn herzufallen.

Sie wirbelte herum, drehte dem angreifenden Rudel den Rükken zu, wollte auf das Tor zurennen — und erstarrte. Da stand jemand. Die Flammen waren schwächer geworden, aber der Feuerschein des brennenden Hauses leuchtete noch so hell, daß sich die Silhouette des Mannes im offenen Scheunentor scharf wie ein Scherenschnitt abzeichnete.

Ein Fremder. Er hielt einen Revolver in der Hand. Und rief ihr zu: »Gehen Sie aus dem Weg!«

Meg ließ sich zur Seite fallen. Der Fremde feuerte, vier Schuß in schneller Folge. Er traf nur eine Ratte, die Biester waren zu klein und zu schnell — kein ideales Ziel für jemanden, der nur eine Pistole zur Hand hatte. Immerhin, die übriggebliebenen drei suchten ihr Heil in der Flucht und verschwanden schleunigst unter der Futterkrippe.

Der Mann lief auf Meg zu, und als er näher kam, sah sie, daß es kein Fremder war. Sie erkannte ihn an der schaffellverbrämten Jacke und der dunkelblauen Pudelmütze wieder; es war der, mit dem sie an der Straßensperre gesprochen hatte.

»Alles in Ordnung, Mrs. Lassiter?«

Sie ging nicht darauf ein, sondern fragte statt dessen hastig: »Mit wie vielen haben wir's zu tun? Ich habe vier getötet, Sie eine — also, wie viele sind noch übrig?«

»Acht waren es insgesamt.«

»Dann sind also nur noch drei übrig?«

»Ja ... He, Ihre Hand blutet ja. Sind Sie sicher, daß Sie ...«

»Ich glaube, sie haben sich einen Gang zwischen dem Haus und der Scheune gegraben«, fiel sie ihm ins Wort. »Der Eingang muß irgendwo da hinten unter der alten Futterkrippe sein.« Der Rest war gestammelte Wut, und sie merkte selbst, wie sie jedes Wort zwischen den Zähnen zerbiß. »Die Biester sind widerlich. Abartige Monster. Ich will sie vernichten, alle — ohne Ausnahme. Sie sollen dafür büßen, daß sie mir mein Zuhause genommen und meinem Jungen Angst und Schrecken eingejagt haben. Nur, wenn sie sich unter der Erde verkrochen haben, wie erwischen wir sie dann?«

Er deutete nach draußen, wo gerade ein großer Lastwagen auf das Farmgelände einbog. »Wir haben damit gerechnet, daß wir sie aus einer Höhle rausholen müssen. Wir haben die nötige Ausrüstung dabei, wir können sie mit Gas ausräuchern.«

»Ich will, daß sie umkommen«, sagte Meg und erschrak selbst über die Wut in ihrer Stimme.

Eine Gruppe von Männern sprang von der Ladefläche des Lastwagens und kam auf die Scheune zu. Im Lichtkegel ihrer Taschenlampen tanzten Schneeflocken, vermischt mit Aschepartikeln, die der Wind vom ausgebrannten Farmhaus herüberwehte.

»He, bringt die Gasflaschen mit!« rief ihnen der Mann in der schaffellverbrämten Jacke zu.

Einer der Männer schrie irgend etwas zurück.

Meg wartete nicht ab, was jetzt geschehen würde. Sie rannte hinaus in den Hof, um nach Tommy zu sehen.

Sie, Tommy und Doofus genossen die Wärme in der Fahrerkabine des Lastwagens, während die Männer von Biolomech draußen die letzten Vorbereitungen trafen, um das Rattengeschmeiß auszurotten. Tommy drängte sich an sie. Er zitterte immer noch, obwohl die Heißluft, die aus den Heizschlitzen strömte, ihm bestimmt längst den Eishauch aus den Knochen getrieben hatte. Doofus hatte es — wie alle Tiere — einfacher. Seine Ängste waren von einer Sekunde zur nächsten verflogen; er brachte es sogar fertig einzuschlafen, und so ruhig, wie er dalag, schienen ihn nicht einmal böse Träume zu plagen.

Die Männer vom Biolomech-Trupp rechneten zwar nicht damit, daß die Ratten ausgerechnet im heruntergebrannten Farmhaus Zuflucht suchen würden, dennoch stellten sich ein paar von ihnen an der Brandstelle im Halbkreis auf, die Waffen im Anschlag und fest entschlossen, sofort zu feuern, wenn eines der Biester es wagen sollte, auch nur die Nase aus dem Kriechgang zu stecken. Auch drüben im Schuppen standen ein paar Bewaffnete bereit, um den Ratten notfalls den Fluchtweg abzuschneiden.

Ben Parnell kam ein paarmal zum Lastwagen, kletterte aufs Trittbrett, wartete, bis Meg das Fenster heruntergekurbelt hatte, und erzählte ihr, wie weit sie inzwischen waren.

Sie hatten den Einstieg zum unterirdischen Gang der Ratten tatsächlich da gefunden, wo Meg ihn vermutet hatte. Seine Männer — durch Gasmasken geschützt — hatten gerade das tödliche Gas nach unten gepumpt. »Eine extra große Dosis«, be-

377

richtete er. »Es ist ihnen bestimmt keine Zeit geblieben, sich einen neuen Fluchtweg zu graben. Jetzt sind wir dabei, den Tunnel aufzuschaufeln. Wird wohl nicht lange dauern. Die Biester brauchten ja nur einen unterirdischen Laufgang zwischen dem Haus und der Scheune. Ich vermute, sie haben sich nicht die Mühe gemacht, allzu tief zu graben. Wir heben erst mal die obere Erdschicht ab, ungefähr eine Spatentiefe. Hinten an der Scheune fangen wir an, und dann buddeln wir weiter, bis wir sie ausgegraben haben.«

»Und wenn Sie sie nicht finden?« fragte Meg.

»Ich bin sicher, daß wir sie finden.«

Eigentlich hätte sie die Männer hassen müssen, besonders Parnell, denn der leitete ja die Suchaktion und war damit von allen Männern mit dem Biolomech-Abzeichen im Augenblick der ranghöchste Verantwortliche — der, an dem sie ihren Ärger auslassen konnte. Aber sie hätte es nicht fertiggebracht, ihn, der so offensichtlich um sie und Tommy besorgt war, barsch anzufahren oder ihn auch nur durch wütende Blicke spüren zu lassen, wie es in ihr kochte. Eine innere Stimme sagte ihr, daß die Männer, mit denen sie es zu tun hatte, nicht die eigentlich Verantwortlichen waren. Sie hatten die Ungeheuer nicht herangezüchtet, und sie waren auch nicht schuld daran, daß die Ratten entkommen waren. Sie waren nur die, die nachträglich dafür sorgen mußten, daß alles wieder in Ordnung kam. Die sprichwörtlichen kleinen Leute, die immer, wenn die Verantwortlichen irgendwas vermasselt hatten, in die Hände spucken und Ordnung schaffen mußten. Das uralte, immer gleiche Spiel — schon seit Jahrhunderten. Die kleinen Leute waren es, die ihre Haut zu Markte tragen und die Kriege zu Ende kämpfen mußten, damit wieder Frieden werden konnte. Sie waren es, die durch ihre Steuern, ihre Arbeitsleistung und ihre persönlichen Opfer jene Fortschritte möglich machten, mit denen die Politiker sich hinterher brüsteten.

Und sie war beeindruckt von dem aufrichtigen, verständnisvollen Mitgefühl, das Parnell zeigte, als er erfuhr, daß sie und Tommy seit dem Unfalltod ihres Mannes allein waren. Wenn er vom Alleinsein sprach, vom Verlust eines lieben Menschen und der Leere, die zurückblieb, hörte es sich an, als würde er all das nur zu gut aus eigener Erfahrung kennen.

Er beugte sich durch das offene Wagenfenster. Und was er Meg zu erzählen begann, hörte sich seltsam rätselhaft an. »Da war einmal eine Frau, die hatte ihre Tochter verloren — durch Krebs. Der Kummer hat sie so überwältigt, daß sie meinte, sie müsse ihr ganzes Leben ändern. Zu neuen Horizonten aufbrechen, sagt man, glaube ich. Sie konnte die Gegenwart ihres Mannes nicht mehr ertragen, obwohl er sie sehr liebte. Sie konnte es nicht, weil er es war, mit dem sie die Erinnerung an ihre Tochter teilen mußte, und immer, wenn sie ihn ansah ... Nun ja, sie sah eben jedesmal ihr Kind wieder vor sich — und all das, was das Mädchen durchgemacht hatte. Gerade weil es gemeinsame Erinnerungen waren, Erinnerungen an gemeinsames Leid, kam ihr die Ehe wie ein Gefängnis vor, aus dem sie um jeden Preis entrinnen wollte. Tja ... Die Scheidung und ein Umzug, möglichst weit weg, schienen ihr die einzige Lösung zu sein. Aber Sie, Mrs. Lassiter, Sie haben offenbar Ihren Kummer besser bewältigt. Ich weiß, wie schwer es in den letzten Jahren für Sie gewesen sein muß. Aber wenn es Ihnen ein Trost sein kann, lassen Sie sich sagen, daß es genug Menschen gibt — Menschen, die nicht so stark sind wie Sie —, für die alles noch viel schwerer ist.«

Zehn Minuten nach elf, knapp eine Stunde vor Mitternacht, fanden die Männer die drei toten Ratten im Kriechgang; drei Viertel der Strecke von der Scheune zum abgebrannten Haus hatten sie noch zurückgelegt. Die Männer legten die Kavader neben die der fünf anderen, denen die Schrotkugeln den Garaus gemacht hatten.

Ben Parnell kam zum Lastwagen. »Wir haben jetzt alle acht. Ich dachte, daß Sie sie vielleicht mit eigenen Augen sehen wollen.«

»Ja«, sagte Meg, »das will ich. Dann werde ich mich sicherer fühlen.«

Tommy stieg mit aus. »Ich will sie auch sehen. Sie wollten uns in die Enge treiben, aber nun ist es anders gekommen.« Er sah zu seiner Mutter hoch. »Egal, wie tief wir in der Patsche sitzen, wir kommen immer davon, wenn wir nur zusammenhalten, stimmt's?«

»Darauf kannst du wetten«, sagte sie.

Ben Parnell hob den Jungen hoch und trug ihn auf seinen Armen in die Scheune.

Meg — die Hände in den Jackentaschen vergraben, weil der Wind immer noch eisig war — lächelte stumm in sich hinein. Endlich hatte sie mal jemanden an ihrer Seite, der ihr die Last abnahm, wenigstens einen Augenblick lang.

Tommy reckte den Hals und sah zu ihr hinüber. »Du und ich, Mam«, sagte er.

»Darauf kannst du wetten«, wiederholte sie. Sie scheute sich nicht mehr, ihr Lächeln offen zu zeigen. Es kam ihr vor, als wäre das Tor eines Käfigs, dessen Enge sie mehr geahnt als gespürt hatte, auf einmal weit aufgestoßen. Eine neue Freiheit lag vor ihr.

RECHTE UND QUELLENNACHWEIS